U0553532

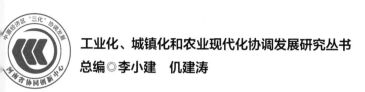

工业化、城镇化和农业现代化协调发展研究丛书

总编◎李小建 仉建涛

中原经济区"三化"协调发展咨询建议集

SELECTED SUGGESTIONS FOR
THE COORDINATED DEVELOPMENT OF INDUSTRIALIZATION,
URBANIZATION AND AGRICULTURAL MODERNIZATION
IN THE CENTRAL PLAINS ECONOMIC REGION

主　编◎李小建　仉建涛
副主编◎郑秀峰　张新宁

社会科学文献出版社
SOCIAL SCIENCES ACADEMIC PRESS (CHINA)

中原经济区"三化"协调发展河南省协同创新中心

目 录

新型城镇化篇

新型工业化篇

新型农业现代化篇

前　言

2015 年 10 月，党的十八届五中全会审议通过的《中共中央关于制定国民经济和社会发展第十三个五年规划的建议》指出："实现'十三五'时期发展目标，破解发展难题，厚植发展优势，必须牢固树立创新、协调、绿色、开放、共享的发展理念。"其中，"协调是持续健康发展的内在要求""必须牢牢把握中国特色社会主义事业总体布局，正确处理发展中的重大关系，重点促进城乡区域协调发展，促进经济社会协调发展，促进新型工业化、信息化、城镇化、农业现代化同步发展，在增强国家硬实力的同时注重提升国家软实力，不断增强发展整体性"。协调发展理念的提出，是党中央坚持问题导向、破解发展瓶颈的应对之策，也是着眼未来、谋划全局的战略考量，具有重大理论意义和实践指导作用，而协调发展理念则是"十三五"乃至更长时期必须坚持和贯彻的重要发展理念之一。

中原经济区"三化"协调发展河南省协同创新中心按照"河南急需、国内一流、制度先进、贡献重大"的建设目标，以河南省"两不三新"（不以牺牲农业和粮食、生态和环境为代价的新型城镇化、工业化和农业现代化协调发展）、"三化协调"（新型城镇化、新型工业化、新型农业现代化协调）发展的重大战略需求为牵引，努力实现"三化"协调发展基础理论、政策研究与实践应用的紧密结合，支撑河南省新型城镇化、新型工业化和新型农业现代化建设走在全国前列，引领中原经济区和河南省成为中国经济升级版中的新经济增长极。近年来，中原经济区"三化"协调发展河南省协同创新中心各研究团队通过各种渠道和方式向中央及河南省委、省政府建言献策。尤其是 2013 年以来，我们强化了内参《"三化"协调发展》的编印工作，以进一步整合优势资源、提升研究能力、推出重要成果、服务地方发展。本书是对《"三化"协调发展》研究成果和决策建议的集中展示，贯彻了创新、协调、绿色、开放、共享的发展理念，尤其是以协调发展的理念为核心对新型工业化、新型城镇化、新型农业现代化的理论与实践做了集中的探索。

在新型城镇化方面，我们对以新型城镇化推动城乡协调发展进行了重点研究。新型城镇化和城乡协调发展是全面建成小康社会的关键，以新型城镇化引领区域协调发展是我国现代化的必由之路。在全面深化改革的攻坚阶段，要更好地抓住推进新型城镇化和统筹城乡发展的机遇，积极探索和引领区域协调发展。我们认为，新型城镇化的本质是城乡协调，应当实现大中小城市与小城镇协调发展、土地城镇化与人口城镇化相协调、居住城镇化与社会保障城镇化相协调。新型城镇化应当坚持科学的发展原则，稳步发展、规划先行、综合利用、节约用地。推进新型城镇化要尊重其演进性，可以沿着区域人口预测、城乡人口结构、聚落等级规模、聚落空间结构、聚落区位选择的思路进行分析论证。我们认为，新型城镇化最突出的着力点就是在推动新型城镇化过程中，降低对城镇化速度的渴求，在城乡统筹发展上多用劲，在城镇化结构变化上多给力，把政府调控的力量多用在创业和创新上。我国应当积极探索"互联网＋城镇化"，让新常态与信息化成为推进新型城镇化的思维范式，把城镇建设成为现代文明中心，让最新的科研成果尤其是大数据、云计算等信息化成果在城市集中使用，促进城市各种资源配置效率大幅度提高。河南省在持续推进原有"三大国家战略"规划深入实施的同时，应当全面、系统、高起点地以更加开放的思维融入"一带一路"战略。对于中原经济区尤其是河南省的城镇化进程，我们认为，当前河南省城镇化面对诸多难题，如城镇的辐射带动能力和综合承载能力不足、规划的科学性和严肃性不够、产业的支撑能力和吸纳能力不强、资源的保障和匹配不力、农民的进城能力和意愿不高，应当进一步加强细化统筹、提升规划水平、创新体制机制、加快盘活资源、创新社会治理模式、完善考核体系。

在新型工业化方面，我们对河南省产业结构优化升级及构建产业新体系进行了调查研究。在新常态下实现产业结构优化升级、构建产业新体系，是保持经济中高速增长、实现产业迈向中高端水平的迫切需要。我们认为，中原经济区应当加快发展现代服务业，培育壮大战略性新兴产业，支持传统产业优化升级。中原经济区实施新型工业化，应当坚持工业企业实体经济优先发展的基本原则；坚持工业化主导下经济结构调整的基本方略；坚持发挥市场和政府"两只手"的基本作用。我们认为，产业集聚区建设的重心是构筑战略支撑产业。战略支撑产业的选择，应当坚持突出比较优势、吸引域外稀缺要素流入的原则，坚持科技型带动、促成跨越式发展的原则，坚持错位竞争、竞合发展的原则，坚持环境保护与资源集约利用的原则。对于中原经济区尤其是河南省的产业体系，我们认为，河南省既可以吸收浙江"草本经济"（以小型企业为主）、广东"灌木经济"（以外向型中型企业为主）与山东"乔木经济"（以大型企业为主）的优点，又可规避它们的一些缺陷，发挥后发优势，使各种类型的企业连接起来，形成各式各样的产业链条与价值链条以及产业集群，并在产业终端发展出多种多样的循环经济，使废品—资源再循环，形成独具特色的产业链条与循环型经济（简称"链－环经济"）。我们认为，产业集聚区作为河南省经济的主要增长极、产业结构调整的新引擎、可持续发展的示范区、新型城镇化的助推器、开放招商的主平台、改革创新的先行区，有能力、更有责任在破解新常态下的发展难题、打造新常态下的竞争优势上走到前面，持续上规模、上水平、上层次，提高吸引力、竞争力、带动力，在中原崛起、河南振兴富民强省中发挥更大作用。

在新型农业现代化方面，我们对农业发展方式转变以及推进农业现代化进行了着力探索。"小康不小康，关键看老乡。"全面建成小康社会，最艰巨、最繁重的任务在农村；同步推进新型工业化、信息化、城镇化、农业现代化，薄弱环节是农业现代化。我们认为，新型农业现代化是以家庭联产承包责任制为基础，以粮食优质高产为前提，以绿色生态安全、集约化标准化组织化产业化程度高为主要标志，以基础设施、机械装备、服务体系、科学技术和农民素质为有力支撑，以新型工业化、新型城镇化、新型农业现代化"三化"协调发展为内容特征的农业现代化。我们认为，农业转移人口缺乏进城的经济能力，政府缺乏相应的公共服务供给能力，农业转移人口缺乏城市主体意识，城市缺乏有效的综合管理，对于农村转移人口离农，其基本思路是"推""拉"并重，合力前行；"移""序"兼顾，合理推进，"定""行"相济，注重保障。我们认为，"十三五"时期，河南省推进现代农业大省建设需要实现农业发展方式七个转变：一要促进农业由主要追求数量增长向数量、质量、效益、安全并重转变；二要促进农业发展由主要依靠资本投入、资源消耗向技术进步、资源节约转变；三要促进农业生产由主要依靠"靠天吃饭"向提高物质设施装备水平转变；四要促进农业由传统单纯的保障功能向现代多重功能转变；五要促进农业向更加适合市场需求的优化结构、延伸产业转变；六要促进传统农民向高素质职业农民和新型农业经营主体转变；七要促进农地经营由细碎分散化向多形式适度规模化转变。

中原经济区"三化"协调发展河南省协同创新中心对新型城镇化、新型工业化、新型农业现代化理论与实践的探索成果，得到了党和国家领导同志以及河南省委、省政府领导同志的重视，多次获得批示，有的成果直接纳入政府决策。这体现了我们的责任意识和担当意识，也是我们建设新型高级智库的努力目标。作为我们具有传承性的品牌项目，《"三化"协调发展》的编印工作得到了中原经济区"三化"协调发展河南省协同创新中心理事会和协同单位的大力支持，得到了河南省人民政府发展研究中心、河南省社会科学院、河南省发展和改革委员会、河南省农村信用社联合社、河南大学、郑州大学、许昌学院、信阳师范学院、信阳农林学院、河南省经济学会、河南省经济伦理学会等政府机关、科研院所、高等院校的一大批领导、学者的关心，在此一并表示感谢。

今后，中原经济区"三化"协调发展河南省协同创新中心的总体思路是积极贯彻《高等学校创新能力提升计划》（"2011 计划"）精神和《"河南省高等学校协同创新计划"实施方案》要求，在河南省人民政府主导下，瞄准河南新型工业化、新型城镇化和新型农业现代化建设走在全国前列的发展目标，围绕重大任务，坚持人才、学科、科研三位一体，按照"需求导向、创新引领、全面开放、深度融合"的原则，通过机制体制改革，整合优势资源、汇聚高水平人才，提升持续创新动力，推动中原经济区"三化"协调发展河南省协同创新中心的平台和研究团队建设，提高人才培养质量，带动学科发展，推出重要研究成果，为中原经济区建设提供重要的理论支撑和决策建议。

新型城镇化篇

全面理解新型城镇化[*]

李小建[**]

编者按： 我国提出新型城镇化发展思路，是对中国国情下城镇化路径和实现方式的创新探索。新型城镇化既包含对中国过去城镇化道路的反思，也包含对西方城镇化过程中出现问题的思考和规避，更包含对世界未来城镇化前景的新设想。国内外城镇化的经验与教训表明，新型城镇化要强调市场在资源配置中的决定作用，强调经济发展是城镇化的原动力，强调大中小城市和小城镇协调发展，强调科学汲取发达国家城镇化经验中的合理成分。而以人为本、低碳节约、格局优化、新技术引领应当是新型城镇化的重要内涵。

城镇化是发达国家较早出现的现象，不同国家的国情各异使得各国城镇化发展路径和表现形式各具特色。中国政府总结国内外城镇化发展经验教训，提出新型城镇化发展思路，是对中国国情下城镇化路径和实现方式的创新探索。新型城镇化既包含对中国过去城镇化道路的反思，也包含对西方城镇化过程中出现问题的思考和规避，更包含对世界未来城镇化前景的新设想。

---

* 原载于《"三化"协调发展》2015 年第 1 期。

** 李小建，中原经济区"三化"协调发展河南省协同创新中心主任，河南财经政法大学原校长、教授、博士生导师。

一 新型城镇化是对中国过去城镇化的反思

改革开放以来，中国城镇化进入快速发展期，特殊国情带来了独特的发展方式。第一，政府在城镇化推动中起主导作用。一方面，政府通过城镇发展政策和城镇规划，运用行政力量影响城镇化进程；另一方面，政府直接介入城镇化的实施过程，干预城镇化的微观运行。本来，有多少城镇，各城镇有多大规模，在什么地方建设，发展速度怎样，应由市场决定。但在中国，政府的决策起了十分重要的作用。政府主导的城镇化可以带来城镇化的快速发展，但导致了资源配置的低效，造成土地资源的浪费，在某种程度上也导致了我国投资结构失衡、地方债务负担沉重。第二，土地城镇化快于人口城镇化。中国长期实行城乡分割的户籍制度，限制了农村人口向城镇转移。改革开放以来，大批农村富余劳动力到城镇寻找新的就业机会，一定程度上突破了过去对人口流动的限制，但这些人并没有真正成为市民，不能享受到与城镇居民同样的公共服务。2013 年中国城镇化率达到 53%，但城镇人口中有两亿多人为农民工，真正市民化的城镇化率在 40% 以下。与此相对应，在政府主导下，中国的土地城镇化或景观城镇化却发展很快。城镇征地快速增加，城镇新区、开发区、工业区、产业集聚区遍地涌现。全国城镇建设可容纳的人口远远大于已城镇化的人口。第三，人为限制大城市发展。我国在 20 世纪 80 年代制定并实行了"大力发展小城镇、合理发展中等城市、限制发展大城市"的政策。小城镇的发展对带动地方经济、吸纳就业、增加当地居民收入起到一定作用，但也存在资源浪费、基础设施薄弱、环境污染等问题。限制大城市发展，难以提高土地利用效率、实现规模经济，难以形成强大的经济增长中心、辐射带动较大区域的发展。

反思中国城镇化道路中的不足，新型城镇化就是要强调市场在资源配置中的决定作用，强调经济发展是城镇化的原动力，强调大中小城市和小城镇协调发展，科学汲取发达国家城镇化经验中的合理成分。

二 新型城镇化是对发达国家"城市问题"的规避

发达国家的城镇化虽然促进了经济社会变革，但其伴生的"城市问

题"始终困扰着政府和社会。第一,交通拥堵。交通拥堵是世界性的城市
难题,不少城市通过拓道路、建高架、修轻轨、铺地铁等设施改善的方法
增加通行容量,或是通过限行、控制个体交通等方式实施交通管制,但大
部分城市未能彻底有效解决这一问题。第二,环境污染。发达国家在城镇
化过程中都出现过严重的环境问题。如洛杉矶是美国臭氧污染最严重的城
市,1990~1993 年,该市分别有 118 天、111 天、130 天和 102 天臭氧浓度
超过全美警戒标准。英国大气污染最严重的 50 个监测点,全都位于伦敦。
德国在 2013 年因为 33 个城市氮氧化物排放超标而遭到了欧盟的警告。此
外,城市人口和经济活动密集,细菌、病毒和微生物容易通过大气、水
体、土壤、食品、人类交往等途径传播滋生,危害人类健康,减少生物多
样性,引起生物污染。第三,地价上涨过快。人口、经济活动集聚带来土
地增值,但也导致地价快速增长。如日本六大城市的地价在 1960 年至
1990 年上涨了 56.1 倍,年均增长 14% 以上,而同期国民生产总值年均增
长率却为 6% ~ 10%,由此导致严重的房地产泡沫。第四,城市贫困。城
市人口过剩和就业机会不足相伴,再加上福利制度不完善,致使城市贫困
持续存在。一些发达国家的贫困人口主要分布在都市区,形成与现代文明
截然反差的贫民窟。德国经济研究所报告称,2008~2014 年,德国大城市
居民的平均消费能力相比乡村地区居民的平均消费能力逐渐降低,导致其
贫困问题恶化。据人民网报道,2012 年美国最贫困城市新泽西州卡姆登市
7.7 万居民中有 3.2 万人生活在贫困线以下,城市失业率高达 19%。据美
国人口普查统计,2011 年,美国收入低于贫困线 50% 的极贫人口达到
2050 万人,占总人口的 6.7%,首都华盛顿的贫困人口比例达 10.7%。

　　新型城镇化是积极应对、有效规避发达国家"城市问题"的城镇化,
既要通过前瞻性的规划来分散拥堵压力,以可持续发展理念提高城市承
载能力,又要以产业支撑和有效就业来解决失业和减少贫困,还要通过
综合配套改革、改变城市治理方式,有效预防或减缓地价过快上涨等
"城市病"。

三　新型城镇化是对中国理想城镇化模式的新构思

　　新型城镇化是中国抱着对世界负责、对历史负责的态度,立足中国国

情，借鉴西方经验，吸收中国传统文化精髓，借助新技术发展，对中国如何积极稳妥、扎实有序推进城镇化的重大探索，是对中国理想城镇化模式的新构思。其内涵十分丰富，其中以人为本、低碳节约、格局优化、新技术引领非常重要。

——以人为本。以人为本在哲学层面上是对传统城镇化的反思和扬弃。传统城镇化把物质财富的增加作为实现手段和追求目标。新型城镇化以人的城镇化为核心，推进人的全面发展和维护社会的公平正义，人是城镇化的主体和价值取向。以人为本在理论层面是对传统城乡二元结构的突破。新型城镇化突出城乡统筹、工农互惠，强调城乡要素平等交换和公共资源均衡配置，大中小城市和小城镇协调发展，城镇化和新农村建设协调推进，摒弃了"城市偏向"和"忽视乡村"的发展思维；以人为本在实践层面是在对中国城镇化条件慎重考量的基础上，最大限度实现人的城镇化、最大限度保障人权的有效途径。在人多地少、农村人口数量庞大的特殊国情下，应有序推进农村人口向城镇流动和农业转移人口市民化，稳步推进城镇基本公共服务覆盖常住人口，充分尊重农民在城乡居住上的自主选择权，宜城则城，宜乡则乡。

——低碳节约。新型城镇化将生态文明理念全面融入城镇发展过程中，构建低碳节约的生产、生活和消费方式。首先，经济活动要节约集约，产业发展和城镇建设要节约、集约利用土地、水和能源等资源，强化资源循环利用，发展环境友好型产业，推动环境友好型生产改造，降低污染排放；其次，要发展绿色交通，加快发展新能源、低排量交通工具，完善公共交通体系，提高公共交通出行比例；再次，要推广绿色建筑，最大限度地提高建筑能效；最后，要推崇简约适度、文明和谐的生活方式，慢生活、简出行，培育绿色低碳的生态文化。

——格局优化。新型城镇化以城镇体系和城市内部空间结构、格局和形态优化为基础。根据资源环境承载能力，优化空间布局，构建科学合理的城镇体系；依据城镇化发展阶段，优化城市内部空间结构，实施组团式发展，合理定位组团功能，增加组团内部联系，减少组团间通勤，以多中心组团为节点，构建城市综合交通体系；顺应城市发展趋势和生态文明新要求，通过规划引导、市场运作，培育各具特色的卫星城（镇），疏散中心城区功能，提高城市生产和生活效率，推动城市与生态环境良性融合。

　　——技术引领。城市发展周期与经济、技术周期紧密相连，城镇化过程必然留下当时产业和技术进步的烙印。蒸汽革命及之后的电力、化学革命，引起大量产业和人口向城市集聚，城市数量和规模迅速增加，进入"生产型城市"的发展阶段。20世纪后，以分工和专业化为基础的"福特主义"出现，实现了大批量生产并催生了快速运输网络，促进了城市扩散，带来城市向生产和服务并重的转变。之后信息技术、微电子技术的广泛应用，以弹性专业化和精益生产为特征的"后福特主义"的出现，使城市完成了从生产型到服务消费型的跨越。当前，物联网、大数据、云计算、移动互联等新一代信息技术正在深刻改变城市的生产和生活方式，产生诸多与此相适应的城市发展模式，智慧城市即是其一。新型城镇化应当应用智慧城市理念进行城市规划和建设，把技术和人有机结合，建立城市智慧管理系统，提升城市建设和管理的智能化、精准化水平，促进城市生产、流通、服务高效运作，促进城市健康可持续发展。

从"人地关系"视角理解新型城镇化[*]

李小建[**]

编者按： 新型城镇化对各地经济社会发展具有重要促进作用，但操作过程中出现了一些问题。从长远出发，新型城镇化要注意全面整合城乡聚落体系，使大小不同、功能不同、环境不同的各类聚落形成统一和谐的整体；新型城镇化推进要尊重其演进性，应该更多地依靠市场机制的作用，政府可顺势而为，助推其进程；在新型城镇化实践中要考虑区域内城镇与乡村人口的变化趋势、城乡聚落的等级规模关系、城乡聚落的空间格局关系，对聚落的区位及发展规模进行科学论证。

  当前，政府主推的新型城镇化正在许多地方如火如荼地展开。这对各地经济社会发展具有重要的促进作用。但由此可能引起中国几千年聚落传承的巨大改变，学术界对其操作中出现的问题比较关注。而这些问题可概括为以下几方面。①改革开放以来中国城市化已经很快，不少地区通过新农村建设会进一步加快城镇化进程。过快的城镇化可能带来更为严重的资源环境问题。②中国未来的聚落大小及空间格局会呈现什么形态？在尚未获得科学结论之前，如果按照统一模式规划和建设，可能会造成不可挽回

 * 原载于《"三化"协调发展》2013年第5期。
 ** 李小建，中原经济区"三化"协调发展河南省协同创新中心主任，河南财经政法大学原校长、教授、博士生导师。

的损失。③一些新农村建设过程伴随有"大拆大建",而中国乡村聚落是当地居民长期适应和利用环境的结果。不考虑原有的聚落格局,将不利于中华民族人居环境传统的延续。④用地问题。新建聚落多选择在区域中心或交通便利区,这里多为良田。虽然理论上村子搬迁后会整理出农田,但多数地区把原有村庄用地作为建设用地指标有偿转让。其结果是农田面积不增加,农地质量却下降。此外,新农村建设多按当地户籍人口分配居住用地,人口城市化会使不少农民入城居住,由此带来城乡建设用地的空间错位。这些问题主要形成于实际操作过程中,但根源主要在于其指导理论薄弱。城乡聚落是人们利用自然的一种反映。从"人地关系"理论出发,可以对新型城镇化发展做以下梳理。

一　新型城镇化本质是城乡聚落体系的统一和谐

依据规模大小和功能差异,聚落可以分为若干等级,如特大城市、大城市、中等城市、小城市、县城、建制镇、中心集镇、一般集镇、中心村、基层村等。一般意义上,城镇化是指人口由农村向城或镇转移的过程。由此把聚落的诸多等级概括为城镇与乡村两类。在城镇与农村的基础设施差别明显的情况下,此概念可表征人民生活水平的提高和社会进步,但也带有重城镇、轻农村的价值判断。随着社会的发展和技术的进步,农村聚落的基础设施不断完善,城市的拥挤和环境问题使一些居民开始向往农村的居住环境。有些发达国家,已经出现了逆城市化现象。在这样的背景下,新型城镇化并不单单是农村人口向城镇的转移,而应该是全面整合城乡聚落体系,使大小不同、功能差别、环境各异的各类聚落,形成统一和谐的整体。

把新型城镇化理解为城乡聚落体系结构的合理化调整过程,对于中国这个农村居民占主体的国家具有特殊意义。我国人口众多,土地资源有限,农业文明根基深厚,不可能像日本、澳大利亚、墨西哥等国那样,将人口集中在少数几个大都市。实现大、中、小城市与小城镇、村镇协调发展,尤其是加强中小城市和村镇的建设,使不同等级的城乡聚落充分发挥作用,成为吸纳农村人口的重要平台,可成为中国城镇化路径的重要选择。

将城乡聚落看作一个体系，要用系统论观点考虑其发展变化。系统论强调整体性、关联性、等级结构性、动态平衡性和时序性。在新型城镇化建设中，要考虑不同等级、不同类别聚落与城乡聚落整体的关系。各等级城乡聚落在人居聚落系统中都起着特定作用，各等级聚落之间相互关联，构成一个不可分割的整体。以此理论为指导，各地就会在新型城镇化中注重科学的顶层设计，做到省、市、县、镇等不同层次的规划相互衔接，以发挥它们不同的作用；以此理论为指导，各地就会在新型城镇化中统筹考虑大小不同聚落的相互协调，在新农村建设中考虑几千年来形成的农村聚落体系的承继。

二 新型城镇化推进要尊重其演进性

城镇化是工业化和农业现代化在人们居住格局上的反映，是社会经济发展的一种自然结果。当一国实现工业化，产业结构中农业的比重会大幅下降，第二、第三产业的比重会大幅上升，人口会由农村转入城市，从而使该国逐步走向城市化。比较成熟的经济应该是工业化、城市化和农业现代化协调发展，互相促进，不可分割的经济。因为只有实现工业化后，国家才有实力反哺农业，促进农业现代化；实现工业化后，就业主要在第二、第三产业，居住地主要在城市。

率先实现工业化的国家的发展经历表明，城市化和工业化、农业现代化应在整体上同步。但是中国国情特殊，一是多数人口生活在农村，农民是中国社会的主体；二是中国的农村工业化在国家工业化中占重要地位。这就使得中国的城镇化水平远远落后于工业化水平，比如 2000 年中国的国内生产总值（GDP）首次达到一万亿美元的时候，城镇化率仅为 36.2%，而美国在 20 世纪 60 年代 GDP 达到一万亿美元时城市化率为 80%，日本在 20 世纪 80 年代 GDP 达到一万亿美元时城镇化率为 65%。在这种背景下，强调城镇化，通过加快城镇化改变城市化与工业化不协调的局面，具有十分重要的意义。

这是理解我国政府推动城镇化的基础，但是在肯定政府能动作用的同时，绝不能忽视城镇化应该与经济发展相协调的根本。与自给自足的农村相比，城镇是交易成本较高的居住形式。一地的城镇发展应与当地的专业化分工和劳动生产率增长相匹配。在"城"与"市"的关系上,"城"只是形式,"市"才是内容,才是"城"持续发展的原动力。"市"主要是经济活动,尤其是专业化的经济活动。从这个基点出发,城镇化的进程应该更多依靠市场机制的作用。政府所做的,只能是逐步认识市场规律,顺势而为,恰当地助推城镇化的发展。这种助推方向要正确,用力也要适当。否则,就会出现一些人们特别愿意去但设施不足的城市,或一些人们不愿去但路修得很好、楼盖得很高的城市。

三 新型城镇化实施中要关注的几个问题

从"人地关系"角度理解城镇化,可以沿着区域人口预测、城乡人口结构、聚落等级规模、聚落空间结构、聚落区位选择的思路进行分析论证。以下简述其中的四个问题。

第一,区域城镇与乡村人口变化。据中国现代化战略研究课题组研究,中国在2030年前后有可能完成第一次农业现代化,农业劳动力占所有劳动力的比重将低于30%;到2050年基本实现农业现代化,农业劳动力占所有劳动力的比重将低于10%。国家统计局《2011年我国农民工调查监测报告》显示,中国农民工达2.53亿人,其中有3279万人举家外出务工。如果这些农民工不再回农村,并将其家属带到城里,必将带来乡村人口的大幅减少。显然,对区域的总人口以及转入城市人口的预测,是区域城镇化及乡村聚落调整的重要前提。

第二,城乡聚落的等级规模。聚落规模大小服从某种随机分布,其中多数人认为这种分布遵从"齐普夫定律"。即如果城镇规模从大到小排序,则位序与城镇规模之间存在一定的数学关系。比如,在理想的状态下,第二等次的城市规模是第一等次的1/2,第三等次的城市规模是第一等次的1/3,以此类推。随着运输方式的改进和成本的下降,这种等级规模关系会有所变化。通过对中国聚落等级分布的演化分析,并参考高度城市化国家的聚落等级规模关系,可以确定相关区域中各种不同规模聚落的数量范围,为聚落空间规划提供依据。

第三,城乡聚落的空间格局。德国学者克里斯塔勒(W. Christaller)提出的"中心地理论"解释了不同规模聚落的空间结构:较大的聚落功能多,相距远;较小的聚落功能少,相距较近。同一等级的聚落在空间上大致呈六边形分布。对中国一些地区的研究,也证明了这种六边形格局的存在。虽然各地的自然条件不同会影响其六边形形状,但此思想仍可指导区域聚落空间格局规划。

第四,聚落的区位选择及发展规模。城乡聚落的区位选择要综合考虑区位的自然条件、资源禀赋、社会经济基础,以及与周围相邻聚落的关系,从而论证当地经济发展潜力、可提供的就业状况等。根据经济所承载的人口和居住环境对周围人口的吸引,预测该区域聚落的发展规模。以此为基础,进行聚落总体格局、空间结构、建筑风格、文化特色等的总体规划。聚落区位的选择,要尽可能考虑其现状,处理好历史承继与未来发展的关系。还要特别注意城市体系的未来变化,避免所选区位在若干年后面临被拆迁的局面。

贯彻十八大精神，推进中原经济区
新型城镇化科学发展[*]

李小建^{**}

编者按：新型城镇化强调大中小城市和村镇的协调、土地城镇化与人口城镇化协调、居住城镇化与公共服务城市化协调、有形的城市化与无形的城市文化协调。新型城镇化将成为拉动经济增长的重要引擎，但发展速度要适度，要有前瞻性的规划，要因地制宜、综合利用，要注意节约用地，要发展绿色建筑。

十八大报告指出："坚持走中国特色新型工业化、信息化、城镇化、农业现代化道路，推动信息化和工业化深度融合、工业化和城镇化良性互动、城镇化和农业现代化相互协调，促进工业化、信息化、城镇化、农业现代化同步发展。"并将"推动城乡发展一体化"作为解决"三农"问题的根本途径。这是河南省加快中原经济区建设，推进新型城镇化发展的科学指南。新型城镇化，"新"就"新"在"推动城乡发展一体化""把农村涵盖进来"，这是一场思维与谋略的大转变，是一个探求务实破解城乡二元结构困境的大动作，河南省相关政府部门必须认真学习、深入研讨，真正把十八大精神落到实处。

---

* 原载于《"三化"协调发展》2013 年第 1 期。

** 李小建，中原经济区"三化"协调发展河南省协同创新中心主任，河南财经政法大学原校长、教授、博士生导师。

一　新型城镇化的新特点

在河南省委、省政府的努力下，中原经济区战略上升为国家发展战略。一定意义上讲，国家是希望河南这个内陆腹地从农业大省跨越到工业大省，从传统城镇化跨越到新型城镇化，走出一条创新型社会经济发展道路。而这条道路的起点则正是新型城镇化。回顾国内外城镇化发展的历史，特别是我国改革开放以来的城镇化发展和趋势，新型城镇化有以下四方面的新特点。

其一，大、中、小城市与村镇协调发展。城镇化不仅包括城市的扩展，而且更主要的是还包括广大农村地区人文景观的变化，尤其是小城镇和村镇的发展。城镇化进程必然面临人口在城镇地区的分布问题。我国人口众多，地域广阔，不可能像日本、墨西哥、澳大利亚那样将城镇人口主要集中在少数的几个大都市区，尤其是大量农村人口以及半城市化人口（仅仅在城市工作，而没有享受诸如医疗保障等相应待遇的城市人口）的市民化，不可能靠少数几个大都市来完成。况且，将人口集中于大城市容易引发大城市病等诸多弊端。因此，中小城市，尤其是农村地区数量众多的乡镇，必然成为吸纳大量农村人口的重要平台。

其二，土地城镇化与人口城镇化协调发展。在 20 世纪 90 年代以来，尤其是 2000 年以来的快速城市化进程中，全国各地掀起了以开发区、工业区、新城区为主的城市建设热潮，城市用地迅速扩张，但这些地区仅仅是在土地上或是景观上实现了城市化，由于缺乏相应的产业和人口支撑，少数新区甚至成为"空城"。城市建设用地大幅扩张、农村建设用地没有减少甚至增加，并没有带来等效的农村人口的有效转移。而新型的城镇化强调工业化和城镇化的良性互动，将城市建设用地增加与农村建设用地减少相结合，将城镇建设用地增加与人口有效转移相协调，以实现城乡土地要素平等交换，促进土地城镇化和人口城镇化的协调推进。

其三，居住城镇化与公共服务城市化协调发展。目前我国的城市化率已经超过 50%，统计口径上是将诸如农村进城务工人员等城市常住人口纳入城市人口范围，但这些人员仅仅是在城市中就业和居住，难以享受到同城市户籍人口同等的教育、医疗、就业、社会保障等公共服务。按照享受城市公共服务的人口统计，中国城市化率只有 35%～36%。新型城镇化强调公共服务均等化以及公共资源的均衡配置，强调居住城市化同社会保障城市化相协调。

其四，有形的城市化与无形的城市文化协调发展。城市是人类社会的一种文明形态，城市文明除了有着完全不同于农业文明的物质文明和生活方式之外，还包含有引领现代城市发展的文化和隐含在现代城市中的居民习惯。与农民居住城镇化、就业城镇化、公共服务城镇化相比，文化和习惯的城镇化更是缓慢。新型城镇化应该强调这种无形的文化和习惯的改变，强调人们的行为与城市文明的要求相协调。

二 新型城镇化的科学发展原则

将人口、土地、居住、基础设施、公共服务、文化等纳入新一轮城镇化框架下，强调城乡一体化背景下广大农村地区的城镇化进程，势必带来新一轮投资和建设拉动下的经济增长，城镇化将成为拉动经济增长的重要引擎。在十八大精神的引导下，经济社会的发展将驱动各地城镇化不断加速。但在城镇化进程中，必须坚持科学发展的原则。以下几个方面应被给予特殊的关注。

第一，稳步发展。改革开放 30 余年来，我国的城市化进程不断加快，1978 年城市化率仅为 17.9%，至 2011 年已达到 51.27%，平均每年提升 1.01 个百分点；2000 年以来进一步加速，年均增幅达 1.37 个百分点。而河南省的城市化率 1978～2012 年平均每年增长 0.84 个百分点；1990～2012 年平均每年增长 1.22 个百分点；2000～2012 年平均每年增长 1.60 个百分点。发达国家的城市化是一个较为缓慢的过程。最早实现城市化的英国，在 1760 年工业革命开始时，城市化率仅为 10% 左右，至 1850 年才达到 51%，用 90 年的时间实现了初步的城市化（即城市化率超过 50%）。之后的欧洲和北美其他工业化国家实现初步城市化用了近 100 年的时间。发达国家的稳步城市化并未避免城市化的负面效应。中国的快速城市化进程也带来多种问题，如资源的高消耗、过快的耕地占用、社会保障体系建设的滞后、城乡二元结构加剧等等。因此，对下一步的城市化进度，应该有一个科学的把握。除了总体发展速度要快慢适度外，各地区经济发展水平、经济结构、人口密度不同决定了它们应有不同的城市化进度，尽量避免农村地区的小城镇发展出现我国城市化进程中重速度、轻质量的半城市化局面。

第二，规划先行。规划是城镇科学发展的先导。在中国城市化发展中，各个地区已经做了一系列的国土规划、城市规划和城镇体系规划等工作。但在乡镇发展中，还有一些值得进一步重视的规划工作。如按照聚落等级规模的科学关系，不同规模的城镇和村子应该大概呈金字塔形状，但下一等级的聚落与上一等级聚落在数量上如何对应，应该进行科学研究。此外，村镇规划的重点在县级区域单元。应该根据所规划地区的社会经济状况，预测一定时期内城市化水平及转入大中城市人口的人口数量，规划未来 10 年、30～50 年农村人口和城镇人口的结构，再根据这种人口数量规划村镇的分布和规模。避免在新型农村社区中出现新建立的村镇过一段时间又面临调整重建的局面。

第三，综合利用。城镇化进程牵涉到资源的重新配置。本着节约资源、提高资源利用效率的原则，应尽可能利用既有的基础设施，没有必要将农村地区既有房屋完全推倒重建，应根据地区情况和城镇化特点，综合利用已有条件，多样化发展。比如住房，既可以是高楼，也可以是低层建筑，甚至可以为农村传统的房屋。如安徽宏村，依托传统民居和古建筑，开发旅游资源，将传统建筑和城镇化进程融为一体，形成独具特色的空间景观，既很好地利用了建筑资源，也为城镇化进程带来产业依托。再如河南朱仙镇，依托古建筑和木版年画等地方资源，将岳飞庙、清真寺等古建筑融入现代生态旅游功能区规划中，实现资源融合发展。有"齐鲁第一古村"之称的山东朱家峪村，古道、古宅等古建筑格局保存完整，多部影视剧在此拍摄，该村依托旧资源，引进新资源，打造影视拍摄基地，发展文化影视产业。

第四，节约用地。中国中部地区的居民点，多是在没有事先规划的情况下，人们为了生存和生活，长期适应和利用环境，逐步选择出来的。由于早期人类利用自然的能力有限，这些聚落多布局在地形平坦、水源充足之地，占用的多是良田。如中西部丘陵和浅山地区，由于山坡地区缺水，人们往往选择在靠近河岸的河谷平坦地带建立村落，在附近谷地和坡地耕作。实质上，沿河地区土地肥沃，更加适宜耕作，而聚落占用了大量优质土地。一些其他国家，如以色列，是一个后规划地区，与我们国家长期繁衍生息的延续居住区位不同，人们的居住地多在山坡上，较少占用耕地，山坡下的平地、谷地用于农业耕作。因此，在城镇化推进过程中，要尽量将集聚点选在那些不适宜于耕种的地块，节约用地，提高土地利用效率。

第五，绿色建筑。不同气候区的建筑类型或建筑要求不尽相同。我国搞城镇化，不应是千城一面，千篇一律，而应尽可能地选择适应当地自然条件的建筑类型。譬如，黄土高原区原有的窑洞是人地关系协调的良好表现形式之一。那里地形起伏，有大量适合建设窑洞的土层，完全可以在条件允许的情况下开发窑洞，不仅节省空间，而且冬暖夏凉，可以节省冬季送暖、夏季制冷的能源资源，并呈现独具风格的城镇化住房景观。如陕西延安枣园村建立的黄土高原地区新型窑居建筑示范基地，采用复式空间组织和节能构造体系，既保持了传统窑居节能、冬暖夏凉的特征和传统窑居的形态与风貌，又解决了传统窑居通风、采光不良的问题，还富有现代建筑气息，适应现代生活方式。目前延安地区已经推广新型窑居建筑 5000 余孔。

深化生态文明体制改革必须转变观念[*]

仇建涛[**]

编者按： 生态文明建设是关乎中华民族长远发展大局和全面建成小康社会发展目标的重要环节，是社会主义现代化建设总体战略的重要组成部分。强调生态文明建设是党对自然规律及人与自然的关系再认识取得的重要成果。围绕社会主义生态文明建设，应当着重思考以下四个方面的问题：一是发展观念的转变；二是顶层设计的完善；三是具体措施的落实；四是让生态文明之理念深入人心。

生态文明建设是关乎中华民族长远发展大局和全面建成小康社会发展目标的重要环节，是社会主义现代化建设总体战略的重要组成部分。强调生态文明建设是党对自然规律及人与自然的关系再认识取得的重要成果。

党的十七大报告明确指出："建设生态文明，基本形成节约能源资源和保护生态环境的产业结构、增长方式、消费模式。"党的十八大、党的十八届三中全会则进一步指出："建设生态文明，是关系人民福祉、关乎民族未来的长远大计，把生态文明建设放在突出地位，融入经济建设、政治建设、文化建设、社会建设各方面和全过程，建立系统完整的生态文明

---

[*] 原载于《"三化"协调发展》2015 年第 9 期。

[**] 仇建涛，中原经济区"三化"协调发展河南省协同创新中心执行主任、教授，河南财经政法大学学术委员会主任。

制度体系，努力建设美丽中国，实现中华民族永续发展。"2015 年 4 月 25 号出台的《中共中央国务院关于加快推进生态文明建设的意见》（以下简称《意见》）更为明确地指出了生态文明建设的总体要求和具体措施。

围绕社会主义生态文明建设，笔者认为应当着重思考以下四个方面的问题。

其一，发展观念的转变。在人类社会发展的初期，伴随生产力的不断进步，人类选择一味地影响和改造自然，甚至违背自然规律以使自然适应人类社会的发展要求。然而，马克思主义的唯物辩证法强调世界的本源是物质，而人类群体作为物质的存在，必然是不可割裂地从属于整个自然生态系统。一切人类社会经济活动也都是在自然生态系统之内发生和进行的，所以人类社会发展必须尊重自然规律。因此，必须转变"战天斗地"的粗放式发展理念，深入贯彻"全面、协调、可持续"的科学发展观，尊重和保护自然，实现人类社会与自然生态系统的和谐发展。

其二，顶层设计的完善。为了实现生态文明建设，必须从中央到地方逐步建立和完善相应的制度体系。《意见》明确指出："加强顶层设计与推动地方实践相结合，深入开展生态文明先行示范区建设，形成可复制、可推广的有效经验。"加强顶层设计可以从完善官员考核体系、扭转传统政绩观入手，将生态文明建设的系列重要指标纳入官员考核体系，以逐步转变地方政府唯 GDP 增长的盲目发展倾向，从而将生态文明建设落到实处，真正做到抓铁有痕、踏石留印，把生态文明建设蓝图逐步变为现实，努力开创社会主义生态文明新时代。

其三，具体措施的落实。《意见》强调要从国土空间开发、绿色产业发展、循环经济发展、保护修复自然生态系统等多个方面，多措并举、多管齐下，全面推进生态文明建设。这需要科学论证、积极上马一批对于河南省生态文明建设具有重大影响和深远意义的建设项目，如生态安全屏障建设、风沙综合治理、小流域综合治理、城市生态建设、农田生态保护，生物多样性保护重大工程等。作为保障条件，《意见》同时强调一方面要从健全制度体系入手，建立健全的生态保护补偿、责任追究等制度，另一方面要不断强化监测和监督执法，为生态文明建设相关措施的具体落实提供制度保障。

其四，让生态文明之理念深入人心。《意见》强调："生态文明建设关系各行各业、千家万户。要充分发挥人民群众的积极性、主动性、创造性，凝聚民心、集中民智、汇集民力，实现生活方式绿色化。积极培育生态文化、生态道德，使生态文明成为社会主流价值观，成为社会主义核心价值观的重要内容。"生态文明建设与我们每一个人的日常经济社会生活都紧密联系在一起，关乎每一个人的福祉，因此必须牢固树立"从我做起，从点滴做起，从身边的小事做起"的绿色价值观，提高公众节约意识、环保意识、生态意识，形成人人、事事、时时崇尚生态文明的社会氛围；必须积极倡导勤俭节约的消费观，广泛开展绿色生活行动，推动全民在衣、食、住、行、游等方面加快向勤俭节约、绿色低碳、文明健康的方式转变，坚决抵制和反对各种形式的奢侈浪费、不合理消费；必须完善公众参与制度，及时准确披露各类环境信息，扩大公开范围，保障公众知情权，维护公众环境权益。

关于郑州架构辐射网络型国际商都的建议[*]

杨承训^{**}

编者按： 郑州市实施国际商都战略应当架构以郑州为中心的辐射网络型国际商都圈，可考虑"一核六城"的模式，即以郑州为中心，将近边五城开封、洛阳、许昌、新乡及济源架构成比较紧密的城市圈，其中"郑汴一体化"可以作为核心。同时，国际商都建设要避免过路化、空心化、孤岛化、大而化、速成化。

中央，河南省委、省政府和郑州市委、市政府正在谋划构建"郑州国际商都"战略，这十分重要、及时。从国际、中国、河南省和郑州的实际出发，笔者提出模式创新的建议，不走别人建国际商都的老路，架构以郑州为中心的辐射网络型国际商都圈，将周边五个城市连成一个网络，避免他国、他地已出现的弊病，使其成为中国、河南省的一个增长极。提点粗浅的建议，供领导参考。

一　充分发挥郑州及周边的独特集成优势

郑州市构建国际商都的战略选择完全符合国内外和本身的实际，有利

* 原载于中共河南省委咨询组《咨询与建议》2014 年第 15 期。
** 杨承训，中共河南省委咨询组经济组副组长，中原经济区"三化"协调发展河南省协同创新中心顾问，河南省经济学会会长，河南财经政法大学教授。

于发挥集成优势，抓住了有利的机遇，有利于实现跨越式发展、扩大开放和产业转型升级。

①地利。这是最主要的条件。郑州身处国内铁路"十"字枢纽与亚欧大陆桥，是新亚欧大陆桥经济走廊区域互动合作的战略平台。郑欧国际铁路货运班列成功开启了中国与欧洲的"新丝绸之路"，让郑州成为中部亚欧大陆桥的新起点。此外，郑州初步建立了三网融合、四港一体、多式联运的综合交通机制，提升了新郑国际机场、郑州东站、郑州南站、郑州站"四枢"的功能，形成了航空网、铁路网、公路网"三网融合"和航空港、铁路港、公路港和海港"四港一体"的交通运输格局，打通了辐射全国的陆路通道和贯通全球的空中通道，实现了国内外影响力的持续提升，已经确立了自身在"一带一路"战略中的重要节点城市地位。同所有城市比较，这些都是郑州独具的优势。

②天时。一是郑州处于中温带，四季分明，既无严冬，又无酷热，气候宜人；既无台风海啸之险，又无重大地震之忧，地质灾害也很少，建筑成本较低。二是正值我国经济总量跃居世界第二，正在构建现代丝绸经济带，对外开放有了更大的跨越，国内外都需要这样的国际大商都，时机十分有利。

③基实。2015年河南省经济总量超过3.7万亿元，稳居全国第五位，郑州经济总量居全国大城市第十二位；三大战略全面实施，产出结构趋于合理，许多名牌层出不穷，开始实现产业特色；交通建设和产业聚集加快发展，形成以郑州为中心的米字型辐射网络。各色产业链正在联网化，基础设施在现代化水平上日臻完备、成套。这就形成卖得出、买得进的有利优势。郑州曾多年实施"商业城"战略，郑州商品交易所已在全国商品交易中居于重要位置，现代大市场正在形成。

④文厚。河南与郑州的软实力正在增强，传统的中原文化日益成为全国和世界的奇葩，少林武功享誉全球，不断创新。洛阳、开封的古代文化重放光彩，黄河文化令世界瞩目，现代文化产出渐成气候。

⑤人和。首先是中央支持，地方有坚强的领导。河南省委、郑州市委领导开拓创新，思路清晰，一张蓝图绘到底，此为最重要的保证。在以往几十年中，积累过建设商贸城的经验，商业文化已成重要的辐射财富。其次，人民生活水平大大提高，居民素质又有重大提升，大家齐心

协力，可以充分发挥"全国体制""全省体制"集中力量办大事的优势。

二　避免过路化、空心化、孤岛化、大疴化、速成化

在认识自身优势的同时，也应清晰地看到自身的不足，及早预防和避免可能出现的倾向性问题。

①过路化：大交通只为别人提供过路的方便，而自身获利较少。以前铁道部门多次说明：不能仅看到地图上的交通线网发达，还要看到实惠多少，百分之七八十的火车是过路车，付出大，收益少，这个状况要防止。过路是必需的，能否多利用这个有利的物流条件更好地发展自身的实力、增加居民和财政收入是需要具体研究的，否则资源环境代价高，不符合市场规律和自然规律。

② 空心化：自身实力不足，经济力量弱，无足量货物可卖，总为别人搭桥。郑州同周边大城市比，实业有欠缺，南边武汉实力强，北边石家庄为药业中心，东边济南拥有几个全国有名的大企业，西边西安文化产业、科技力量十分突出。郑州市不能只发展第三产业，国际商都应有几大品牌产品，和较高的产出集中度，需要组建若干支撑商都的大企业。

③孤岛化：孤零零的大城市缺少卫星城和"大陆架"式的辐射带。许多国家的大城市都有这种现象，如蒙古的乌兰巴托、阿根廷的布宜诺斯艾利斯、巴西的巴西利亚、印度的加尔各答等，这些城市的人口占全国人口的一半或1/4，但自身与周围联系差，虽为增长极但缺乏辐射带动能力。河南省的中等城市数量多，空间距离近，主导产业不明确，以郑州市为中心形成互补的网络模式，既能弥补郑州产业的弱势，又能形成集团优势。发展国际商都应力避许多国家有过的孤岛化现象。郑州市的大开放、大流通、大创新，完全可以同几个城市协同起来。

④大疴化：防止大城市病。世界各国的大城市病都很突出。郑州虽未大到三大直辖市的程度，但已出现未壮先疴的许多征兆，如交通拥堵，环境污染突出、各种秩序不规则、收入差距大、居民居住条件差异悬殊及许多社会问题不断涌现等，应及早克治。不宜一说构建商都就只追求城市规模，不注重内涵的提升。

⑤速成化：急于求成，重速度不重质量。应当研究和遵循市场规律、城市化规律和参考国际商都的经验，切忌拔苗助长、大拆大建。首要的是作好规划，循序渐进地稳扎稳打，既积极实施，又照顾各个方面的关系，不可顾此失彼。可考虑，除咨询国内外智库外，还应多听听当地群众和专家的意见，包括科学技术专家的环境评价论证等。现在已有很好的基础，应当多在充实、配套上下功夫。

三 关于构建辐射网络型国际商都的几点具体建议

①模式创新。从河南城市发展的实际出发，不宜采取一城独大的"孤岛"独进的方式，可考虑"一核六城"的模式，即以郑州为中心，将近边五城开封、洛阳、许昌、新乡及济源构架成比较紧密的城市圈，其中"郑汴一体化"可以作为核心，既突出了郑州的优势，又联合了其他城市，分工协作，产业互补。这和以往的中原城市群有所不同，涉及的城市数量较少，但距离较近，可以联系得更紧密，共同承担商都的关键职能。实际上，中原城市群（笔者在20世纪90年代曾专门研究过）成立多年，但城市之间分工不甚明确，相互联系协作并不紧密。"一核六城"应当逐步往一体化方向发展，分层次辐射，分块承担商都功能。如果先把辐射网络式商都圈运作起来，国际商都的建设可能比较容易见实效。

②改革体制。应当打破商都圈内过于行政化的界限，统一部署、分工协作。这需要有一个统一领导机制研究以郑州为中心的都市圈规划。既发挥各市积极性、突出各自优势，又形成紧密协作关系，适当分工，各有重点，把郑州需要办、又一时办不了的事分下去。防止重复建设，可以像京津冀那样经常开联席会，有统有分，组建几大跨城产业链，形成商都圈的共同服务网络。还可以考虑把商都圈中的重点市县由河南省直管，与城市分工协作结合起来，使其参与大产业链的构建。

③郑州增强核心集聚力应向"轻型化"方向发展。在商都圈中，郑州处于核心地位，要想既有辐射力又有凝聚力，关键是增强自身的经济力量和在河南省内的首位度。从其功能和优势看，郑州应占领产业链高端，走"轻型化"道路，主要发展以高科技为支撑的新兴产业、交通运输业、现代服务业、高端生态产业、文化旅游业，发展总部经济、会展经济等；尽

可能少地发展重型工业（重型制造可放在洛阳、许昌、新乡、济源等地）；实施更宽区域开放的政策，更多地吸引外商投资，逐步形成金融中心，发展现代商业业态（如扩大、提高期货交易），争取建立郑州自由贸易区（类似上海）。

④构建城乡生态连体结构。国际商都需要一个非常好的生态环境，这是吸引外商和扩大消费的重要条件，应当把郑州建设成全国一流的生态城市，把生态文明建设摆在突出位置。一个新的思路是构建城乡生态连体结构，即将城乡生态环境作为统一体通盘治理，谋划重要治理工程，发展循环经济，化解污水、垃圾、雾霾和食品安全问题。目前需要动员各方面力量，促进垃圾分类，制止各种污染大气的不良行为，倡导健康文明消费。例如，宠物豢养问题现在愈来愈突出，但治理不力，无法可依，或有法不依，无人管理。再如鞭炮燃放无人管理，污染大气，噪音不断，扰乱民安。还应推广清洁能源、发展电动汽车，以及率先实施城市地下管道系统建设。在广大郊区发展生态农业、循环农业和生物质能源产业，消化城市排污，为市区提供生态大环境。

⑤依法治市，强化管理。目前各类秩序都在治理中，尤其是交通秩序相当混乱。从政府官员到城乡居民都需要提高素质。可以考虑组织一大批大学毕业生与一部分待业人员，建立一批协助治理队伍，划片深入社区、街道进行宣传、教育和执行管理任务，既扩大就业，又解决治理问题。在这方面应当学习新加坡和中国香港的经验，将教育与严管结合起来，整体提高居民素质。

郑州市积极打造三张名片[*]

——国际商都、创新城市、优美绿城协同发展

杨承训　张新宁[**]

编者按：郑州市在经济新常态下明确定位，统筹规划，正在着力打造三张名片：一是营造国家中心城市，建设国际商都；二是实施创新驱动战略，建设国家创新城市；三是抓好生态文明，建设优美绿城。

按照党中央和河南省委、省政府的部署，从郑州实际出发，郑州市在经济新常态下明确定位，统筹规划，正在着力打造三张名片。

一　营造国家中心城市　建设国际商都

目前，郑州市抢抓航空港实验区机遇，建设大枢纽、发展大物流、培育大产业，特别是充分利用航空港和米字型铁路、高铁、高速公路的框架优势，加快以国际商都为特征的国家中心城市建设。郑州市构建国际商都的战略选择完全符合国内外和本身的实际，有利于发挥集成优

[*] 原载于《"三化"协调发展》2015 年第 39 期。

[**] 杨承训，中共河南省委咨询组经济组副组长，中原经济区"三化"协调发展河南省协同创新中心顾问，河南省经济学会会长，河南财经政法大学教授；张新宁，中原经济区"三化"协调发展河南省协同创新中心博士。

势，抓住了有利的机遇，有助于实现跨越式发展、扩大开放和产业转型升级。

郑州市在国际商都建设过程中，从郑州的实际出发，创新发展模式。不宜采取一城独大的"孤岛独进"的方式，可考虑"一核六城"的模式，即以郑州为中心，将近边五城开封、洛阳、许昌、新乡及济源架构成比较紧密的城市圈，其中"郑汴一体化"可以作为核心，既突出了郑州的优势，又联合了其他城市，分工协作，产业互补。这和以往的中原城市群有所不同，涉及的城市数量较少，但距离较近，可以联系得更紧密，共同承担商都的关键职能。实际上，中原城市群成立多年，但城市之间分工不甚明确，相互联系协作并不紧密。"一核六城"应当逐步往一体化发展，分层次辐射，分块承担商都功能。如果先把辐射网络式商都圈运作起来，国际商都的建设可能比较容易见实效。

在产业发展中，郑州增强核心集聚力应向"轻型化"方向发展。在商都圈中，郑州处于核心地位，既有辐射力又有凝聚力，关键是增强自身的经济力量和在河南省内的首位度。从其功能和优势看，郑州应占领产业链高端，走"轻型化"道路，主要发展以高科技为支撑的新兴产业、交通运输业、现代服务业、高端生态产业、文化旅游业，发展总部经济、会展经济等；尽可能少地发展重型工业（重型制造可放在洛阳、许昌、新乡、济源等地）；实施更宽区域开放，更多地吸引外商，逐步形成金融中心发展现代商业业态，争取建立郑州自贸区（类似上海）。

二 实施创新驱动战略 建设国家创新城市

作为国家创新型领军城市，郑州市倡导创新强市，目标在于建成创新体系健全、创新要素聚集、创新效率高、综合效益好、创新辐射范围广、支撑引领作用强的国家创新型城市。今后几年，郑州市应当以"第一动力"为指导，用新常态统一思想，推动经济发展整体转向以提升质量为主、科技创新驱动的轨道，走捷径，做扎实，在现有的良好基础上集中力量攻关，使研发与产业化同时实现跨越式发展。

在发展目标上，郑州市以应用技术成果和开发科技产品为主，5年内成为创新强市和智慧城市，成为中部地区的深圳、青岛，与武汉、西安齐名；10 年后的高科技在国际市场占一席之地，成为业界一流的创新强市。5 年内科技贡献率达到 60%，新兴产业达到 50%，科研成果转化率达到 50%；10 年后的科技贡献率达到 70% ~ 80%，新兴产业 60% ~ 70%，科研成果转化率 70% ~ 80%。研究与开发（Research and Development，简称"R&D"）产出应提高到占 GDP 的 4%，进入全国创新型城市行列。

在发展思路上，认真学习和把握"第一动力"的思想、科技主导经济发展规律的理论、科技进步的规律，坚定科技创新跨越式发展的信心，明晰差异化行进的路径：发挥优势、重点突破、雁行列阵、链带经济。发挥优势，是通过全盘比较分析，找出郑州自身特有的优势，如交通枢纽地位、高校密集、驻郑科研机构多、已有科研成果（包括河南省内的）积累丰厚，选择优于其他城市的科技比较优势，寻找突破口。重点突破，是从具有优势和基础的项目出发，争取短期内突破 1 ~ 3 项在全国乃至世界范围内有高端创新价值的成果，掌握核心技术，使其成为郑州的名片。雁行列阵，是不平均使用力量，形成雁飞型的阵容，即由少数项目领头带动一批比较先进的项目，再带动一大批新兴产业和改造提升部分传统产业，坚决淘汰少量落后产业，构建矛状型技术产业结构。链带经济，是用产业链、创新链、循环链带动新兴产业和整体经济高质量、中高速发展。创新链既是科技进步的好形式，又是成果转化的好途径，还是科技、管理、经营相集成的好载体。它与产业链相连又相异，产业链一般是成熟技术支持下的相关产业链条。创新链有它的特殊性，即从原创技术到产品过程形成了一套体系。从科学到技术再到工程，其路线图为：基础研究—技术开发—中间试验—企业孵化（商品化）—规模扩张。许多新兴产业的崛起大都是利用原有产业基础，经过逐步孵化而实现的。原有传统产业的改造更是如此。以科技支撑的新兴生产服务业和消费服务业就是实例。创新链与产业链相适应，企业与研发机构联合，组成产学研乃至产学研金政联盟，企业参与研发、孵化过程，主攻系列产品。

根据郑州的独特优势，正在考虑打造科技创新与转化新高地，优化技术产业结构来建立三个谷：一是商谷，基于航空港、铁路枢纽、米字型交通中心优势，主要研发与现代商贸相关的高新技术，包括信息技术，市场、物流技术、运输管理技术、云技术等（目前世界尚无商谷模式）；二是黄（河）谷，研究有关黄河资源及其利用的科技，包括黄河水资源、沙资源、土地资源、旅游资源、流域城市、黄河故道及其他资源的开发利用技术，培育一批黄河资源利用企业（这在世界上是独一无二的）；三是农谷，集中研究生态农业、循环农业的发展及其相关产品加工、运输的科技，如种业、土壤改良、种保、富碳农业、微生物农业、生物能源的循环链以及农产品加工、食品安全等工程技术，以使郑州成为中部地区最大的农业技术推广高地，重点研究高质量都市农业（含郊区市县）。

三　抓好生态文明　建设优美绿城

20世纪60～80年代，郑州曾被誉为"绿城"，现在需要对这一美誉进行高水平的恢复、提升，以打造优美城市的名片。近几年，环境污染已成为突出问题。为此要完成国家的三项任务：一是探索推行碳排放权交易制度；二是探索编制自然资产负债表；三是落实并完善最严格的水资源管理制度。通过多年的努力，生态文明战略的价值观念基本树立，可持续发展方式、生活方式与消费模式基本形成，生态环境体系、生态产业体系、生态文化体系、支撑保障体系初步建立，各项主要任务和建设目标基本完成。

在中国特色社会主义理论指导下，按照绿色化要求解放思想，5年内，建设郑州高标准美丽绿城、先进科技创新城、最佳生态城；抓住新常态机遇，发挥独特优势，建立一流的最佳生态城，实现"蓝天、绿城、青水"的要求。我国经济进入新常态要有更高要求，生态文明建设上升到"五位一体"战略布局之中，"绿色化"与"工业化、信息化、农业现代化"并列，"五化"成为我国发展的整体要求。为打造生态城市升级版，需要实施城乡连体全业全程循环链工程的系统配套措施，大力发展生态新兴产业，尽快实现绿城、蓝天的目标，确保食品安全。利用5年时间，郑州应成为全国著名的生态旅游和宜居城市，10年内成为享誉世界的黄河生态旅游城市。

城镇是城乡多种循环模式和多种超循环体系关联耦合的重要节点，也是整个区域超循环体系的中枢。在经济发达、城镇密集的区域，借助多重网络构成循环基础设施平台，城乡之间的差距将不断缩小，资源的利用将更为科学有效，城乡生态环境将得到根本性的改善，区域整体竞争力将不断提升，人民群众的生活水平将实现质的飞跃。郑州市正在谋划这个大循环经济体系，它至少包括以下几个方面；一是打造城乡连体的生态农业和生物质能源循环链条；二是建造多层次水资源循环利用系统；三是构筑城乡连体、高端、生态的大农业绿色带；四是形成城乡连体工业、建筑业、运输业等多层次循环链条；五是实现城镇地下通道的系统构造及其在农村的循环利用；六是搭建绿色交通循环体系。

用新常态思维推动新型城镇化[*]

张占仓[**]

编者按： 新型城镇化最突出的着力点就是在推动新型城镇化的过程中，降低对城镇化速度的渴求，在城乡统筹发展上多用劲，在城镇化结构变化上多给力，把政府调控的力量多用在创业和创新上。积极探索"互联网＋城镇化"，让新常态与信息化成为推进新型城镇化的思维范式，把城镇建设成为现代文明中心，让最新的科研成果尤其是大数据、云计算等信息化成果在城市集中使用，促进城市各种资源配置效率大幅度提高。河南省在持续推进原有三大国家战略规划深入实施的同时，应当全面、系统、高起点地以更加开放的思维融入"一带一路"战略。

李克强总理在河南考察时指出，实现 1 亿人口的新型城镇化，可以在全国起到示范带动作用。贯彻落实李克强总理讲话精神，就要认真研究如何破解新型城镇化这一关键难题。

一　深化对新型城镇化的再认识

新型城镇化是与传统城镇化模式不同的城镇化，是更加科学全面地提

---

[*]　原载于《"三化"协调发展》2015 年第 20 期。
[**]　张占仓，河南省社会科学院院长、研究员。

升质量的城镇化，要坚持以人为本、城乡统筹、产城互动、稳妥促进。那么，在中国经济发展进入新常态的历史时期，按照经济规律办事是最基本的要求。与国民经济发展的大局同步，新型城镇化也面临着速度由高速向中高速转换、发展结构转变、发展动力由要素驱动向创新驱动切换的重大变化，这是新常态下的新思维，而新思维必然使用新方法，只有新方法才能够解决新问题。

针对河南省的实际，新方法最突出的着力点就是在推动新型城镇化的过程中，降低对城镇化速度的渴求，在城乡统筹发展上多用劲，在城镇化结构变化上多给力，把政府调控的力量多用在创业和创新上，特别是用在创造条件鼓励和激励青年人发挥作用上。用结构调整期最为有效的"双创"力量，调动全社会的资源，尤其是想方设法激活充满青春活力的青年人的创业创新热情，为经济社会发展注入源头活水，使新型城镇化有新的血液、新的力量、新的动力、新的高度，并随之形成新的经济增长点。这是国内外经济结构调整期最重要的经验与做法，需要全社会形成共识，并在具体政策上迅速形成有利于"双创"的整体氛围，更多地激活人的潜能，以创业促进发展，以创新调整结构，以活力赢得未来，为一代青年人才脱颖而出创造条件。

二 积极探索"互联网+城镇化"

在李克强总理于两会上提出制订"互联网+"行动计划以后，全国各行各业都在积极推进和大胆探索"互联网+"的具体实现途径。到目前为止，"互联网+"运行的实际效果要远远超出预期。因为越来越多的事实证明，"互联网+"确实大大提高了资源配置效率，像已经成功的"互联网+养殖业"一般可以使资源配置效率提高10倍左右，"互联网+零售业"一般可以使资源配置效率提高3倍左右，"互联网+金融"可以使资源配置效率提高100倍左右，等等。

城镇化的原始动力在于它配置资源的效率比传统农村配置资源的效率高得多，而河南省的城镇化目前面临着资源配置效率的瓶颈。一方面，大中城市基本建设投资不足，特别是道路系统建设和管理严重滞后，导致"是城必堵"，堵车成为新常态，"城市病"日益严重，道路信号系统智能化水平比较低。另一方面，很多城市，包括连郑州这样的城市，环境污染加剧，尤其是空气污染成为影响市民实际生活的一大难题，于是乎一到节假日大家都要"逃离城市"。居民内心深处已经出现"逆城市化"的需求，这与正在推进的以"集中、集聚、集约"为核心内容的城镇化相向而行。

因此，如何创新城镇化的战略思路，提高城镇化的资源配置效率，已经成为非常急迫的问题。而"互联网＋"是在信息化时代提高资源配置效率的最得力途径。地方政府，特别是政府建设管理部门，推进"互联网＋城镇化"，可提高城镇资源配置效率，既能保障城镇化的稳定推进，也会使城镇居民感受到时代进步带来的好处，确实促进城镇化质量不断提升，而不是让大中城市越来越堵，让民众在大中城市生活与工作越来越不便利。

实际上，持续推进城镇化的底线是现有城镇居民能够体会到"城市使生活更加美好"，而不是城市让居民越来越纠结。那么解决城市居民生活质量提升的问题，就是市场需求的热点，也是真正应该持续投资的重点，不能够一讨论城镇化就是卖地、盖房，而应该让新常态与信息化成为推进新型城镇化的思维范式，把城镇建设成为现代文明中心，让最新的科研成果尤其是大数据、云计算等信息化成果在城市集中使用，促进城市各种资源配置效率大幅度提高。

三　主动融入"一带一路"战略

据初步研究，"十三五"期间，我国区域经济发展很可能会逐步形成区域板块与轴带结合的发展格局。一方面，进一步有序推进此前形成的东、中、西部及东北"四大板块"战略；另一方面，增加"一带一路""京津冀协同发展""长江经济带"三大战略，最终形成"四大板块＋三个支撑带"的战略布局（也称"4＋3"战略布局）。

在这种区域格局的历史性演变过程中，河南能够较多地分享到"中部崛起"与"一带一路"战略带来的机遇。在过去的艰苦探索中，河南以粮食生产核心区、中原经济区与郑州航空港经济综合实验区建设获得了中部崛起的多方面实际机遇，大大提升了河南在全国发展大局中的地位，特别是郑州航空港已经成为中原地区发展的增长极，在全国影响比较大。而在国家新的三大战略的部署中，"一带一路"战略与河南省关系最为密切，如何主动融入"一带一路"战略，已经成为涉及河南省未来发展全局的根本性问题之一。因此，谋划全省"十三五"发展战略，需要在持续推进原有三大国家战略规划深入实施的同时，全面、系统、高起点地以更加开放的思维融入"一带一路"战略。

按照笔者的初步研究，"一带一路"战略，是中国在和平崛起过程中，通过互联互通融入全球命运共同体的重大战略思想，对全球战略格局影响深远，而且持续运行的经济社会空间巨大。河南作为中国乃至亚洲的经济地理中心，未来在"一带一路"战略中具有先天的战略优势，郑州、洛阳等已经成为国家"一带一路"规划的重要节点城市，与"丝绸之路经济带"联系密切。郑州—卢森堡空中双枢纽航线的开通和货运量的快速增长，已经使该航线成为名副其实的空中"丝绸之路"，对河南省高端产业的发展影响较大。所以无论是国家战略的需要，还是河南省推进新型城镇化的需要，都迫使河南省政府必须到"一带一路"沿线国家去认真走一走、看一看、学一学，借鉴他们高水平建设城镇的经验，以国际视野规划与建设河南省的城镇体系，推进河南省第二、第三产业的发展，使河南省逐步形成更多具有地域特色与文化内涵的城镇。

城镇化，对于河南省这样仍然处于城镇化快速推进期的地区，具有全局意义。而进一步探索新型城镇化之路，必须在"新"字上下功夫。围绕新常态，形成新思维，找到新方法，使用新技术，解决新问题，满足新需求，新型城镇化就将"新"出风采、"新"出实效、"新"出实惠！

浅论科学推进城镇化*

郭 军**

编者按：科学推进城镇化，一方面要借助城镇化重组社会劳动力资源，真正形成人的城镇化；另一方面要有实体性产业经济活动支撑和推进城镇化发展。科学推进城镇化就是要按照客观规律办事，谨防误入"拉美陷阱"。科学推进城镇化就是按照经济社会运行的客观规律认真探索城镇化的形式、路径、机制，并把城市有产业支撑、市民有收入来源作为农业转移人口市民化、推进城镇化的基础前提，以实现工业化、城镇化、农业现代化"三化"协调发展。

最近，社会各界从不同的视角和层面"品味"着"科学推进城镇化"的思维观念。尽管认识各异，但有一点是共同的，即都认为应该就这些年城镇化的发展做一定梳理、总结，研究一下到底应该怎样科学推进城镇化。毋庸置疑，中央政府一直认为城镇化是未来中国经济社会发展的重要引擎，学者专家更是把城镇化称为新一届中央领导集体手中的一张王牌。然而城镇化到底怎么"化"，事实上，从在中共第十五届四次全会通过的《关于制定国民经济和社会发展第十个五年计划的建议》里，中央首次认可和使用城镇化这个概念开始，党政部门、学者和普通大众就已经开始了

---

* 原载于河南财经政法大学河南经济研究中心《学者之见》2013 年第 10 期。

** 郭军，河南财经政法大学教授，河南省经济学会副会长。

关于城镇化之"化"的问题的研究探讨。正是这些不断的研讨和实践有力地促进了城镇化的发展。今天,在河南进入国家粮食核心区、中原经济区、郑州航空港经济综合试验区三大战略运作的新形势、新要求背景下,认真研究如何进一步科学推进城镇化,既符合中央的战略部署和目标指向,也有利于这几年的河南经济在"热"运行中做到"冷"思考,明确路径、理性发展。笔者认为,所谓"科学推进城镇化",重要的是应该在理论上深刻、全面地认识怎样算是科学,怎样算是城镇化,怎样算是科学推进城镇化。一家之言,谨向大家求教并与大家交流。

一 再度审视"科学""城镇化"的概念

"科学"是"关于自然界、社会和思维的知识体系,……是人们实践经验的结晶"。这是《辞海》1979年的解释。20年后,1999年修订的《辞海》写道:"科学,即运用范畴、定理、定律等思维形式反映现实世界各种现象的本质之规律的知识体系。"法兰西共和国的《百科全书》给出的定义是:"科学不同于常识,它通过分类,以求事物之中的条理,即揭示支配事物运动的规律。"现实中我们对科学的理解是,"科学"是对大自然及人类经济社会实践活动的已知或未知所进行的探讨,以发现其某种带有典型性、普遍性的规律,并将其上升为理论,它会影响和促进人类文明的发展。

"科学"是人们应对世界、认识世界、创造世界的学问之大成,是一种世界观,包括人们的价值取向,人们的规律意识,人们的方法手段,人们的实践评价等。因此人们总是希望有一个"科学"的发展观。对"科学"的探索,使得人们越来越认识到规律是不以人的意志为转移的,不按规律办事就会受到规律的惩罚。从这个意义上说,"科学"的内涵和外延,就是要按照经济社会运动的规律办事。1888年,达尔文曾给"科学"下过一个定义,即科学就是整理事实,从中发现规律,做出结论。这个定义的质的、内核的东西——"科学"就是研究实践过程中的事实与规律。达尔文认为,"科学",必须实事求是,必须建立在实践基础上,必须经过实践检验,揭示和反映了客观事物的本质及运动规律,"科学"不能超越现实,不应该是"纯思维的空想"。

城市的出现被称为人类文明史上的一次最伟大的进步。随着工业革命的兴起，城市化进程日益加快，不断地改变着人们传统的生产方式、生活方式、居住方式以及价值观念等。城市经济也发展成为一国或地区经济的主导与主体。纵观世界城市发展的历史，城市的产生除了区域分工因素外，其根本的、内在的动因主要还在于追求集聚经济效应。也就是说，城市本身就是一个经济体，是一个经济活动的空间集聚区，人们或因为商品交换、商务服务活动的需要，集聚在一个空间场所；或因为生产、流通的需要，集聚在一个空间地域。无论是"因城而市"，还是"因市而城"，也不管形成的是大城市还是小城市，以及城市的名气大小、影响好坏，城市的基本支撑力与竞争力都依赖于它的经济实力，包括城市人的创造创新力和城市产业经济活力。

城市化的发展，各国、各个地区之间由于国情、区情特点、人文历史的不同，有着不同的路径选择。我国的城市化发展从总体上看被中央定位为走一条"城镇化"发展的道路，这是由我国依然是一个农业大国、人口大国，而工业化又尚处于中期阶段的基本国情所决定的。也就是说，我国的城市化必须面对大量农村人口减少，如何促进广大农民增收，以及如何促进农业现代化的问题。所以，"城镇化"与城市化的区别在于"城镇化"是就农业、农村、农民生产与生活方式的时空环境条件转换而言的，即"城镇化""化"的对象是"三农"。"城镇化"的过程，也就是农业生产方式转变，农村居住环境空间转变，农民文化素质和生活条件转变的过程，抑或农业转移人口市民化的过程。需要指出的是，"城镇化"是一个过程，这一过程时间的长短，并非由行政性的主观设定来决定，而是取决于农民进城的生存能力与城市接纳农民的承载能力。也就是说，一方面要借助城镇化重组社会劳动力资源，真正形成人的城镇化；另一方面要有实体性产业经济活动支撑和推进城镇化发展。

二　科学推进城镇化，就是要按照客观规律办事

城镇化的本位主体是人，城镇化的张力客体是产业，城镇化的过程是实现人们传统的生产方式、生活方式朝着现代化的生产方式、生活方式转变的过程，所以必须要有一个科学的发展观，必须要按照经济社会发展的

客观规律办事。科学推进城镇化，首先要使城镇化符合社会主义基本经济规律。社会主义基本经济规律体现着社会主义的生产目的，反映了社会主义制度的基本价值取向。社会主义基本经济规律要求城镇建设应该有利于构筑一个"自由人联合体"，在这个"自由人联合体"里，每一个人都能够自由地、全面地发展自己的智力和体力，从而解放生产力、发展生产力，不断满足人们日益增长的物质和文化生活需要。所谓"人的城镇化"其内涵要义也就在于此。

科学推进城镇化，就要遵循价值规律的内在要求，更多地发挥市场机制的作用。价值规律是商品生产、商品交换的一般法则，它要求生产要素的交换通行等价交换原则，并以价格为杠杆，实现对经济和社会资源的有效配置。实践一再证明，城市的活力与生机全在于"市"的"场"动性，即"市气""气场"，包括生产资料市场、生活资料市场、地产品市场、舶来品市场，以及由此带动的劳动力市场、技术市场、资本市场、土地市场等。市场不健全，或是有"场"无"市"，或是市场疲软，都很难使"城"有所发展。城市，"城"与"市"不可分割，往往市场的力量决定了城市的能量和潜质。市场经济的运行要求遵循价值规律、等价交换原则，所以城市也好、城镇也好，应该更多地发挥市场调节的基础性作用，变政府主导、政府推动为政府注意运用市场的力量。城镇化的过程，既要有市场活力，也要有产业支撑。产业入市一定要坚持价值规律和市场法则，在当前既要依靠原有的公有制经济，也要大力发展和引进非公有制经济，动员一切积极因素推进城镇化。

科学推进城镇化，还应贯彻生产关系适应生产力性质的规律，即改革发展规律。城镇化率低，反映的是生产力水平低；城镇化发展的不平衡，反映的是生产力在部门和地区之间的不平衡，其症结是生产关系不适应生产力发展的要求，违背了生产关系适应生产力性质的规律。正是由于这一状况，我国实施了改革开放，并在改革开放中不断完善社会主义生产关系，包括物质资料所有权关系、劳动力所有权关系、中央与地方关系、政府与企业关系等，极大地促进了生产力的发展。但是受多重因素的制约，我国的生产力水平与世界发达国家之间还存在着较大差距，从而使城镇化水平徘徊不前。这便告诫我们，城镇化的发展是与整个国家的生产力发展相联系的，绝不可以认为城镇化的发展是一蹴而就的。

但也不能因此而被动消极，一定要发挥自己的积极性、主动性、创造性，立足本地，发挥优势，扬长避短，加快城镇化的步伐。尤其是河南省优、劣势明显，面临的机会与挑战并存，有着推进城镇化的条件，因此只要河南全省同志进一步解放思想，转变观念，深入实际，大胆实践，河南省的城镇化必将有一个大的跨越。

三　科学推进城镇化，谨防误入"拉美陷阱"

城镇化是人们希望的，但是城镇化道路从来都不是平坦的。21世纪初，拉丁美洲的一些国家的人均 GDP 达到 2000 美元，城市化进程加快，但城镇化发展没有为整个国家的经济社会增添多少活力，也没有使"三农"问题得以圆满解决，反而使经济社会出现停滞。人们在分析这一现象后，给出了一些解释。一是由于缺乏实体性经济能量，特别是缺少第二、第三产业的支撑，进城农民大多处于失业和半失业状态，没有可靠的收入来源，由此产生出了新的、大规模的城市贫民，造成社会不安定、动荡；二是由于缺乏经济积累和人文脉络的积淀，工业化、城镇化、农业现代化"三化"非协调性发展，加之自然环境保护、生态经济的社会意识淡薄，新市民与老市民矛盾重重，城市生活与乡村生活难以对接，从而催生出了许多新的城市病，使得城市化发展遇到尴尬局面；三是由于缺乏城市基础设施和社会公共产品供给，农业转移人口市民化以后，要么无力购买商住房、困居在新型"棚户区"，要么拉动房产市场需求，助推城市房产价格上扬，导致整个城市的投资、消费失衡，出现社会通胀；四是由于缺乏宏观规划，当大量农民涌进城市（拉美国家在加快城市化进程期间，农业转移人口占到城市人口的 40%）以后，城市的公共医疗、文化教育、失业救助，以及给排水、电力、燃气、交通等不堪重负，城市化进退维谷。

按照一般经济社会规律，当一个国家或地区的人均 GDP 达到 3000 美元，即世界中等收入国家水平时，城市化便进入加速期。而许多发展中国家却是一方面积极推进城市化，另一方面又遭遇着城市化的尴尬。最令人困惑的就是，大量农民离开土地，渴望进城做市民，而城市产业经济又提供不了足够的就业机会，无法保证失地农民的就业。这就是所谓的"拉美陷阱",也称"中等收入陷阱"。世界银行2006年的《东亚经济发展报告》把此概括为:"鲜有中等收入的经济体能够成功地跻身于高收入国家,这些国家往往陷入了经济增长的停滞期,既无法在工资方面与低收入国家竞争,又无法在尖端技术研制方面与富裕国家竞争。"有关资料显示,巴西在2002年时,人均GDP已经超过了3000美元,城镇化率达到82%,但它的贫困人口占到人口总量的34%。一些学者还发现,包括巴西、阿根廷、墨西哥、智利、马来西亚在内的许多国家,20世纪70年代即进入中等收入国家行列,人均GDP保持在3000~5000美元的高阶段,然而一直到2007年,它们的经济增长事实上仍处于徘徊不前的境地,也没有让人看出未来有任何增长的动能与潜力。为什么这些国家历经十几年、几十年的城市化发展,就是进入不到人均GDP10000美元以上的高收入国家行列呢?拉美国家"经济有增长、社会无发展"的城市化及其经济社会发展的历史教训是深刻的,因素也是多方面的,有一点却是必须关注的,这就是它的城市化过程和经济社会运行,并没有真正地、彻底地解决好农业、农村、农民"三农"问题。"三农"问题的存在并长期得不到有效解决,延缓和阻滞了城市化的真正实现。这恰恰给我国的城镇化提供了警示,我国既不能期望城镇化解决所有问题,也不能消极悲观不作为,而是要汲取别国的经验教训,务实地探索出一条实在的中国的、河南的城镇化道路,在城镇化过程中实现中国梦,实现中原崛起、河南振兴。

四 科学推进城镇化应该是实事求是,顺势而为

科学推进城镇化的中心意义是造就人们安居乐业的现代经济社会活动的美好空间,但是城镇化是一个过程,受多方面因素影响,所以要实事求是,顺势而为。实事求是,就是要从国情、省情出发,按照经济社会运行的客观规律,认真探索城镇化的形式、路径、机制;顺势而为,就是要把城市有产业支撑、市民有收入来源作为农业转移人口市民化、推进城镇化的基础前提,达成工业化、城镇化、农业现代化"三化"协调发展。

城镇化是一个过程,可以有多种形式和路径选择,只要有利于城镇化发展,都可以大胆的尝试。有计划地引导农民进入大、中城市是一条道

路；立于县、镇城区空间，实现人口、资源、经济要素的集聚，也是一条道路；由某些中心村辐射带动形成的新型农村社区实现了乡村都市化，也是一条道路。关键的是城镇化在形式上不能刮风、不能跟风，不能绝对化、不能走极端。一说农民进城，就绝对地、极端地让农民"被进城""被上楼""被市民"；一说农民就地城镇化，就绝对地、极端地画地为牢，将农民"被城镇""被社区""被现代"。实践是检验真理的唯一标准，让实践说话。因此，政府和学者都不应急于评论，更不要干预实践探索，应发挥地方基层人员的主观能动性，给地方基层人员经济运行、经济方式创新的自主权，以及生活空间、生活方式选择的自主权。

科学推进城镇化，说到底，就是关注城镇化发展中的产业支撑和产城融合问题。这是城镇化能不能"化"起来、"化"下去，"化"的好的根本所在，同时也表明经济学理论所揭示的城市的起源、城市的持续、城市人及城市的经典生活，都是以相应的产业为基点的。纵观人类城市的发展史，尤其是发达国家城市的变迁，无非具有两个内容特征，一是城市因产业集聚而形成和发展，这是一个自然而然的城市的崛起；二是城市因产业发展定位不同而自然而然地被区分为各具特色的城市，所以，城镇化的过程，可以说是一个产业化的过程。如以农业自然资源、第一产业为依托形成的农业生产、农产品加工和商品贸易流通性城镇；以第二产业为主体，从事装备制造业的工业城镇；发挥交通地理区位条件优势，以第三产业为主的商业服务业城镇。并且城镇规模大小不同，特色定位亦不同，这体现了现代经济社会在区域间的分工合作关系。再如北京，作为"首都""京都"，一直都是以第三产业为主导的，事实上就是一座以文化产业为支撑的文化城；郑州，自古以来一直就是一座商贸城，这是由它的资源条件、地理区位、历史文脉所决定的；巩义的回郭镇是工业名镇，代代承传着该镇工业经济社会的史事；西辛庄村建"市"，是因为李连成为了让村里人过上和城里人一样的生活，大力发展了产业，使得村子的第一、第二、第三产业的综合实力强，有了建"市"的经济根基与潜力。在当代中国，只要有产业支撑，城镇化就会千姿百态，大有希望。

城镇化没有统一的模式和标准，城镇化率有高低之分是因为地区之间有差异，地区发展不均衡，因此无须将单个城市地区的城镇化水平与国家的水平相比较，更无须非要使其与发达国家看齐。《河南省新型城镇化规

划（2014—2020 年）》提出，到 2020 年，常住人口城镇化率要达到 56%
左右，争取新增 1100 万左右农村转移人口；户籍人口城镇化率要达到
40% 左右。从统计数字看，实现上述目标应该不难，但实际的城镇化任务
繁重；而在国内外经济几乎持续走低，中央实施"稳增长、调结构、促改
革"的宏观经济运行方略的背景下，城镇化的严峻性就越发显得迫切。所
以，研究、探讨科学推进城镇化就更有必要，更具现实意义。

从体制机制理论看推进新型城镇化科学发展的着力点[*]

——"完善体制机制，推动河南新型城镇化科学发展"命题的理论思维

郭 军[**]

编者按：新型城镇化，"新"在要有城镇化发展的新的理念、新的内容、新的标志，更要有新的体制和机制。推进新型城镇化科学发展应当在制度体制的完善和国家治理能力的提升上着力，在决策权限的划分和各主体利益的分配上着力，在具体实现形式和相应实现机制上着力，在发展轨道和发展动力上着力。

河南发展高层论坛第 61 次会议的主题是"完善体制机制，推动河南新型城镇化科学发展"。围绕"完善体制机制，推动河南新型城镇化科学发展"，河南省社科理论界事实上一直在不同范围、不同层面，以不同视域、不同形式进行着理论研讨，研讨的焦点也主要集中在如何做好体制机制的文章，务实的、科学地推进河南新型城镇化发展。

新型城镇化，"新"在要有城镇化发展的新的理念、新的内容、新的标志，更要有新的体制和机制。这些年政府也好，学界也好，都在城镇化发展过程中进行了积极探索，但大家又都感受到了诸多困惑。而当面对这些困惑理不出头绪，找不到问题的缘由症结时，又都会想到体制机制，认

---

  * 原载于河南财经政法大学河南经济研究中心《学者之见》2014 年第 14 期。

  ** 郭军，河南财经政法大学教授，河南省经济学会副会长。

为引发困惑的是体制机制的问题。而当我们高喊着深化体制机制改革，科学推进新型城镇化时，却又总是陷入迷茫——不知道究竟应该从哪里入手。所以，在今天再次研讨完善体制机制，寻找推动河南新型城镇化科学发展的路径的时候，笔者还是要回到理论。只有回到体制机制的一般理论，笔者才能够给出"完善体制机制，推动河南新型城镇化科学发展"命题的理性思维。

一 在制度体制的完善和国家治理能力的提升上着力

马克思主义理论告诉我们，体制是制度的具体化，制度是生产关系的体现。有什么样的生产关系，就会有什么样的制度，从而也就会形成什么样的体制。社会主义生产关系及其制度要求必须有社会主义体制与之相适应，包括社会主义经济体制、社会体制、文化体制、政治体制等。体制作为制度的具体化，反映着一个国家的国体、政体，从而表现出在一定制度规范下国家治理经济社会文化政治的能力和水平。所谓改革与发展，本质上是就国家治理体制的建构、运营、调整、完善、创新而言的。宏观经济保持繁荣，微观经济充满生机，不仅是对现行制度体制的一种理论研判，而且是对现时国家治理的一种科学考量。中共十八大和十八届三中全会强调国家治理能力现代化，一方面表明中央着力于提升国家治理能力与治理水平，另一方面说明强化政务治理、社会治理、市场治理，发挥政府和市场两只手作用的必然性和紧迫性。清华大学中国经济数据中心发布的一项报告显示，我国户籍城镇化率只有 27.6%，同时 2/3 的社会流动人口不愿意放弃原有农村户籍。这种人口与户籍分离的现象，不仅拉低了中国城镇化水平与国际城镇化水平的差距，而且将极大地制约新型城镇化的进程，非常不利于工业化、城镇化、农业现代化"三化"的协调科学发展（《我国户籍城镇化率仅为 27.6%》，《贵州都市报》2013 年 10 月 28 日）。显然，推进城镇化发展，特别是推进以人为本的新型城镇化发展，就应先在制度体制和国家治理能力两个基本维度上着眼和着力。在当前，完善体制机制，推进新型城镇化科学发展，有效的政府治理是关键。尤其是发展中国家的政府，必须担当起推进国家工业化、城镇化、农业现代化的责任，要全面正确履行政府职能，把城镇化发展纳入宏观调控体系，探寻完善城镇化健康发展的体制机制，促成城镇化发展与经济社会发展的互动。

二　在决策权限的划分和各主体利益的分配上着力

体制属于管理学的范畴，大凡讲体制，都是指管理体制，体制改革也是指管理体制的改革，如经济管理体制改革、社会管理体制改革、文化管理体制改革、政治管理体制改革等。而平常，人们则往往把管理二字减缩省去，直接称它们为经济体制改革、社会体制改革、文化体制改革、政治体制改革等。从这一概念认识出发，体制的核心问题是决策权限的划分和各主体利益的分配。权限的划分，如在管理主体上，应明确国家、自然人、法人各自所拥有的经济社会政治主体地位；在管理层次上，应明确国家管辖范围、地方管辖范围；在管理职能上，应明确国家管什么，地方管什么；在管理作为上，应明确哪些由政府规制，哪些由市场决定；等等。利益的分配，如国民收入中积累与消费的分配，国家、企业、个人之间的分配，工农之间、城乡之间的分配，以及社会化服务、公共产品的分配等。毫无疑问，决策权限的划分是否合理，各主体之间经济利益的分配是否合理，直接关系着整个国家经济社会大局的安危，关系着国家、企业、个人的积极性、主动性、创造性能否发挥，从而也关系着工业化、城镇化、农业现代化"三化"能否协调科学发展。城镇化的过程，是完全依靠政府推动，或是完全依靠市场调节，还是发挥政府和市场两个积极性？事实上有很多问题需要认真研讨。新型城镇化目前发展中的一些问题，除了城镇产业支撑相对乏力之外，主要的应该是有关地方政府在城镇化进程中的具体职能、权限的模糊性及作为的被动性和长期以来等、靠、要"上面"指示的惯性。农民从一开始急于进城转为市民户口，到现在只想进城不愿转户口，表象上是户籍制度没有改革到位，农民入户难，实质上却是利益分配问题，即农民考虑和担忧的是一旦失去土地，如何保障进城后的生计及其可持续发展的问题。值得指出的是，城镇化发展到今天，农民们，包括进城的、正要进城的、没有进城的，似乎发现，城镇化使农民的生存风险越来越大，利益越来越难以保证，面临的问题越来越多。这些问题包括农民进城面临的城市就业与收入保证问题，城市生活成本持续走高问题，城市雾霾等环境越来越恶劣问题，住房、交通、入学、就医、社会救助、福利待遇保障问题等。它们都是需要政府认真研究并必须从制度政策上加以解决的，否则，城镇化发展也许有一天会出现停滞。

三 在具体实现形式和相应实现机制上着力

体制是一定制度的具体化，因此，体制就其内容，就是一定制度的具体实现形式和相应实现机制。所谓体制的具体实现形式，是指反映一定制度内在要求的所有制实现形式。我国是社会主义国家，社会主义生产关系决定了我国必须坚持以公有制为主体，多种所有制经济形式共同发展的基本经济制度，这是中国特色社会主义制度的重要支柱，也是社会主义市场经济体制的根基。也就是说，在社会主义市场经济体制条件下，公有制经济和非公有制经济都是我国经济社会发展的重要基础。这一制度规定决定了我国经济社会的发展，既要发挥公有制经济的主导作用，也要支持、引导非公有制经济的大力发展；既要不断放大国有资本功能，提高其竞争力，也要促进更多公有制经济和其他所有制经济发展成为混合所有制经济。实践证明，原有体制下的单一公有制形式，不适应生产力的发展，随着改革开放的深入，我国大力发展多元产权结构，寻求多种所有制实现形式，使得社会主义的生产力日益显现出勃勃生机和活力。今天，在探索工业化、城镇化、农业现代化"三化"协调科学发展的时候，一个重要的思想观念就是要把"三化"协调发展同发展混合所有制经济结合起来，就是要把推进新型城镇化同发展混合所有制经济结合起来，让新型城镇化在国有资本、集体资本、非公有资本中交叉融合，让各种经济形式取长补短、相互促进、共同发展。所谓体制的具体实现机制，主要是指体制运行的调节和控制方式。抽象的方面，如计划机制、市场机制，具体的如财政、税收、信贷、价格、工资等政府为了保持宏观经济发展的均衡性而采用的各种调控手段。现行体制条件下，这些机制及其运用，对于地方经济特别是市县经济的作用是微乎其微的，地方、区域经济的发展，一方面要执行中央大政策，另一方面要营造本地小环境。也就是说，地方、区域的经济发展还是要靠自身经济优势的培育，因此各地要注重抓机遇，布产业，以产兴城、产城融合，独立的、创造性地推进新型城镇化发展。

四　在发展轨道和发展动力上着力

经济学家认为，体制最关键的是要解决两个问题：一是发展轨道、方向，二是发展动力、机制。城镇化是人类社会发展的总趋势，是从农耕文明走向工业文明的标志。城镇化"化"什么？"化"人，人往城里集聚——农业转移人口市民化。但是，什么时间"转"？"转"多少？怎么"转"？是往大中城市"转"？还是向小、微城镇"转"？是建立多层级城镇化体系？还是一味地将人口集中到大中城市？从理论上说，随着物质生活资料的不断丰富，人口在总体上必然要向城市集聚，因为城市改变了人们的生产与生活方式，人们以城市为载体享受着现代文明。从实践上说，受一定时期城市综合承载力的约束，人口转移是分阶段、分批次、分情况逐步实现的，正因如此，《2013 中央城镇化工作会议公报》和《国家新型城镇化规划（2014—2020 年）》开宗明义地指出，城镇化是一个自然的过程。但是城镇化不能等，城镇化建设发展的快慢直接影响到"三化"的协调与否，所以必须加快步伐。现在的问题是一定要理清楚国情、省情、区情，弄明白城镇化到底要走一条什么样的道路。

从国家层面说，城镇化发展的道路是清晰的，即推进以人为核心的城镇化，推动大、中、小城市和小城镇协调发展，推动产业和城镇融合发展，促进城镇化和新农村建设协调推进，优化城市空间结构和管理格局，增强城市综合承载能力。依笔者所见，河南的省情是农业比重依然较大，工业化基础依然薄弱，郑州、洛阳等大、中城市的人口吸纳力依然有限，这就决定了河南应当走农业人口向郑州、洛阳等大中型城市转移与向县域城区集聚相结合的，以县域城区为主导的多层级的城镇化发展道路。

城镇化发展的根本动力来自人们对城镇的现代经济社会生产和生活方式的追求。政府推进城镇化发展的动力，是为人们创造一个空间，让人们享受到现代科技、现代生活、现代文明；企业助推城镇化发展的动力，是为了有一个政产学研结盟、工业化与信息化融合、产业资本与金融资本互通、利于创造和创新的现代经济一体化运行空间；农民支持城镇化发展的动力,是为了冲破工农差别歧视、城乡二元经济不合理结构,争得一个与城里人一样的经济社会文化政治主体地位。认识动力,在于研究动力、发掘动力、调集动力,化动力为生产力,从而依据人们的动力需求制定政策、调整制度、完善体制、创新机制,以强有力的制度、体制、机制和政策推进新型城镇化科学发展。

河南农业人口至今尚有6000多万人,其中有1000万贫困人口。因此,河南的城镇化发展和整个河南经济社会发展一样,仍然处在爬坡过坎的阶段,提升城镇化水平的难度比任何省区市可能都要大。河南省一方面要认识到城镇化任务及其过程的艰巨性、艰难性,另一方面更要看到国家"三大战略"规划实施所带来的发展城镇化的条件优势。建设先进制造业大省、高成长性服务业大省、现代农业大省的工作思路等,为推进新型城镇化科学发展提供了理论的、政策的指导与支撑。只要深入研究和创新体制机制,河南的新型城镇化不仅能够进入科学发展的轨道,而且必将实现总书记期望的使中原更加出彩的发展目标。

加强对新型城镇化引领的认识
正确看待新型农村社区建设[*]

郭　军[**]

编者按：推进"四化"同步、"三化"协调发展，重要的是要积极发挥新型城镇化的引领作用。在新型城镇化发展中探索推进新型农村社区建设，要以法的强制力对其形成约束和规范。新型农村社区建设是一个长期的过程，要经历相当长的一个阶段，关键是对它要有一个正确的认识与评价。

学习党的十八大精神，既要认识举什么旗、走什么路等大是大非问题，也要结合地方经济社会特点，真正把十八大精神贯彻落实到实际中去。令人欣喜的是，河南这几年的探索和实践在十八大报告里得到了体现与认可；而接下来持续探索和实践，必须以十八大阐述的理论为指导，按照河南省第九次党代会的要求部署。深化这一探索和实践，目前仍需要公众提高一些认识。

一　推进"四化"同步、"三化"协调发展，重要的是要积极发挥新型城镇化的引领作用

"四化"和"三化"的内容是一体的，区别在于前者强调工业化、城

---

　*　原载于河南财经政法大学河南经济研究中心《学者之见》2013 年第 3 期。
　**　郭军，河南财经政法大学教授，河南省经济学会副会长。

镇化、农业现代化在今天已经进入到一个具有信息化特征的重要时代。人类从蒙昧时代进入文明时代的标志，是走出了农耕小生产，进入了机器体系大生产，即工业革命以其新的社会生产方式改变了农业，激活了城镇，并且在不断城镇化的过程中，使工业化时代演进到信息化时代。因此，"四化"也好，"三化"也好，它们的内容实体是一致的，讲"四化"，强调和突出了信息化这个时代特征。

新型城镇化的发展是未来中国经济运行的重要引擎，这意味着新型城镇化在"四化"同步、"三化"协调中，必将发挥积极引领作用。这样说的依据主要有四个。

①十八大报告强调要"推动信息化和工业化的深度融合、工业化和城镇化良性互动、城镇化和农业现代化相互协调"。这一描述，表明了维系"四化"关系的一根主线是城镇化，城镇化居于工业化和农业现代化中间连接点的重要位置，并且以其功能优势成就了信息化。无疑，城镇化具有促成"四化"同步发展的积极作用。同时，十八大报告还特别指出，"必须以改善需求结构、优化产业结构、促进区域协调发展、推进城镇化为重点，着力解决制约经济持续健康发展的重大结构性问题"。

②李克强在 2012 年 11 月 21 日《人民日报》发布的、被媒体称为新一届中央政府施政纲领的专论性文章《认真学习深刻领会全面贯彻党的十八大精神　促进经济持续健康发展和社会全面进步》中，不仅对城镇化问题做了专门一段论述，而且直接明了地指出"展望未来，城镇化是我国经济增长的巨大引擎"。

③2012 年 9 月，在中共中央组织部、国家发展和改革委员会（以下简称"国家发改委"）于国家行政学院举办的省部级领导干部推进城镇化建设研讨班上，李克强等中央领导发表重要讲话。通过深入理解此次讲话内容，国家行政学院经济学部主任张占斌教授认为，新型城镇化有可能成为新一届党的领导集体谋求未来十年中国经济平稳较快发展的"突破口和平台"，以及有可能成为施政者手里的"一张王牌"。

④李克强在 2012 年 11 月 28 日会见世界银行行长时指出，"未来几十年最大发展潜力在城镇化"。他说到，十三亿人的现代化和近十亿人的城镇化，在人类历史上是没有的，中国这条路走好了，不仅造福中国人民，而且对世界也会有所贡献。

这就提醒我们，无论是从事应用经济理论研究的同志，还是负责政府经济决策制定及其具体运作的同志，都要注意到这一点，一定要看到这一大势，解放思想，转变观念，与时俱进，迅即从旧的思维与惯性中超脱出来，努力地、真正地做到学明白、想明白、说明白、做明白。

二　实施新型农村社区建设地方立法

走新型城镇化引领"三化"协调科学发展的道路，是河南人在中原崛起、河南振兴的历史进程中的实践总结与理论创新；是河南各级干部以及学界都给予了充分肯定的；是与党中央、中央政府的战略思想和预期以及具体的路线、方针、政策相吻合的。在党的十八大召开后的第三天，国务院批复了《中原经济区规划》，该规划不仅把新型农村社区建设作为新型城镇化发展的重要内容，而且将其单独列为一节，强调要在新型城镇化发展中探索推进新型农村社区建设。既然如此，新型农村社区建设就应该从实践政策层面进入到立法层面，通过人大实施地方立法，以法的强制力对其形成约束和规范。

这样做的意义至少有三点，一是有可能保证"一张蓝图绘到底、一届接着一届干、一以贯之谋发展"；二是有可能避免因干部人事交流变更而导致"体制性穷折腾"和"体制性半拉子工程"，防止对社会生产力造成破坏；三是有可能依法进一步研讨、完善、提升新型农村社区建设，保证新型农村社区建设在推进新型城镇化、城乡发展一体化过程的重要作用。

三　正确认识和评价新型农村社区建设

新型农村社区建设确实存在着不少问题。比如，新型农村社区用地与原有老百姓宅地置换中的用了新地、占着旧地的问题，新型农村社区建设投资与地方政府财力匹配的问题，新型农村社区建设与产业支撑、可持续发展的关系问题，新型农村社区建设与现代城镇文明复制的黏合性、现实性问题，新型农村社区的有计划建设与现时的"大跃进"现象问题，等等。正因如此，包括党政部门、理论界在内的社会各方，对新型农村社区产生了许许多多的质疑。这些质疑是对的，反映了大家对党和社会主义事业的责任心。但是，大家也要有一个理性的思维，要冷静地思考一下这条道路、这个方向对不对，能不能成为我们的一种选择。

城镇化是人类经济社会发展的一个标志、一个大势。中国的发展与西方不同的地方，一是从封建社会直接过渡到了社会主义社会；二是当代中国的生产力严格地说，还应该是以"农"字号为内容特征的。所以在中国、在河南，我们研究、决策任何事情，都不应该脱离这个基本国情、省情。因此现实中我们必须寻求后发优势，寻求跨越式发展来解决城乡二元结构，解决农业、农村、农民问题。就城镇化来说，既然我们现在的城市承受和接纳不了那么多农民，为什么不可以另辟蹊径呢？为什么不可以探讨农民的就地城镇化呢？为什么非要是农民进了城才算是城镇化，而引导农民在政府的鼓励、支持下自己"造城"就不是城镇化呢？难道我们长期坚持的这种直线思维不该调整了吗？新型农村社区至少应该算是城镇化发展过程中的一种选择吧！

我们在建设新型农村社区过程中所面临的现实问题是客观的，新型农村社区建设也必然是非常艰难的。新型农村社区建设是一个长期的过程，要经历相当长的一个阶段，绝不是一蹴而就的事情。

发展中的问题只有在发展中去寻求解决。

别让"底特律破产对中国城镇化的警示"给吓唬住了[*]

郭 军[**]

编者按：底特律破产给了我们一些有益的启示：第一，城镇化是一个趋势，但没有固定模式，不能追求大城市化，也不能搞"泛城市主义"；第二，城镇化一定要有产业的支撑，要在强调产城融合的同时强调产城互动；第三，城镇化也是对政府能力和水平的考量，如果一个时期里的财政支出不当，则很有可能造成政府的被动，甚至会使政府因入不敷出而陷入破产境地。

也不知道从什么时候起，一些人总是喜欢拿发达国家的事情来说教中国。比如，美国密歇根州的底特律市破产了，立马就有人撰写文章或是发表谈话，大呼"底特律破产对中国城镇化的警示"。但是，看过来、听过去，所谓的警示，对于城镇化来说，也只有一个产业问题与它沾边。然而，这个警示，搞不好还真会把人给吓唬住，尤其是在现时从中央到地方都在积极推进城镇化之际。我们不是喜欢封闭的排外主义者，也不是自尊自大、不愿意汲取别国经验教训的人，我们要提倡实事求是，提倡一切从中国国情实际出发，而不要听风就是雨。底特律从 1701 年被发现并成为一

---

　* 原载于河南财经政法大学河南经济研究中心《学者之见》2013 年第 11 期。

　** 郭军，河南财经政法大学教授，河南省经济学会副会长。

个皮毛交易中心，到 1815 年正式建市，到 20 世纪 50 年代达到鼎盛，到今天申请破产，经历了漫漫几百年的演变，而我国的城镇化则刚刚上路，实际的城镇化率也只有 30% 多。这样一惊一乍的，恐怕不利于城镇化的推进，且不说一些说法并不靠谱。

一 破产的是底特律市，而非蜕变后的"汽车城"
——大底特律地区

因为政府拒绝施以任何援助，美国底特律市于当地时间 2013 年 7 月 18 日申请破产，密歇根州州长施耐德当天批准了底特律的破产申请。曾经代表西方国家社会生产力水平、被称为世界汽车工业中心的底特律由此风光不再。

底特律，原为印第安人居住地，1600 年末被一位法国皮毛商发现其优越的地理位置，遂成为一个皮毛交易中心，后被法、英占领，1796 年加入美国，1815 年正式建市，并随着大湖航运的辟通和伊利运河的竣工迅速发展。1896 年，亨利·福特在底特律市麦克大道租用的厂房里制造出了他的第一辆汽车，由此拉开了底特律工业的帷幕。依靠附近的铁矿石、炼油厂，以及福特、克莱斯勒等汽车先驱的入驻，底特律获得了"世界汽车工业之都"的美名。

底特律修建了世界上第一条水泥大道和第一条通向芝加哥的城际高速公路。当时，底特律不仅有着最早的电力公司，而且有着良好的工业基础，其历史、文化、艺术也被世人所看好，但是支撑底特律经济社会发展的最主要的还是汽车工业。

毫无疑问，没有汽车产业，就没有底特律昔日的辉煌。城镇以产业为支撑，当产业出现变化，城镇却不能适应时，城镇就有可能失去活力。2008 年的金融危机冲击了汽车产业，福特、通用、克莱斯勒三大汽车巨头大量裁员，整合经营，甚至抉择空间位移，从城区迁移到郊区，以转移压力和规避风险。但与此相关的底特律市政当局并无作为，甚至对出现的新的城镇化大势表现出麻木的态度，以至于卫星城隆起、老城区空心化，直至财源断流才惶惶然，却悔之晚矣。

美国的城镇化走到当今，实际上走的是一条城市郊区化发展的道路，即越来越多的人从中心城区（市中心）搬往郊区居住。随着一些企业因种种原因从中心城区搬迁往郊区扎营，一个个围绕原有城市中心的卫星城便渐渐形成，从而使得当地发展成由数个卫星城空间连接起来的城区与郊区各异的新型城镇化格局，底特律就是这样的。现在说的底特律市只是底特律市蜕变后的大底特律地区的一部分，底特律市和大底特律地区是两个概念。底特律市的面积只有 370.2 平方公里（还没有北京海淀区的面积大），大底特律地区的面积为 1.04 万平方公里，2013 年约有 435 万人（当地一位官员说有近 600 万人口）。很显然，今天讲的汽车城，已非指原底特律市了，而是大底特律地区。如今，底特律市与周边卫星城镇的区别之大，许多人认为用"可怕"二字来形容也一点儿都不夸张。也有人称"冰火两重天"——底特律市区破败不堪，底特律市周边一个个小城镇则繁华兴盛。因此，应该说是底特律市破产了，而不是汽车城破产了。

二 底特律市破产并非完全是产业问题，更多的是社会问题

很多人认为，底特律市破产是因为汽车产业出了问题，然而统计资料表明，事实并非如此。通用、福特、克莱斯勒 2012 年的产值创下了近几年的最高纪录，它们被人赞誉为"拉动美国经济复苏的'功臣'"。即使是在底特律市宣布破产的 2013 年 7 月，数据显示，通用汽车在美国本土的销量为 23.4 万辆，同比增长 16.3%；福特汽车销量为 19.37 万辆，同比增长 11.4%；克莱斯勒汽车销量为 14 万辆，同比增长 11%，创下最近 7 年同期月度销量最好的纪录。值得指出的是，三大汽车公司事实上也并没有远离底特律，福特总部迁往的地方是底特律市西南不远的迪尔伯恩，克莱斯勒迁往了距离底特律市 60 公里的奥克兰郡首府沃特福德，通用汽车则一直坚守在市区的底特律河西岸（它的生产工厂大多已迁往底特律市北部卫星城）。所以，美国人说，底特律破产与汽车产业没有多大关系，汽车工业"涛声依旧"，2014 年的底特律汽车展照常进行了。

底特律破产与汽车产业无太多关联，那是什么原因导致底特律破产的呢？大多数人们认为这与长期积淀的社会问题是分不开的。我国一对夫妇曾于 2007 年初探访过底特律，称底特律是"一个锈迹斑斑的城市"。本

来，去底特律是他们期待已久的事情，因为在他们的心目中，那里是"资本主义的工业心脏"。尽管友人劝他们最好别去，说那里存在着治安问题，但他们还是坚持要眼见为实。一到底特律，实际景象果真使他们不敢相信自己的眼睛，他们怎么也没有想到这个让爱迪生淘得第一桶金的地方会如此惨败。他们返程的大部分时间都用在了对底特律衰落原因的解析上。"物美价廉的日本汽车对美国汽车产业造成的压力很大，但通用和福特仍然是汽车产业的翘楚；网络泡沫破裂后，人们发现财富世界 500 强企业绝大多数还是传统产业的企业。同时，种族冲突是底特律破产一个诱因，但深层次的原因首先是黑人的精神退化——从南北战争时逃亡底特律，到底特律的摩登时代，黑人的精神是向上进取的，但在近五十年里，底特律黑人的精神在不断地退化，以至于很多年轻人宁可乞讨、吃救济，也不愿意找活干。一个市民主体如此颓废的城市，还能咸鱼翻身吗？第二个原因是人心的取向。当人们都认为一个地方有着美好的未来时，人才、资金便都会涌向这个地方，这个地方就会兴旺。就像大家都看好一只股票，这只股票一定会涨。当人们都对一个地方丧失信心时，这个地方就会陷入恶性衰退，底特律的故事，就是对此最经典的演绎。"

社会问题也就是人的问题，许多人士在分析了底特律衰落的根源之后，将其概括为两点，一是人口数量大幅度减少；二是人口素质大幅度下降。底特律在 20 世纪 50 年代的人口达到 185 万人，为美国第四大人口城市，现在的人口却减少到 73 万人，排名降至第 18 位。而在这 73 万人口中，黑人、老人等占到近 90%。底特律的失业率几十年来一直居高不下，最高时达到 23%，市区治安混乱，犯罪率持续上升，而警察接警后需要费时一个小时才能到达事发现场。更令人惊讶的是，市政官员浑水摸鱼、"破罐破摔"，贪腐随处可见。底特律市前市长基尔帕特里克被判犯有 20 项腐败和受贿罪，负责管理退休基金的两名官员因贪污被捕，前警察局长因性丑闻辞职……。这样的城市不衰败就不正常了。

三　底特律破产是由财政危机引发的

美国 CNBC 电视台就底特律破产做过详细报道，他们认为底特律跌入破产窘境是由三大原因造成的，一是人口急剧下降导致税收大幅下降；二是市政项目支出庞大，市政项目赤字庞大；三是金融危机的影响仍然较大。截至申请破产之日，底特律市政府已欠下185亿美元的长期债务和数十亿美元的短期债务，这使底特律破产笃定成为美国历史上规模最大的城市破产案。密歇根州州长斯奈德在一个官方网站的视频中说，"这是一个艰难且痛苦的决定""从财务角度看，恕我直言，底特律已经破产"。而几乎同时，斯奈德在致密歇根州财政部长的信中写道，"我知道许多人将认为此刻是该市历史上最糟糕的时刻"，因为"那些债务原本就没有被偿还的希望"。底特律市财政收入主要来自汽车工业，但是汽车工业大多已逐渐从市区迁到郊区，同时美国汽车产业还受到日系、欧系汽车的冲击，加之2008年金融危机使汽车产业大量裁员，许多工人失业，还不起房贷，这一切事实上已经断裂了底特律市政府收入的渠道。亦如斯奈德州长的视频讲话所说的，"以底特律的衰落来看，当前形势已经酝酿了60年"，可谓"冰冻三尺非一日之寒"。

现在有人一直说，底特律市财政收入单一，过分依赖汽车经济。其实，只说对了一半，原来确实是依赖汽车经济，但当汽车巨头们将他们的公司从市区纷纷迁往郊区或他地之后，市财政想依赖都依赖不上了。汽车巨头们为什么要把公司搬迁走？这要追溯到几十年前。20世纪60年代，底特律黑人受到蛊惑发起游行，而游行却很快演变成社会骚乱，大量白人居住点、经营场所，甚至包括警察局都被焚毁，店铺歇业、银行关门、学校停课，大量白人逃向郊区或干脆远离底特律市。更为严重的是，社会动荡严重干扰了汽车经济的运行秩序，三大汽车巨头的生产线陷入瘫痪。汽车业的停滞，大量白人的离去，政府失去了来自法人和自然人的税源收入。20世纪80年代，底特律与美国汽车产业一起又一次受到冲击，即日本和欧洲的汽车厂商将他们的工厂直接建到了美国的土地上。日本汽车生产效率高、成本低、价格便宜，有着精美的内外装饰，从而着实惊吓了美国一回，美国汽车霸主的地位出现动摇，整个汽车经济效益出现下滑。与此相伴的新工业革命浪潮也使得美国汽车业巨头们开始再一次寻思改进工艺、研发新技术，但是工业劳动生产率的每一次提高，都会同时增大社会失业队伍的规模，也都会相应地减少政府的税收。2008年，美国出现的次贷危机引发了金融大危机，底特律市的财政状况迅速恶化。2008～2012年，底特律市政府长期负债从86亿美元增加到140亿美元，而同期的政府净资产则从 126 亿美元减少到 - 3.3 亿美元。这次危机，曾使通用公司一度进入破产保护程序，但美国联邦政府伸手相救，出资 495 亿美元，把它从破产边缘给拉了回来，然而通用公司毕竟已元气大伤，此后，再也无力提供给底特律更多税收。

此外，也有人认为，底特律市的破产不应该与汽车产业的萎缩划等号。因为这些年来，底特律市政府并没有再过分依赖汽车产业了，而是已经将经济重心转移到了房地产业，即依靠底特律的名城效应和底特律的地理位置、自然环境大力发展房地产业，以增加税源。但是这个决策忽略了一个现实，就是迁出底特律市的人口总是大于迁入底特律市的人口，从而房价不振、财政收入失算，再加上政府投资项目失策，这一切助推和加剧了底特律市的破产。

四　不能让底特律破产影响我们推进城镇化的心情和步伐

底特律破产了，成了"罪恶之城""悲惨之城""腐烂之城"。底特律走到今天，给了我们太多的联想和启示，但恐怕没有必要因此而惊慌，特别是千万不要让它破坏和影响了我们推进城镇化的心情和步伐。因为城镇的破产实在是一件极其正常的事情，只是在我们这样一个人口多、底子薄、城镇化水平低的国家里，人们过去没有意识到这一点罢了。

城镇，在我们的印象里，似乎一直被定位为地理学的一个空间范畴。实际上它首先是一个经济学、社会学概念，在城镇中，很多人在一起从事商品生产与交换，所谓一国经济社会的发展，也就指的是城镇经济社会的发展。城镇，因先天自然资源或后天市场资源而兴衰，但是，自然资源的开发利用、市场流通的繁荣或萧条，本质上是一个城镇经营的问题。有资源，经营不善，城镇化就难以为继；无资源，善于经营，城镇化则井然有序。前者如现在的底特律，后者如日本的许多城镇。

从理论到实践，城镇兴盛与破产应该是一条规律。城镇作为一个空间地域，承载着各种各类的产业、企业，产业断续了，企业破产了，这个城镇必然也会随之进入一个拐点，出现停滞，直至破产。有企业破产，就有城镇破产。密歇根州政府曾于今年三月份委派华盛顿律师奥尔作为紧急财政管理人接手底特律市，奥尔事实上就是一位擅长处理企业破产、策划企业重组的专家。让处理企业破产的人去处理城镇破产，本身就说明了城镇与企业之间的"正相关"关系。

客观地说，底特律破产的原因中的确有产业的因素，但问题不在于产业本身，而在于产业经营者和城镇经营者是否关注到相应的宏观经济动态及其影响后果，从而在城镇的经营和管理中积极应对可能发生的危机，规避可能出现的破产。一些人强调，底特律破产是因为它遭受到了美国次贷危机的重创，但这可能只是一个表象问题，核心的应是一个城镇产业转型与持续顺应工业革命大潮的问题。2008 年美国次贷危机引发的经济萎缩，有着金融运作过度的因素，但实质上是一个工业文明进退去留的历史转折机遇问题。任何一个企业、政府都不应该只看到表象，而不去感觉和触摸世界产业的发展已经迈向了以新能源、新材料、新技术（尤其是移动互联网）、新生态为代表的第三次工业文明的门槛，不去关注和应对旧的、过去时的产业正经历着的改造、提升以及遭遇着的重组、淘汰，不去研讨和抉择新形势下新的契机、新的抓手、新的路径，因为稍许的麻木可能就意味着失利与失事。中国是一个发展中的国家，但是中国人并不笨，面对瞬息万变的世界，中国人从老祖宗那里继承下来一句话，叫"会看的看门道，不会看的看热闹"，看出门道的，化危机变机遇；看热闹、跟着瞎起哄的自然也就不知所措，陷入被动。底特律这个工业名城，也许太自负、太自信，也许压根还没有看出什么，但不管怎么样，最终它没有扛住，滑向了申请破产的深渊，这个教训太深刻了。

底特律破产了，但城镇的破产在美国是一种常态。有关史料记载，自 1937 年以来，美国申请破产的城镇达到 600 多个，仅在加利福尼亚州，2012 年向法院申请破产的城镇就有 3 个。美国城镇的破产往往是财政的破产，而不是政府职能的破产，因此，政府破产和企业破产不同，政府破产主要是通过削减开支、裁减公务员、与债务人谈判请求延长债务期限、实施债务重组等来应对，而不是债务清算。

底特律破产也给了我们一些有益的启示。第一，城镇化是一个趋势，但是城镇化没有固定的模式，既不能机械地追求大城市化，也不能搞泛城市主义，以免使城市失去人的素质的支撑。第二，城镇化一定要有产业的支撑，但是在强调产城融合的同时，还要强调产城互动，即政府既要把城镇化构筑在产业经济的基础上，也要注意产业变化，运用"看不见的手"来引导产业的接续和城市的转型。第三，城镇化也是对政府治理能力和水平的考量。底特律破产，说明政府不是永续存在的，在市场经济条件下，政府行政职能虽然不会被取消掉，但是，一个时期里的财政支出不当，则很有可能造成政府的被动，甚至使得政府因入不敷出而陷入破产境地。我国地方政府债务规模庞大，从这一视角看，底特律的破产的确给我们敲响了警钟。所以，科学推进城镇化，绝非是一个口号，而是有实实在在的内容的。

被纳入与否不重要，重要的是融入和跟进[*]

——关于"丝绸之路经济带"与河南的应对

郭　军[**]

编者按：关于"丝绸之路经济带"建设，对河南省而言，重要的是融入和跟进。河南省应加强与沿线国家和地区的文化交流，以文会友，文化结盟，以新的人文对象、空间范围、内容架构重塑河南省"文化搭台、经贸唱戏"的新面孔。为此，建议河南省委、省政府有计划、有组织地引导省内文化界人士、产业界人士、学界人士、政界人士与丝绸之路经济带沿线国家和地区之间的各种交流，增进中原地区与中亚地区各阶层、各方面人士之间的友谊，"以点带面，从线到片，逐步形成区域大合作"的新格局，贯彻习近平主席的"政策沟通、道路联通、贸易畅通、货币流通、民心相通"的"五通"思想，放活河南经济的眼量，放大河南经济的能量。

"丝绸之路经济带"的构想和运作，引起了河南省学界、业界的高度关注。2013 年 12 月 14 日国家发改委和外交部召开的"推进丝绸之路经济带和海上丝绸之路建设座谈会"，由于没有河南省人士参加，河南省学界、业界受到刺激、感到不平衡，他们认为没有河南参加的丝绸之路经济带是

---

[*] 原载于河南财经政法大学河南经济研究中心《学者之见》2014 年第 6 期。

[**] 郭军，河南财经政法大学教授，河南省经济学会副会长。

不完整的。河南省内外专家学者几乎有着同一个认识——河南应该是丝绸之路经济带的一个重要节点，特别是郑州，不仅联系着东西大动脉，而且北接华北、京津冀、东北地区，南通华中、华南珠三角经济圈，出口货源就是通过这个节点，流入欧亚大陆桥，通往中亚和欧洲的。无疑，这些思路、想法无论从理论还是实践的角度看，都是很有道理的。问题是河南各界也应冷静地分析一下，为什么这次没有把河南列入？第一，提出丝绸之路经济带的立意是新一届党中央领导集体务实推进西部大开发的一个重大的战略举措，实际上除了西部省份以外的任何省区市都没有被纳入（中部没有一个省份参加 2013 年 12 月 14 日国家发改委和外交部召开的"推进丝绸之路经济带和海上丝绸之路建设座谈会"）。第二，作为中央全面深化改革和扩大开放的顶层设计，新时期对外开放将尝试重启丝绸之路，包括陆地丝绸之路和海上丝绸之路，前者将着力带动西部，连接起中亚和欧洲；后者则着力提升东部，深化与发达国家的经济关系。很明显，中部应积极融入和跟进"丝绸经济带"建设。第三，河南省目前已经同时拥有国家三大战略实施规划，这是其他省区所没有的，因此，现在不是一味追求被纳入这个区、那个区的问题，而是要认真地贯彻和实施这些国家战略规划所给予的众多政策，尤其是应抓紧与中央机关和国家部委对接，研究具体如何开展先行先试，收获规划红利、政策红利、改革红利。当然，作为河南人，笔者并不反对将河南省纳入丝绸之路经济带，但笔者认为重要的不是被纳入，重要的应是关注、研讨丝绸之路经济带的建设发展，做到顺势而为、积极融入和跟进。

一 "丝绸之路"和"丝绸之路经济带"背景简述

19 世纪，德国地质地理学家李希霍芬在《中国——亲身旅行和据此所作研究的成果》一书中，把"从公元前 114 年至公元 127 年间，中国与中亚、中国与印度间以丝绸贸易为媒介的这条西域交通道路"命名为"丝绸之路"，这一名词很快被学术界和大众所接受，并被正式运用。其后，德国历史学家郝尔曼在于20 世纪初出版的《中国与叙利亚之间的古代丝绸之路》一书中，根据新发现的文物考古资料，进一步把丝绸之路"延伸"到地中海西岸和小亚细亚，确定了丝绸之路的基本内涵，即它是中国古代经过中亚通往南亚、西亚以及欧洲、北非的陆上贸易交往的通道。

史书记载，西汉汉武帝时张骞首次开拓了丝绸之路，其出使行为被称为"凿空之旅"。西汉末年，在匈奴的袭扰下，丝绸之路中断。公元73年，东汉的班超又重新打通隔绝58年的西域，并将这条路线首次延伸至欧洲，到了罗马帝国。罗马帝国也首次顺着丝绸之路来到当时的东汉首都洛阳，成就了欧洲和中国的首次交往。丝绸之路不仅是古代亚欧大陆互通有无的商贸大道，而且是促进亚欧各国和中国的友好往来、沟通东西方文化的友谊之路。历史上一些著名人物，如出使西域的张骞，投笔从戎的班超，永平求法的秦景、王遵，西天取经的玄奘，的一些故事都与这条路有关。

随着时代发展，丝绸之路成为古代中国与西方所有政治、经济、文化往来通道的统称。细分起来，有西汉张骞开通西域的官方通道"西北丝绸之路"；有北向蒙古高原，再通过天山北麓进入中亚的"草原丝绸之路"；有西安到成都再到印度的山道崎岖的"西南丝绸之路"；还有从广州、泉州、杭州、扬州等沿海城市出发，从南洋到阿拉伯海，甚至远达非洲东海岸的"海上丝绸之路"。它从运输方式上被分为陆上丝绸之路和海上丝绸之路。陆上丝绸之路跨越陇山山脉，穿过河西走廊，通过玉门关和阳关，抵达新疆，沿绿洲和帕米尔高原通过中亚、西亚和北非，最终抵达非洲和欧洲。海上丝绸之路则以中国东南沿海为起点，经东南亚、南亚、非洲，最后到达欧洲。

传统的丝绸之路，起自中国古代都城长安（今西安，也有专家考证认为起自中国古代东汉年间的古都洛阳），经阿富汗、伊朗、伊拉克、叙利亚等国到达地中海，以罗马为终点，全长6440公里。这条路被认为是联结亚欧大陆的古代东西方文明的交汇之路。数千年来，游牧民族或部落、商人、教徒、外交家、士兵和学术考察者沿着丝绸之路进行着东方与西方之间经济、政治、文化的交流，"丝绸之路"也已远远超脱出最初的只是运输中国古代出产的丝绸的一条道路的概念和意义。

现在讲的"丝绸之路"或"丝绸之路经济带"，许多专家认为它实际上就是一个亚欧大陆桥的概念。按照国家发改委目前的思路，新丝绸之路经济带包括西北五省的陕西、甘肃、青海、宁夏、新疆，西南四省市的重庆、四川、云南、广西，东端沿陇海线从阿拉山口出去，经过中亚，到达欧洲。

早在 2006 年就有学者提出"丝绸之路经济带"，但由于各种主、客观因素，这一构想在当时并没有引起相关部门的注意。2013 年 9 月 7 日上午，国家主席习近平在哈萨克斯坦纳扎尔巴耶夫大学做重要演讲时，正式提出这一构想。习近平说，为了使我国与欧亚各国的经济联系更加紧密、相互合作更加深入、发展空间更加广阔，可以用创新的合作模式，共同建设"丝绸之路经济带"。至此，丝绸之路经济带，作为国家实施全面深化改革和扩大对外开放的一个战略，被写入中共十八届三中全会报告，该报告要求"推进丝绸之路经济带建设，形成全方位开放新格局"，以期通过丝绸之路，沟通中国跟中亚、南亚、欧洲等国家的联系，同时，以丝绸之路的复兴带动、实现西部的开发与崛起。

二 丝绸之路经济带的发展基础和优势

《人民日报（海外版）》（2013 年 09 月 13 日）的文章《两条丝路一样精彩》（作者：华益文）写道，2100 多年前，张骞两次出使西域开辟了一条连接欧亚的陆上"丝绸之路"。同样在 2000 多年前，中国与东南亚开通了海上"丝绸之路"。在新时期，沿着陆上和海上"古丝绸之路"构建经济走廊，将给中国以及沿线国家或地区带来更加紧密的经济联系和更加广阔的发展空间。这两条"丝绸之路"，一个靠陆，一个向海，所经地区在我国周边外交战略中占据重要位置。中亚拥有丰富的能源等自然资源，且历来是连接欧亚大陆东西的战略走廊，是我国向西开放的必由之路。陆上"丝绸之路经济带"东端连着充满活力的亚太地区，中间串着资源丰富的中亚地区，西边通往欧洲发达经济体，沿线国家经济互补性强，互利共赢的合作潜力巨大。东南亚是我国战略意义上的南大门，我国与东盟国家文化相通、血脉相亲，是天然的合作伙伴。"海上丝绸之路"将中国和东南亚国家临海港口城市串起来，通过海上互联互通、港口城市合作机制以及海洋经济合作等途径，最终形成海上"丝绸之路经济带"，不仅造福中国与东盟，而且能够辐射南亚和中东。

有专家撰文指出，新丝绸之路经济带，东边牵着活力四射的亚太经济圈，西边系着发达的欧洲经济圈，丝绸之路经济带总人口30亿人，市场规模和潜力独一无二，被认为是"世界上最长、最具有发展潜力的经济大走廊"，但这条大走廊在中国西部和中亚地区之间形成了一个"经济凹陷带"。那里虽然地域辽阔，有丰富的自然资源、矿产资源、能源资源、土地资源和宝贵的旅游资源，被称为21世纪的战略能源和资源基地，但该区域交通不够便利，自然环境较差，经济发展水平与两端的经济圈之间存在巨大落差。中亚各国希望与中国扩展合作领域，在交通、邮电、纺织、食品、制药、化工、农产品加工、消费品生产、机械制造等行业获得中国的投资，并在农业、沙漠治理、太阳能、环境保护等方面与中国进行合作，为这块沃土注入"肥料"和"生机"。

吉林大学东北亚研究与东北振兴创新基地主任、吉林大学东北亚研究院副院长朱显平教授的研究认为，新丝绸之路地区能够为经济带建设提供可靠的资源支持。中国西北5省区的许多资源储量较为丰富、品位较高、质量较好，开采条件和空间组合较为理想，是我国一些重要战略性资源的接替基地。哈萨克斯坦、乌兹别克斯坦和土库曼斯坦有着丰富的石油、天然气资源，其他矿产资源储量也相当可观。吉尔吉斯斯坦、塔吉克斯坦的多种稀有金属和有色金属储量居世界前列。

新丝绸之路经济带建设具有良好的产业基础。经过几十年的建设，中国西北5省区初步形成了以能源、冶金、化工为主导的工业格局，在有色金属、航空、盐化工、石油化工、机械电子、医药以及建材等产业中涌现出一大批优势明显、特色鲜明的企业。哈萨克斯坦的钢铁工业、有色金属工业、石油天然气化工等工业、重工业基础较好。乌兹别克斯坦的黄金、棉花、石油、天然气产业优势明显。吉尔吉斯斯坦建立起了以农业和有色金属资源开发为主的工业结构。塔吉克斯坦建立起了石油、天然气、电力、化工、建材、机械、食品、纺织等工业部门。

新丝绸之路经济发展带建设具备体系完整的城市条件。在中国西部和中亚的丝绸之路沿线发育了8个有相当规模的城市群，它们是关中城市群、黄河上游城市群、河西走廊城市群、北疆城市群、南疆城市群、哈中北部城市群、费尔干纳盆地及周边城市群、伊犁河谷－哈东南城市群。以这些城市群为支点，结合其他特色城市形成规模可观、结构较为合理的城市体系，可为新丝绸之路经济带的发展奠定了初步的城市体系条件。

朱显平指出，丝绸之路经济带的建设，从经济角度看，有利于促进投资增长，提高生产要素配置效率，推动产业结构优化升级，合作提升技术创新能力，提高过境运输服务的国际竞争能力；从社会角度看，有利于减少农村隐性失业，增加劳动力流动性，为城市贫困居民提供更好的公共服务，扩大经营机会，尤其是为小企业、妇女创办的企业和落后企业的发展提供机会，消除地理空间壁垒，保证穷人更有效地参与市场经济活动，促进人力资本积累，加强国家间合作以应对不利局面，提升城市化水平和促进城市经济发展；等等。从"路"的概念，变成"带"的概念，内核的、焦点的问题在于因"带"而形成新的增长极，促进了沿"带"相应国家和地区经济社会的转型发展。经济发展的全球化趋势与本地化认同之间所展示的现实张力，促使河南省寻找独具地方特色的产业发展道路以及在越来越广泛的全球联系中实现本地化产业的发展。合作建设新丝绸之路经济带，推进区域经济一体化，将为本地区更好地参与经济全球化、最大限度地化解全球化的风险、发展民族经济提供机遇。

三 跟进丝绸之路经济带，放大河南经济能量

在习近平主席发出重振丝绸之路经济带的信号后，国内各地政府反应强烈。陕西、甘肃、新疆等丝绸之路沿线省、区的党政领导相继表态，要抓住丝绸之路经济带建设的机遇，并纷纷提出针对这一概念的新定位。陕西省提出，"要把陕西打造为丝绸之路经济带的桥头堡和新起点"；新疆提出"建设桥头堡和当好排头兵"；兰州提出，要做"核心节点城市"；而西安则誓做"中心城市"。"各个地方都很热情，说白了，就是为了从中央拿好处，需要中央在这个规划里往本地多投钱。""丝绸之路经济带就像唐僧肉，大家都想抢，问题是能不能吃到嘴里，怎么吃。"有专家如是说。专家认为，现在各个地方在对待丝绸之路经济带建设上存在两个问题，一是过虚，调子提得很高而没有实际内容；二是过于乐观，只想着吃唐僧肉，对于难度与挑战估计不足。因为改革开放以来，丝绸之路经济带实际上是中央第三次提出的一个西向发展战略。20 世纪 80 年代，中央曾提出建设从连云港到荷兰阿姆斯特丹的新亚欧大陆桥；20 世纪 90 年代，中央提出"建设大通道，联合走西口"；21 世纪初，中央提出西部大开发战略。在西

部大开发的第二个十年里，泛泛的"西部大开发"政策口号已经偃旗息鼓，今天再提丝绸之路经济带，对中央和地方都是一种考量，但不管怎么说，这都是一次机遇，尤其是在国家整体经济形势曲线下行的阶段。

笔者认为，河南省没有必要无休止地去争辩和论证洛阳曾经是否就是古丝绸之路的起点，仅就河南作为中原腹地，自古以来就是承东启西、连南贯北的交通枢纽之地的实情来说，丝绸之路经济带的建设运行，缺了河南应该是遗憾的，河南在其中肯定不会是无所作为的。更何况"郑欧班列"事实上已经营运（2013 年 7 月 18 日首开）在丝绸之路经济带上了，而且它的经济效应、品牌效应正在日益显现出来，京津冀和上海、江浙等地的厂商正在转变原有的物流路径，以期走"郑欧班列"来节省物流运输的时间与成本。眼下的工作是应进一步梳理河南省在哪些方面是长处，哪些方面是劣势，哪些产业与丝绸之路经济带建设有高度的关联，以找到融合点，积极跟进。

就丝绸之路经济带沿线地区而言，我国的西部地区与中亚国家都属于经济不发达地区，即经济发展水平低、人口密度低、城市密度低。显然，刺激丝绸之路经济带区域的发展，人力资本、技术资本、产业资本、金融资本的投入是关键。相比东部地区，河南的各方面较弱一些，但是对于西部和中亚五国则在一些方面还是有较强优势的，尤其是在农业资源的开发利用，矿产资源的开发利用，以及具体的食品加工、装备制造等方面。河南是一个农业大省、人口大省，人往哪里去，钱从哪里来的困惑将是一个不解之局。是否可以由政府出面组织、动员一些种田能手、农业公司、食品加工公司带领一批农业劳动者到中亚国家去经营农业、经营食品业，从而既顺应了那些国家的民生需求，又能够赚取外汇，增大河南国际经济收益？笔者认为这是个值得探讨的思路，尽管此前已经有了先行者的典范，但总结一下，这方面的潜力依然非常大。同时，随着郑欧班列的开通，河南还应加大与中亚国家之间的贸易合作。根据商务部的数据，2012 年中国与中亚五国的双边贸易额为 460 亿美元，同比增长 13.7%，大约是建交之初的 100 倍。中国已成为哈萨克斯坦、土库曼斯坦的最大贸易伙伴，和乌兹别克斯坦、吉尔吉斯斯坦的第二大贸易伙伴，以及塔吉克斯坦的第三大贸易伙伴。河南省一定要发挥郑欧班列营运的优势条件，不断提高自身在我国与中亚五国双边贸易中的地位。

应该指出的是，从西安一直到乌鲁木齐的中国西北地区都属于欠发达地区，甚至存在着多个集中连片贫困地区。河南省既要注意与中亚五国的联系，也要注重与西北五省的合作；既要注意利用自身农业经济资源开发的传统优势促进和发展西部农业，收获中原经济的"飞地"收益，也要利用自身煤电铝、煤化工的成熟技术和生产工艺，融入开发西部丰富的能源、矿产等资源和提高西部地区的经济和社会发展水平的双赢之中。新疆、甘肃、宁夏、内蒙古、陕西等本身就是国家重要的能源化工基地，河南省一些农业、煤炭、电力、化工等企业已先期进入了这些地区并取得了很好的成效，现在更应借助丝绸之路经济带的建设，争取焕发第二春。同时，有条件的企业应积极地"走出去"，特别是那些资源型产业，在面临资源枯竭、产能过剩等发展瓶颈时，应把进军西部、融入新丝绸之路经济带作为一个重大战略转移的契机，寻求与中亚国家和地区开展新时期的新的经济合作。

河南的省情特点除了人口多以外，基本上与丝绸之路经济带沿线的国家和地区的情况差不多，所以河南与这些国家和地区在文化、民俗等方面有着天然的联系。因此，河南省应加强与沿线国家和地区的文化交流，以文会友，文化结盟，把西部和新丝绸之路经济带沿线国家和地区的人们请进来，以新的人文对象、空间范围、内容架构重塑河南省"文化搭台，经贸唱戏"的新面孔，给河南省的许多节庆活动注入新内涵、新内容，让洛阳"牡丹花会"、开封"菊花节"等再现生机。为此，建议河南省委、省政府有计划、有组织地引导省内文化界人士、产业界人士、学界人士、政界人士与丝绸之路经济带沿线国家和地区之间的各种交流，增进中原地区与中亚地区各阶层、各方面人士的友谊，"以点带面，从线到片，逐步形成区域大合作"的新格局，贯彻习近平主席的"政策沟通、道路联通、贸易畅通、货币流通、民心相通"的"五通"思想，放活河南经济的眼量，放大河南经济的能量。

丝绸之路经济带建设，既要说，也要做。被纳入与否不重要，重要的是融入和跟进。

走市场化道路，推进新型
城镇化稳步发展[*]

——鹤壁新型城镇化进行时观感

郭　军[**]

编者按：王庄镇的新型城镇化建设有着实在的理论和实践价值。理论上，政府在体制机制政策上给力搭台，企业在新型城镇化和整个"三化"协调科学发展中唱主角是走市场化发展道路的经验与范式；实践上，明确了政府、企业、市场的相应关系和功能定位，抓住了政府目标与企业目标之间利益互动的契合点，梳理了"三化"协调科学发展的基本着力点和技术线路图是王庄镇的新型城镇化建设取得巨大进展的主要原因。

近日到鹤壁，笔者不仅为这里的人们不受雾霾的袭扰，能够尽情地在蓝天白云、青山绿水中呼吸着清新的空气而感慨，而且为这里既没有喧嚣口号，也没有"刁民"恶搞，只有新型城镇化稳实地进行而惊讶不已。

不可否认，受国内外经济曲线下行的影响，现在大多数地方的城镇化事实上处于半停滞的状态，要么是缺乏产业支撑，有城无市；要么是城市财力和公共服务受限，进度放缓；要么是农民担心失去土地，欲进不能，望城兴叹；要么是被动等待上峰态度，推推转转，畏首畏尾；等等。显

* 原载于河南财经政法大学河南经济研究中心《学者之见》2014 年第 18 期。

** 郭军，河南财经政法大学教授，河南省经济学会副会长。

然，这些情况在鹤壁是不存在的。笔者看到的是鹤壁人一直在按照中央和河南省委、省政府城镇化工作会议精神及城镇化规划，使城镇化持续地处于稳发展中。在接触中，笔者发现鹤壁新型城镇化能够处于进行时、稳发展状态，重要的是该市市委、市政府按规律办事、谋求稳发展，同时注重抓住两个关键点：一是走市场化道路，让市场起决定性作用，引导龙头企业成为推进新型城镇化建设的主体和骨干力量；二是深化循环经济，放大产业载体能量，增加更多的就业机会，做到进城农民只要想干事，就能有事干。

在参访中，让笔者印象最为深刻的是务实推进新型城镇化、努力实现"三化"协调科学发展、突破城乡二元结构、自我建构城乡一体化发展现代小城区的王庄镇。王庄镇位于浚县城北 10 公里处，总面积约为 110 平方公里，有耕地 9 万亩，下辖 46 个村（居委会）、7.1 万人口。2013 年，王庄镇地区生产总值过 20 亿元，财政收入逾 3000 万元，农民人均纯收入为9000 元。如果按照传统思维，这个镇要实现新型城镇化完全要靠政府，但这无论如何都是不可能的。

近几年王庄镇依托粮食生产资源优势，以粮食精深加工产业为重点，积极扶持企业发展壮大，在 11 家限额以上工业企业中，鹤壁市富邦食品有限公司、鹤壁市淇河酒业有限公司是河南省农业产业化重点龙头企业，中鹤集团是农业产业化国家重点龙头企业。2009 年 4 月，在市政府支持下，以中鹤集团为主成立了县级粮食精深加工园区。园区规划面积为 5.8 平方公里，目前，园区建成区面积已近 3 平方公里，入驻企业近 20 家，总资产近 40 亿元，逐步形成了农业产业化全产业链经营的生产格局，拥有玉米淀粉、小麦淀粉、小麦专用粉、营养挂面、糖果、玉米食用油、大豆制品等六大系列产品，年加工转化原粮 75 万吨、大豆 5 万吨，仓储量 70 万吨。随着河南省委、省政府打造"四个河南"，聚焦"三大战略"，加快"三个大省"建设，做到"三化"协调、"四化"同步，以及实现中原崛起、河南振兴、富民强省宏伟目标的总坐标、总思路、总战略谋划及具体部署的日趋清晰，王庄镇进一步强化了"以产兴城、以城促产，产城融合，城乡一体"的发展理念，大力引导和推动企业产业链条延伸，利用市场化运作和与农民互惠互利、利益共享的联动机制，由政府规划，企业运营，建设新的王庄镇——中鹤新城，以期通过合村并居、土地流转等措施，更好地加速推进产业集聚、人口集中、土地集约，即以产业发展为基础，通过扩大就业来推动劳动力转移，通过实施住房和教育牵动来带动人口转移，并且依势而进，创造条件，通过提供一些服务和引导、促使土地加速流转，实现农业土地的集约经营和城市土地的集约利用，探索走一条农区工业化、农区城镇化、农区农业现代化"三化"协调发展的新道路。

王庄镇依托中鹤集团，高起点地规划建设面积 13 平方公里的中鹤新城，目前已完成投资 6 亿元，建成住宅楼 153 栋，粮食精加工基地、养殖业及加工基地、高附加值经济作物基地，以及商务中心区、特色商业区（街），高级中学、小学和幼儿园，城市公共服务设施等已经初具规模或进入运转状态，到 2025 年可容纳 6 至 8 万人居住，集产业、商务、信息、居住、医疗、教育、和科技研发、商贸、技能培训等公共配套服务于一体的、实现农民就地转移的、功能齐全的现代小城镇必会昂然屹立在世人面前。

来到王庄镇，走进麦多王庄商业中心，当地有关方面人士告诉笔者，麦多王庄商业中心由商业街和大型超市组成，总建筑面积 1.6 万平方米，总投资 3000 万元，日均客流量 5000 人次。有媒体称，这个商业中心的建设规模、营运标准、购物体验在河南省农业地区的乡镇中首屈一指。超市内提供食品、生鲜、百货、家电、纺织等五大类、超过 1.2 万种商品，实现了居民日常生活一站式购物，为中鹤新城和整个王庄镇 40 余个自然村的居民提供了完善的生活配套服务。记者采访的一位中鹤新城居民兴奋地说，"以前购物都是在镇里的集市，经常会碰上以次充好或假冒伪劣的商品，现在这里不但菜价便宜、吃着用着放心，自己也找到城里人的感觉了"。一位入驻麦多王庄商业中心的商户也坦承："我以前在家务农，搬进新城又赶上了建商业中心，就凑钱投资开了店。这里人气旺、档次高、发展好，开业首日销售额有 3000 多元，入驻这里是选对了！"在中鹤新城，与这位商户一样从农民到老板或员工的村民还有很多。仅商业中心提供的就业岗位就有 1000 余个，上岗者全是本地居民。

王庄镇推进新型城镇化紧紧依靠中鹤集团，既按照城镇化规律建设新城，也注重该企业与传统产业所造就的就业平台对劳动力的吸纳，更把进城农民的就业发展问题作为政府制定政策的基石，强化和保证了进城的人都能有活干、有收入，都能够安居乐业。为此，镇领导要求相应企业、社区两方合作，共负辖区劳动就业之责，做到人人有业可就，保证想干事的人都能有事干，并建立台账，跟踪督察。农民进城有事干、有收入，便有可能放下许多疑虑和包袱，融入城镇化，助推城镇化，王庄镇实践发出的正能量足以证明了这一点。

王庄镇将社区建设与企业发展结合，加快新型工业化、新型城镇化、新型农业现代化互促共进、协调发展的积极探索，受到了各级领导、社会各界，乃至国内外学者的高度关注。河南省委、省政府将此称为"中鹤模式"，并把它作为加快中原经济区建设的一种先行先试模式在全省示范和实验。

新型城镇化建设，政府不可能也不应该是具体的建设者。第一，政府的功能角色定位是规划者、推动者；第二，政府拥有宏观经济调控的职能，却并非同时拥有经济资源的全面的配置权利；第三，政府收入的可使用部分主要是用于国有企业的扩大再生产和增加公共产品、公共服务的投入，有限的收入和支出决定了政府没有大量的财力物力用于新型城镇化建设。因此新型城镇化建设在体制机制上要靠市场，在实际建设过程中要靠企业，即发挥企业带动城镇化发展的骨干性主力军作用。

王庄镇的崛起，最初得益于政府的助力。面对中鹤新城的设想与规划，为了进一步调动企业的积极性、主动性和创造性，当地政府首先搭建了一个融资平台，按照该县财政部门负责人的话说，当时注册资金是财政拿出来 5100 万元，中鹤集团拿出来 4900 万元，共同搭建了一个平台——浚县中鹤新城投资有限公司。就是这个 5100 万元，现在撬动了将近 6 亿元的包括银行资金在内的社会资金，满足了入住新城居民就业、就学、就医的需求，使两万多村民住进了公共设施配套齐全的商业小区，一个农业大县，一个粮食生产区，仅仅是投入了 5100 万元，一座环境优美、功能完善、宜居宜业的新型小城就已然鹤立，个中内涵与外延实乃让人玩味无穷。5100 万元的效应是六亿元，而接下来的建设则还会不止于 6 亿元的投入，这就是市场化的道路和市场的力量，这就市场化的魔力和魅力。

所谓市场化道路，即发挥市场对资源配置的决定性作用，一是明晰市场主体，即企业在市场经济体制运行中的地位和作用；二是按照市场法则，让企业真正成为经济社会发展的独立的商品生产者和经营者，自主生产、自主经营、自主管理；三是鼓励、支持、引导企业追求利益最大化和承担应肩负的社会责任，达成自身目标和政府目标取向一致，植根本土，造福一方；四是主动转变政府职能，让政府超脱出微观事务，从直接运作经济向间接调控经济过渡，从规制性管理企业向开放性服务企业过渡，把政府主要职能精力放到制定规划政策、强化市场监督、提供公共服务方面来。抑或说，在社会主义初级阶段，在经济全球化背景下，我们一方面要全面深化改革，进一步解放思想，扩大对内对外开放，坚持市场化发展，注重让市场机制来调节经济；另一方面，还要发挥好政府作用，让政府自觉地担当起推进国家和地区新型工业化、新型城镇化、新型农业现代化"三化"协调科学发展的责任，这是作为发展中国家的我国的社会主义市场经济体制的本然内容和特色表征。

王庄镇的新型城镇化建设有着实在的理论和实践价值。从理论上看，政府在体制机制政策上给力搭台，企业在新型城镇化和整个"三化"协调科学发展中唱主角，当主力，是坚持社会主义市场经济体制，走市场化发展道路的经验与范式，深化了十八届三中全会《中共中央关于全面深化改革若干重大问题的决定》强调的发挥市场对资源配置起决定性作用的理论和政策指向；从实践上看，明确了政府、企业、市场的相应关系和功能定位，抓住了政府目标与企业目标之间利益互动的契合点，梳理了"三化"协调科学发展的基本着力点和技术线路图是王庄镇的新型城镇化建设取得巨大进展的主要原因。

新型城镇化建设的基础在产业，瓶颈在资金。王庄镇依托企业、利用微量资金撬动社会更多资金的经验和模式，为河南在推进新型城镇化过程中破解资金瓶颈提供了一个有益的路径选择。河南省一位资深财政专家认为，6000多万的农村户籍人口和低于全国平均水平10%的城镇化率，一直是河南发展道路上两道难迈的坎。未来，多元化资金筹措机制将成为推动新型城镇化建设的保障。政府与企业合作，把政府规划、协调与民间资本运作、效率结合在一起，吸引民间资本参与公共事业和基础设施建设的探索是值得肯定的。新型城镇化建设涉及方方面面，是新型社会关系和新制度的创新过程，鹤壁市推进新型城镇化建设稳发展的模式，无疑是带有创新性的。

用绿色理念引领经济社会发展[*]

乔法容　刘武阳^{**}

编者按：党的十八届五中全会提出的"绿色发展"理念旨在转变我国传统的经济发展方式，破解经济发展难题，引领和推动经济发展，形成人与自然和谐发展的现代化建设新格局。绿色发展理念，包括形成绿色经济发展方式、消费方式、行为方式等丰富内容和要求。绿色发展理念就是关于经济发展的价值观，贯彻它需要做好顶层设计、科技创新与攻关、强化绿色价值观教育等工作。

党的十八届五中全会提出了五大发展理念，其中，"绿色发展"理念旨在转变我国传统的经济发展方式，破解经济发展难题，引领和推动经济发展，形成人与自然和谐发展的现代化建设新格局。

一　绿色是永续发展的前提

在我国经济经过 30 多年高速发展的今天，日益严重的环境污染、生态破坏、资源枯竭等问题已成为制约经济发展的瓶颈。传统粗放型经济发展

---

  *　原载于《"三化"协调发展》2015 年第 43 期。

**　乔法容，河南财经政法大学经济伦理研究中心主任、教授，河南省经济伦理学会会长；刘武阳，河南财经政法大学硕士研究生。

方式难以为继，生态环境恶化影响着人民群众的健康，扭转环境恶化、提高生态质量，满足人民群众对清新空气、干净饮水、安全食品、优美环境的强烈要求，成为当今突出的民生问题。针对长期高速发展所带来的矛盾与冲突，十八届五中全会提出，绿色是永续发展的必要条件和人民追求美好生活的重要体现，因此必须坚持节约资源和保护环境的基本国策，坚持可持续发展，坚持走生产发展、生活富裕、生态良好的文明发展道路。坚持绿色发展的理念，就必须转变传统的发展方式和发展思路，推动低碳循环发展，走既要金山银山也要绿水青山的可持续发展之路。绿色发展理念强调尊重自然、顺应自然、敬畏自然、保护生态，强调实现绿色富国、绿色惠民，强调实现人与自然、经济发展与生态环境之间关系的和谐，强调协同推进人民富裕、国家富强、中国美丽。

二　贯彻绿色发展伦理观

绿色发展理念，包括形成绿色经济发展方式、消费方式、行为方式等丰富内容和要求。

绿色生产方式。具体体现在选择低碳循环经济发展方式。低碳循环经济发展方式以生态学原理为基础，要求把经济的发展组织成一个"自然资源—产品—再生资源"的反馈式流程，使资源能够得到合理的使用、自然能够得到合理的循环，从而保护环境、减少污染，实现社会和生态的可持续发展。绿色生产方式要求市场主体——企业必须抛弃大量生产、大量消费、大量废弃型的传统生产模式，选择具有可持续性的增长模式，尽量减少能源和资源消耗，把生产活动中相关联的众多企业按照工业生态学的原理在一定区域内连接起来，建立企业与企业之间废物的输入、输出关系，形成产业共生组合和企业间的工业代谢、共生关系，建立循环经济产业链和企业集群。

绿色消费方式。"十三五"规划建议稿明确指出："倡导合理消费，力戒奢侈浪费，制止奢靡之风。在生产、流通、仓储、消费各环节落实全面节约。"绿色发展理念中蕴含的绿色消费伦理观，是一种具有前瞻性的既符合经济规律又符合自然规律与社会规律的观念，是建立在较高的环境道德意识和消费道德意识基础上的观念。因为，消费不仅是一个经济问题，而且是一个道德问题、社会问题，绿色消费伦理观基于人们的生态文明观和社会责任感而产生，它要求走出传统发展模式下"拼命生产、拼命消费"的误区，提倡适度、健康、绿色、可持续的消费，在消费的同时就考虑到废弃物的资源化，建立起绿色消费的观念。

绿色行为方式。绿色发展理念要求公众树立新的行为方式——绿色行为方式。绿色行为方式就是要求我们始终坚持绿色发展原则，从价值观引领的维度规范公众行为。它要求我们遵循自然规律、节约资源、保护环境，促进人与自然的和谐发展，实现经济发展与人口、资源、环境的协调，坚持走生产发展、生活富裕、生态良好的文明发展道路；在以发展为第一要务的同时，必须充分考虑资源和环境的承受能力，重视人类生命共同体长远的利益诉求，统筹考虑当前发展和未来发展，实现经济、社会、自然之间的协调。

三　做好绿色发展的制度设计

绿色发展理念就是关于经济发展的价值观，它反映的是经济发展与自然生态、经济发展与社会、当代利益与未来利益之间相互关系的内在精神，体现的是以人民为本、全面、协调、可持续的发展观。贯彻绿色发展理念，需要做好以下几项工作。

顶层设计。河南省要从资源消耗大省变为生态优化、绿色经济强省，就必须有价值导向清晰的制度安排，有一幅谋划实施的路线图。近些年来，河南省已经通过区域和企业试点示范、全面推进等措施，推进企业使用清洁能源，发展高质量的循环经济，解决污染重灾区的问题，可以说，这些工作已初见成效，但问题依然突出。为此，还要制订省、地方各级的规划，分解指标，真正将绿色发展落实到位。

科技创新与攻关。创新是五大发展理念之一，并被放到首位，这说明创新对我国经济社会全面改革有着重要意义。贯彻绿色发展理念，同样离不开科技创新与攻关。解决环境污染、资源消耗，科技居于关键位置。这就需要集中科研力量主攻绿色经济发展中的科学难题。如水污染、空气污染、土壤污染等。

强化绿色价值观教育。绿色理念作为引领经济发展的理念，其精神必须体现在经济发展的制度、政策中。因此，应让人们在生产生活中，在制度与政策的规定与约束框架下，认知、接受绿色发展理念，改变传统的经济发展方式，选择靠科技创新的绿色生产发展方式；应通过政府、学校、各种社会组织，通过科普教育、公民道德教育等，建构绿色教育的系统框架，将绿色发展理念和发展价值观全面渗透到公民的行为方式中，让每一个河南人都能够树立美丽中国、美丽河南建设人人有责的主体责任意识，从而自觉成为绿色价值观的遵守者、倡导者与践行者。

在城镇化进程中加强农村生态
文明建设的建议[*]

在城镇化进程中加强农村生态
文明建设的建议[*]

周林霞[**]

编者按： 城镇化进程中的农村生态文明建设有赖于"绿色城镇化"的实现。推进绿色城镇化必须坚持三个基本原则：坚持"以人为本"的城镇化发展内涵；坚持"可持续发展"的城镇化理念；坚持"城乡统筹发展"的城镇化战略。同时，加强农村生态文明建设，政府城镇化政策需实现三个转向：由传统意义上的生产力转向"绿色生产力"；由工业城镇化转向生态城镇化；由单向城镇化转向双向城镇化。

近年来，随着工业化、城镇化进程的加快，村镇基础设施建设大规模展开，农村经济总量快速增长。但是在快速推进城镇化的进程中，广大农村不得不承受环境恶化、资源枯竭的沉重代价。目前河南省农村环境呈现点源污染与面源污染共存、生活污染和工业污染叠加的局面，环境污染形势十分严峻，农村经济发展与生态安全、农民增收与生活宜居的矛盾凸显，加强农村生态文明建设已迫在眉睫。

---

[*] 原载于河南省教育厅《资政参考》2015 年第 3 期。

[**] 周林霞，河南财经政法大学河南经济伦理研究中心副主任、教授，河南省经济伦理学会秘书长。

一 "黑色城镇化"对农村生态安全的威胁

目前学界流行"颜色革命"这个概念，农业文明以黄色土地为标志，被称作"黄色文明"；工业文明以黑色污染为标志，被称作"黑色文明"；信息文明以海量信息为标志，被称作"蓝色文明"；生态文明以绿色为标志，被称作"绿色文明"。这四波"颜色革命"浪潮诠释着人类从非理性到理性，从自发到自觉的文明演化进程。河南省城镇化模式主要是以中小城镇为依托，依靠工业化来促进城镇化，大规模的农村城镇化、工业化沿袭"高生产、高消耗、高污染"的传统工业模式和"先污染、后治理"的传统环保思路，那么，它所创造的文明必然是"黑色文明"，所谓的城镇化也只能是"黑色城镇化"。目前城镇化对农村生态安全的威胁突出表现在以下三个方面。

一是土地资源浪费严重。城镇化是我国当前及今后相当长一段时期内经济社会发展的重要任务和主流趋势，是解决现阶段城乡及社会各种矛盾的核心，旨在提高农村居民的生活水平，其最终目标是构建和谐社会。但在农村城镇化进程中，一些地方对土地的利用缺乏科学、合理的论证，新城扩建、开发区建设、道路拓宽加剧了土地资源的稀缺性，城镇化甚至成为一些地方政府圈地的合法理由，与城镇化相伴随的是对建设用地的巨大需求和对耕地保护的严重冲击。这种高成本扩张的所谓"城镇化"使得城镇建设用地的集约化程度降低，造成土地资源的严重浪费。

二是农村人居环境污染的问题突出。在农村城镇化进程中，地方政府重经济建设，轻环境和资源的保护，致使农村基础设施建设投入严重不足，环境卫生管理滞后。首先，乡镇工业所造成的环境污染和生态影响日益严重，乡镇工业排放的各种有害气体、废水及工业垃圾等已成为影响农业生产、制约农村经济发展、威胁人民健康和影响社会稳定的重要因素。其次，生活性污染越来越明显，大多数村庄的环境管理滞后，生活废水、废物、废气随意排放，某些原本水资源十分丰富的乡村水体污染严重，影响到居民正常生活。绝大多数村庄存在垃圾围村现象，畜禽污染、生活垃圾等积存数量相当大，农民群众对此反映十分强烈。

三是规划滞后导致了严重的生态安全问题。规划是城镇建设和发展的蓝图，没有科学的规划，城镇建设就会无章可循，也将给城镇的长期发展和未来建设造成隐患。基层政府对村镇规划重视程度不够，使得资金投入严重不足，很多地方没有编制规划，致使城镇布局凌乱，工业、居住、文化教育、商业区交错分布，不仅加大了城镇基础设施建设的难度，而且增加了生态环境治理的难度。有的地方虽然编制了规划，但脱离实际，贪大求洋，盲目拉大框架，修大马路、建大广场、建大园区，甚至处于偏僻山区的小镇也提出发展工业商贸型城镇、建设工业商贸园区；有的村镇沿路发展，缺乏合理布局，严重影响村镇景观和道路交通。这一切都导致一些城镇的承载能力较低，存在严重的生态安全问题。

二 "绿色城镇化"必须坚持三个原则

农村作为不同的自然因素和人文因素组成的区域实体，其城镇化发展是由自然生态因素和社会经济因素决定的一个复杂的、多层次的、动态的系统工程。绿色城镇化发展模式应该使该系统工程的生态效益、经济效益和社会效益实现最优化。为此，必须把握以下三个基本原则。

第一，坚持"以人为本"的城镇化发展内涵。从城镇化的视角来看，高楼大厦、工业园、开发区不是城镇化的全部内容，相对于经济总量增速以及城镇化率的提高，为人们提供安全方便、舒适优美的生产宜居环境，更应成为城镇化评价的重要指标。"以人为本"的城镇化内涵应体现为：城镇化与生态化的协调发展；土地城镇化与人口城镇化的协调发展；人口城镇化与人口素质城镇化的协调发展。

第二，坚持"可持续发展"的城镇化理念。党的十八大报告明确提出要"着力推进绿色发展、循环发展、低碳发展，形成节约资源和保护环境的空间格局、产业结构、生产方式、生活方式"，从而深刻揭示了可持续发展的内涵。可持续发展包括经济可持续性、社会可持续性和生态可持续性。生态可持续性是基础，经济可持续性是主导，而社会可持续性是动力与保证。农村区域小城镇的可持续发展是指在整体推进农村城镇化的进程中，要以最少的劳动、技术、资金和资源消耗，推进城镇经济增长、社会结构优化和居民生活水平的不断提高，从而既满足当代城镇发展的需求，又满足未来城镇的发展需求，是"生态－经济－社会"三维复合系统的可持续性。

第三，坚持"城乡统筹发展"的城镇化战略。城乡统筹发展原则就是要求彻底破解城乡二元结构，摆脱城乡分割的发展战略模式，把城市和农村的经济社会发展作为整体进行统一规划，把城市和农村存在的生态问题及其相互因果关系综合起来通盘考虑、统一解决，目的是实现城乡一体化。城乡一体化的内涵主要包括城乡地位平等、城乡开放互通、城乡同步发展。城乡生态环境的协调发展、实现城乡生态融合，是统筹城乡发展的重要内涵。统筹城乡生态环境就是要将城市与农村的生态环境作为一个整体，通过实施污染源头治理、河流综合整治及生态恢复、农村环境治理等措施，构筑城乡统一的绿色生态屏障，努力搭建城乡生态环境高度融合互补、经济社会与生态协调发展的城乡生态格局。

三　加强农村生态文明建设，政府城镇化政策需实现三个转向

生态文明建设的内涵包括保护生态平衡、保护与合理使用自然资源、对影响自然生态与生态平衡的重大经济活动进行科学决策以及提升人们保护自然生态的道德素质等。农村城镇化战略是在政府主导下实施的重大经济社会发展战略，城镇化的发展方向、发展速度、发展内涵主要依赖政府的正确引导和管理。目前，河南省正处于城镇化快速发展时期，各级政府必须确立生态文明建设理念，要将生态观内化到政府政策的决策、制定和执行的全过程，逐步实现由工业城镇化向生态城镇化的转变。

（一）由传统意义上的生产力转向"绿色生产力"

传统意义上的生产力概念是指人们进行生产活动的能力，它包括劳动者、劳动工具和劳动对象三个要素。这一表述已不能涵盖或表达绿色文明时代的理论需求和实践诉求，而"绿色生产力"新模式反映了时代的要求，即绿色生产力＝（劳动者＋劳动工具＋劳动对象）/自然资源与生态环境。这个新模式把自然资源与生态环境放在了分母的位置上，而把传统的生产力三要素放在了分子的位置上。

传统生产力三要素中，人是劳动者，是生产力的主导；劳动工具是生

产力水平高低的标志；劳动对象是指"自然"——在这里自然仅仅只是劳动对象，人类可以为所欲为地开发、攫取和掠夺自然资源。这样的表述显然是不科学、不全面的。生产力水平高低应该是社会文明程度高低的标志，其中也包括人与自然和谐的程度。但在传统生产力的表达中，生产力水平的高低却只是人类征服和改造自然能力的标志，并不是人类社会文明程度的全面显现。

绿色生产力新模式，调整了"只索取不保护"的思维定式，认为地球不仅是人类的劳动对象，而且更重要的还是人类赖以生存的家园；人在生产力要素中不能主宰一切，人只是自然界的一个组成部分，人的一切活动不能脱离自然并受制于自然；把自然资源与生态环境放在分母的位置可以提醒人类：人的劳动不能超出自然资源与生态环境的承载力。

（二）由工业城镇化转向生态城镇化

在工业化发展迅速的大背景之下，工业成为推动农村城镇化的根本动力，很多地方将城镇化置于工业化发展的体制之下，用工业化带动城镇化，甚至有些依山靠水的地方也要发展工贸型的小城镇，致使山青水美的自然环境遭到严重的破坏。近年来，在新型城镇化政策的指引下，有些地方提出了"生态优先"的发展理念而在行动上却是"GDP优先"，城镇发展往往简化为"征地"和"造城"。

城镇化不是简单的造城运动，摊大饼式、外延式的城镇化不是合理的城镇化。在城镇化快速推进的过程中，要综合考虑区域资源禀赋、生态环境、交通运输等因素，统筹规划特色鲜明的城镇，让各类城镇"各美其美"。河南旅游资源丰富，历史文化传承厚重，据此两点大力推进生态城镇化，把河南省的生态型城镇和文化传承型城镇做大做强，建成一批"看得见山、望得到水、记得住乡愁"的优美城镇，使生态资源、历史文化得到有效保护和传承。

生态城镇化是一种无污染、环境好、消耗低、有绿色的城镇化模式，生态型城镇是以人和自然的和谐为核心，综合运用社会工程、生态工程、系统工程建设的清洁、舒适、优美、具有人工复合生态系统烙印的一种新型城镇形态。构建生态型城镇应遵循"以人为本，以水为源，以绿为美，以文化为灵魂"的"四以"原则。其中生态城镇最重要的特色是文化，生态城镇的灵魂就是文化魅力和文化个性。要在有效利用土地、山林、水力、生物等自然景观资源的同时，对历史遗迹加以保护，使自然与人和谐共处、自然与文化和谐共生，创造一个良好的、宜人的、与自然贴近的生存环境。

当然，环境优美并非是生态型城镇的简单追求，而是对环境、社会和经济的全面兼顾，它不仅要求对生态环境和经济发展协调予以充分重视，而且要求对提高人们生活质量加以高度关注。这就需要在推进城镇化的过程中，引导人们逐步由物质消费转向精神消费，由商品消费逐步转向时间消费。

（三）由单向城镇化转向双向城镇化

进入 21 世纪以来，一方面，中国的城镇化建设取得了高速发展，国家统计局最新统计数据显示，截至 2014 年末，我国城镇化率达到 54.77%。近 10 年我国的自然村落数量以每年 9 万个的速度在迅速减少，现在每天还会有近 90 个自然村在城镇化过程中消失。其中，河南的自然村落以每年 2000 个左右的速度消失，10 年间河南共消失 2 万个左右的村落。另一方面，2013 年底，中国大部分城市人均 GDP 已经超过 8000 美元，按国际趋势，进入这一阶段，就意味着步入了所谓的"逆城市化消费"时期，即城市居民消费的产品及内容，越来越呈现出逃离城市、趋向小城镇或农村的态势。

城镇化主要是指乡村向城镇发展的一个运动过程，在这一过程中，农村社区逐渐发展为城市社区，农村人口变为城镇人口，其目的在于让农民融入有着各种商业配套与公共服务的城镇生活中。而逆城镇化体现了城市人口对新鲜空气、旅游休闲、度假养生等"绿色慢生活"的需求。据北京的一项最新调查显示，在被调查的人中，有 54.5% 的人近期有意到郊区投资，70% 的人有意到郊区或城镇购买第二居所。在上海，越来越多的年轻白领人士，希望能过上周一到周五在市中心写字楼里上班，周六、周日在农村田园风光里休闲的"五加二"式的生活。由此看来，大城市的某些功能，比如休闲娱乐、文化消费等会逐渐向有条件的中小城镇及乡村转移。

由此，在推进城镇化的过程中，要有条件地从单向的、一维的农村城镇化转向双向城镇化，即一方面努力为农民转移到城镇生活创造条件，另一方面为城市居民在中小城镇的消费和居住提供保障，双向联动推进城镇化。而城市居民的"绿色慢生活"消费需求只有大力发展生态化城镇才能得到满足。

对河南加快推进新型城镇化的思考[*]

王海杰[**]

编者按： 截至 2014 年底，河南省城镇化率达到 45.2%，基本形成了特大城市、大型中心城市、中小城市、小城镇、新型农村社区协同发展的五级城镇体系框架，初步形成了"金字塔"形城镇（市）结构。当前河南省城镇化的快速发展面临着诸多难题，如城镇的辐射带动和综合承载能力不足、规划的科学性和严肃性不够、产业的支撑和吸纳能力不强、资源的保障和匹配不力、农民的进城能力和意愿不高。河南省未来需要在以下几个方面加快推进新型城镇化进程：一是加强细化统筹；二是提升规划水平；三是创新体制机制；四是加快盘活资源；五是创新社会治理模式；六是完善考核体系。

城镇化是现代化的必由之路，是解决农业、农村、农民问题的重要途径，是推动区域协调发展的有力支撑，是扩大内需和促进产业升级的重要抓手。截至 2014 年底，河南省城镇化率达到 45.2%。《河南省新型城镇化规划（2014—2020 年）》指出，要尊重发展规律，顺应发展趋势，推动城镇化进入数量质量并重、以提升质量为主的转型发展新阶段，走河南特

---

* 原载于《"三化"协调发展》2015 年第 17 期。
** 王海杰，郑州大学商学院副院长、教授、博士生导师。

色、科学发展的新型城镇化道路。因此，必须认清河南省城镇化的现状，妥善应对城镇化面临的风险挑战，推进新型城镇化更稳、更好地发展。

一 河南"金字塔"形城镇结构显现

经过近几年的不懈努力，河南省在国家区域性中心城市、地区性中心城市、县域中心城市和建制镇四级城镇体系的基础上，将新型农村社区纳入城镇体系，基本形成了特大城市、大型中心城市、中小城市、小城镇、新型农村社区协同发展的五级城镇体系框架，初步形成了"金字塔"形城镇（市）结构。

河南省城镇和产业沿主干铁路、高速公路、干线公路形成了京广、陇海、南太行、伏牛东、宁西、黄淮六条城镇产业价值链。河南食品工业主要依托由京广铁路轴线联结的城市，铝工业、能源工业、装备制造业主要依托由陇海铁路轴线联结的城市，重化工业主要依托由新—焦—济、洛—平—漯交通轴线联结的城市。其城镇和产业在空间上复合度高，呈现明显的耦合发展特征。

河南省平原面积占总面积的 55.7%，且全省地域轮廓呈团状，地域开阔、地势舒展，城市之间交通联络便利。目前，河南省已初步形成"一极两带四轴"的城镇紧凑布局和城市群空间组织形态，形成了中心城市与周边中小城市组团发展的城镇连绵体格局。

二 诸多难题阻碍城镇化发展进程

当前，河南省正处于城镇化快速发展时期，面临巨大机遇，却也面临诸多难题。这些难题主要表现在以下几个方面。

第一，城镇的辐射带动和综合承载能力不足。一是核心城市辐射带动能力不强。按照国际一般标准，首位城市占本区域的比重，人口不低于 10%，经济总量不低于 30%。郑州市 2014 年人口、GDP 占全省的比重分别为 10% 和 19.4%，对全省经济社会发展的龙头带动作用较弱。二是其他中心城市规模小。一些省辖市的市域人口已超过 1000 万人，但中心城区人口不足 100 万人，有的甚至不足 50 万人，难以有效地辐射带动周边地区发展。三是小城镇带动乡村地区发展的功能较弱。河南省有建制镇 826 个、镇均 0.88 万人，规模过小、功能不全，难以发挥对乡村地区的带动作用。

第二，规划的科学性和严肃性不够。一是规划制定得不科学。许多地方虽然编制了总体规划，但规划整体设计的系统性不足，而且缺乏在布局、规模、职能和发展方向等方面的整体协调，可操作性不强。二是规划执行不严肃。一些地方规划变化快，规划的刚性约束作用没有得到重视，短命建筑、违规建设、违法占地现象比较普遍。

第三，产业的支撑和吸纳能力不强。一是产业结构不合理，吸纳劳动力就业能力较弱。第一产业比重过大，第二、第三产业发展相对滞后，城区服务业吸纳城镇就业的能力相对较弱。二是产业集聚区投资强度较低，产业吸纳就业能力有限。产城融合度低，产业集聚区与城市发展双向互动能力弱。三是项目带动就业能力较弱。房地产开发项目、生活性服务项目较多，高技术和高就业项目较少，支撑城镇经济发展和吸引农民就业的能力不足。

第四，资源的保障和匹配不力。一是资金保障不力。由于地方财力不足、金融支持城镇化建设力度不够和投融资机制不活，许多地方城镇化建设的资金缺口较大。二是土地匹配不够。当前各市城镇建设用地制约问题突出，而且用地报批手续烦琐，集体建设用地转换为国有建设用地的手续办理周期长，严重制约旧城区、城中村改造和产业集聚区建设。

第五，农民的进城能力和意愿不高。一是农民进城成本高。据测算，当前农民在县城落户的成本接近 30 万元，而人均日常消费也将增加 6000 元/年，收入难以承担如此高昂的成本。二是农民进城意愿不强。由于受自身素质、传统观念等因素的影响，一些农民进城后就业难度大，难以适应新生活，由于国家"三农"政策的力度不断加大，土地资产升值预期提高，不少农民倾向选择在农村生活。

三　加快推进新型城镇化要多管齐下

目前河南省新型城镇化建设的重点是城区和产业，未来需要在以下几个方面加快推进新型城镇化进程。

第一，加强细化统筹。实践证明，在城镇化过程中，对于事关全局的重大改革发展任务，缺少统筹安排和系统指导，对制约城镇化发展而基层市县又难以解决的体制机制障碍不能及时研究破解之策，会影响地方的积极性、主动性和创造性。河南省新型城镇化总体上仍处于起步阶段，管理体制不顺、土地资金等要素制约较大、户籍制度改革滞后等问题突出。为此，需要省级层面切实加强对城镇化的领导和指导，有关职能部门应抓住国家政策的机遇，为新型城镇化发展创造好的条件，鼓励支持基层以敢为人先的精神去破解发展中的难题，为全省推进新型城镇化发展创造经验。

第二，提升规划水平。完善城乡规划体系的实质是多层次、多角度、全方位地进行沟通协调，建立起各类规划之间全面、系统、有效的衔接协调机制，实现总体利益平衡，最终优化城乡空间开发格局，引导人口和产业实现有序转移，改善城乡人居环境。河南省新型城镇化城乡规划体系正处于形成时期，不少地方主要是在进行重点区域城市设计，以及基础设施建设和公共服务布局。未来河南新型城镇化规划应坚持系统性，严格按照规划要求一步一步向前推进。

第三，创新体制机制。新型城镇化的实质是对农业经营制度、集体经济产权、城乡要素流动、社会保障体系的改革和创新。这些改革创新为农民实现居住空间和社会身份向市民转换奠定了基础。河南省新型城镇化建设的一项重要任务就是探索城乡发展一体化的体制机制，增强产业和农村发展活力，促进城乡要素平等交换和公共资源均衡配置。当前，应着力创新资金筹措机制，加大财政资金支持力度，完善城乡建设投融资机制；改革土地利用机制，加快农村土地制度改革，开展土地综合整治和完善建设用地增减挂钩、人地挂钩机制，加强土地利用监管。

第四，加快盘活资源。新型城镇化是一个过程，它把发展农村股份合作经济作为实现市场配置资源的有效形式，旨在通过产权明晰、产权转换、产权经营，将农村分散的资源、技术和资金进行有效整合，引导多元化主体参与农村资源利用方式重构和城乡发展一体化建设，在此基础上促成第一、第二、第三产业的联动和融合。河南省新型城镇化建设要将盘活资源作为推动发展的逻辑起点，通过确地、确权、确股，创新经营方式，夯实城镇化的产业支撑。为此，需要加快产业转型升级，以产业集聚区、商务中心区、特色商业区建设为载体，大力发展就业带动能力强的先进制造业和现代服务业，为人口集中提供就业条件。需要大力发展现代农业，要出台激励政策，依靠农村资源大力发展特色高效农业和农产品加工业，推进农业集约化经营；要处理好高效农业与粮食种植的关系，平衡种粮效益与其他经济作物或养殖效益的剪刀差，推进融生产、生活、生态、生物于一体的现代农业发展；要在建立农业科技推广体系的基础上发展生态农业科技园区，可在郑州新区建立我国乃至世界独有的农（业）谷，作为农业科技的创新高地，利用科技提升农业产业化经营水平，拉长加工链和价值链。

第五，创新社会治理模式。在新型城镇化进程中，优化经济社会结构的适应性不仅能够提高各种社会资源的价值，而且能够推动这些资源在利益相关者之间进行效率性的再分配。因此，在新型城镇化过程中需要及时转换镇（村）的行政管理职能，在强化其社区服务功能的同时，通过"政社互动"等形式发挥社会组织的作用，增强基层自治能力，及时完成社会治理模式的创新。随着旧有村庄的拆并，其原有居民的生产方式和生活方式已经改变，农村传统的经济社会模式也已经改变，需要通过组织、政策、规章和制度等方面的创新来推动社会治理模式创新。

第六，完善考核体系。通过科学的测评指标体系，对新型城镇化的质量和效率等内容进行及时监测。河南省各地新型城镇化起步有差距、进程有快慢、水平有高低，有相当一部分市县在城镇化的能力指数、结构指数、效率指数、质量指数等方面缺乏基本的统计信息和考核体系。因此，需要研究制订符合河南省城镇化发展实际和下一步发展方向的考核体系，通过强化考核来发挥相关部门的作用，建成城镇化健康发展的支持体系和激励机制。

对新型农村社区建设的反思[*]

樊　明　刘帅歌　宋媚婷[**]

编者按：新型农村社区建设一直争议较大。2014 年中原经济区"三化"协调发展河南省协同创新中心组织了全国范围内的问卷调查，结果显示：新型农村社区建设改善了农民的居住条件，但给农民在生产上造成诸多不便。在西方农业发达国家，随着单个家庭农场耕地面积不断增大，单户农场成为农场的基本形式。而在中国，随着农户耕种亩数的增加，为缩短下田距离，农民居住将趋于分散化，从而导致出现单户家庭农场。建设农村新型社区实现农民更大规模的集中居住，背离了现代农民居住方式演变的基本方向。

　　自 2005 年中共中央发出"建设社会主义新农村"的号召以来，地方政府纷纷响应，但总的来说，新农村建设工作的重点主要在新型农村社区建设上。就河南来说，各地农村普遍开展了新型农村社区建设，但争议一直未曾停息。为了研究中国工业化、城镇化和农业现代化协调发展问题，2014 年中原经济区"三化"协调发展河南省协同创新中心在中国内地 18

----

　*　原载于《"三化"协调发展》2015 年第 40 期。

　**　樊明，博士，中原经济区"三化"协调发展河南省协同创新中心副主任、教授；刘帅歌、
　　　宋媚婷，河南财经政法大学学生。

个省、4个直辖市和2个自治区对当地城乡居民进行了问卷调查，共调查了176个新型农村社区。本文基于问卷调查数据对新型农村社区建设进行评价，对农业现代化背景下未来农民居住方式的演变方向进行探讨。

一 对新型农村社区的正面评价

先报告正面的评价。

1. 生活比以前更加方便

80.01%的受访者表示，新型农村社区使他们的生活比以前"方便很多"或"方便一些"。实际调查发现，规划好的新型社区相对于原自然村来说，水泥路取代了原自然村的土路，新型社区内路灯、花园等基础设施更加完善，商店市场也更加集中，这确实方便了农民的生活。

2. 居住条件有所改善

83.91%的受访者表示，新型农村社区的居住条件比过去"改善很多"或"有所改善"。从调查中了解到，由于之前的自然村缺乏统一的规划，住房建设具有盲目性，厕所乱建、垃圾乱堆的现象到处可见。新型农村社区建成后，厕所、下水道等统一规划，垃圾统一处理，很好地改善了农民的居住环境。

二 新型农村社区存在的问题

调查也关注到新型农村社区建设中出现的问题。

1. 新型农村社区规模偏小

2014年所调查到的176个新型农村社区的建成时间都在2008后，规模平均在4000人左右，其中社区本地户籍人口占82.52%，外来户籍占17.48%，社区人口以当地人口为主。有研究认为，一般社区的人口规模达到4万到5万人，才能将其建成各种服务设施相对齐全的社区。因此总的来说，以目前农村新型社区的规模，很难将其建成相对齐备的公共服务设施。

2. 原自然村大部分房屋并没有实现拆除还田

新型农村社区建设的一个重要目标是，将农民集中居住，然后拆除原有分散化的房屋以腾出更多的土地实现土地的集约化经营。但2014年的问卷数据显示，新型社区的建设过程中只有 38.22% 的社区实现了原有房屋的拆除。主要有两方面原因：一是拆除成本过高，成本与收益不成比例。农业隐形地租或地价与拆迁成本相比很低，因此不拆除原村庄还田有着经济上的合理性；二是好多村庄并不是整体搬迁，由于村民意见不统一，有一部分村民可能依然留在原自然村，如此，拆除原自然村也很难实现。

3. 新型社区缺少院落影响农具存放

根据 2014 年的问卷数据，大概只有 43% 的新型农村社区有院子。缺少独立院落，会给农户的农业生产带来困难。一方面，农业生产有大量的农具机械需要存放，如果农户没有独立院落将导致这些农具的存放发生困难。另一方面，由于之前农民住房都有院子，可以在院子里种植瓜果蔬菜，养鸡养鸭。搬入社区后这些活动明显都难以进行。从一定意义上来说，缺少独立院落降低了农民的实际收入。

4. 不少农民因新型农村社区建设负债，生活费用增加

调查显示，农民搬进社区的费用大多由农民自己负担，且多数农民因此负债。农民因买房平均负债 8.93 万元，其资产负债率高达 50.54%。农民搬进社区后生活成本要比原来高了很多，搬入社区后原来不用支付的费用如供暖费、垃圾处理费、物业管理费、水费等都需要加入到农民的生活成本中。

5. 新型社区建设过程中存在贪腐行为

由于新型农村社区建设主要采用政府推动和组织的方式，监管较为薄弱，容易造成地方政府官员和村干部的贪腐行为。调查询问了受访者对当地村委会的廉政情况的评价，结果显示只有 23.38% 的农民认为其村委会"很清廉"或"较清廉"，而认为"较严重"或"很严重"的占 31.58%。

6. 农民搬入新型农村社区后增加了下田的距离

新型农村社区是合并了原自然村落而形成的，由此必然会增加农民下田的平均距离。调查显示，农民搬进社区后下田距离明显变远，平均下田距离由原来的 1.25 公里变为 1.69 公里，上升幅度为 35.74%。

7. 农民搬入新型社区的意向较低

调查显示，只有 28.65% 的受访者有搬入新型社区的意向，相反有近一半（49.28%）的农民并不打算搬入。

从以上数据来看，居民对新型农村社区建设的评价，虽有正面的肯定，但反映出的问题仍是严重的。这些问题是需要认真对待的，因为它们涉及农村建设如何体现以人为本的问题。

三 现代化的农业生产方式及对农村 居民居住方式的影响

理论研究表明，集中居住的农民愈多，户均耕地面积愈大，则农民平均下田的距离就会显著变远。农业的生产方式影响着农民的居住方式。在西方农业发达国家，随着单个家庭农场耕地面积不断增大，单户农场成为农场的基本形式，这也就意味着村庄的消失，但这恰恰是美国等西方农业大国的经验事实。

关于未来中国城镇化水平的上限，即未来中国会留多少农民在农村种田，是一个分歧很大的问题，但实现城乡收入均等化方面的分歧较少。要实现城乡居民收入均等化就要求农业产出占 GDP 的比重和农业劳动力占总劳动力的比重相等。比如说，农业产出占 GDP 的比重为 10%，则要求农业劳动力占总劳动力的比重也只能是 10%。这就意味着，如果城乡收入实现均等化，农业产出占 GDP 的比重就将决定农村劳动力占总劳动力的比重，这也就决定了未来的城镇化率。

根据发达国家的经验，现在发达国家农业产出占 GDP 的比重多在 1% 左右，如果中国坚持市场化改革，没有理由怀疑中国的农业产出占 GDP 的比重也将在 1% 左右，保守估计也不会高于 5%。如此，笔者预测在长期，中国的城镇化率会达到 95% 以上。这就意味着，在未来中国农村人口将大规模减少，家庭耕种的土地面积将大幅增加。

随着户均土地规模的进一步增大，为了有效缩短下田距离，避免劳动时间的浪费，中国农村居民将不得不选择更为分散的居住方式以接近所耕种的农田，而这会导致普遍出现单户农场，从而引起村庄在中国的消失。

然而，新型农村社区的建设让原本分散的居民集中居住，这固然提高了社区居民的公共设施服务水平，然而集中居住会导致农民下田距离增加，居民为此付出的代价要远远高于服务水平提高带来的收益。因此新型农村社区的建设不符合中国未来农业现代化生产方式的要求，不符合中国未来农村居民居住方式演化的方向。

挑战与应对："三化"协调发展
进程中的乡镇政府建设*

任宝玉**

编者按："三化"协调发展要求乡镇政府转变传统治理方式，建设服务型的乡镇政府，这符合乡镇治理转型的要求。建设服务型乡镇政府是乡镇治理理念和治理方式的重大转变，也是一项极富挑战性的系统工程。根据服务型政府的内在要求，基于中国乡镇治理的历史和现实，在建设服务型乡镇政府面临的诸多挑战中，乡镇公共财政体制是服务型乡镇政府建设的财政保障，乡镇公共权威授权体制是服务型乡镇政府建设的政治保障，乡镇行政体制是服务型乡镇政府建设的行政保障。

"三化"协调发展是中原经济区建设的核心任务。在实现"三化"协调发展的过程中，高层级政府起着规划和引领作用，中层级政府重在组织实施和具体落实"三化"协调发展政策，乡镇政府作为农村基层政府在"三化"协调发展进程中也发挥着重要作用，其主要作用是为"三化"协调发展政策的具体实施提供基础性的服务和保障，创造"三化"协调发展所需要的基础性环境。"三化"协调发展要求乡镇政府转变传统治理方式，建设服务型的乡镇政府。建设服务型乡镇政府是党和国家确立的建设服务

---

* 原载于《"三化"协调发展》2015 年第 2 期。

** 任宝玉，博士，中原经济区"三化"协调发展河南省协同创新中心学术骨干，河南财经政法大学教授。

型政府目标的重要组成部分。然而，由于传统治理方式的深刻影响，建设服务型乡镇政府必然会面临一些难题和挑战。本研究试图对此进行探讨，并提出相应建议。

一 农村税费改革前的乡镇治理

20 世纪 80 年代中期，为适应农村经济关系的变革，国家废除了人民公社体制，恢复了乡镇政府建制，并设立了乡镇财政机构。为支持工业建设和城市发展，国家通过自上而下的财政包干体制从农村获取工业化和城市化所需资源，并主要通过取之于农的财政资源实现对农村社会的治理。在税费改革前的广大农村地区，乡镇财政收入主要来源于农业，农民是乡镇税费征收的主要对象，组织财政收入是乡镇政府的一项重要工作甚至成为乡镇政府的一项经常性工作。

以农业税费为财政基础的乡镇治理在中国特定历史阶段缓解了中央政府和上级政府的财政压力，支持了工业化和城市化的快速发展，支持了中国的改革开放事业，并且在中国农村经济和社会的发展过程中也发挥了重要作用。然而，随着农民负担的增加及其引发的矛盾的增多，以农村税费征收为基础的乡镇治理的合理性逐渐丧失，改革这种传统的乡镇治理方式日益必要。

改革开放以来，中国工业化和城市化的快速发展为改善农村治理集聚了条件。在世纪之交，中国共产党开始酝酿农村重大改革。21 世纪初党和国家进行的农村税费改革标志着国家发展战略从"以农支工"到"以工支农"的重大转变，这种重大转变为传统乡镇治理开启了转型之路。2000 年 3 月，中央决定首先在安徽全省范围内进行农村税费改革试点。2002 年，河南省开始进行农村税费改革。2005 年，河南省在全省范围内取消了农业税及各种专门面向农民的集资、收费，并对种粮农户进行补贴。农村税费改革为改善乡镇治理提供了重要条件，成为乡镇治理的重要转折点。

二 建设服务型乡镇政府：乡镇治理转型的方向

"三化"协调发展战略的实施和实现需要服务型的乡镇政府。"三化"协调发展是一项极其复杂的系统工程。河南省作为一个农业大省的省情决定了在探索不以牺牲农业和粮食、生态和环境为代价的"三化"协调发展的道路时必须把解决"三农"问题作为出发点和着力点，培育新型农民、发展现代农业、发展小城镇是农业大省实现"三化"协调发展的基础。这一判定要求乡镇政府必须转变传统治理方式，建设服务型的乡镇政府。

建设服务型政府也是中国共产党执政理念的内在要求。建设服务型乡镇政府是党和国家确立的建设服务型政府这一既定目标的重要组成部分。21 世纪以来，中国共产党多次明确提出建设服务型政府的目标。党的十七大报告提出"加快行政管理体制改革，建设服务型政府"，党的十八大报告提出要建设"职能科学、结构优化、廉洁高效、人民满意的服务型政府"，党的十八届三中全会通过的《中共中央关于全面深化改革若干重大问题的决定》提出"建设法治政府和服务型政府"。

建设服务型政府是一项系统工程，各级政府都是服务型政府建设的主体，在服务型政府建设中发挥着彼此不可替代的作用。建设服务型政府既对不同层级的政府有共同的一般要求，又使不同层级的政府的职能侧重点有所不同。通常情况下，中央政府和高层级的地方政府主要是提供制度供给服务、公共政策服务和社会保障服务，低层级的地方政府和基层政府主要是贯彻实施国家政策和上级政府的决定，向社会提供公共产品和公共管理服务。乡镇政府处于中国政府体系的末梢，是当代中国农村的基层政府，与广大农民的联系最为直接，最了解农民和农村发展对公共产品和公共服务的需要。乡镇政府在维护农村社会治安、农村基础设施建设、改善农村环境、贫困帮扶、农村精神文明建设以及农村经济发展、农业现代化和农村小城镇建设等方面发挥着重要作用。服务型乡镇政府的建设对于"三化"协调发展的实施和实现以及对于国家服务型政府建设目标的实现都具有基础性意义。

三　建设服务型乡镇政府的主要挑战与应对思路

建设服务型乡镇政府是乡镇治理理念和治理方式的重大转变，也是一项极富挑战性的系统工程。根据服务型政府的内在要求，基于中国乡镇治理的历史和现实，在建设服务型乡镇政府面临的诸多挑战中，以下三个方面的问题在当前显得尤为紧迫，对它们的回应将决定服务型乡镇政府建设的进程。

1. 乡镇公共财政体制：服务型乡镇政府建设的财政保障

提供公共产品和公共服务是服务型政府的职责所在，也是市场经济条件下政府存在的合理性所在。建设服务型乡镇政府面对的首要问题就是要建立与之相适应的乡镇财政体制。从现代市场经济国家的一般经验看，这种体制只能是公共财政体制。

目前乡镇公共财政体制远未建立。税费改革取消了农业税费，堵住了"三乱"之源，乡镇财政收入也随之大幅减少。由于乡镇政府财力弱小，农村地区的基本公共产品如教育、医疗、文化、基础设施、居住环境等，与城市均存在很大差距，这与"公共服务均等化"和"城乡一体化"的目标尚有很远距离。农村税费改革后，乡镇财政支出体制并没有实质性改变，与税费改革前相比，财政支出体制甚至更倾向于集权，没有体现公共财政体制的基本原则和要求。

根据公共财政体制建设的内在要求，建设乡镇公共财政体制应遵循四个方面的原则。一是明确乡镇政府事权范围，根据事权与财权相一致原则，合理划分乡镇财政收入范围，确保乡镇财政有稳定的收入来源。如果乡镇财政缺乏稳定的工商税收来源，则应通过一般财政转移支付手段保障乡镇政府履行职能的财力。二是按照基本公共服务均等化和城乡协调发展的原则，建立科学规范的财政转移支付制度，确保乡镇政府具备提供基本公共服务的相应财力。鉴于目前绝大多数乡镇缺乏稳定税源，甚至在纯农业地区出现零税基的情况，应考虑重新测算乡镇财政收入能力，实事求是地核定乡镇财政收入基数；按照公共服务均等化和城乡协调发展的原则科学核定乡镇财政支出基数；以此为依据，建立规范的财政转移支付制度。规范的财政转移支付制度应以一般性转移支付为主，尽量减少专项转移支付，以最大限度地消除转移支付过程中的不公平现象。三是建立需求主导的公共产品供给决策体制，保障居民在公共产品供给决策中的参与权利。四是按照现代公共预算体制的基本原则建立乡镇公共预算体制，将乡镇公共财政收支全部纳入预算，坚决取缔小金库，将原来的预算外收支合并到预算内，实行全口径预算管理。

2. 乡镇公共权威授权体制:服务型乡镇政府建设的政治保障

乡镇公共财政体制建设解决的主要是乡镇政府提供公共产品和服务的财力保障问题。然而,如何从制度上保障乡镇政府在有了相应财力之后愿意将公共财政资金用于为本地居民提供公共产品和公共服务,是建设服务型乡镇政府必须解决的另一基本问题。解决这一问题的关键是建立新型的乡镇公共权威授权体制,它是建设服务型乡镇政府的政治保障。

从当代中国政治实践看,乡镇公共权威主要是指乡镇党政,乡镇党政可以被看作是广义的乡镇政府的一部分。按照现行政治制度及其实践逻辑,当代中国乡镇公共权威主要来源于上级党政部门,特别是上级党组织。尽管按照《中国共产党章程》《中华人民共和国宪法》《中华人民共和国地方各级人民代表大会和地方各级人民政府组织法》等的规定,乡镇党政领导干部的产生要经过自下而上的选举,但是目前乡镇选举更多的是发挥着政治上的象征功能,普通党员和居民在乡镇党政领导干部的产生过程中难以发挥影响。这种乡镇公共权威授权体制仍属于自上而下的授权体制。这种自上而下的权威授权体制造成了乡镇政府行为的动力很大程度上是为上级的要求服务,为自己的政绩需求服务,群众的公共产品和公共服务需求被置于次要的地位。

与自上而下的公共权威授权体制相反,自下而上的社会性授权体制是指乡镇公共权威主要是来自基层社会的授权体制,在这种授权体制下,由于公共权威主要来自民众,乡镇政府不得不把行为的动力建立在维护广大群众的利益基础之上。建设服务型乡镇政府必然要求转变自上而下的单向公共权威授权体制,结合中国社会主义民主政治的特点,建立自上而下的组织化授权体制与自下而上的社会性授权体制相结合的新型公共权威授权体制。

中国社会主义民主政治的根本特点就是坚持党的领导、人民当家做主和依法治国的有机统一。自上而下的权威授权体制主要解决的是保证党的领导问题,自下而上的权威授权体制主要解决的是保障人民当家做主的问题。长期以来,由于对党的组织干部政策的片面理解,在乡镇政权建设过程中,自上而下的授权体制被片面地理解和执行,自下而上的社会性授权体制建设滞后,《中国共产党章程》和法律的有关规定没有得到认真落实,从而导致基层政府的行为逻辑主要是对上负责而不是对下负责。基于当代中国政治制度的特点和政治传统,在建设乡镇公共权威授权体制的过程中,应当坚持把自上而下的授权与自下而上的授权相结合的原则,探索自上而下与自下而上相结合的新型公共权威授权体制,将上级党政组织的信任与人民群众的信任更好地结合在一起。

在建立自上而下与自下而上相结合的公共权威授权体制方面,中国地方政府和基层政府已经开始了实验性的探索。但是由于新旧体制的碰撞,目前乡镇公共权威授权体制建设方面的探索尚未形成制度化的成果。"两推一选""两票制"等不失为有益的探索,有重要借鉴意义。

3. 乡镇行政体制:服务型乡镇政府建设的行政保障

建立一个机构健全、分工明确、指挥统一、科学高效的行政管理体制是建设服务型乡镇政府的内在要求和重要保障。目前的乡镇行政体制还难以适应服务型政府建设的需要。

为适应农村税费改革后乡镇政府可支配财力明显减少的新形势,2005年9月至12月,河南省在全省范围内进行了以精简机构、强化服务职能为主要内容的乡镇行政体制改革。这次改革之后,全省乡镇政府机构共分流人员17万人,乡镇行政事业机构减少3117个,乡镇领导职数减少7600多名(参见马宏图、李铮的《2005:河南乡镇大变革》,《河南日报》2006年1月15日)。在这次改革中,为防止机构和人员再次膨胀,以及按照转变职能、强化服务的要求,乡镇原来的"七所八站"机构统一整合为由县级政府部门管理的事业单位,这些设在乡镇的事业单位分别是财政所、民政所、国土所、农业服务中心、计生服务中心、村镇建设服务中心、文化服务中心。设在乡镇的四个"中心"和三个"所"的人事权和财权由上级人事和财政部门统一管理;从职能上看,"中心"和"所"是乡镇公共管理和公共服务部门,在乡镇范围内行使公共管理和公共服务职能;从业务上看,"中心"和"所"接受上级有关部门和乡镇政府部门的双重领导。

从这次乡镇行政体制改革的内容看,乡镇行政机构和人员得到精简,公共部门的服务职能更为突出。但是,从服务型乡镇政府建设的要求看,乡镇行政体制还有待于进一步完善。其存在的突出问题是,改革后的乡镇行政体制在人、财、事的管理上存在脱节现象,"中心"和"所"是乡镇重要的公共管理和公共服务部门，在日常工作中主要由乡镇政府领导，而乡镇政府却没有对这些部门的人事和财务的管理权，乡镇政府对其人员的调配、升迁、待遇等影响甚微，因此对其具体事务的管理不可避免地存在失灵。建设服务型的乡镇政府，必须按照精简、统一、效能的原则，进一步深化乡镇行政体制改革，理顺乡镇政府各部门以及乡镇政府与乡镇其他公共部门之间的关系。

河南"新四化"同步发展的评价体系及体制机制创新研究[*]

周颖杰[**]

编者按：本文以工业化、信息化、城镇化、农业现代化协调为基础设计了六个分指标体系。通过测算河南省"新四化"同步效用可知，2006～2013 年河南城镇化、农业现代化指数呈现平稳增长态势，工业化指数回落明显，信息化指数变动剧烈。为此，需要进行体制机制创新：一是夯实城镇化和农业现代化对河南"新四化"同步效用的优势基础；二是重新审视城镇化；三是梳理河南城镇化发展思路；四是解决河南城镇化进程中的突出问题；五是优化再造城镇体系；六是大力推进信息化建设；七是把握中原经济区和中部崛起战略的机遇，加大跨区域、跨产业的协同发展。

党的十八大报告提出"走中国特色新型工业化、信息化、城镇化、农业现代化（以下简称'新四化'）同步发展道路"。2011 年 9 月，《国务院关于支持河南省加快建设中原经济区的指导意见》（国发〔2011〕32 号）将中原经济区正式提升为国家战略，其主要战略定位之一就是积极探索不以牺牲农业和粮食、生态和环境为代价的"三化"协调发展的道路，把中原经济区建设成全国城镇化、农业现代化和工业化协调发展示范区。那

---

[*] 原载于《"三化"协调发展》2015 年第 14 期。
[**] 周颖杰，许昌学院经济与管理学院院长、教授。

么,信息化如何融入"三化"协调发展之中?中原经济区如何建设才是"三化"协调发展,其内涵及特征如何界定?目前其发展现状如何?其目标和路径如何选择?其评价体系如何构建?要解决哪些制度问题?等等。这些都是中原经济区建设急需回答和解决的问题。因此,本项目研究的理论价值是:在一定程度上能够丰富和发展我国"新四化"协调发展的相关理论与体系。应用价值是:有利于中原经济区贯彻落实科学发展观,又好又快地实现国家有关建设中原经济区的战略部署;有利于中原经济区理清"新四化"协调发展的目标、过程和方法,加快实现"新四化"协同发展;有利于为解决我国同类地区"新四化"协调发展创造有益的经验等。

一 河南"新四化"同步发展的评价体系及实证分析

(一)"新四化"同步发展的评价指标体系

针对"新四化"协调,根据六对"两化"之间的互动关系,分别设计了六个分指标体系(见表1~6)。

表1 工业化与信息化互动关系指标体系

一级指标	二级指标	观测点
工业化与信息化	工业信息化结构	主导产业供应链信息化率
		电子信息产业产值占工业总产值比例
	工业信息化竞争能力	大中型企业设计信息化率
		电子信息产品出口额占外贸出口额比例

表2 工业化与城镇化互动关系指标体系

一级指标	二级指标	观测点
工业化与城镇化	工业与城镇经济	工业增加值占 GDP 比重
		工业税收占总税收比重
	工业与城镇居民	工业用地占城镇建设用地比例
		工业就业人员占城镇就业人员比例
	城镇与工业发展	城镇基础设施投资占工业投资比例
		工业消费品产值占城镇社会零售品消费总额比例

表3 城镇化与农业现代化互动关系指标体系

一级指标	二级指标	观测点
城镇化与农业现代化	农村要素转让	常住人口城镇化率
		财政向农村转移支付占农村财政收入比例
	城镇化保障	粮食自给率
		蔬菜自给率

表4 工业化与农业现代化互动关系指标体系

一级指标	二级指标	观测点
工业化与农业现代化	工业与农业生产	农业科技进步贡献率
		农业机械总动力
	工业与农业经营销售	农产品加工转换率
		农业商品率
	农业与工业经济发展	农村富余劳动力转移
		农村社会消费品零售总额

表5 信息化与城镇化互动关系指标体系

一级指标	二级指标	观测点
信息化与城镇化	城镇信息设施	互联网平均速率
		光缆线路长度
	信息技术与城镇经济	市民网购率
		信息服务业从业人员占全社会从业人员比例
	城镇公共服务与信息化	城镇公共信息平台数量
		电子政务发展指数

表6 信息化与农业现代化互动关系指标体系

一级指标	二级指标	观测点
农业现代化与信息化	农业信息基础设施	农村每百户计算机拥有量
		农村每百户移动电话拥有量
	信息化与农业公共管理	农业综合执法信息化率
		农业信息员占农业从业人员比例

（二）"新四化"同步效用的测度

根据表 1~6 中的指标，选取河南省为样本区域，将时间跨度定为 2006~2013 年，设计工业增加值占地区生产总值比重等指标，对该区域的"新四化"同步效用进行评价（结果见表 7）。

表 7　2006~2013 年"新四化"指数及其同步效用指数与同步发展类型

年份	工业化指数	城镇化指数	农业现代化指数	信息化指数	同步效用指数	同步发展类型
2006	0.21406	0.14489	0.06519	0.03780	0.2769	失调
2007	0.45915	0.22888	0.21545	0.20572	0.3268	失调
2008	0.52550	0.37656	0.36451	0.57131	0.5795	勉强协调
2009	0.33773	0.49986	0.47457	0.69238	0.5476	勉强协调
2010	0.46644	0.50051	0.61976	0.80254	0.6431	初级协调
2011	0.60388	0.73551	0.61997	0.31488	0.5191	勉强协调
2012	0.43521	0.83643	0.85908	0.43369	0.5161	勉强协调
2013	0.70330	0.85521	0.65190	0.57911	0.7180	中级协调

2006~2013 年河南城镇化、农业现代化指数呈现平稳增长态势；受全球金融危机和产业结构调整影响，2009 和 2012 年工业化指数回落明显；信息化指数变动剧烈，2011 年出现较大波动。2006~2013 年"新四化"指数的平均值分别为 0.46816、0.52222、0.4838 和 0.45468。结果表明，河南"四化"同步于 2010 年和 2013 年分别达到初级协调水平、中级协调水平，其余年份均为失调或勉强协调水平，2006~2013 年同步效用指数的平均值达到 0.5159，属于勉强协调水平。

（三）"新四化"同步效用的区域差异及分解

按照《河南省全面建设小康社会规划纲要》所述，将河南划分为中原城市群、豫北地区、豫西豫西南地区和黄淮地区四个经济区。运用泰尔指数法，对河南"新四化"同步效用的区域总差异进行测算并分解，结果如下。

① 2006~2013 年，河南"新四化"同步整体上呈协调发展趋势，总差异的泰尔指数由 2006 年的 0.321954 下降到 2013 年的 0.201923，年平均

下降率为 6.45%。

②经济区区域内差异比区域间差异明显。区域内差异的泰尔指数由 0.197004 下降到 0.108331，对总差异的贡献率由 61.2% 下降到 53.65%，贡献率呈线性下降趋势，但区域内差异仍是总差异的最大影响因子。相反的是，区域间差异的泰尔指数由 0.124950 下降到 0.093592，但它对总差异的贡献率由 38.81% 上升到 46.35%。

③区域内部差异呈拉大态势。从测算结果可知，中原城市群的平均差异泰尔指数为 0.096887，豫西豫西南地区的为 0.039248，豫北的为 0.012316，黄淮地区的最低，为 0.006264。中原城市群是影响同步效用的绝对因素，该区域 2013 年 GDP 总量占全省总量的 58.84%，且内部差异呈拉大态势，人口、产业集中度高，受省内外优惠政策的刺激，其区域差异泰尔指数降速变缓。

二　体制机制创新路径

第一，夯实城镇化和农业现代化对河南"新四化"同步效用的优势基础。传统观点认为受长期的制度限制，农业产业化发展滞后于其余"三化"建设，河南作为农业大省，在国家非均衡发展战略及非均衡协同发展战略中恰恰得益。要以《河南省新型城镇化规划（2014—2020 年）》的发布及国家新型城镇化综合试点建设为契机，实现城镇化进程新常态，继续调整和优化农业产业结构，发挥市场在农业资源配置中的决定性作用，实现人口合理转移、土地良性流转，培育区域支柱产业和国家级龙头企业，建设农产品产销示范基地，发展新型农业社会化服务体系，确保全国重要粮食生产和现代农业基地战略任务的实现。

第二，重新审视城镇化。实践证明城镇化是当前我国扩大内需的最大潜力，也是经济社会转型发展的基本线索。在城镇化进程中，农村人口不断向城镇转移，第二、第三产业向城镇聚集，城镇的数量、规模及人口都不断扩大。这种转移过程伴随着地域景观的变化、产业结构的转变、生产生活方式的变革。高质量城镇化的基本特征是城乡统筹、产城互动、节约集约、生态宜居，转移过程自然且有序，不应用单一的城镇化率等指标来简单衡量城镇化水平。河南的城镇化要有特色，力求打造富强、文明、平安、美丽的河南城镇化。

第三,梳理河南城镇化发展思路。2000 年河南省城镇化率为 23.2%,2013 年上升至 43.8%,2008~2013 年是河南历史上城镇化发展最快的时期,预计 2017 年其城镇化率将突破 50%,这种增长速度非常罕见。但是,河南省城镇化水平低于全国平均水平约 9~10 个百分点,在 2013 年居全国倒数第 5 位,与经济总量居全国第 5 位形成鲜明对比。梳理河南城镇化发展思路,要探索符合河南省情的新型城镇化道路,要好好总结郑汴一体化、城乡一体化示范区等成功经验。

第四,解决河南城镇化进程中的突出问题。快速的城镇化发展从空间上实现了人口从农村向城市的转移,但多数人没有实现自身对城市的真正融入。要从根本上保证转移人口无论身在何处都能享受平等的基本公共服务,且在劳动报酬、劳动时间、节假日、工作安排、医疗及社会保障等方面享有同等权利,使他们真正享受到城镇化带来的红利。同时要处理好政府与市场的关系。城镇规划、公共服务等方面的问题需要政府出面解决,特别是要发挥政府在拆除落户的制度壁垒,均等提供住房保障、社会保障和基本医疗保障等公共服务上的主导作用;其余问题的解决要充分尊重市场发展规律,也就是前面所说的转移要自然有序,尊重农民的产权、迁移权、择业权,要遵循"产业为根本、就业为基本、生计为先手"的原则,规避暴力拆迁、强制征地等问题,引导民间资本进入信息化、智慧城市的建设。

第五,优化再造城镇体系。城镇化要注重内涵发展,注重发展效率,单纯依靠投资、扩容的城镇化是不可持续的。继续走布局合理、功能完善、连接全省、辐射周边的现代城镇体系发展道路,实现大中城市和小城镇协调发展,注重集约与均衡,兼顾效益与质量。《河南省主体功能区规划》将国土空间分为重点开发区域、限制开发区域和禁止开发区域,各区域建设要与人口城镇化结合起来统一规划。围绕《河南省主体功能区规划》的指导精神,各市县要加强区域发展规划对城镇体系空间布局的合理引导,合理引导人口流向,避免转移人口的过度集聚,避免盲目扩张、恶性竞争、质量不高、刻意模仿、政绩工程等乱象的发生。

第六,大力推进信息化建设,发挥信息化外溢效应,引领新型工业化发展。深度融入国家"一带一路"建设,狠抓郑州航空港经济综合实验区等平台的内涵建设，找准信息化与工业化的切入点，一方面基于物联网、大数据、云计算等信息技术，积极发展大规模定制等服务型制造业；另一方面创新思维，以智能终端产业为先导实现"智能工业"，完成工业向以数字制造技术、再生性能源技术等为代表的信息工业的转型。

第七，要把握中原经济区和中部崛起战略的机遇，加大跨区域、跨产业的协同发展。要对现有经济区内部同步效用极化现象加剧予以重视，优化升级科学发展载体，不断完善产业集聚区的提质转型，加快商务中心区和特色商业区规划，以产业为基础链，不断延链、补链，规避区域内部差异效应，支撑带动"新四化"同步发展。

为什么要实施新型城镇化引领[*]

——关于中原经济区建设与发展的理论研讨之一

郭 军[**]

编者按：城镇化集中地、全面地、系统地把人类经济社会文明的进步和辉煌展示了出来。新型城镇化引领"三化"协调科学发展，也就是要发挥城镇化对农业现代化、工业现代化的引导带领作用。现阶段新型城镇化引领应该立足农村，着力加速农业经济市场化、农村社区城镇化、农民现代自主劳动化进程，着力破解城乡二元经济困局，着力推动经济社会技术创新。对新型城镇化的引领作用及其引领效果的评价，一般可以从经济集约化程度、农业现代化程度、城乡一体化程度和环境友好程度四个方面入手。

引 言

中国共产党河南省第九次代表大会强调中原经济区建设要走以新型城镇化引领"三化"协调科学发展的道路，既体现了河南省委、省政府对探索和实现"三化"协调科学发展的深度认知与实践把握，也揭示了新型城镇化引领在中原崛起、河南振兴的历史进程中的时代特点与规律。

---

  * 原载于河南财经政法大学河南经济研究中心《学者之见》2012 年第 2 期。
  ** 郭军，河南财经政法大学教授，河南省经济学会副会长。

"城镇"是一个区域空间概念,"城镇化"表现为一个区域空间演化的过程,是区域经济社会发展的综合反映。城镇化与工业化、农业现代化紧密联系在一起,一方面工业化、农业现代化奠定着城镇化的物质基础,支撑着城镇化的不断进取,并且促使城镇化从形式到内容都积极地从旧有状态迈向新型境地;另一方面,工业化、农业现代化又总是依托城镇化创造的平台、环境、条件而发展、跨越,即城镇化对工业化、农业现代化的发展,也从来都不是被动的、消极的。随着理论与实践探讨的深入,人们越来越认识到城镇化的引领、城镇化所传递的各类信息,对工业化、农业现代化的积极的、主动的、创造性的影响作用。抑或说,在现阶段,应注重新型城镇化对工业化、农业现代化和整个国民经济社会发展的引领功能和机制,发挥新型城镇化在"三化"协调科学发展过程中的引领作用。

一 新型城镇化引领的相关理论综述

对于新型城镇化引领的理论,无论是在国内还是在国外,都没有形成直接的、深入的研究,但笔者又必须面对这一来自实践的、颇具理论研究价值的课题。一方面要从已有城镇化理论研究成果中感知、发现这一实践的理论支撑性,另一方面又要拉近实践研究,进行理论的抽象和提升。需要指出的是,如果说笔者今天提出新型城镇化及其引领概念,是因为看好城镇化发展对立足"三农"、破解中国城乡二元结构的实践价值和历史意义;那么,国内外城镇化理论研究的成果和几乎所有相关表述的内涵与外延,也在事实上佐证着今天的新型城镇化引领思维的必然性和科学性。

国外城镇化研究注重理论思维与现时实践的吻合性。纵观国外城镇化的研究,从 1867 年西班牙工程师 A. Serda 出版《城镇化基本理论》,到今天众多学者的各类视角观点,城镇化本质上可以被概括为一句话:城镇化是一个由乡村向城市演变的过程,即乡村居民点的建设等物质表象和居民的文化生活方式向城镇化转型的过程。

"城镇化"的概念至 20 世纪已被世界范围内的绝大多数学者所接受,并且其相关理论对各国政府决策和实践运作的指导性——意识观念的引领性，使得发达国家、发展中国家都不断地把城镇化从一个阶段、一种表象，推进到另一个阶段、另一种表象，刷新着城镇化的理念、城镇化的体系、城镇化的动能，这正是世界城镇化理论研究的科学价值所在。而每一位学者的思维观点所寓意和期望的，也恰是笔者今天在实践演化发展中所看到的。

世界各国的城镇化发展可以被概括为政府引领型、市场引领型、政策引领型、自由放任型等类型。政府引领型以日本为代表。日本为了推进城镇化，特别是为了解决城乡差异问题，主要采取了政府加大城镇基础设施建设投资；调整产业发展重心，支持发展农村工业；打破市、县、乡、村行政区划，引导乡与村、村与村集聚，实施以乡村城镇化为主干的城镇化发展路径等措施。市场引领型以美国为代表。美国城镇化发展基本上由市场主导，基于这一情况，各具特色和功能的城镇遍布美国，由边缘区小城镇、郊区小城镇和农村社区小城镇构成的城镇化网络系统早已发展成熟。政策引领型以德国为代表。德国以产业政策引导城镇化建设，整体上坚持以中小城镇发展为主体，虽然这些城镇规模不大，但由于各类产业实体的支撑，其城镇基础设施完善，城镇功能明确，经济发达活跃。自由放任型实际上是政策、市场结合型的，以韩国为代表。韩国的"新农村运动"，实际上也就是"新型农村社区运动"，旨在唤醒农民"自强自立"的精神，引领农民自己改变自己的生产方式与生活条件，建设自己的城市化的新型农村社区。

与国外学者相比，国内城镇化理论研究更注重现实性、操作性和规范性。近年来，国内学者以定性与定量分析相结合，对我国城镇化发展进行了持续的探讨研究。就研讨内容看，包括城镇化发展实质意义研究，如城镇化发展要立意农村城镇化。有学者指出，农村城镇化发展对打破城乡二元社会经济结构，缩小城乡差别，促进城市化和工业化协调发展，在更大范围内实现土地、劳动力、资本等生产要素的优化配置，有着不可估量的意义。[1]城镇化发展道路的研究有很多，如"多元道路论"[2]、"小城镇主导论"[3]、

---

① 辜胜阻、成德宁：《进一步优化农村城镇化的战略对策》，《中国人口科学》2000 年第 6 期。

② 辜胜阻、李永周：《我国农村城镇化的战略方向》，《中国农村经济》2000 年第 6 期。

③ 陈美球：《小城镇道路是我国城镇化进程中必不可少的重要途径》，《中国农村经济》2003 年第 1 期。

"城市群发展论"① 和"中心城镇论"② 等。但无论怎样论说,基本的共识是,中国的城镇化发展应走集约、节约型道路,坚持城乡统筹发展。

随着统筹城乡发展战略思路的提出,许多学者还强调,中国的城镇化道路应该是乡村城镇化与城乡一体化并存同步的双轨制道路,即"就地城镇化"。所谓"就地城镇化"是指农村人口不向大中城市迁移,而是以中小城镇为依托,通过发展生产和增加收入,发展社会事业,提高自身素质,改变生活方式,过上和城市人一样的生活。

一些学者在探讨我国城镇化发展遇到的问题时,对国外城镇化的趋势、经验教训进行了研究,如庹度、李涛分析了国外城镇化的中间化发展趋势,认为城镇化的中间化已成为目前发达国家城镇化发展的一个基本趋势。所谓城镇化的中间化,是指在城镇化的进程中,人口和产业向处于中间层次的城镇集中的过程。它包含两个基本方向:一是郊区化,即大城市的人口和产业向郊区转移,造就一批具有较强经济实力的中等规模城镇;二是农村和小城镇的人口和生产要素继续向更大规模的城镇,主要是中等规模的城镇和大城市的郊区转移,这是城镇化的传统演变方向。城镇化中间化也暴露出一些新的管理问题,使得过去相对稳定的区域管理体制不断陷入矛盾和困境中。③

杨特、包佳丽分析了国外城镇化发展战略的成败及启示,认为20世纪上半叶,美国城市快速发展的同时,城市中心出现了交通拥挤、环境恶化、住房紧缺等问题,由此催生了美国城镇化进程中典型的"郊区化"现象。但过度郊区化又引发了经济、社会和环境等一系列问题。于是,20世纪80年代末90年代初在社区发展和城市规划界兴起了"新都市主义"(New Urbanism)运动。基于市郊不断蔓延、社区日趋瓦解,新城市主义主张继承二战前美国小城镇和城镇规划的优秀传统,塑造具有城镇生活氛围、紧凑的社区。与美欧等老牌发达国家相比,日本的城镇化具有很多值得借鉴的地方,主要体现在以下四方面:一是大力开展多层次、多类型的城市规划;二是积极发展农村教育,有效促进农村剩余劳动力向城镇转移;三是通过卫星城和町村合并计划,促进日本中小城市协调发展;四是

---

① 肖万春:《我国城镇化发展必须遵循的一般规律》,《中国党政干部论坛》2003年第8期。
② 姜太碧:《经济增长极理论与农村城镇化研究》,《农业技术经济》2002年第7期。
③ 庹度、李涛:《国外城镇化的中间化趋势及其管理借鉴》,《生产力研究》2004年第6期。

日本坚持小城镇建设与大中城市发展相衔接，形成以中心城市为依托，中小城市为网络，小城镇星罗棋布的城市化体系。拉美国家的超前城镇化带来"城市病""贫民窟"等一系列经济社会问题。从 20 世纪 30 年代开始，伴随着工业化的步伐，拉美国家搭上了城镇化的高速列车，城镇化水平与西方发达国家接近。但拉美的工业化进程和经济发展严重滞后于城镇化，因此城市规模虽大，但发展质量普遍不高。一方面，大城市过度发展引发了拉美"城市病"，即地区间发展的不平衡，同时也带来大量资源、环境及社会问题，形成诸如城市空气质量恶化、水源被污染、交通堵塞、住宅拥挤、贫民区无序扩张、犯罪率上升等一系列"城市病"。另一方面，工业化大幅落后于城镇化导致贫民窟泛滥。[①]

二　新型城镇化引领的客观规定性

城镇化是一个城镇发展演化的过程，这个过程总是把城镇化从一个旧的时点形态推进到一个新的时点形态，所以说，城镇化集中地、全面地、系统地把人类经济社会文明的进步和辉煌展示了出来。

（一）人类经济社会活动及其发展的"三化"特征

人类经济社会真正进入现代是以工业革命为标志。伴随着工业革命，社会劳动生产率得以大幅提高，社会分工日趋精细，协作更加严密，人们追求以通过工业化、城镇化、农业现代化实现预期目标的愿望越来越强烈、越来越明晰，从而使工业化、城镇化、农业现代化成为人类经济社会及其发展的基本内容。

工业化所创造的工业文明，一方面使得农业的现代化成为可能，另一方面又为城镇的建设和发展提供了物质基础，并且随着工业化、农业现代化进程的加速，更多的人开始进入城镇，享受到城镇的新的生活与文明。与此同时，为了追求更好的城镇生活，人们会以城镇为平台，努力寻求在城镇经济运行中建设和发展更好的工业化和农业现代化。这种工业化、城镇化、农业现代化的内在逻辑联系，生成了"三化"协调的互动性和客观

---

① 杨特、包佳丽：《国外城镇化发展战略成败及启示》，《中国经贸导刊》2010 年第 24 期。

规定性。

工业化、城镇化、农业现代化作为经济社会发展的三条主线，既有着各自的演进路径和运行规律，又相互依托、相互制约，共同构成现代化建设的推动力量。在"三化"当中，工业化创造供给，城镇化创造需求，农业现代化提供支撑和保障。三者相互影响、相辅相成，存在自我循环演进又良性互动的关系，是一个完整的系统工程。其中，城镇化要走在前面，引领工业化和农业现代化，促进"三化"协调发展。因为工业化和农业现代化发展都需要有不断拓展的空间，而这种空间只有通过城镇化的发展来保障。

（二）从"三化"协调发展看新型城镇化引领关系

人类经济社会从原始社会到封建社会、到资本主义社会、到社会主义社会，总是呈现出阶段性差异，而每一阶段经济社会的演进，根本的推力在于不同阶段选择了不同方式，运用了不同机制。进入现代，人们更是强化了以农业为基础、工业为主导的生产力运动的客观规定性，但自始至终也并没有忽略农业与工业的发展与城镇的发展之间的互动性。在城镇化进程中，适应农业现代化与工业化进程需求而产生的服务业，不仅使商品交换迈入现代化，而且还成为激活和增强城镇生命力与生机的重要因素。所以说，农业与工业的发展，支撑了城镇的崛起，而城镇的发展，又必然为农业与工业的提升积极创造条件。

新型城镇化引领"三化"协调科学发展，就是要发挥城镇化对农业现代化、工业现代化的引导带领作用。新型城镇化引领，其中新型是定位，即城镇的建设与发展，从时空上已经演变进入了一个新的景象。城镇化是主线，从我国以及河南省的实际情况出发，新型城镇化应是以农村城镇化为抓手，沿着农村就地城镇化，带动全社会城镇化水平跃升的发展模式。引领是机制，引领的内涵一是对人们树立新型城镇化意识观念的引领；二是对工业化、农业现代化，及整个区域经济社会发展的引领。

城镇化的内核本质是城镇经济的现代化，城镇经济就是以城镇空间为承载体的产业经济。产业经济就其内容构成看，主要包括农业经济、工业经济、商贸服务经济等；从产业经济学的内容构成看，主要包括产业理论、产业组织、产业结构、产业政策等。不难看出，城镇化的问题也就是城镇的工业化、农业现代化发展的问题，城镇化率高，事实上反映的是城镇的工业化、农业现代化水平程度高。现代化是一个时点概念，城镇依农业现代化、工业化而实现现代化，而城镇经济的组织结构、政策如何，及能否科学地引领各类产业的发展则至关重要。

（三）从我国经济社会发展看新型城镇化引领作用

城镇化发展水平不仅是人类经济社会文明程度的标志，而且是一个国家或地区一个时期经济社会实力水平的反映。新型城镇化的引领作用体现在能够为新型工业化、新型农业现代化提供重要支撑、保障和服务上，体现在能够扩大内需、增加投资、有效支撑经济社会发展上，即一方面能够带动基础设施、公共服务设施建设，产生大规模的生产性投资需求；另一方面能够加速农村人口向城市转移，有效扩大城市消费群体，提高农村居民收入，改善消费条件，提高居民消费能力，释放出巨大的生活性消费需求，促进经济社会发展。凡是城镇化水平较高的区域，生产要素和生活要素的集聚程度就高，其驱动区域创新发展的动力和对全球和全国流动资本的吸引力就大。同时，城镇化率越高，第三产业的比重和发展水平就越高。2010 年河南的城镇化率比全国平均水平低 10.9 个百分点；同期河南第三产业占生产总值的比重比全国平均水平低 14.4 个百分点。

实施城镇化引领，并不只是今天才提出、才应用的，中华人民共和国60 多年的历史，甚至就可以说是一部依靠城镇化引领农业和工业发展的历史。新中国建立伊始，我国的经济工作便从农村转向城市，特别是"一五"时期，计划安排的 156 项工程基本上全部布局在大中城市，从而形成了以城市建设为中心，以城镇化发展引领农业和工业的国家经济社会运行新体系。改革开放以后，我国提出了恢复和振兴国民经济的一系列政策措施，但无论是发展乡镇企业，还是激活国有企业，包括发展民营经济，几乎所有政策都是由城市经济社会变革引领和推进的；20 世纪90 年代以来，中央更是直接提出"中心城市带动"战略，实施城市的集群式发展模式，调整结构、转变方式、加速城镇化进程、以城镇第三产业的发展促成第一、第二产业的发展等，这些都突出反映了城镇化引领的客观现实性。60 多年来，作为政治、经济和人民精神文化生活中心的城镇，在国民经济和社会发展中的地位日益突出，成为整个国民经济和社会快速发展的火车头。中国社会科学院的相关研究报告显示，长三角、珠三角、京津冀地区这三大城市密集区累计实际利用外资额占全国的60%以上，2008年上半年三大城市密集区共完成进出口额9359.16亿美元，占全国进出口总额的75.9%。城镇化引领的作用可见一斑。我国已经进入了城镇化加速发展时期，中国的城镇化率到2011年末已突破50%。也许我国的国情条件决定了我们不可能完全按照西方国家的道路走，也不可能完全等着农业现代化和工业现代化了再进入城镇化，"三化"应该是同步的，并且应该是以城镇化引领来实现"三化"协调科学发展的。从这一意义说，新型城镇化引领是中国特色社会主义道路的一个重要的内容特征。

（四）从河南省省情特点看实施新型城镇化引领的意义

区域经济的发展，按照区域经济学的理论，就是要科学规划，发挥优势，扬长避短，趋利避害。河南省委、省政府审时度势，强调要充分发挥新型城镇化的引领作用、新型工业化的主导作用、新型农业现代化的基础作用，以推进"三化"的协调发展，加快河南省经济增长方式的转变，实现中原经济区建设的宏伟蓝图。新型城镇化的引领，既是对工业化、农业现代化的引导带领，也是对"三化"发展相互关系的协调衔接。从现实省情特点出发，强调实施新型城镇化的引领作用，应该看到河南省城镇化水平不仅低于全国城镇化水平，而且远远落后于河南省的工业化水平。很显然，过低的城镇化水平不仅限制了河南省现代服务业的发展，而且影响到河南省经济结构的优化调整，还会拉大城乡收入差距，造成城乡矛盾加剧。按照刘易斯二元经济理论，农业和非农劳动边际报酬的差异会促使农村剩余劳动力向城市的非农部门转移。但河南省农村人口基数庞大、总量增长速度快，而现有城市的经济辐射带动能力、人口承载力又有限，且这种不利局面在相当长的时期内将难以改观，所以即便是大中小城市都得到充分发展，也无法根本解决农村人口的城市化问题。因此，现阶段一方面要坚持新型城镇化引领的指导思想，另一方面应立足农村，着力加速新型农村社区建设，实施乡村城镇化发展的基本方略，以期在新型城镇化引领中实现"三化"协调科学发展。

三　新型城镇化引领的现时着力点与评价指标

人们越来越深刻地认识到，新型城镇化"新"就"新"在把农村涵盖进来，形成新的城镇化理念、新的城镇化体系、新的城镇化动能，以期在新的城镇化建设和发展引领中实现城乡统筹，破解城乡二元结构。从原有的城镇化立基农业劳动者"离土离乡"，到今天的农业劳动者既可以"离土离乡"，也可以"不离土不离乡"，是一个历史性转折，它标志着我国的城镇化运作真正地进入到了一个新的境界。坚持新型城镇化引领，推进新型农村社区建设，既能够促进农村扩大投资、增加消费，又能够促进农村公共服务水平提升，从而成为经济社会发展的一个新的重要增长点。因此，现阶段新型城镇化引领应该立足农村，着力加速农业经济市场化、农村社区城镇化、农民现代自主劳动化进程。

（一）新型城镇化引领的着力内涵

1. 农业经济市场化

我国是社会主义市场经济国家，农业经济的发展必须坚持市场化取向。当前，随着国家对粮食购销、农产品流通和农村土地流转等领域的放开，农村经济的市场体系已经基本形成。按照新型城镇化引领的内在要求，农村经济市场化改革一方面要顺应信息经济、网络经济的大势，加强农村经济中信息网络的建设，完善农产品的价格形成机制和流通机制，帮助农民充分利用市场信息进行生产经营决策，提高农业经济效益；另一方面要健全和完善农业生产要素市场，特别是农村金融市场、劳动力市场和农村土地流转市场，有序引导农民向城镇和规划聚居区集中，逐步减少农户数量，缓解人地矛盾，实现农业分散经营向规模化经营的转变，提高农业的经济效率和现代化程度。

2. 农村社区城镇化

建设新型农村社区，实现农村社区城镇化，是统筹城乡发展的结合点、推进城乡一体化的切入点、促进农村发展的增长点。通过新型农村社区建设，引导农村人口向规划社区集聚，可以腾出多余的集体建设用地，为开展土地整理、实施土地规模化经营奠定基础。农村人口的集中居住也为现代服务业的发展创造了条件，为人与人之间的交流和沟通提供了便利，促进了知识积累和技术创新，使农民的就业渠道得以扩宽、生存技能得以提升、生活状态得到彻底改变。同时，将新型农村社区纳入城镇化体系，有助于充分发挥农村基础设施和公共服务体系的功能，提高公共资源配置效率，解决农村居民的住房、就医、社会保障和子女入学等问题，促进城市与乡村的双向流动，使得城市居民和农村居民享有同等权利，逐步消除二者的身份差异。

3. 农民现代自主劳动化

农业现代化的关键是农民劳动现代化，农民劳动现代化表现为在农业劳动者素质不断提升基础上的自由创业、自主劳动，以及与"城里人"一样的统筹劳动、平等劳动。农业劳动者在城镇化过程中，不仅要把自己锻炼成为新型产业劳动者，而且还要磨砺成为理性社会劳动者。农民现代自主劳动化，既是社会化大生产的客观要求，也是新型城镇化引领的一个重要的着力点。现阶段，就是要在大力推进新型农村社区建设过程中，积极营造农业劳动者自由、自立创业，自主选择就业，自我教育、提升素质的社会氛围，让农业劳动者从低收入阶层进入高收入阶层，营造农工融合、城乡融合的田园似的、新型的城镇化景象。

（二）新型城镇化引领的着力预期

1. 破解城乡二元经济困局

新中国成立后受当时特殊历史情况的影响，中国长期实行优先发展工业特别是重工业的政策，抽农补工，以乡补城，造成城乡差距不断扩大，形成典型的城乡二元经济结构，如何打破城乡二元经济困局已经成为中国现代化进程整体推进中不得不解决的问题。标准的二元经济理论认为，工业化伴随着城市化，随着农村剩余劳动力向城市转移，工业反哺农业，二元经济结构将逐步消除。中国二元经济在沿着这一路径的演化过程中却受到社会制度和人口基数过大等多方面因素的制约，从而出现比较顽固的二元经济结构刚性，不仅对中国的工业化进程造成严重的障碍，而且对社会稳定造成一定压力。

新型城镇化引领为破解城乡二元经济困局提供了一种切实可行的新思路。首先，新型城镇化为经济增长提供了新的动力，为农村剩余劳动力提供了更大的就业空间。新型城镇化建设在基础设施建设、公共服务体系构建和消费品市场扩张等多个方面都可以拉动内需，刺激经济增长，而且城镇化过程中人口的集聚和城镇人口规模的扩大为现代服务业的发展提供了土壤，也为农村剩余劳动力提供了必要的就业机会，这是实现农村剩余劳动力向城市转移，打破二元经济困局的前提条件。其次，在新型城镇化引领中，县域城镇承接、承载作用的增强和新型农村社区战略基点作用的发挥为人口的集聚、集中提供了空间上的支持。最后，在新型城镇化引领下的城乡一体化格局中，城乡居民在享受教育、医疗、就业、社会保障等基本公共服务方面趋于均等化，农民进城的就业、户籍、住房、社会保障、子女入学等问题也将逐步解决，从而使得二元结构问题中最重要的人的二元化问题得以妥善处理。

2. 推动经济社会技术创新

经济社会技术创新活动一般都是在城镇开展和完成的。技术的创新源于知识的积累和爆发，知识是人与人之间沟通与交流的结晶，具有显著的规模收益递增效应。城镇中大量集聚的人口为知识的传播和思想的碰撞提供了契机，也为技术创新提供了空间。新型城镇化引领，强调集聚经济效应、发展产业集聚区，这不仅会促使各类产业部门在激烈的市场竞争中进行经营管理创新，开展技术创新、技术传播、技术推广，而且会为它们提供基本的、广阔的发展平台。

（三）新型城镇化引领的一般评价指标体系

新型城镇化是联系新型工业化和农业现代化的桥梁，新型城镇化引领就是通过新型城镇化建设促进产业集聚，加快新型工业化进程，扩大农业经营规模，促进农业现代化发展，提高公共资源配置效率，逐步消除城乡差异，改变城镇化滞后局面，把新型工业化、新型城镇化和新型农业现代化有机结合起来，形成"三化"协调科学发展的局面，实现经济增长方式转变和经济社会的可持续发展。在新型城镇化引领中，新型是定位，城镇化是主线，引领是一个动态过程。新型城镇化引领是手段和目标、过程和结果的统一，既关注农村经济市场化、农村社区城镇化和农民现代自主劳动化等具体手段，又强调中心城市辐射、县域城镇承接和新型农村社区建设等中间过程，更重视现代农业发展、城乡二元经济结构消除和经济发展方式转变等最终目标。

与新型城市化引领的本质和内涵相一致,对新型城镇化引领的评价也应该是过程评价和结果评价的统一。不能只关注结果而忽略过程,因为新型城镇化引领最终效果的呈现可能需要较长时间,缺乏过程评价,则难以动态把握新型城镇化引领的发展过程,难以及时对一些不合理的做法予以调整和纠正。也不能只关注过程而忽略结果,因为新型城镇化引领是复杂的系统工程,过程中的政策手段与最终结果之间不存在必然的因果关系,而且过于关注一些短期的数据指标,可能会导致"短视行为"出现,影响长期利益的实现。实际评价工作中,可以以结果评价为主体,明确新型城镇化引领的实施效果,以过程评价为补充,结合辅助指标及时掌握新型城镇化引领过程的动态变化。对于结果评价,使用与城镇化引领实施效果直接相关的核心指标体系;对于过程评价,使用受新型城镇化建设影响较大,且与引领效果有较强联系的辅助指标体系。

探索不以牺牲农业和粮食、生态和环境为代价的"三化"协调科学发展的道路,是从根本上破解发展难题的必然选择,是河南省加快转变经济发展方式的具体实践,是中原经济区建设的核心任务。实现经济发展方式由粗放型到集约型转变是重点,"三化"协调发展是过程,不牺牲农业和粮食、生态和环境是前提。因此,对新型城镇化的引领作用及其引领效果的评价,一般可以从经济集约化程度、农业现代化程度、城乡一体化程度和环境友好程度四个方面入手。

1. 经济集约化程度

新型城镇化追求的是经济的集约化程度,或集约型的经济增长,即生产要素利用效率的提高。根据这一思路,一般选择人均产值、地均产值和万元 GDP 综合能耗作为核心衡量和评价指标。人均产值为地区生产总值与人口数量之比,反映地区的经济发展水平;地均产值为第二、第三产业产值与建设用地面积之比,反映土地要素的利用效率;万元 GDP 综合能耗为折算为标准煤后的原油、原煤和电力总消耗量与地区生产总值之比,反映地区的能源使用效率。

在新型城镇化建设过程中,人口、资源向城市或新型农村社区集聚,为现代服务业的发展提供条件,为知识传播和技术创新提供土壤,进而会带动经济增长方式由粗放型向集约型转变。选择第三产业增加值比重、高新技术产业增加值比重和获批专利数量作为评价经济集约化程度的辅助指标，第三产业增加值比重和高新技术产业增加值比重反映产业结构的优化升级情况，获批专利数量可视为自主创新能力的度量。将三者作为辅助指标，是因为经济集约发展并不必然意味着服务业或高新技术产业的优势地位，不能要求粮食主产区大力发展高新技术产业，也不能期望以资源加工业为主的工业发达地区的服务业一定处于全省领先水平，但从动态变化的角度来看，三个指标与新型城市化建设的推进速度存在着比较密切的关系。

2. 农业现代化程度

新型农业现代化是以粮食优质高产为前提，以绿色生态安全，集约化、标准化、组织化、产业化程度高为主要标志，以基础设施、机械装备、服务体系、科学技术和农民素质为有力支撑的农业现代化。对农业现代化程度的评价不仅要关注农业生产效率，而且要考虑农民的生活水平和农业企业的发展情况，其核心指标包括主要农作物单产、农民人均纯收入、地均农业人口数量和农业企业比重。土地是农业生产最重要的生产要素，农作物单产反映土地的使用效率；农民人均纯收入反映整个农村经济的发展情况；地均农业人口数量反映农业经营的规模化程度，地均农业人口越多，农业生产中劳动要素的使用效率越低，农业经营规模越小；农业企业比重是农业企业产值占地区生产总值的比重，反映农业经济的市场化程度。

现代农业的发展需要大量资金的支持，需要宽阔的就业空间将农民从土地中解放出来，需要活跃的土地市场交易实现农业经济规模化，新型城镇化引领"三化"协调的现时着力点正在于此。选择农业贷款额、农村土地交易活跃度、外出务工人员比例和地均农机动力作为评价农业现代化程度的辅助指标。农业贷款额反映农业发展的资金支持情况；活跃的土地市场是实现农业经营规模化的前提条件，用通过土地市场转让经营权的土地占农村土地总量的比重度量农村土地市场活跃度；外出务工人员比重为农村劳动力中外出务工人员所占的比重，反映农民对土地的依赖程度。地均农机动力也是衡量农业现代化水平的重要指标，将其视为辅助指标，是因为现阶段对于河南省大多数地区而言，农业机械化耕种已经非常普遍，农户购买农用机械主要是为了耕作方便，以节约更多的劳动时间从事其他行业工作，挣取更多的劳动收入。

3. 城乡一体化程度

新型城镇化引领的着力预期是破解城乡二元经济困局，实现城乡一体化。城乡一体化不仅体现在居民的收入水平和生活水平上，而且体现为农村居民和城镇居民在政策上平等，在国民待遇上一致，能够享受相同的经济发展成果。选择城乡基尼系数、城乡每千人拥有医务人员数之比、城乡每千人床位数之比、城乡小学生人均教学仪器设备值之比和城乡每千人互联网用户之比作为核心指标度量城乡一体化程度。基尼系数反映城乡收入差距，基尼系数越高，城乡收入差距越大。医疗和教育是与人们生活最为密切相关的两种社会服务，城乡每千人拥有医务人员数之比、城乡每千人床位数之比床位数之比和城乡小学生人均教学仪器设备值之比分别反映城镇和农村居民在享受医疗和教育服务方面的公平度。网络为居民生活带来了极大便利，城乡每千人互联网用户之比反映城镇和农村居民在享受互联网服务方面的差异，这也反映了生活方式的差别和生活质量的差距。

城乡二元经济结构是目前中国经济发展面临的主要难题之一，河南省作为人口和农业大省，二元经济问题尤为严重。在新型城镇化建设过程中，政府希望通过加大支农资金投入，加快各类基础设施建设，加强村庄整改力度，来打破二元经济困局，逐步实现城乡一体化。

选择村庄整改率、财政支农资金比重和标准化公路通村率作为衡量城乡一体化程度动态变化的辅助指标：村庄整改率为已搬迁至新型农村社区的村庄占全部村庄的比重，反映地方政府对农村村庄的规划和整改力度；财政支农资金比重为财政支出中支农支出所占比例，反映地方政府的资金支持力度；标准化公路通村率为已通公路村庄占全部村庄的比重，新型农村社区建设越落后，村庄越分散，公路通村率就越低。

4. 生态环境友好程度

经济发展最终落脚于人民生活水平的提高，优美的生活环境是高质量生活的重要保证。新型城市化引领的经济社会发展，要求树立绿色、低碳、可持续发展理念，"友好"地对待环境，保持"发展"的城市系统与"稳定"的环境系统之间的平衡，实现人与自然的和谐共处。选择空气质量指数和城市绿地覆盖率两个与人民生活最为密切相关的环境指标作为评价环境友好程度的核心指标。要使空气质量保持在理想水平，需要努力控制二氧化硫等工业废气排放，加快城市生态化改造步伐。选择化学需氧量排放量和二氧化硫排放量作为辅助指标，二者是流量指标，决定居民生活环境的动态变化。空气质量指数和城市绿地覆盖率两个核心指标反映了生活环境的实际水平。

结　语

城镇化的发展经历了从推进"大城市化"到出现"大城市病"，从试图建设"中心城市"到出现中心城市难以破解城乡差别、遭受城乡二元经济的尴尬窘境，现在终于回归到了本然，人们开始深刻认识到还是要走农村城镇化，即中国特色社会主义城镇化发展道路，这是一场思想观念的变革，这是一场经济社会运行机制的变革，这是一场经济发展方式的变革。毫无疑问，城镇化是承载未来我国现代化发展的主要动力，而今天的关键是要找好抓手和切入点，务实推进城镇化的发展。实践是检验真理的唯一标准。河南省以中原经济区建设为背景发展"新型农村社区"的"逆城镇化"实践，无论是在理论研究还是在决策政策方面，都是有着极高的战略性意义的。如果说，过去也有过设想和推动"乡村都市化"，或者是开展过"新农村建设"，那么，这一次在中原经济区建设中发展起来的"新型农村社区"，则是从一开始就是直接与新型城镇化紧密联系在一起的，而其建设则是和新型城镇化发展结合运营的。所谓的"新型"，"新"就"新"在以推进城镇化发展为目标，变城镇化的发展为"城乡融合"、寻求一体化发展，变传统的"大中城市带动"思维为实施"大中城市带动"与切入"新型农村社区"建设、实施农村城镇化发展相结合的思维，变传统城镇化自上而下的运动方式为自下而上的运动方式，变传统的依靠政府和社会作主体的城镇化发展为发动和依靠农民作主体的城镇化发展。虽然新型城镇化引领现在仅仅只是刚刚开始，面临着许多困难和问题，但表现出来的"稳中快进"的良好势头令人高兴。世界城镇化的发展实践表明，一个国家或地区的城镇化率达到50%，由新型城镇化引领的经济社会的发展将进入加速期，而这个加速期则会持续到城镇化率达到80%。我国的城镇化率已经超过了50%，河南省的城镇化率目前是40%左右，这表明河南省的城镇化发展、河南省的整个经济社会发展还将保持着积极的活力与生机。凡事关键在做,只要河南省坚持实施新型城镇化引领,只要河南省坚持做好新型农村社区的统筹运作,农村城镇化、河南省的城镇化,以及中原经济区建设所期待的工业化、城镇化、农业现代化"三化"一定会协调科学发展的。

新型工业化篇

新时期河南区域发展战略：
豫陕合作，协同发展[*]

—— 关于豫陕共建"黄河流域中西部合作发展试验区"的构想

李小建　覃成林　郭　军　樊新生　罗　庆　时慧娜[**]

编者按：目前全国区域发展正在走向"七极共存、竞合发展"的活跃局面。随着国家经济发展和区域竞争态势的变化，各增长极都试图通过扩展其腹地范围，进而在国家层面上赢得更高的战略地位。在周边增长极的发展空间逐渐扩大的新形势下，河南省应该发挥优势，与陕西联合扩张，打造增长高地。建议河南与陕西积极沟通，研究探讨共建"黄河流域中西部国家战略高地协作区"，积极争取获得国家战略层面上的支持，引领带动中西部走合作发展、共同繁荣的创新之路。

区域经济的理论与实践证明，一个国家或一个地区的发展，总是呈现非均衡性特征，即首先在空间上依靠某些城镇或城市连绵带形成增长极，然后通过不同途径产生扩散效应，带动周围地区的发展。同时，各个增长极之间既分工合作也相互竞争。对于各相关区域来说，充分认清自身的优

---

　*　原载于《"三化"协调发展》2013 年第 6 期。

　**　李小建，中原经济区"三化"协调发展河南省协同创新中心主任，河南财经政法大学原校长、教授、博士生导师；覃成林，中原经济区"三化"协调发展河南省协同创新中心特聘教授，全国经济地理研究会副理事长；郭军，河南财经政法大学教授，河南省经济学会副会长；樊新生，河南财经政法大学教授；罗庆，河南财经政法大学副教授；时慧娜，河南财经政法大学博士。

势和在全国经济发展中的地位，及时制定适宜的空间发展战略，对今后获取更多的发展资源、形成较强的增长潜力具有重要意义。有鉴于此，本文分析当前全国的七大增长板块的发展态势，提出河南省与陕西省合作建设"黄河流域中西部合作发展试验区"的构想。

一 全国增长极的格局大势及河南的
战略地位隐忧

中国是一个幅员辽阔的发展中大国，随着三十多年的改革开放，已形成了多个增长极共同带动经济增长的空间格局。目前，全国区域发展正在走向"七极共存、竞合发展"的活跃局面。

在东部，长江三角洲地区、珠江三角洲地区、环渤海经济圈作为东部发达地区的增长极，也是三十多年来推动我国经济持续快速增长的重要引擎。目前，这三大增长极正步入增速减缓和结构调整的成熟期。

在西部，在国家西部大开发战略的推动下，以成都、重庆为中心的成渝城市群和以西安为中心的关中城市群，大有成为西南和西北发展龙头之势。

在中部，在国家中部地区崛起战略的推动下，河南的中原经济区、湖北的武汉经济圈、湖南的长株潭城市群、安徽的皖江经济带、江西的环鄱阳湖经济圈等异军突起。从发展基础和增长潜力看，中部地区有望形成以武汉为中心和以郑州为中心的南北两个增长极。

从全国各增长极2007～2012年的增长态势看，长江三角洲、珠江三角洲、环渤海经济圈由于结构调整、转型升级等原因，一些省份（如浙江、上海、广东、北京等）的经济增长速度放缓。而中西部地区增长极中的多数省份保持较高的经济增长速度。

在中西部地区的相关省份中，河南一直保持着良好的增长态势。但与其他一些省份相比，2007～2012年河南经济的平均增速相对较慢，处于"增长凹陷区"。在中部六省地区，河南的经济增长速度仅高于山西省，赶不上西部地区经济增长较快的省份，如重庆、陕西、四川。因此，河南如何做出某些战略上的应对，以便在新一轮增长极的发展竞争中预防战略地位弱化、寻求新的战略优势，是摆在河南高层决策者面前的、需要急迫研究的重大问题。

二 各增长极发展的新态势及中原
经济区面临的压力

随着国家经济发展和区域竞争态势的变化，各增长极都试图通过扩展其腹地范围，进而在国家层面上赢得更高的战略地位。

环渤海经济圈初始包括围绕渤海湾的辽东半岛、山东半岛和京津冀地区，现已延伸、辐射到山西、辽宁、山东及内蒙古中东部。长三角地区最初由上海市、江苏省和浙江省的 16 个城市组成，现包括上海市和江苏、浙江两省，并已扩张到安徽境内，将合肥、马鞍山等 9 个城市纳入，试图构建大长三角经济圈。珠三角地区最初指香港、澳门和广东的部分区域，现已扩张到广东全境，正谋划构建包括广西、湖南、四川、福建、江西等省份的泛珠三角经济圈。同时，国家选择在上海设立自由贸易试验区（珠江三角洲地区的广州和环渤海经济圈的天津也在积极申请设立），意图推动新一轮改革来打造中国经济升级版。在中部地区，武汉经济圈原本是由武汉等 9 个城市组成的城市群，现正联合长株潭城市群（以长沙为中心）、环鄱阳湖城市群（以南昌为中心）和江淮城市群（以合肥为中心）组建"中四角"。国家也积极谋划推动长江中游城市群发展，促成以上四个城市群之间的实质性合作，意在打造继东部三个增长极之后的"第四极"。重庆和成都正谋划西南经济圈的扩张。虽然中原经济区也在不断外扩，但作为区域核心的郑州市带动能力弱，同时其外扩区域都是经济不发达地区，从而使得中原经济区目前的竞争力不如前面几个国家级增长极。从几大增长极通过扩大"势力"范围来增强发展实力及战略话语权的做法看，中原经济区存在着不进则退的战略压力。

同时，全国高速铁路网络的发展正在加剧几大增长极之间的"势力"范围竞争和加快战略性空间重构的进程，一方面各增长极都存在利用高铁扩大"势力"范围的可能，另一方面各增长极之间又必然发生"势力"范围的争夺或挤压。根据国家《中长期铁路网规划》，到 2020 年我国将建成"四纵四横"的客运专线网络，届时各省会城市及主要大中城市将连为一体。显然，在高速铁路网络迅速发展的大背景下，国家级增长极将出现新的发展变化。从我国和世界一些国家的高铁运行情况看，3 小时旅行时间可以满足一日往返商务出行的时间要求。这意味着一个增长极可以获得半径为 3 小时高铁路程的最大经济腹地。高速铁路网络的建设为一些国家级增长极扩张其腹地范围提供机遇的同时，也为另一些国家级增长极的发展带来挑战。譬如，随着京广高铁的开通，中原经济区的北部腹地（如安阳、濮阳）面临被环渤海经济圈吸引的可能，南部腹地（如驻马店、信阳、南阳）面临"融入"武汉经济圈或长江中游城市群的风险，东部和东南部地区也有被长三角经济圈吸引的潜在可能。面对这种情形，如果没有相应的战略对策，中原经济区目前由《中原经济区规划》所划定的腹地范围将受到挤压，并且，以郑州为核心的中原经济区的一些城市的内部凝聚力也将受到影响。有鉴于此，应该基于新背景，尽早谋划中原经济区的未来战略发展。

三 战略突围：豫陕共建"黄河流域中西部合作发展试验区"

在周边增长极发展空间逐渐扩大的新形势下，河南省的出路在哪里？总的来说，应该发挥优势，与陕西联合扩张，打造增长高地。而开展陕豫合作有以下原因与理由。

首先，河南有与陕西进行合作发展的资本。与其他增长极相比，河南自身优势明显。一是人口众多，劳动力资源丰富，内需市场潜力大。2012年底，河南省总人口为 1.0543 亿人，是全国第一户籍人口大省。二是经济总量大，是粮食生产核心区，工业实力不断增强，在全国的战略地位显著提升。中原经济区、航空港综合试验区先后上升到国家战略高度。三是交通区位优势显著。河南地处我国东西、南北过渡地区，省会郑州是国家规划重点建设的综合交通枢纽，易于形成全国性辐射中心。四是从宏观的产业梯度转移层面看，沿海地区经济效益呈现边际递减态势，河南正处于承接其转移产业的良好位置，这是河南经济发展和产业战略选择的重要基础。

其次，借力豫陕合作，拓展战略空间。综合上述分析，在全国七大增长极中，河南处于较弱的位置。为了进一步巩固和扩大中原经济区的战略空间，河南需要选择区域合作发展之路。综观四周地区的发展态势，北部京津实力太强，如靠向环渤海地区，极可能在"极化效应"的作用下，沦为其发展腹地。如果向南，武汉、长沙、南昌、合肥正积极寻求区域合作，形成中部"铁四角"，河南因核心区不在长江沿岸而很难融入其中。东部的山东省在环渤海经济圈发展的背景下，正在打造海洋经济，且河南和山东的经济与交通联系不是很强，合作发展难度较大。唯有向西，同陕西省合作，才有可能从更高层次拓展发展战略空间。

再次，在全国性增长极中，陕西同河南一样，处于较弱地位，如果不寻求发展空间，同其他增长极的差距将越来越大。在周边增长极积极寻求广泛合作的背景下，河南与陕西形成更紧密的区域协作关系，对双方来讲既有合作的必要，又有合作的条件。

第一，在国家区域战略层面，河南、陕西分属中、西部地区，两省合作可为中西部合作打造良好平台，为促进中西部合作发展提供经验和示范。

第二，传统上两省人口、经济、文化联系密切，具有良好的合作发展基础。

第三，郑州与西安的交通联系非常便捷，高铁仅需两个小时，高速公路郑州至西安段仅 500 公里。而且，郑州以西是河南经济发展实力较强、经济集聚度较高的区域，能够有力地支撑起与关中 – 天水经济区的合作。

第四，两地的国家战略定位各有侧重，优势上强强联合，相异处互补发展，为合作提供了广阔空间和现实可能（见表1）。①中原经济区是国家重要的粮食生产和现代农业基地，关中 – 天水经济区是全国现代农业高技术产业基地。②中原经济区的定位是全国重要的经济增长板块，是国家"三化"协调发展试验区，要发展成为全国重要的现代综合交通枢纽；关中 – 天水经济区的定位是内陆型经济开放战略高地，打造全国先进制造业重要基地。开放战略的实施与交通运输密切相关，这为合作提供了现实条件。③中原经济区人力资源充足，关中 – 天水经济区明确打造统筹科技资源改革示范基地，两省的科技、人才、劳动力等为新兴产业融合发展提供资源互补。④中原经济区是华夏历史文明传承创新区，关中 – 天水经济区是彰显华夏文明的历史文化基地。两者同在黄河流域，黄河文明是华夏文明的发源地，它们有着共同的文化血脉，有密切合作的历史传承，这些为它们之间的共同发展奠定了坚实的基础。

表1 国家对中原经济区和关中－天水经济区的战略定位

	中原经济区	关中－天水经济区
中心城市	郑州	西安
依托省份	河南省	陕西省
主要定位	国家重要的粮食生产和现代农业基地； 全国工业化、城镇化和农业现代化协调发展示范区； 全国重要的经济增长板块； 全国区域协调发展的战略支点和重要的现代综合交通枢纽； 华夏历史文明传承创新区	全国现代农业高技术产业基地； 统筹科技资源改革示范基地； 全国内陆型经济开发开放战略高地； 全国先进制造业重要基地； 彰显华夏文明的历史文化基地

　　基于以上理由，建议河南与陕西积极沟通，研究探讨共建"黄河流域中西部国家战略高地协作区"，积极争取获得国家战略层面上的支持，引领带动中西部走合作发展、共同繁荣的创新之路。该试验区的建设具有以下几个方面的意义。其一，中西部地区实际上有一些发展基础和条件都良好的区域，如果能够促成这些区域的合作，加快它们的发展，对于整个中西部地区的发展而言将起到有别于东西合作的特殊效果。其二，目前，国家发改委正在积极推动流域开发与合作发展。豫陕共建"黄河流域中西部合作发展试验区"，从流域开发、中部与西部合作发展这两个角度，比较好地契合了国家战略的需求，使之具备上升到国家战略层面的"潜质"。其三，该想法与习近平主席最近在哈萨克斯坦提出的"丝绸之路经济带"战略倡议相契合。因为，目前我国向西联系的"渝新欧"（重庆至欧洲）和"豫新欧"（郑州至欧洲）两条重要的国际铁路大通道应该是我国参与建设"丝绸之路经济带"的重要交通组织方式，其中涉及以郑州为中心的中原经济区和以西安为中心的关中经济区。建设"黄河流域中西部合作发展试验区"，有利于加快推进黄河流域中上游地区及兰新铁路沿线的发展，进而有利于促进"丝绸之路经济带"中国段加快发展，可为全国大区域间的协调发展做出重要贡献。

河南"链－环"型产业结构的选择[*]

杨承训[**]

编者按: 河南经济发展既可以吸收浙江"草本经济"(以小型企业为主)、广东"灌木经济"(以外向型中型企业为主)与山东"乔木经济"(以大型企业为主)的优点,又可规避它们的一些缺陷,发挥后发优势,使各种类型的企业连接起来,形成各式各样的产业链条与价值链条以及产业集群,并在产业终端发展出多种多样的循环经济,使废品—资源再循环,形成独具特色的产业链条与循环型经济,简称"链－环经济"。

面对严峻的国际金融危机的冲击,应当主要抓经济转型。河南选择产业结构既需借鉴外国、外省的经验,又要从自身的实际与时代特点出发,在科学发展观的统领下,以新的理念创造新型结构,追求经济效益、社会效益与生态效益的统一。

一 浙、粤、鲁三类区域发展模式的比较分析

国内先进省份的发展模式有三种,可对它们做以下比较。

* 原载于中共河南省委咨询组《咨询与建议》2009 年第 15 期。
** 杨承训,中共河南省委咨询组经济组副组长,中原经济区"三化"协调发展河南省协同创新中心顾问,河南省经济学会会长,河南财经政法大学教授。

（一）浙江模式："草本经济"

从植物学上来说，草本是具有木质部不甚发达的草质或肉质的茎，而其地上部分大都于当年枯萎的植物体，但也有地下茎发达而为两年生或多年生的和常绿叶的种类。通常人们把浙江模式称为"草本经济"或"块状经济"（也有人称为"小狗经济"），其特点有以下几个方面。①浙江的经济发展主要依靠非公有制经济（俗称民营经济），企业规模普遍较小。2008 年浙江民营企业的产出占全省经济总量的 70%以上，民营企业总数达 68.1 万家，同比增长 4.5%，规模与实力不断提高。②浙江民营经济呈块状式发展状态。虽然企业规模较小，但众多中小民营企业形成一个个产业集聚区，集聚区内分工精密，并通过专业市场密切联系，既有适应市场的灵活性，又有聚集起来的规模效应，从而具有很强的竞争力，如台州摩托车行业企业、温州鞋业企业等。③浙江民营经济主要集中在以纺织、服装等轻工行业为代表的制造业。2002 年，在规模以上私营工业总产值中制造业所占比重达到 99.4%，其中，纺织业、服装及其他纤维制品制造业、普通机械制造业、电气机械及器材制造业、金属制品业五大行业所占比重共计 50.8%。

可以说，浙江的"草本经济"作为新兴的中国特色社会主义市场经济的一种模式，突出了中国民营经济发展的特征。然而，全面地看，"草本经济"也有其局限性，如企业规模普遍不大而难以创造品牌和建立市场网络，"产业集群"存在明显缺陷，容易造成资源浪费，工业产业层次偏低，企业自主创新能力较弱等。

（二）广东："灌木经济"

灌木，是指那些没有明显的主干、呈丛生状态的矮小木本植物，植株一般比较矮小，从近地面的地方就开始丛生出横生的枝干。广东产业特点表现为：以外向型为主，以中小型为主，以外资、合资、私企为主，大型企业较少，人们称之为"灌木经济"，它有以下特征。①工业企业规模以中小型为主。截至 2006 年底，广东省中小工业企业有 37180 家，占全省工业企业总数的比重超过 99%，资产合计达 23737 亿元，占全省工业企业总资产的比重超过 70%。②广东的经济发展以外向型经济为主。广东的区位优势十分明显，位居沿海、紧邻港澳，素为中国走向世界的大门，开放度一直比较大。改革开放后大规模发展外向经济，建立起三个特区（深圳、珠海、汕头），神速般地成为全国经济的"老大"，2007年出口贸易额占全国出口贸易总额的30.4%。③广东的产业是在以来料加工为主的基础上发展起来的，并已开始向中期工业化阶段演进。目前，该省工业产值居全国第一位，以家用电器、日用化工、食品、纺织、医药为主体，许多工业品产量位居全国首位。

广东以"灌木经济"为特色的发展模式在改革开放30年以来取得了巨大成功，作为我国经济发展的"领头羊"，广东的经济发展模式曾被认为是全国经济增长的典型。然而，全面地看，在发展过程中其外向型经济增长也为广东的后续发展带来了巨大的隐患，如资源消耗的无节制导致原本资源匮乏的广东面临发展瓶颈，外向型经济增长使广东工业产业处于附加值较低的产业链环节等。在这次国际金融危机中，受影响最大的当属广东，外商、私商外逃造成了日益加重的失业问题。

（三）山东："乔木经济"

所谓乔木，系指树身高大、有根部发生独立且高达6米以上的主干、树干和树冠有明显区分的木本植物。山东经济发展的突出特点是大型企业较多，被誉为"乔木经济"，其特点包括以下几个方面。①山东工业经济规模较大。自2004年起，山东区域内生产总值超过江苏省跃居全国第二位；其中规模以上工业企业增加值自2005年起超过广东跃居全国第一位。2008年，在由中国企业联合会和中国企业家协会评选的"2008中国企业500强"中，山东全省共有38家企业入围。②工业对经济增长的拉动作用强。在现阶段，山东经济发展具有明显的投资拉动型和工业带动型的特征。在三次产业的构成中，工业一直是拉动经济增长的主要因素。③重工业产出占全省工业总产出的比重逐年增高。2000年为52.3%，2007年达到66.1%。

全面地看，山东的"乔木经济"在发展过程中有一些突出问题：一是发展不平衡，东西差距明显；二是增长的代价高，对能源和资源的消耗迅速加大，单位产值能耗高于沿海其他省市；三是中小企业发展较弱。

二 河南"链-环经济"类型的选择

同以上三省相比,河南既无沿海的区位优势,又无发展工业的传统,还是传统的农业大省。在 30 年改革开放中,整体经济虽呈跨越式发展之势,但人口多、底子薄、基础脆弱,不具备前述三省的某一长足优势。其产业发展有以下特点:企业规模既有大型的,也中小型的;产业既有资源型的又有加工型的;既有煤炭开采业又有电力、矿产机械加工业。其弱点是各个经济领域都不突出,目前尚无超千亿元的大企业。鉴于此,河南经济发展既可以吸收浙江"草本经济"(以小型企业为主)、广东"灌木经济"(以外向型中型企业为主)与山东"乔木经济"(以大型企业为主)的优点,又可规避它们的一些缺陷,发挥后发优势,使各种类型的企业连接起来,形成各式各样的产业链条与价值链条以及产业集群,并在产业终端发展出多种多样的循环经济,使废品—资源再循环,形成独具特色的产业链条与循环型经济,简称"链-环经济"。

所谓"链",即为产业链,是以多层次利用科技为手段,以适宜的资源空间配置为条件,将相关产业连接成一个从原料到半成品再到最终产品的系列化链条,也就是把加工顺序相连、空间距离相近的各种产业连接成以优势产品为龙头的产业序列,又是多层次提升的价值链,俗称"龙形经济"。优化经济结构、突出河南特色的一个最佳切入点,就是构建产业链。从实际情况看,河南经济发展不仅需要构建产业链条,而且已经具备构建产业链条的基础和条件,如以农副产品深加工为主的食品工业及其关联产业构建的产业链,铝工业及其关联产业形成的产业链,围绕石油深加工、石油天然气开发利用和煤炭气化形成的产业链,以建筑、建材业为龙头形成的产业链,以及制造业加工链。

所谓"环",即为循环经济,是在可持续发展原则的指导下将优化生态、资源综合利用和反复利用连成一个产业链圈的经济运行模式,把先进技术、集约经营、清洁管理集成一个系统工程,能够化解一系列矛盾,是可持续发展的新升华、新途径。河南虽然是资源大省,但人均资源占有量少,工业占用的能源、原材料比重大,建设经济强省,必须推进资源节约和综合利用,加快发展循环经济。当前,河南已经出现一批好的循环经济典型，例如：永煤、平煤、鹤煤、义煤都在构建以煤为依托的循环经济；作为国家循环经济试点单位之一的天冠集团，实现了生产、环保、资源再生利用的持续发展；神马集团规划建设"神马循环经济园"，建立了独具特色的四大闭环型物流系统；作为河南省第一批国家循环经济试点城市的鹤壁，走出了一条新型的工业化道路。

三 采取配套措施着力构建"链－环经济"

河南发展独具特色的"链－环经济"，能够有效地落实科学发展观，在产业理念上是一大创新，超越了第一、第二、第三产业的传统分法，打通了农业、工业、现代服务业，可以把"草本经济""灌木经济""乔木经济"等多类型、多方面、多层次的单一优势整合为集成优势、系统优势，变后进的劣势为后发的优势，同企业集团化、经营集约化、业务多元化、产品绿色化互为表里，是有利于发挥河南整体优势的一条又好又快科学发展的道路。

第一，整合企业，拉长企业的产业生产链条，实施清洁生产。河南省可以依托现已取得的成绩，借助平煤、义煤、中铝等几个资源型大企业，在适宜地区，突出产业特色，延长和拓宽已有的循环经济产业链，最终实现企业的清洁化生产。

第二，依托现有开发区和企业集团，发展链－环经济。河南省的各类开发区基本上都根据各地自身资源特色、优势初步确定和形成了自己的主导产业，形成了一定程度的产业集群。可以依托现有的开发区和大型企业集团，率先建成若干个循环经济产业链和企业集群的示范高地，形成标尺效应，进而带动全省形成若干循环经济产业链式的企业集团与企业集群。

第三，发挥市场调节与政府调节功能，积极推进河南省链－环经济的发展。从河南省现实情况看，单靠市场竞争构建产业链有很多困难，政府的主导作用不可或缺，特别是处理企业间、地区间、行业间的种种复杂关系，需要发挥政府的协调、引导作用。

第四，健全相关法规政策体系，加大各层次投入。发展链－环经济，不仅需要健全的法律体系作为保障，而且需要建立完备的政策支撑体系。政府通过一系列的财政、税收和价格政策来优化链－环经济产业集群结构，平衡集群内企业的竞合行为，提高集群的竞争优势，最终实现河南省的可持续发展。

第五，大力推进技术创新和推广适用技术。发展链－环经济，最终要靠技术创新，要以先进技术、关键技术作为支撑点。链－环经济的技术主体要求在传统工业经济的线性技术范式基础上，增加反馈机制。

第六，加强典型示范。河南省在发展链－环经济时，应从重点地区和重点行业入手，抓住示范试点和典型企业。在典型示范作用下，链－环经济产业集群将出现"以点带面"的效果。

推进规模化"养殖－沼气"业，
发展循环农业[*]

杨承训[**]

编者按：把养殖业（河南省主要是畜牧业）同沼气连接起来，实现其规模化，形成一个巨大的产业链，是实现自然再生产和经济再生产统一、生态效益与经济效益统一以至"三化"统一的主要路径。为实现循环农业，河南省应当大力发展"养殖－沼气"产业，实现其规模化，拉长产业链，整体提升农业生态化水平。

河南省第九次党代会提出实现新型农业现代化是一大创新，其亮点之一就是把生态农业放在突出地位，而生态农业的关键是循环农业。为实现循环农业，河南省应当大力发展"养殖－沼气"产业，实现其规模化，拉长产业链，整体提升农业生态化水平。

一 规模化"养殖－沼气"业是实现循
环农业的关键环节

把养殖业（河南省主要是畜牧业）同沼气连接起来，实现其规模化，

---

[*] 原载于中共河南省委咨询组《咨询与建议》2011 年第 37 期。

[**] 杨承训，中共河南省委咨询组经济组副组长，中原经济区"三化"协调发展河南省协同创新中心顾问，河南省经济学会会长，河南财经政法大学教授。

形成一个巨大的产业链，是实现自然再生产和经济再生产统一、生态效益与经济效益统一以至"三化"统一的主要路径。从现实和发展趋势看，实现养殖－沼气业的规模化是发展生态农业的最关键的环节，有十大好处。

①从根本上摆脱石化农业老模式的束缚，提升农业生态功能和生态效益，是现代农业的基本方向。半个多世纪以来，我国农业和世界上大多数国家的农业一样，走的是一条主要依靠石化产品支撑的"石油农业"道路。大量使用化肥、农药、生长激素等化学产品，虽对农业增产起到了重要作用，但由此带来的土壤板结、地力下降、面源污染、环境恶化和食品安全问题日趋凸显。只有大规模发展养殖业特别是畜牧业，并通过规模化的沼气工程来反哺农业，才可能从根本上改变石化农业的痼疾。

②找到农业可持续的根本出路。目前，我国单位面积的化肥使用量是联合国粮农组织规定上限的两倍，农药使用量为世界平均水平的 2.5 倍。全国土壤普查资料显示，我国土壤有机质平均含量由 20 世纪 50 年代的 3% 左右降到不足 1.5%，其中有 11% 的耕地低于 0.6%。土壤有机质是农业可持续发展的根基，河南省土壤有机质下降也很突出。从长远来看，如果不从根本上扭转土壤有机质的下降趋势，用不了几年，农业土壤就会变质，涵养水分的能力就会大大下降。农业可持续发展必须从发展畜牧和沼气出发，形成沼液、沼渣等高效有机肥料，以改良土壤。

③有助于克服农业生产的环境污染问题。化肥、农药过量使用的一个不良后果是土壤和水体污染。国家环保总局于 2006 年公布的资料显示，全国受污染的耕地面积约占耕地总面积的 1/10 以上。2010 年完成的第一次全国污染源普查的结果显示，我国农业污染排放已占到全国的"半壁江山"，农业排放的化学需氧量占全国的 43%、总氮量占全国的 57%、总磷量占全国的 67%。与此同时，秸秆的大量焚烧加大了大气污染，也容易造成重大的火灾和交通安全隐患。

④大大节约农业生产成本，变废为宝。全国每年大约产生 7 万亿~8 万亿斤秸秆，被利用的不到 1/4，造成了重大浪费。现在的广大农村，一方面依靠高投入的石油化工产品来保障农业产出，消耗了大量矿物资源和能源，另一方面大量农作物秸秆和畜禽粪便等有机肥源被弃之不用，既浪费了资源，又加重了面源污染。从根本上改变这种状况，必须依靠规模化"养殖－沼气"业的发展。

⑤优化畜牧业的结构。目前，我国畜牧业大量地依靠粮食作饲料。如果利用秸秆发展草食动物（牛、羊、兔等）养殖，不仅可以节约粮食，而且可以改变居民的食物结构。我国居民的肉食主要是猪肉，西方居民的肉食大量的是牛、羊肉。如能利用秸秆和牧草发展草食动物养殖，可改变摄入过多脂肪的饮食结构。

⑥促进改变小农户和大市场的格局。改变农业的弱势地位，促进和带动农业的规模化，形成"农－牧－沼－肥"产业链，改变目前农业的组织结构和经营模式。

⑦保证食品的安全，从源头上解决食品受污染问题，提高农产品、畜产品和加工食品的质量。目前，食品安全问题已成为民生的重大忧患，食品的污染从源头到加工形成了一个产业链。解决这个问题，必须从根本上减少化肥、农药对农产品的危害，以高效的有机肥料和治虫剂替代化肥和农药。

⑧发展生物能源。从化学成分上看，沼气的主要成分是甲烷，它同天然气相近，可以取代一部分天然气，不仅可以供城乡居民用作燃料，而且还可以用来发电，有的还可以代替石油作为汽车的能源。就世界范围来说，利用沼气发电还是一个新型能源利用方式，未能引起足够重视。如果这方面能够取得长足发展，将开拓新型能源的广阔空间。河南省安阳市已经有利用沼气支撑出租车耗能的成功案例。

⑨生态农业可促进城乡一体化。现在每一个城市都带动着一大批农村，特别是郊区的发展。而发展生态农业可以通过污水、垃圾沼气化处理解决城市的污染和绿化问题，补充城市的能源，实现蔬菜、肉蛋的安全。目前，郑州正在实施城乡一体化生态工程，其中重要的环节就是发展畜牧－沼气产业链规模化工程。

⑩将"畜牧－沼气"业发展成一个大的产业，可以扩大农村居民的就业空间，安置相当一批居民，增加农村居民的收入，使农业的产业链变为效益递增的价值链，以及增强农业的抗风险能力。

二　河南省发展规模化"养殖－沼气"业的有利条件和现存问题

首先，河南省大力发展"养殖－沼气"产业有着丰盛资源的优势。河南是粮食大省，粮多秸秆多，大体上每年有近 1 万亿斤的秸秆和农产品糟粕，可以提供很多饲料。加上面积大，西部山区、丘陵地带可以种植大量的牧草和树木，有丰富的非粮作物资源用于发展草食动物养殖。同时食品加工业比较发达，其废渣、废液较多，可以充分利用。

其次，河南省已有发展规模养殖、规模沼气业的成功经验。在 2011 年 10 月于西峡召开的河南省全省"三沼"综合利用现场经验交流会上，栾川等介绍了它们的多项利用秸秆的经验，而有更多地区介绍了规模养殖的经验，如西平、荥阳、唐河、商水、镇平、济源、邓州等地。这方面经验的提升和推广，很有说服力。此外，南阳天冠集团生产沼气的大工程在全国都是先进典型，提供了大规模生产沼气的成功经验。

最后，河南省逐步形成了畜牧和沼气业的服务体系，培育了一批人才，具有进一步支撑"养殖－沼气"业规模化发展的技术。

不过，从生态农业、循环农业的更高要求看，河南省的农业发展还是初步的，可视为农业生产方式大转变的开端，还有许多问题有待解决。①畜牧业规模还不够大，河南省畜牧业产值在大农业总产值中占 37.8%，离 50% 还有一定距离；多数地方的经营主体以散养户为主，养殖场地与沼气工程基地不相连接。例如西平县虽然养殖户比较多，但是对沼气的利用不够，尤其是大规模的沼气工程很少。从过去的经验看，无论是饲养业还是沼气业，小规模经营都难以持久，往往一年干、一年停。②秸秆利用率偏低。据统计，河南省秸秆利用率仅达到 22%，近 80% 的秸秆还没有很好地被利用起来，秸秆焚烧现象屡禁不止，影响了生态环境，造成资源浪费。③从动物结构上看，草食动物比例低，而且牛肉、奶质量有待提高。④有的地方由畜牧业造成的环境污染还没有得到很好的解决。实际上，许多食品工业企业并没有把利用废物发展沼气重视起来，造成环境污染和资源浪费并存。⑤沼气利用的空间还比较窄，多处于低端为农户服务，沼气主要是充作做饭的燃料，应当进一步考虑把"三沼"的利用作为一个产业发展起来，将其加以广泛利用。

三　采取强力措施加快发展规模化
"养殖－沼气"业的一些建议

第一，应当把发展规模化"养殖－沼气"业作为一个大的新兴产业和战略工程来抓，它是实现农业生态化的一个关键环节，其发展是农业生产方式的一次质的飞跃。要像抓工业园区一样抓好"养殖－沼气"业规模化工程。

第二，克服部门分割现象，把农业、畜牧、环保、工业、交通、科技等部门联合起来，不能造成管畜牧的不管沼气、管环保的不管循环经济、管工业的不管农业、管城市的不管农村，这种分割现象是规模发展的重大障碍。应当形成统一指挥、联合协同。建议河南省发展和改革委员会、河南省农业委员会等综合部门把多个部门协同起来，集中合力促进规模化"养殖－沼气"产业的大发展。

第三，采取重点辐射的方式逐步扩大产业规模。第一批应当考虑在现有基础上在全省布置几十个试点，然后辐射，逐步扩大，再发展更多的规模化、企业化的产业经济。在财力上给予扶持，不"撒胡椒面"。要促进畜牧、沼气合作组织的发展，把散户联合起来。食品工业企业应推广天冠集团的经验，把发展沼气工程当作发展多元化经营的重要任务。

第四，城乡联动，完善服务体系。现在看，将规模化"养殖－沼气"业真正发展起来单靠一方面的力量是不够的，必须以城带乡，逐步形成完善的服务体系。规模化养殖的最大风险就是疫病，解决这个问题可以从技术攻关和改善服务做起，然后提高防疫能力。同时，利用城市的优势支持郊区规模化"养殖－沼气"业的发展。

第五，集中一定的科技人员进行技术攻关。在畜牧到沼气的利用中还有很多技术问题，应当一个一个加以攻克。在牧草培育、秸秆利用方面也有很多技术障碍，因此应该开展多项重点技术攻关项目以争取早日突破这些障碍。同时，也应该拉长"鸡－猪－鱼－沼"产业链，大量培育蚯蚓等，以发展高质量循环农业。

第六，稳定市场。畜牧业产品价格往往因为流通环节的问题而产生巨大波动，和蔬菜一样形成"过山车"现象。应当充分利用"两只手"来稳定市场，增加储备，完善商调系统，保护农民的积极性。

实施"旅游立省"战略需要组建大型旅游企业集团[*]

杨承训[**]

编者按：为使河南省旅游业突出特色、迅猛扩展，应当积极构建大型旅游企业集团，强化品牌旅游的支点；大力推动旅游企业直接上市，积极引进国际著名旅游企业的战略投资，打通资本通道，提高企业自身的造血能力；配合"大郑东新区"建设，加大政策支持力度，积极引进国内外著名旅游企业的战略投资，引导省内旅游产业转型升级，不断提高旅游业的可持续发展能力。

近期，河南省产业升级和企业重组工作有了很大进展，平顶山煤业集团、神马集团合并，永城煤电集团等六家企业强强联合以及河南文化产业投资集团的成立，必将对河南省产业结构的调整和升级产生极其重要的推动作用。面对日益严重的世界金融危机，在综合考量了第三产业特别是旅游业有可能在经济衰退过程中率先复苏的判断后，河南省委、省政府适时提出了"旅游立省"的口号。据此，笔者做了一些调查研究，找了一部分专家商谈，为使河南省旅游业突出特色、迅猛扩展，特提出如下建议。

---

* 原载于中共河南省委咨询组《咨询与建议》2009 年第 19 期。

** 杨承训，中共河南省委咨询组经济组副组长，中原经济区"三化"协调发展河南省协同创新中心顾问，河南省经济学会会长，河南财经政法大学教授。

一 积极构建大型旅游企业集团，强化品牌旅游的支点

构建与扩展旅游业产业链的重要环节是核心企业，特别是大型旅游企业集团的兴建。从目前河南旅游资源丰富程度、景区景点的开发水平、交通设施条件、宾馆饭店的接待服务水平和旅行社的组团能力和规模等方面来看，河南旅游业的基础和资源条件都不差。之所以发展滞后，其原因在于：一是河南省没有形成类似首旅集团和锦江集团那样在区域旅游板块中能发挥龙头带动作用的骨干企业；二是属地化经营程度高，市场创新能力弱，缺少能在国内外市场上叫得响的旅游企业品牌；三是资本化程度低，缺乏上市公司，融资渠道单一，发展易受局限；四是河南省旅游企业产业形式单一，附加值低，综合竞争力弱，抗风险能力不强。

为破除瓶颈，应当以政府为主导，积极推动国有旅游企业资产的重组整合，提高分散的旅游资源的使用效率，组建大型旅游企业集团，使之具有规模优势、管理优势、较大的品牌影响力和较强的投资融资能力，将其打造成为带动区域旅游行业发展的引擎，进而激发起当地旅游业的生机和活力。

综观全国旅游业发展较快的省区市，无不采用这一模式。通过国有股权划转合并等形式，上海市组建了上海锦江集团，北京组建了首旅集团，广东组建了岭南集团。尤其是首旅集团在北京市委、市政府和市国资委的积极推进下，经过三次大规模的资产重组，不断跃上新的发展台阶。2004年，首旅集团、新燕莎集团、全聚德集团、东来顺集团、古玩城集团成功合并重组，使首旅集团的资产规模进一步扩大，经营业态更加丰富，产业链条日趋完整，从而建立了具有网络化、连锁化、产业化经营水平和规模的"首旅建国""如家快捷"等十大主导品牌，涵盖了旅游行业的"吃""住""行""游""购""娱"六大板块，在全国旅游行业中名列前茅，成为北京旅游业龙头企业集团。在上海市委、市政府的主导下，锦江、新亚、华亭三大旅游集团成功实现合并重组，出现了新的上海锦江集团。2005年，在广州市政府的主导下，整合了100多家独立核算企业的岭南集团正式挂牌成立，当时账面资产达到76亿元，成为继北京首旅集团和上海锦江集团之后的第三大商旅集团，并成为广州商旅业的"航空母舰"，形

成了酒店业、旅行社业等六大主业齐头并进的发展格局。与河南省相邻的陕西省近两年在大型旅游企业集团的重组上力度大、见效快，大有在中西部地区后来居上的势头。

面对国际金融危机，河南省应充分借鉴其他省区市的成功经验，积极果断地由政府主导，由省国资委牵头负责，抓好国有旅游资本资产划拨重组，通过对中州国际集团、河南旅游集团、河南饭店、河南宾馆、省接待办车队、河南外事旅游车队等省直国有旅游企业进行强力重组，同时在条件允许的情况下，吸纳开封清明上河园、云台山旅游景区、嵩山少林等民营、区域型旅游企业主体，构建河南大型旅游投资控股集团公司，形成一两个资产规模超过 100 亿元、年营业收入超 30 亿元、品牌影响力大、市场资源丰富、产业链条完整、旅游服务功能完善、富有竞争力的龙头旅游企业集团，并将其作为河南省旅游业发展的重要支点，在企业形成规模化经营、品牌效应、竞争优势，发展壮大的同时，实现河南旅游资源整合、优势互补，进而带动河南省旅游业走上高起点、跨越式发展的轨道。

二 大力推动旅游企业直接上市，积极引进国际 著名旅游企业的战略投资，打通资本通道， 提高企业自身的造血能力

除了资源分散，缺乏合力之外，河南省旅游面临的另外一个问题就是资本瓶颈，旅游企业缺乏投融资能力。截至目前，河南省还没有一家上市旅游企业。而国内外旅游企业实现快速扩张、跨越发展无不源于强大的资金支持，强大的资金支持自然来源于强大的投融资能力，而上市融资无疑是他们打造强大的投融资能力的法宝。首旅集团成立不久就敏锐地抓住资本市场的机遇，2000 年 6 月，首商股份在上交所率先上市，拉开了首旅集团进军资本市场的序幕；2006 年 10 月，"如家酒店连锁"成功登陆美国纳斯达克市场；2007 年 11 月，全聚德集团顺利进入 A 股市场。三家公司的上市，使首旅集团打开了资本市场的大门，资本运作为首旅集团插上腾飞的翅膀。同为国内旅游业巨头的上海锦江集团也拥有"锦江酒店""锦江旅游""锦江投资"3 家上市公司。陕西有"西安旅游"，安徽有"黄山旅游"，广西有"桂林旅游"，云南有"丽江旅游"，湖南有"华天酒店"，

西藏有"西藏旅游"。广东在拥有"华侨城"、"东方宾馆"和"新都饭店"三家旅游上市公司情况下,正在积极推动广州岭南集团整体上市。

因此,在完成河南省大型旅游投资控股集团的重组之后,还要积极推动企业上市融资。目前河南省有几家拟上市的旅游企业,比较成熟的是中州国际集团下属的河南中州旅游股份有限公司,股份公司改制、上市辅导验收都已经完成;另一家是河南旅游集团公司,也是国家旅游局重点扶持的拟上市公司,准备较为充分;另外三家是嵩山旅游股份公司、焦作云台山旅游公司和开封清明上河园,受国家风景名胜区、宗教文物等条件限制,民营的开封清明上河园上市较易操作。河南省委、省政府可以在这几家企业的基础上,通过改善公司股权结构,尽快完成一至两家旅游企业上市,填补河南作为一个旅游大省、一个旅游强省却没有一家旅游类上市公司的空白,提高企业自身的造血功能,增强企业的投资能力,为旅游企业发展提供后劲,进而支持和带动河南省整个旅游业的发展。

三 配合"大郑东新区"建设,加大政策支持力度,积极引进国内外著名旅游企业的战略投资,引导省内旅游产业转型升级,不断提高旅游业可持续发展能力

目前"大郑东新区"的建设需要各个产业的联动,第三产业应当是主力方向。依靠大型旅游企业集团带动区域经济发展是一个较好的选择。改革开放初期,深圳市委、市政府为了拉动当时经济不发达的大荔湾地区的发展,利用优惠政策大胆引进了华侨城集团的投资,打造了世界知名的西部华侨城。2005年又鼓励支持华侨城集团在深圳市的"经济洼地"——东部的大梅沙地带,用了不到四年的时间打造了一个与西华侨城齐名、世界级水平的旅游休闲度假区——东部华侨城。2002年杭州市政府为了带动市东南区域的经济发展,以很优惠的价格将近万亩废弃的黏土砖窑厂土地交给杭州民营旅游投资集团——宋城集团开发,建成了"杭州乐园"旅游景区,带动了杭州市东南板块的发展。河南省开封市大胆引进浙江开元旅业集团,采取"修旧建新"的方式成功开发了金明池旅游项目,带动了汴西新区的迅猛发展。

目前河南省旅游企业发展水平低，产业单一，赢利能力弱，缺乏发展后劲。深圳华侨城、浙江开元、杭州宋城集团等国内知名旅游企业的成功发展模式很值得河南省借鉴。为了加快"大郑东新区"的建设，河南省可以吸取先进省区市旅游企业发展的成功经验，加大政策扶植力度，大胆引进国内外著名旅游企业的战略投资，从财政、税收等方面支持省内旅游业转型升级，为打造环境优美、产业领先、服务完善、产品优质、适宜商居的"大郑东新区"增光添彩。

河南已经组建了大型钢铁集团、煤炭集团、出版集团、文化投资集团、传媒集团等众多产业集团，动作快，成效大，在提出"旅游立省"的大思路和加快"政企分离"以及省属企业改制的情况下，组建大型旅游投资控股集团正当其时，相关部门与企业要转变观念，提升认识，抓住社会转型机遇，把握旅游业业态动向，促进旅游事业大发展。

对构建河南省大旅游产业链的思考[*]

杨承训[**]

编者按：河南省的旅游业已从起步阶段进入到以建设与展示景点为重点的扩展阶段，现在则要进入第三阶段即大整合阶段，"旅游立省"要求以强势态度"打出"国内外，成为旅游大省。这时必须改变思维方式，不能停留在初级视角，必须有大眼光、动大手笔。组建河南省旅游大集团的策略是：先易后难、先大后小、选好帅才、分层推进、利益共享、政府主导。

面对国际金融危机的影响，着眼于河南的长远发展战略和现实的条件，河南省委、省政府提出"旅游立省"的方略。这是一项重要的决策。2009 年 4 月 24 日，笔者向省委领导提出了组建大型旅游集团的建议，后来，笔者又进一步提出了一个具体方案。现在系统地谈谈个人看法。

一 大刀阔斧地发展大旅游产业链恰逢其时

河南省委领导为什么对发展旅游业特别是组建大型旅游集团如此重

---

[*] 原载于中共河南省委咨询组《咨询与建议》2009 年第 25 期。

[**] 杨承训，中共河南省委咨询组经济组副组长，中原经济区"三化"协调发展河南省协同创新中心顾问，河南省经济学会会长，河南财经政法大学教授。

视？笔者的理解有以下几点。

①从大战略视角看，现阶段发展旅游业是应对金融危机的"反周期调节"之策。这次"百年不遇"的金融危机仅次于 20 世纪 30 年代骇人听闻的"大萧条"，它是资本主义多次小型危机长期积累的巨能量爆炸，从每 5~7 年一次（19 世纪和 20 世纪前中期为每 10 年左右一次）的小危机演变为 60~70 年（康德拉季耶夫周期）一次的大危机，是现代资本主义基本矛盾激化的阶段特征（从 1945 年开始，现代资本主义进入到国际超级金融垄断资本主义阶段，美国于 21 世纪蜕变为虚拟资本泡沫王国，此处不予详述）。由于美国实施美元霸权、主导经济全球化，此次金融危机的危害波及世界各国，中国本身虽未发生金融危机，但受到的冲击仍然很大。面对这种冲击必须利用一种反调节功能保全和优化本国的经济，扩展一些不受国际经济危机影响却有很大发展空间的产业，以抵御、化解影响经济增长的因素。要做到这一点最基本的要求是扩大内需，内需之中的大部分是第三产业消费需求，第三产业之中比较容易扩张而又有后劲的又是旅游业，而旅游业对于扩大就业有重大的功效。这就是"反周期调节"功能，就是逆着经济危机的发展周期走，利用经济危机"弯道超越"、转"危"为"机"，转退为攻。

②从旅游产业特点及其带动的产业链条来看，大力发展大旅游产业链在拉动内需、扩展外需中都有特殊作用。随着人们收入的提高、休闲时间的增加和文化需求的扩大，旅游观光已成为现代服务业的重要组成部分，"旅游立国"的国家和地区越来越多，包括像日本那样人口十分密集的国家都确定了"观光立国"的方略。中国自身幅员辽阔、山水奇特多姿、文化深厚悠久，旅游资源十分丰富。在西方人眼中，中国是一个神秘的国家，对他们有极大的吸引力。尤其在中国崛起与金融危机发生后，中国更是他们向往的地方。随着国内经济发展取得长足进步，人民生活水平大幅提高，人们对旅游的需求直线上升，生态旅游和休闲业更是方兴未艾。况且旅游业可以带动一批相关产业，拉动一大批服务行业，形成新的产业链条。

③从河南的具体情况来说，旅游的供给方面蕴藏着巨大的潜力。河南省旅游资源十分丰富，人文与自然景观互补，许多景观渐成国内乃至世界的亮点。

二　现阶段发展大旅游产业链需要逆向思维

河南省的旅游业已从起步阶段进入到以建设与展示景点为重点的扩展阶段，现在则要进入第三阶段即大整合阶段，"旅游立省"要求以强势态度"打出"国内外，成为旅游大省。这时必须改变思维方式，不能停留在初级视角，必须有大眼光、动大手笔。所以，要有"逆向思维"。

第一，树立"大旅游"思想。这里所说的"大旅游"，意指打造完整的旅游产业链，学会算"大账"，不能仅着眼于门票收入（所谓"门票经济"），而应着眼于旅游对第三产业的整体带动，通过完善吃、住、行、游、购、娱、信息七大服务环节，取得更大效益。紧紧抓住旅游要素产业的关键环节，即以游为平台加大吃、住、行、购、娱、信息的消费，并举办影响大的节庆活动和会议展览，集聚人气、财气，扩大知名度。要整合资源，打造具有强竞争力的产品，再通过建设产业集聚区，产生"1＋1＞2"的效果。

第二，树立全省"一盘棋"、构建大网络的观念。为发挥旅游在经济下行阶段的反调节作用，必须把休闲度假旅游业作为新的经济增长点来培育。在当前全球金融危机持续蔓延的形势下，外需锐减，特别需要拉动内需、刺激消费，培育新的消费热点。以休闲旅游为龙头的服务经济，在调结构、促增长、保就业、重振经济方面具有特别重要的意义。旅游开发要有差异化、多样化、网络化，同质开发没有出路，产品要有差异化，区域也要有差异化，各自以特色制胜；景区、旅游区也要力戒千景一面、千城一面，要多姿多彩，体现本土文化、民族文化特色；不要各自为战，要连点成线、成面，形成纵横交织的网络，吸引游客逗留 3 天以上，要发挥综合优势。河南省有山、有水、有文化，山水旅游、人文旅游都有特色，像嵩山、云台山、鸡公山等名山大川知名度很高，像少林寺、白马寺、殷墟等人文旅游资源具有世界影响力。现在各地旅游各自为战，不利于扩量提质。现在的任务是：把河南的山水旅游、人文旅游整合起来，实现城乡旅游一体化开发、旅游业与文化产业连体发展，谋求综合效益。比如洛阳，就应将龙门石窟、牡丹园、小浪底水利风景区一体化开发利用，走区域联合之路就能更好地抓住中高端市场，打造大企业、大品牌，发挥大企业、大品牌的"顶梁柱"作用。

第三，确立休闲旅游产业的大目标。2008 年我国人均 GDP 达到 3200 美元，河南省人均 GDP 突破 2800 美元。按照国际经验，人均国民收入达到 2000 美元，就步入休闲时代门槛；人均达到 3000 美元，度假需求会普遍产生。目前，河南省的休闲度假产业处于爆发性增长期。休闲度假产业蕴藏着巨大的财富，旅游需求旺盛，要抓住产业转型的好时机，乘势而上，加快河南省产业结构调整。例如，河南省可用组团形式吸引武汉大批市民到鸡公山避暑度假。

第四，明确旅游大省的主要标准。不是热热闹闹、做做广告就可以自封为旅游大省，而是要满足一定的质与量的要求。笔者认为这些要求应有以下五点：一是旅客多、收入大；二是海外旅游的人要多；三是能使够使旅客住 3 天以上；四是能够举办国际性会议；五是能创造享誉全国乃至世界的旅游品牌。

第五，在具体做法上必须抓住关键。好比穿一件衣服首先要抓住领子。拿旅游来说，如果先抓一个个的景点，那就会使旅游景点分布得非常散，不成网络，不能吸引大的旅游组团；景点之间也会恶性竞争。作为旅游事业的七个要素之一，从河南省来看，旅游景点已经很多，主要是缺少一个枢纽，正如高速公路已经修好，加油站也有了，但缺少好的汽车，增设汽车就是关键。现在，河南缺少的是以酒店为主的大的旅游集团。这种旅游集团的优点有以下几个方面：一是它可以把吃、住、行、娱、购、游、信息中最关键的环节搞好（让游客吃好、住好、玩好，交通安全顺畅）；二是它便于加盟国际大旅游业大军，从国内外吸引大的旅游团组，特别是国际游客；三是有助于消除内部竞争，使全省形成一股劲；四是可以节省投资，集中资金，开通融资渠道，为旅游的长远发展打好基础；五是容易起步，很快就可以大刀阔斧地干，把存量资源组织起来；六是能够突出河南特色，推介河南，举办国际性会议。所以，应当抓住组建大的旅游集团这个关键。抓住这一环节，就可以把其他一切方面带动起来。

在这方面，外地已经有成功经验。比如，北京的首旅、上海的锦江等，已经组建巨型的旅游集团，开拓了新的局面，对此笔者不再细说。

就河南省本身来说，也有成功的经验。2001 年 3 月，笔者向河南省委、省政府提出组建中州国际集团的建议，当时笔者想，两个大酒店只有一墙之隔，开展恶性竞争，内耗很大，对河南不利，而且它们当时的债务已经达到 10 亿元，其中国际饭店高达 7 亿元，银行提出要拍卖。在这种形势下，它们组合起来就可以发挥"1＋1＞2"的效能。但是，阻力很大。阻力不是来自群众，而是来自有些部门的领导，他们眼光短，更多地考虑一些个人既得利益。在这种情形下，河南省委、省政府力排众议，于 2001年 10 月份组建了中州国际集团，笔者自始至终参加，也参与了一些决策。组建后，效果很好，负债率由 100% 降到 10%，打出了品牌，并与国际（如假日酒店、皇冠、索菲特）接轨。实践证明，组建集团是成功的。如果按笔者的想法，中州国际集团当时还应该继续扩大，以组建大型集团，但是由于种种原因，这一设想未能实现。现在省级领导已经下了决心，这就是万事俱备，且"东风"已来，不可再犹豫不决，错过时机。

三　组建河南省旅游大集团的想法

笔者想说六句话：先易后难、先大后小、选好帅才、分层推进、利益共享、政府主导。

"先易后难"，是说先从容易的入手，最容易组合的就是国有企业，包括几大宾馆、招待所、旅行社、车队等。这都不用采取并购的形式，直接划拨就可以了，不用花政府的一分钱，只是个组织问题。下决心把存量资源组合起来，就是个大集团，这比新投资建集团或者把民营企业收购过来要容易得多，省钱得多。可以由省政府牵头、国资委管辖、旅游局指导，运作起来是比较顺畅的，然后再啃那些硬骨头。

"先大后小"，就是要把关系全省利益的集团做大，千万不要使内部互相残杀，这会导致永远创不出名牌。所谓先大，就是要先从省一级的，能够上市的拥有几十亿资产的，基础条件好的，能够吸引国内外客人的企业集团入手。从现有的几个大宾馆来看，有的条件相当好。比如，中州国际集团，基础好，资产达到 20 亿元，同国际接轨较早，聘请了外国管理人员，管理规范，名声大，吸引的外宾多，有着丰富的组建和治理集团的经验；再如，黄河迎宾馆，环境优美，可谓人间天堂。如果把这样一些好的宾馆和车队组织起来，这就可以带动省一级的旅游事业大发展。还有一点，就是尽快争取上市，在这方面，中州国际集团已经做了多年的准备，进行过较长时间的培训，条件已经具备，上市也比较容易。通过上市，可以更多地融资，吸收国内外资金，接纳战略伙伴，可以同国际、国内的大旅游集团结盟，成为多极中的一极，充分彰显中原特色。

"选好帅才"，就是说集团建立以后，内部的关系和管理比较复杂，有些原来的负责人有一种"宁做鸡头，不做马尾"的意识，从而在工作中消极怠慢；此外，还有一些既得利益需要被妥善分配，否则容易使内部矛盾复杂化，在这种情形下，新建成的集团需要有一个优秀的帅才。这样的帅才，一是要有好的品德，觉悟高，无私心，胸怀广，能团结同志；二是要有驾驭能力，有开拓精神，懂旅游，会管理，具有现代企业家的素质；三是要有丰富的实践经验，确实搞过旅游集团，而且绩效甚佳。这样的帅才，在河南省为数不少。后续的工作就好办，首先是解决认识问题，扫除既得本位主义的障碍和老经验的惯性，同时更要克服既得利益的障碍。再进一步说，不换思想就换人，人事权是由党组织和政府掌握的，完全可以按照德才兼备的标准组织好一个团队。这里的关键还是要有一个优秀的帅才。

"分层推进"，是指允许有条件的市县各级组织独自组建旅游大集团，或建立一些小型旅游公司，以自行开拓局面，但各市县之间需要加强协作。将来条件成熟了，各市县独自组建的旅游公司可以加盟省里大型旅游企业集团。加盟也有两种形式，一种是采取管理公司的办法，另一种是入股的办法，这样就可以形成旅游网络。在这件事上，不能一哄而起，"处处是火，村村冒烟"，毁坏旅游、生态资源。一开始就应当强调规范，各地要十分关注这一点，切不可饥不择食、杀鸡取卵、以邻为壑。

"利益共享"，是说要发挥各个层次的积极性，比如酒店、车队、景点，谁的贡献大，谁就能够多获得一些利益，这可以采取股份制加承包制的办法。如果将来搞了股份制，发展了旅游网络，河南省的旅游业将被推向一个新的水平。各个层次、各个区域都会获得更大的利益，这就是共赢、双赢。在这一点上，河南省各市县都应当有长远眼光，有胸怀，有干大事业的气魄。

"政府主导"，有三层含义。一是旅游大集团组建首先要靠政府出面组织，其次才是企业的意愿。二是利益共享必须由政府主导统收统配，如景点少收门票必须由第三产业补偿，靠企业解决不了补偿问题，应当学习杭州的办法由政府统收后加以合理分配。三是政府应引导旅游文化的健康发展。河南省旅游业在快速发展的过程中，也出现了一些让人忧心的不健康现象，如有些旅游地点封建迷信盛行，赌博、卖淫嫖娼、低俗娱乐活动屡禁不止。有这样一段顺口溜："上车睡觉，下车看庙，中间撒尿，回来一问，啥也不知道。"这不仅违背了社会主义精神文明的要求，对人民不负责任，而且有损于旅游地的形象，不利于旅游业的健康持续发展。因此，不能见利忘义，政府管理部门应当加强监管和整顿。同时，还要注重提高旅游业的科技含量，倡导科技文明。

关于推进河南省经济转型的五点建议[*]

杨承训[**]

编者按：河南省应当转向把提高经济质量、调整经济结构、创新特色作为研究和决策的主题，一是把精力和重点转向促集约、优结构上来；二是要有率先实现立体式农业现代化的规划和部署；三是下硬功提高自主创新能力，增加产品的科技含量；四是推进生态经济、循环经济长足发展；五是更多地关心民生，较快地增加城乡居民收入。

　　在党中央、国务院的指引和河南省委、省政府的正确领导下，河南省基本上顺利地完成抗危机、保增长的任务，成效显著。现在的任务是进一步落实科学发展观，谋划 2010 年乃至"十二五"的发展思路，更好地突出河南高品位的特色。应当像中央一再强调的那样，正视前进中的矛盾，保持清醒的头脑和忧患意识，在所谓的"后危机"时期应当转向把提高经济质量、调整经济结构、创新特色作为研究和决策的主题。因经济转型涉及的问题相当多，希望召开专家座谈会。笔者作为经济学者先谈五点建议。

---

　　[*] 原载于中共河南省委咨询组《咨询与建议》2009 年第 55 期。

　　[**] 杨承训，中共河南省委咨询组经济组副组长，中原经济区"三化"协调发展河南省协同创新中心顾问，河南省经济学会会长，河南财经政法大学教授。

一　把精力和重点转向促集约、优结构上来

在应对金融危机冲击的一两年中，把主要精力放在"保增长"上，有很大的必要性，但这也带来了过多注重 GDP 的偏向，使得社会各界放松了对经济发展方式转变和结构优化的关注。在这种情况下，有许多落后的重污染、高耗能企业筹建起来了，甚至一些已关闭的小煤矿、小水泥厂之类的企业死灰复燃，盲目投资乃至虚报现象已成为一种惯性。现在又到了一个转折关口，一定要把精力和重点转到提高质量上来，对遍地开花的现象适当整顿。尤其要警惕地方保护主义抬头，它们会千方百计地为本地的高耗高排企业开绿灯。河南应当认真领会中央精神，把握大局，从河南实际出发转变发展方式，巩固提高在"保增长"中取得的成果，加大企业组合的力度。这一切工作的关键是转变各级领导的发展观和政绩观，倡导思路开阔与工作扎扎实实相结合的作风。

二　要有率先实现立体式农业现代化的规划和部署

河南是粮食大省，中央特别看中的是河南的农业。然而，恰好是农业使得河南经济效益低、居民收入低。为此，要走出一条实现立体式农业现代化的道路，即以现代大农业为平台拉长产业链、价值链，发展加工业，增加农民的收入。在这方面还应当"把文章做足"，争取中央财力、物力的更多支持；还应利用好期货交易和现货交易，探索以粮食为主的农产品价格形成机制，让中央早下决心克服"剪刀差"造成的负面效应。河南要争取成为现代生态农业的大试验区和最佳样板。

三　下硬功提高自主创新能力，增加产品的科技含量

①河南省的产业覆盖面很大，产品齐全，品种众多，但总体上科技含量低、名牌少、竞争力较弱，从政府到企业研发投入不足，创新成果与先进省市相比差距较大。产业的集中度比较低，缺少特大型企业，一些产业（如钢铁业）又产能过剩，一些传统产品（如纺织业）

竞争力弱。要转变经济发展方式，必须层层狠抓科技创新，首先是政府要选好重点攻关项目，其次是要组织人力、财力集中攻关，以大幅度增加财政科技投入。应当看到，2008 年河南省研发投入占 GDP 的比重为 0.49%，在全国仅排第 21 位，绝对额相当于全国投入总量的 3.36%，在中部六省排在末位。同时，可通过政府采购措施引导部分产品的生产，以发挥政府采购"四两拨千斤"的作用。希望各级政府都要"排排队"，选出自己的优势产品和科研创新项目，规划出优质产品名单，拉长产业链条，并把高新区、产业集聚区变为科技创新基地、新产品孵化基地。

②要促进企业成为研发投入、自主创新的主体，大企业要成为科技创新中心，分期分批地拿出新产品，中小企业要做"专、精、新、特"的小巨人。现在 90% 以上的企业没有研发投入，投入总量太小，只占销售收入的 0.6%。研发投入占销售收入的比重应当提高到 2% 以上，科技创新型企业的则要达到 5% ~ 10%。对此，金融部门应当优先支持科技创新型企业，让河南涌现出更多像中信、许继、金龙、多氟多那样的创新型企业，而河南还要形成"链 - 环经济"（拉长产业链，发展循环经济），这是优化结构的新理念、新思路。

③要以企业为平台，组织产学研结合的创新联盟，以产品、项目为载体集中各方面的优势，争取短期内拿出能够打开市场、产业化的新产品，并拉长产业链。在这方面可以借鉴外省的科技特派员制度，选派专门科技人才到企业直接指导、参与产品研发。

④鼓励个人研究创新，"不拘一格用人才"。不能让人才受学历、职称、职位的限制，只要他们有创新成果，就应切实鼓励。河南已有农民用大豆制造纤维的事例，农民曹长义突破生物学和农学的传统定式，使红薯藤上长小麦、土豆秧上结大豆（乔地：《红薯藤上长小麦土地秧上结大豆》，《科技日报》2009 年 10 月 3 日），这种被称为"远缘嫁接诱变"的技术使曹长义收获了 500 多种农作物变异新材料，并可使小麦亩产增加 200 斤，而曹长义本人也许会变成第二个袁隆平，变成河南的一个品牌。对于推进农业科技，一旦有了成功的经验，就应当提升、推广。技术的自主创新和转化、推广，是转变发展方式的一个决定性因素，一定要狠抓。

四 推进生态经济、循环经济长足发展

河南是第一农业大省、第二食品工业大省,就它自行提出的由大粮仓变为全国大厨房、世界大餐桌,以及实行"旅游立省"而言,打造绿色品牌十分重要。目前河南省的环保事业有很大进展,但距离绿色生态大省的要求还相差甚远,许多地方的污染还相当严重(有的已经造成国际影响)。建议把构建生态省、打造绿色品牌作为河南省相关战略目标的行动口号,大力推广循环经济,要像保 GDP 那样将"绿色"指标作为硬指标"压"下去,不搞花样,培育出货真价实、有推广价值的样板。应当看到,发展循环经济是世界发展的大趋势,也是关系到子孙后代的百年大计,是不下力气就搞不起来的。现在搞新农村建设,有的地方两眼盯住拆旧房、建新房,搬迁村庄,有不少形象工程。笔者建议搞生态样板村(鹤壁市已有很多试点),与规模养殖相匹配搞规模沼气设施,使循环经济规模化、集聚化,进而发展生态农业、绿色农业。尤其是城市郊区应先走一步,同城市"三污"处理、建设生态城市结合起来,改变河南不文明、不环保的形象。如果从工业到农业、从城市到农村、从社区到家庭都形成高水平的循环经济产业链,那么河南将成为名副其实的现代农业"链-环经济"大省。

五 更多地关心民生,较快地增加城乡居民收入

这些年河南省人民生活状况大为改善,这是有目共睹的。但相比之下,河南省人民的生活水平还比较低。2008 年,河南省城镇人均收入为13908 元,相当于全国平均水平的 81.5%,排第 19 位;可支配收入为13231 元,相当于全国平均水平的 83.8%,排第 16 位;消费支出为 8837元,相当于全国平均水平的 78.6%,排第 23 位。农民人均收入为 5994元,相当于全国平均水平的 89.5%,排第 19 位;纯收入为 4454 元,相当于全国平均水平的 93.6%,排第 17 位;消费支出为 3044 元,相当于全国平均水平的 83.2%,排第 21 位。2009 年第三季度城镇居民收入比上半年回落 0.4%,较去年同期回落 6.1%;农民人均现金收入比上年同期回落12.9%。这与河南省经济总量排全国第 5 的地位不相称。当然在客观上,

这与河南省人口多、农业比重大、财政收入少有关。今后，河南省应当调整分配政策，使国民收入分配多向个人倾斜，最低目标应使本省居民的生活水平达到全国平均水平，然后赶上安徽、湖北等周边省份居民的生活水平。就拿在岗职工工资来说，2008 年河南省的为 24516 元，仅相当于全国平均水平的 84.9%，排第 19 位，有一个时期曾排在全国最后，而房地产的价格却不低。这既不利于吸引人才（"孔雀东南飞"的现象多年未改），也不利于扩大内需、开拓省内市场和扩大省内就业，更不利于加快城镇化进程。在这方面应当多采取些办法，适当调整分配结构，特别要下狠心制止机关事业单位奢侈、浪费、大吃大喝、公款旅游之风，加大反腐倡廉力度，节省出钱来支持民生。同时，应认真贯彻中央的住房政策，克服"土地财政"弊端，防止房地产泡沫，发展廉租房制度，为低收入阶层和农民工进城铺路搭桥。建议省领导统筹安排，在经济发展中鼓励降低成本，适当减少其他方面投资比重，多在扩大就业、增加居民收入上做些调研，花些心思，开拓新的行业。在这方面，可以发挥专家、智库的作用，广开言路，集思广益。

关于大幅度增加科技投入和提高
投资效率的建议[*]

杨承训[**]

编者按：河南省应当下决心抓住科技创新这个关键环节，大幅度增加科技投入，提高科技投入的效率，使"加快转变"真正见实效：一是增加科技研发投入要从各地党政一把手抓起；二是充分发挥财政投入"四两拨千斤"的作用；三是落实对各类企业的鼓励政策；四是鼓励金融机构支持科技开发和贷款优惠政策的落实；五是下决心杜绝铺张，用节约下来的经费支持科技开发和技术推广；六是建立科技创新基金；七是提高科技投入的效率；八是增加对优秀人才的支持。

胡锦涛同志讲的"八个加快"之中的第三个就是加快科技创新，他在河南人大代表团讲话中又强调科技创新是加快转变发展方式的中心环节。这些指示恰好切中河南科技投入不足的要害。河南省应当深刻领会、切实贯彻胡锦涛同志的讲话精神，下决心抓住科技创新这个关键环节，大幅度增加科技投入，提高科技投入的效率，使"加快转变"真正见实效。

---

　*　原载于中共河南省委咨询组《咨询与建议》2010 年第 8 期。

**　杨承训，中共河南省委咨询组经济组副组长，中原经济区"三化"协调发展河南省协同创新中心顾问，河南省经济学会会长，河南财经政法大学教授。

一 认真总结科技创新推动经济发展的经验

全面、历史地看，河南省对科学技术自主创新和应用已逐渐重视起来，科学技术在经济增长特别是在转变经济发展方式中的作用日益凸显。科技对 GDP 增长的贡献率由 20 世纪 90 年代的不足 30%，提高到 2005 年的 44%，2007 年达到 47%。以"十五"末到 2007 年为基础计算，科技贡献率每提高 1 个百分点，就可增加 1000 亿元左右的 GDP。再以投入强度（研发投入占 GDP 的百分比）看，1991~2009 年全国的科技投入强度每提高 0.1%，GDP 总量即增加 3%~4%，河南大体如此。从提高经济质量上看，科技创新的作用就更加明显。近几年来，我国科技创新实力明显增强，河南省科技创新实力大大提高。2009 年，全社会研究开发费用达到 149 亿元，比上年增长 20.1%；河南全省财政科技投入为 34.7 亿元，比上年增长 13.9%。河南省科学研究与技术开发机构有 1900 个，从事科技活动人员有 22.65 万人；河南省省级以上企业研发中心达到 930 家，其中国家级的有 58 家，省级的有 872 家。近几年来各省区市统计数据的计算结果表明，经济发展程度和科技投入强度呈现出"马太效应"：越发达的地方，科技投入越多，其经济发展速度、质量和经济竞争力也就越高；而欠发达地区则相反，如此造成的差距会越来越大。要想跨越式发展，必须精简其他投入，把更多的财力、物力、人力集中在科技投入上。这些事实充分说明，科技进步确实是加快转变经济发展方式的关键环节，也是中原崛起最重要的引擎。重在持续、重在提升、重在统筹、重在民生，很重要的依靠是科技自主创新。这是河南省又好又快发展的一条重要经验。

二 科技研发投入严重不足

①研发投入占 GDP 的比重过低。2009 年河南省的研发投入为 149 亿元，占 GDP 的 0.77%，仅相当于全国平均水平（占 1.62%）的 45.5%。前几年更低，2008 年仅为 0.49%，在全国仅排第 21 位，绝对额相当于全国投入总量的 3.36%（GDP 相当于全国的 6.1%），在中部六省中排在末位。

②财政投入低。按照在工业化阶段，政府投入在研发投入中的比重一般为30%～50%测算，到2010年，河南全省财政科技投入要达到90亿～150亿元。2008年河南全省财政科技支出仅为30.44亿元，占全省财政支出的比例为1.33%，低于国家平均水平2.07个百分点。近年来，全国各地对科技工作十分重视，加大了科技投入力度，湖北、湖南、安徽、江西、山东等中部及周边省份财政科技投入连年大幅度增长。实践证明，河南省政府科技投入的产出比十分明显，对企业投入的带动效应为1∶9。2008～2010年，河南省实施的51项重大科技专项，共投入财政科技资金3.08亿元，引导企业投入的研发经费达到27.37亿元。

③企业投入没有起到主体作用。2008年，河南省企业研发投入占产品销售总收入的比重仅为0.83%，低于全国平均水平0.39个百分点；全省大中型工业企业只有1/4建有研发机构，且只有约1/3的企业开展过科技活动，新产品销售收入占总产品销售收入的比重为8.9%，比全国平均水平低7.1个百分点。目前，河南省99%的企业无研发投入。

④金融机构贷款较少。2008年，河南省金融机构向科技研发活动提供的贷款金额仅为9.22亿元，占研发总投入的3.5%。

⑤税收优惠政策多数不能兑现。税收优惠可视为政府间接投资，能够起到鼓励企业投入研发特别是发展高新技术的作用。对此，四个有关部门已联合发出《河南省企业研究开发费用认定管理实施意见（试用）》（豫科〔2009〕101号），但该意见的相关措施执行起来阻力很大，由于影响税收指标的完成，许多税务机关执行不积极，这不利于企业增加研发投入。

三　大幅度增加研发投入的几点建议

①增加科技研发投入要从各地党政一把手抓起。由于这种投资属于长效机制，一时难对GDP的增长起到立竿见影的功效，往往引起不了领导的重视，他们在安排预算中往往把科技投入排在比较次要的地位。还有，少数人热衷于花钱贿选、跑官买官，却不热心科技开发和转化。现在应当将科技研发提到加快转变经济发展方式的高度来认识，把研发投入占GDP的比重作为一项政绩指标加以考核。各级一把手亲自过问科技创新，委托精

明强干、敢于负责的领导干部抓科技工作，不能让科技研发停在"嘴上"。河南省委、省政府应抓住先进样板加以推广，发挥示范效应，认真同先进省、周边省一起找差距，深化对"第一生产力"的认识，牵住"加快转变"和实现中原崛起的"牛鼻子"。

②充分发挥财政投入"四两拨千斤"的作用。切实落实河南省"十二五"规划中关于"财政科技投入增幅明显高于财政经常性收入增幅，财政科技支出占财政支出的比例逐年提高"的要求，把行政费用减下来，在"十二五"期间使研发投入总额比 2009 年增加 1~2 倍，这需要河南省领导下决心。虽然 2010 年的河南省财政预算已经确定，但可亡羊补牢，适当调整，争取 2010 年的财政科技投入比 2009 年增加 30% 左右。如果按照 1:9 的带动效应，可以增加社会投入 400 亿元左右。

③落实对各类企业的鼓励政策。除了政府直接拨款支持高新技术研发之外，重要的是落实税收优惠政策和对高新产品的政府采购，有的放矢地培植科技成长型企业，力争企业研发投入占销售收入的比重达到 2%，占社会总研发投入的比重达到 70% 以上。现在看来，不能笼统地讲支持中小企业，应当改为大力支持优质中小企业，特别是重点支持高科技"小巨人"企业。同时，认真支持个人发明创造，特别是支持农民和大学生的科技创新，对此应当专门划出一部分经费。

④鼓励金融机构支持科技开发和贷款优惠政策的落实（地方政府也可以给部分利息补贴），争取有更多的银行和其他金融机构用更多的贷款支持企业的高新技术研发活动。每个银行、公司都应选择一些企业作为长期扶植对象。河南全省要以高新技术开发区为主要载体，着力完善风险投资基金和风险担保基金市场，利用资本市场、保险市场提高投入效益。

⑤下决心杜绝铺张，用节约下来的经费支持科技开发和技术推广。这些年奢侈铺张之风愈演愈烈，吃喝、办公特别是会议费用越来越高，办公楼越来越豪华。应当下硬指标对其进行约束，如果河南全省每年节约出 30 亿~50 亿元支持科技投入，科技研发就能形成一定的气候。

⑥建立科技创新基金。北京、广州以及山西先后建立了科技投资基金，并由科技投资公司（简称"科投"）负责经营。其资金来自财政、金融和其他社会资金，以股份制形式经营。这样，就可以使企业和其他研究机构的应用性技术创新有了经常性的资金支持。河南省应当积极筹建科技

创新基金和科投，也可以考虑由建设投资公司作为一个分支经营此项业务。在这方面，河南省政府应当加以协调，尽快采取相应的筹措，赶上先行一步的省区市的步伐，构建支持科技创新的长效机制。

⑦提高科技投入的效率。河南省研发投入不仅总量少，而且效率应当全面提高。一是确定主攻重点，不要再"撒胡椒面"，每年抓几个重点攻关项目，使之较快产业化、见实效。二是认真审查科技团队的结构及其科研活动的情况，真正把钱用在科研上。三是强化审计，对全省科技支出应全面审计，还可抽重点投资项目进行全面追踪，杜绝学术腐败、浪费资源现象的发生；项目的选择可采取招投标的办法，按合同审计，对于因玩忽职守、铺张浪费而完不成任务的项目负责人，要追究其责任。四是对研发经费统一归口，由科技厅统管，财政厅、发改委等部门参与审查监督，防止出现重复立项或将研发经费挪作他用的现象。

⑧增加对优秀人才的支持。一方面，河南省的科技人才中缺少领军人物；另一方面，河南省又存在"研而优则仕"的现象。不应引导优秀的科研人员当官，而要围绕重点项目、重点实验室造就更多的科研领军人物和骨干，使其待遇高于官员。凡适合出科研成果的人才都不要在其身上压行政担子，而应重点支持他们的科研活动，以利于他们出更多的创新成果。

控制和监管安全风险：科技在
资源配置中不能缺位[*]

乔　地[**]

编者按：中原经济区"三化"协调发展河南省协同创新中心顾问杨承训教授在接受《科技日报》记者采访时指出，应当重新定义资源配置机制，更加自觉地运用科技从根本上防范、化解、救治各类灾害，提高生产力要素组合和运行的质量，构建"政府、市场、科技"三元耦合的新型资源配置机制。科技是实现"两只手"无缝对接的黏合剂和"参谋长"。从微观到宏观，在依靠市场、政府"两只手"配置资源的同时，都必须借助现代信息工具探测、避开、化解各类信息不对称陷阱，防范资源配置失效。资源配置不仅需要"两只手"，而且需要更高级的"雷达"和"电脑"，以构建更高的智能机制。

　　近期发生的一系列重大安全事故，形成强大倒逼机制，促使人们高度认识科技参与资源配置的必要性。近日，著名经济学家杨承训教授、微生物学者杨承谕研究员等专家学者提出，应当重新定义资源配置机制，更加自觉地运用科技从根本上防范、化解、救治各类灾害，提高生产力要素组合和运行的质量，构建"政府、市场、科技"三元耦合的新型资源配置机制。

---

　　* 原载于《科技日报》2015年9月20日。

　　** 乔地，科技日报社河南记者站站长、高级记者。

一 资源配置不是简单的资源分配组合，
其灵魂在于优化

杨承训指出，过去，无论是在经济学研究还是政府决策中，人们常常把资源配置视为简单的资源分配与组合，而较少考虑产品的质量及产品质量问题引发的后果。

据有关部门初步统计，2010～2014 年，我国危化产品事故致死 2237 人。到目前为止，今年以来发生的违法运输危化产品事件就数以万计，仅湖南某市就高达 6000 多起，造成的直接经济损失接近 GDP 的 0.5%～1%。专家认为，即使这些损失不能在统计数字上体现，实际上也已被打入发展总成本之中。如果再加上事故引起的自然生态、社会安定等方面的间接和隐性损失，总损失会放大若干倍，从而严重影响我国的经济转型。

专家指出，在今后的资源配置中，不仅要注重组合的数量，而且特别要注重配置的质量；不仅要获取经济效益，而且要取得社会、生态效益；不仅要扩大外延再生产，还要深化内涵再生产，延长产业链、创新链和循环链；不仅要取得一时的经济效益，而且要持久发展，尤其要保证社会再生产各个环节和各个周期的安全。

对此，单靠政府力量不可能实现，除了严格监管，更重要的是靠科技提供强有力的支持（监管本身也需要科学依据和现代工具）。从生产安全、生态安全、社会安全的角度考量，不论是宏观经济还是微观经济，都需要把科技贯穿始终。

二 科技是实现"两只手"无缝对接的
黏合剂和"参谋长"

在高科技时代，科技作为"第一推动力"具有两重性，越是高端科技越容易带来重大安全风险。飞速进步的现代科学技术，推动经济发展深入到各个学科领域，以及各种危险的"雷区"（例如高危化工、核能、军事工业），这虽有历史巨大进步的一面，但同时也使人们必须重视其伴生的诸多重大风险。对事关重大安全的领域和行业，不可过分看重和纵容市场的自发性，必须"以科制科"，以更高的科技手段防灾治害。

专家们认为，市场和政府作为资源配置的"两只手"，都有重大缺陷，很难无缝对接。市场配置资源的动力是逐利，多数企业不能顾全社会利益，尤其是生态利益，甚至还会因个体利益而损害整体利益，以短期利益截断长远利益。价格信号反映的往往是供求关系的一时情况，带有暂时性，又有些资本势力故意扭曲价格，把企业和消费者带入歧途。这就需要科技的力量去伪存真、去粗取精，创造新的生产力，增强洞察力，缔造新的供求互动关系，引导企业在市场中占领先机，并顾全社会、生态利益。同时科技又能弥补官员的知识不足，提升宏观调控的科学性、前瞻性。科技还可以给困难企业"会诊"，引导其脱困、转型。总之，科技是实现"两只手"无缝对接的黏合剂和"参谋长"。

科技有利于克服信息不对称的弊端。当前，互联网造成的信息不对称陷阱更多、更深，规避、铲除这种陷阱需要依靠更高端的信息技术，即"魔高一尺，道高一丈"。从微观到宏观，在依靠市场、政府"两只手"配置资源的同时，必须借助现代信息工具探测、避开、化解各类信息不对称陷阱，防范资源配置失效。资源配置不仅需要"两只手"，而且需要更高级的"雷达"和"电脑"，构建更高的智能机制。

另外，科技创新能够突破资源稀缺和边际效用的传统界限，开拓资源配置的新领域、新工具和新业态，以新的理念、新的途径克服长期反复出现的供应与需求之间的脱节和掣肘，以高质量的经济元素和流程，使供求有效地形成互动机制。

三 探索科技参与资源配置的 三条路径

杨承训等专家认为，科技参与资源配置至少有三条路径。

首先，科技参与危险化学品的生产、运输、仓储的资源配置最为迫切，应当认真借鉴核工业发展的思路。化学工业本身就是科技的产物，在其研制的同时或随后，其危险性及防治技术和要求，包括化工及原料、产品储库的分布、设施、管理、监控、事故扑救、事后处理、人身防护、救治、废物排放，还有与居民区、商业区、农牧区的距离以及各个程序的操作等，一般都会被研究，其中有的还会上升为标准。只要自始至终严格运用科技对危化品进行控制和监管，就可避免或减少严重的人为安全事故的发生，即使事故发生了也能及时得到正确的处理。

专家们为此给出了具体建议。

——对第一类危化品，要依据严格的科技标准，实行科技型"垄断"，在科技部门直接指导下由国家专营，要比烟、盐等专营更严格；次级危化品由科技机构专控；对危险稍小的如烟花爆竹，实行专管。

——建立电子信息监管网络，所有危化产品一律"上网"，对其设计、施工、生产、运输、储存、应用全天候监控，并施行严格的报告制度。

——相关行业的规划、布局、立项、设计、建设计划、操作规程、监管制度等，要通过有资质的科技专家所代表的第三方的严格评审，并对其进行实地检查，要给予第三方机构否决权，在此基础上再做审批。对资质专家和审批官员及机构也要进行终身责任追究。

——从业专业人员必须具备应有的资质，要考核上岗，从业监督人员、操作人员（包括一线工人）都要经过必要的技术培训并考核上岗，实行交班和当班追责制。

——建立一支强大的配备有高科技武装的消防队伍，其内部还要设置不同专业，逐步设置电子探测系统和配备消防机器人。同时，建设好适用的社会消防系统（包括设施）及其支持系统。

——加强以针对高危领域为主的消防科技研发，包括信息技术、机器人技术、空中监测及扑救技术、新型灾害消防技术等。发展实用的消防器材工业，普及消防知识。

其次，对于工业生产、运输、服务，探索科技全面、全程参与资源配置的方式、方法，如让科学技术及其研发专家参与资源配置和宏观调控的机制、制度；建立和发展多种多样的智库机构，让它们参谋企业的经营和研发行为；充分利用先进信息技术，建立以科技为依托的信息反馈中心；配置科技示范区、"硅谷"、孵化器；建立严格的科学监督和评价体系，制定科学的标准和验收制度。

最后是克服理论上的障碍。在经济学界，有的学者对科技的功效理解不深，突破不了"两只手"乃至"一只无形的手"的"框框"，认为科技知识仅仅是一种生产要素，不是资源配置的经济力量。杨承训等专家认为，事实上正是不同"档次"的要素和引力组合，才能形成新的系统功能。科技参与并不是代替"两只手"，而是帮助它们优化资源配置。

推进河南体制机制创新[*]

谷建全[**]

编者按： 河南新一轮体制机制创新的价值取向，应当在强调效率价值的前提下更多兼顾公平价值，在优化行政权力配置的前提下更加重视权力制约，在强化治理的前提下更加重视社会正义，在重视文化产业价值的前提下更加重视文化的核心价值功能，在强调当代人价值诉求的同时更加重视后代人的价值诉求。河南新一轮体制机制创新的着力点和突破口是：一要解放思想；二要尊重市场规律；三要突出问题导向；四要打破部门利益格局；五要重视法治建设；六要坚持务实求效。

作为全国的人口大省、经济大省，近几年来，河南呈现出蓄势崛起的良好发展态势，但由于欠发达的基本省情尚未得到根本改变，河南在发展中还存在着一系列体制机制性的矛盾和问题。如作为能源和原材料工业大省，资源环境约束日益加剧，生态环境保护难度加大，调整经济结构、转变经济发展方式、加快经济转型升级的任务十分艰巨。实现中原崛起、河南振兴、富民强省迫切需要以体制机制创新为突破口，全面激发河南经济社会发展的活力和动力。在此现实背景下，推动河南加快发展、转型发展、可持续发展的根本出路在于体制机制创新。只有通过体制机制创新，

---

    * 原载于《"三化"协调发展》2015年第10期。

    ** 谷建全，河南省人民政府发展研究中心主任、党委书记、研究员。

才能构筑充满活力、富有效率、更加开放、更加有利于科学发展的体制机制，才能更加有效地调结构、转方式、惠民生，从而促进河南经济社会持续健康稳定地发展。

一　河南新一轮体制机制创新的价值取向

制度的核心是价值理念。体制机制创新的过程既是价值引领的过程，也是价值体系塑造的过程。上一轮改革主要以效率为基本价值取向，新一轮改革以"完善和发展中国特色社会主义制度，推进国家治理体系和治理能力现代化"为总目标。这就需要在推进体制机制创新的同时，丰富价值体系，形成与治理体系现代化和现代国家成长相适应的新的价值内核。因此，河南推进体制机制创新，也要从"五位一体""四个全面"的总体布局出发，在推进体制机制创新的过程中形成完善的价值体系。

第一，在经济体制改革中，要在强调效率价值的前提下，更多兼顾公平价值。以往体制机制创新强调的是效率优先，这在很大程度上促进了河南经济社会的快速发展，但同时也造成了巨大的城乡区域发展差距和居民收入分配差距，新的一轮体制机制创新需要更加重视公平的价值取向。

第二，在政治体制改革中，要在优化行政权力配置的前提下，更加重视权力制约。以往的政治体制机制创新较多地注重权力的配置，虽然适应了市场经济体制的专业化管理要求，但同时也造成行政权力的部门化和分散化。新一轮体制机制创新则需要强化权力运行制约和监督体系的完善。

第三，在社会体制机制创新过程中，要在强化治理的前提下，更加重视社会正义。传统社会管理以行政权力为枢纽，现代社会治理必须以正义为基本价值取向。新一轮体制机制创新要更加重视社会正义，逐步消除特权，形成基于起点公平、程序公平和结果公平的新的社会体制机制。

第四，在文化体制机制创新过程中，要在重视文化产业价值的前提下，更加重视文化的核心价值功能。以往的体制机制创新主要侧重文化的产业功能，下一轮体制机制创新必须将文化的价值功能提升到突出位置，培育和弘扬社会主义核心价值观。

第五，在生态文明建设体制机制创新过程中，要在强调当代人价值诉求的同时，更加重视后代人的价值诉求。以往体制机制创新主要追求即期发展，下一步体制机制创新必须同时基于当代人和后代人的价值诉求，构建从源头保护，到治理，到追责，到修复的生态文明建设制度框架，以实现中华民族的永续发展。

二 河南新一轮体制机制创新需要把握的几个问题

作为全国的人口大省和经济大省，河南要加快体制机制创新，必须准确把握体制机制创新的总体趋势与基本走向。既要遵循中央统一部署，又要立足于基本省情，凸显河南特色。具体来说，应把握以下方面。

一是体制机制创新方向要与《河南省全面建成小康社会加快现代化建设战略纲要》的指向一致。2014 年 12 月 25 日，河南省委、河南省人民政府出台了《河南省全面建成小康社会加快现代化建设战略纲要》（以下简称《战略纲要》），根据《战略纲要》的有关要求，体制机制创新的方向、目标、重点和任务等，都要和《战略纲要》的指向相一致，把体制机制创新与打造"四个河南"、推进"两项建设"有机结合起来，通过体制机制创新，进一步放大三大国家战略规划的总体效应；通过体制机制创新打造新时期河南发展新优势，为河南省全面建成小康社会、加快现代化建设提供体制机制保障。

二是体制机制创新目标要与中原崛起、河南振兴、富民强省的总体目标统一。河南发展的总目标经历了由"中原崛起"到"中原崛起、河南振兴"，再到"中原崛起、河南振兴、富民强省"的过程。近年来，河南经济社会发展取得巨大成就，但人口多、底子薄、基础弱、人均收入水平低、发展不均衡的基本省情仍然是阻碍全省发展的最大障碍，以改革促发展仍是河南当前面临的主要任务。可以说，改革仍然是破解长期以来困扰河南科学发展的结构性、体制性矛盾的关键，也是实现中原崛起、河南振兴、富民强省的必由之路。因此，河南新一轮体制机制创新的目标必须与中原崛起、河南振兴、富民强省的总体目标统一，以促进社会公平正义、增进人民福祉为出发点和落脚点，通过加大体制机制创新力度，坚决破除各方面体制机制弊端，为中原崛起、河南振兴、富民强省总目标的实现奠定坚实的制度基础。

三是体制机制创新的重点要以河南经济社会发展面临的突出问题为导向。近年来，河南经济社会发展虽然取得了很大成绩，但发展中的体制性、机制性矛盾仍然是制约科学发展的主要因素。因此，河南推进体制机制创新，必须树立强烈的问题意识，抓住事关河南跨越发展、转型发展、创新发展、开放发展、绿色发展、和谐发展中的重大问题、关键问题，采取切实有效措施务实推进体制机制创新。

四是体制机制创新举措要突出河南特色，彰显河南比较优势。中央提出全面深化改革，加强体制机制创新的指导思想、目标任务、重大原则，是各地全面深化改革，加快体制机制创新的行动指南。但要将这些任务全面落实到位，并取得良好效果，就需要因地制宜，结合实际。河南要推进体制机制创新，就应该在服从中央统一部署的前提下，结合省情，突出特色，彰显优势，从河南实际出发制定体制机制创新的具体举措，把河南的潜力和优势充分发挥出来。例如，抓住三大国家战略赋予河南的先行、先试权，加大体制机制创新力度。加快推进郑州航空港经济综合实验区体制机制创新，为全省深化改革、加快体制机制创新提供经验和示范，引领河南加快发展、转型发展、高端发展等。

三　河南新一轮体制机制创新的着力点和突破口

体制机制创新是一项复杂的社会系统工程，推进体制机制创新不要想着一蹴而就。河南要加快体制机制创新步伐，需要根据河南发展的基本要求和发展阶段的主要矛盾，找准突破口和着力点。

第一，要解放思想，强化体制机制创新意识。根据中央的安排和部署，河南出台了一系列深化改革、加强体制机制创新的政策，要落实好这些政策，需要全省上下坚定改革信心，鼓起改革勇气，凝聚改革力量，大力推进体制机制创新，为中原崛起、河南振兴、富民强省激发新的活力和动力。

第二，要尊重市场规律，充分发挥市场在资源配置中的决定性作用。推进体制机制创新，激发各类经济主体发展的活力和动力，其核心问题是处理好政府和市场的关系，使市场在资源配置中起决定性作用和更好地发挥政府的作用，进一步解决政府干预过多的问题，这是经济体制改革的核心和关键。

第三，要突出问题导向，找准体制机制创新的突破口。以重大问题为导向，抓住现阶段影响河南发展稳定的主要矛盾和矛盾的主要方面，通过体制机制创新，消除旧体制机制给发展和稳定带来的制约和束缚，为河南改革开放提供新的更大的能量。

第四，要打破部门利益格局，勇于破解改革创新难题。利益关系的调整是体制机制创新的难点和重点，要敢于啃硬骨头，敢于涉险滩，以更大决心冲破思想观念的束缚、突破利益固化的藩篱，用创新的思维、改革的办法解决发展中的难题。

第五，要重视法治建设，以法治思维和法治方式推进体制机制创新。当前改革进入深水区，各种矛盾和问题错综复杂，要善于运用法治思维和法治方式推进体制机制创新，做到体制机制创新于法有据，在法治的框架下实现体制机制创新，用法治来保障体制机制创新的成功。

第六，要坚持务实求效，加大体制机制创新的落实力度。习近平总书记强调，做好下一步的工作，关键是要狠抓落实，新一轮体制机制创新面临更加复杂的形势，这就要求河南在推进体制机制创新的过程中，把务实求效放在更加重要的位置上，按照中央的决策部署，守土有责，主动出击，把体制机制创新的各项工作落到实处、做出成效。

以"四个全面"为统领
科学谋划"十三五"规划[*]

许贵舫^{**}

编者按：在经济新常态下，河南省需要做到"换挡不失速""阵痛要短促""消化加注入"。适应新常态、引领新常态，推动"十三五"河南转型跨越发展，必须创新思路、方法，做到"微刺激""点调控""线推进""归市场""变形态""促融合"。围绕全面建成小康社会，须突出关键举措，实施重点突破，增创发展优势。科学谋划"十三五"规划，须以"四个全面"为统领，力求在经济增长、产业支撑、民生保障等方面取得明显突破，努力实现"七平"目标，即平稳增长、平衡调控、建好平台、抓好平常、促进平等、建设平安社会、建设平静城乡，而这些有助于加快中原崛起、河南振兴、富民强省进程，让中原更出彩。

"十三五"时期是河南省协调推进"四个全面"建设的重要时期，也是创新引领发展、改革促进发展、协调加快发展的关键时期。深入分析新常态下河南省经济社会发展面临的新变化、新特征、新趋势，研究提出河

---

* 原载于《"三化"协调发展》2015 年第 11 期。

** 许贵舫，河南省发展和改革委员会产业研究所所长、研究员。

南省"十三五"经济社会发展的新思路，对河南省科学谋划"十三五"规划有着重要意义。

一　科学研判，准确把握"十三五"的阶段性特征

同全国一样，在经济新常态下，河南省面临着许多新情况、新问题，同时也呈现出自身特有的阶段性特征，而这些特征既有共性的一面，也有个性的一面。对河南省而言，需要做到"换挡不失速""阵痛要短促""消化加注入"。

首先，发展不够仍是河南省面临的最大现实，保持较快增速、做大"经济蛋糕"仍是河南省发展的首要任务，经济增速可以换挡，但不能失速，没有一定的速度保障，转型发展就是空谈。在发展中，既不能急于求成、盲目蛮干、违背客观规律，也不能心存"等、靠、要"思想，坐失发展机遇。

其次，河南省正处在爬坡过坎、攻坚转型的关键时期，结构调整任务重，但面临着难得的机遇，只有加快经济转型升级，率先度过结构调整阵痛期，才有可能实现弯道超车、后来居上。在实际工作的推进中，必须统筹考虑产业发展、城镇建设、居民社会保障之间的互适、匹配关系，做到各项工作推进快慢适宜，避免"木桶短板"问题。

最后，要把握好政策实施的力度、节奏和重点，保持政策的连续性、稳定性、针对性，进一步提高调控的灵活性和前瞻性。在消化前期政策的同时，应着眼未来发展，通过改革创新为经济发展注入新的动力，积极培育新产业，抢占未来发展制高点，塑造竞争新优势。

二　调试方法，创新政策思路

适应新常态、引领新常态，推动"十三五"河南转型跨越发展，必须创新思路、方法，做到保持定力、深处着力、精准发力。

一是要"微刺激"。面对经济下行的压力，必须主动作为，以政府适度有序的刺激弥补市场的失灵。但刺激不是全面扩张的"强刺激"，而是有导向、有选择的"微刺激"，重点在基础设施、生态环保等市场缺失领

域预调、微调,"熨平"经济波动,实现经济平稳增长。

二是要"点调控"。坚持问题导向,瞄准靶点,定点调控,精准发力,做到"喷灌""滴灌",不搞"大水漫灌",避免出现一哄而上、重复粗放的投资,重点在补短板、调结构、惠民生等领域精准施策,切实提高经济增长效率。

三是要"线推进"。通过空间线性推进方式,密切各城市间的联系与协作,带动区域经济整体发展,重点构建以郑州为中心的米字型发展轴,巩固提升河南在区域经济发展中的核心纽带作用。

四是要"归市场"。全面深化改革的重点是经济体制改革,核心问题是处理好政府和市场的关系,只要是在市场能充分发挥作用的领域,就应减少不必要的政府干预,使"十三五"规划真正成为"市场投资指南"和"政府决策依据"。

五是要"变形态"。经济新常态下,传统的要素驱动、规模扩张的粗放式经济增长难以为继,必须加快构建科技含量高、资源消耗低、环境污染少的产业体系,推动经济转型升级,实现可持续发展。

六是要"促融合"。融合发展是产业经济发展的显著趋势,促进行业间的融合发展,不仅可以催生大量新技术、新产品、新业态、新模式,而且能够创造消费需求,可以为经济发展增添新活力、开拓新空间。

三 聚焦关键,破解发展难题

围绕全面建成小康社会,须突出关键举措,实施重点突破,增创发展优势。要破解发展难题,须聚焦以下关键点。

①战略新布局。强化顶层设计、战略引领,重点延伸、丰富"三大战略",全面融入"一带一路"国家战略,实施"互联网+"行动计划,积极谋划沿黄、沿淮、南水北调生态保护等重大战略,引领指导"十三五"经济社会全面发展。

②结构再平衡。把结构优化作为"十三五"的重点,通过收入结构、产业结构、城乡结构、投资结构的优化调整,促进河南省经济转型升级。

③要素紧约束。在强化要素紧约束的新形势下,围绕土地、资金、人才、环保等发展瓶颈制约,主动探索实践,开拓思路、改革创新。

④创新主动力。坚持把创新驱动作为河南省经济转型发展的核心支撑，改变资源依赖、要素驱动、投资拉动的经济增长模式，增强经济增长的动力。

⑤产业精益化。改变产业粗放式发展模式，加快产业精益化发展，推动"傻大笨粗"的传统制造业向"高精特优"的先进制造业转变，积极发展中小科技型企业和打造创意型小镇经济发展模式。

⑥全域生态化。把生态文明理念融入经济社会发展的全过程，打造天蓝、地绿、水清、气爽的生态体系，切实改善环境质量，提高区域宜居水平。

四 全面突破，实现"七平"目标

科学谋划"十三五"规划，须以"四个全面"为统领，力求在经济增长、产业支撑、民生保障等各方面取得明显突破，努力实现"七平"目标。

一是平稳增长，推动全省经济持续稳定增长、经济结构不断优化，力求在转型调整中实现新的发展。

二是平衡调控，处理好经济增长、居民就业、生态环保三者之间的关系，平衡使用各种政策工具，寻求最佳平衡点，保持经济社会平稳发展。

三是建好平台，平台决定高度，重点推动产业集聚区、"两区"等科学发展载体的提质、转型、创新、发展，同时积极谋划现代物流、科技创业、健康养老等新型载体，增强产业承载能力。

四是抓好平常，注重各项工作机制常态长效，不吹"季风"、不搞"运动"，常抓不懈，久久为功。

五是促进平等，以基本公共服务均等化和扶贫攻坚为重点，促进社会平等公平，确保全面建成小康社会。

六是建设平安社会，用法治思维和法治方式推进平安建设，化解社会矛盾，维护社会稳定，建设平安社会。

七是建设平静城乡，推进民生改善，解决好人民群众反映强烈、影响社会和谐稳定的突出问题，让老百姓安安静静过好日子。

这些有助于加快中原崛起、河南振兴、富民强省进程，让中原更出彩。

关于加强河南金融改革创新的若干建议[*]

陈益民^{**}

编者按： 金融是现代经济的核心。当前河南省经济货币化程度低于全国平均水平，金融行业贡献度低于全国平均水平。其原因在于河南省对金融功能、国家金融政策的认识和研究不到位，在"金融生态"、人员使用体制、企业发展等方面也存在诸多问题。因此，应当采取针对性措施，加强金融创新管理工作，即创新金融管理观念、创新金融领导机制、创新金融改革发展指标体系、创新金融安全管理、创新企业培育系统工程、创新与各家金融总部的联系沟通机制、创新干部使用机制、创新金融政策理论研究。

一 加强金融改革创新的必要性

第一，河南省经济货币化程度低于全国平均水平。以前分析经济货币化程度时主要用银行贷款与 GDP 之比。近年来，中国人民银行开始统计"融资总规模"，用于反映年度内投入生产流通领域的资金总量。2012 年全国融资总规模为 15.76 万亿元，占当年 GDP 的 30.38%；当年河南融资规模为 4844.5 亿元，占河南当年 GDP 的 16.37%，比全国平均水平低 14.01

* 原载于《 "三化"协调发展》2015 年第 7 期。

** 陈益民，河南省农村信用社联合社主任、研究员，河南省经济学会副会长。

个百分点。2013 年，全国融资总规模为 17.29 万亿元，占当年 GDP 的 30.39%；河南融资规模为 5260 亿元，占其 GDP 的 16.36%，比全国平均水平低 14.03 个百分点，与 2012 年相比，这个差距有所扩大。2014 年，全国融资总规模为 15.7 万亿元，占 GDP 的 24.67%；河南融资规模为 6828 亿元，占其 GDP 的 19.54%，比全国平均水平低 5.13 个百分点。

第二，河南省金融行业贡献度低于全国平均水平。金融行业除了支持经济发展之外，自身也是重要的经济部门，金融行业创造的增加值使金融行业成为重要的经济发展支柱行业。2012 年，全国金融行业共创造增加值 28722.7 亿元，占 GDP 的 5.53%；河南省金融业增加值为 1013.6 亿元，占其 GDP 的 3.42%，比全国平均水平低 2.11 个百分点。2013 年，全国金融行业创造增加值 35592.56 亿元（各省加总数），占 GDP 的 6.26%；河南金融业增加值为 1181.77 亿元，占其 GDP 的 3.68%，比全国平均水平低 2.58 个百分点（与上年低 2.11 个百分点相比，差距有所扩大）。

二 影响河南省金融行业发展的因素分析

第一，对金融行业作用的认识不到位。认为金融机构（如大银行）大多是外部的，缺乏自觉主动利用金融杠杆促进经济社会发展的意识，存在经济与金融"两张皮"的问题。在市场经济条件下，金融是发展经济的杠杆，金融是宏观调控的工具和手段，金融是现代经济的核心，自觉运用金融工具和金融手段调控经济运行、促进经济发展，有利于提高经济发展的效果和质量。

第二，对国家的金融政策研究不够。认为发挥金融的作用就是多设金融机构，就是银行多放贷款，从而忽视了其他金融工具和金融产品的功能和作用的发挥，甚至也忽视了金融行业对经济社会的渗透作用和引领作用，存在着金融功能"碎片化"的问题。

第三，认为银行贷款的数量和质量完全是银行自己的事情，或者说是银行系统的事情。有些领导同志可以帮助企业向银行争取贷款，甚至出主意帮企业"赖账"，而没有考虑过贷款与信用的关系，没有考虑过全国银行系统对河南的不好印象，从而使得河南存在着"信用弱化"的问题，有人把这种情况称为"金融生态"恶化问题。

第四，未能让金融系统人员的才能得到有效发挥。认为金融系统人员是外部的，不归省内部门管；同时也不会考虑如何使用金融系统的人才资源。河南省在成立非常规范的金融机构和金融管理机构时，宁愿考虑从相近部门找人来干，也不打算把这些职务让"他们的人"来出任。人员使用方面的这种"割裂化"现象带来的问题相当多。

第五，企业数量少也是影响河南省金融发展的突出问题。2012 年底，全国企业数量是 828.67 万个，河南企业数量是 28.3 万个，位列全国第 9位。与 GDP 排名全国前 4 位的省份相比，河南省的企业数量要小得多（江苏省企业数量是河南省的 3.45 倍；广东是河南省的 3.13 倍；浙江是河南省的 2.61 倍；山东是河南省的 2.55 倍）；甚至 GDP 总量排在河南省后面的 5 个省、市，企业数量也比河南省的 28.3 万个多（上海 42.79 万个、北京 37.41 万个、辽宁 37.02 万个、湖北 32.23 万个、福建 31.92 万个）。同时，按照反映一个地方工业化程度的每万人拥有的企业数量指标分析，河南省与全国平均水平的差距也很大。2012 年底，全国每万人拥有企业数为78.4 个，而河南省每万人拥有企业数为 30.1 个，只相当于全国平均水平的 38.39%；河南省每万人拥有企业数在全国排名第 26 位，只比新疆（29.1 个）、四川（28.6 个）、甘肃（25.9 个）、贵州（21.8 个）、西藏（11.1 个）等 5 省区略多。并且，河南省近年的企业增长速度低于全国平均水平。从公布的全国和河南省的 2014 年经济普查数据看，2009 ~ 2013年 5 年间，全国第二、第三产业的法人单位数量增长了 52.9%，河南省的则增长了 45.8%。

三 采取针对性措施，加强金融创新管理工作

第一，创新金融管理观念，在河南省全省经济社会发展大格局中进一步强化金融整体设计，自觉运用好金融手段。

抓住了金融改革创新发展这个"牛鼻子"，就抓住了经济新常态下整个河南工作在稳增长、调结构、促发展、惠民生方面的"关键一招"。并且，中原经济区、粮食核心区、郑州航空港区三大国家战略的实施情况，与金融行业的发展情况密切相关。同时，河南省正在推进的产业积聚区建设，也需要金融行业的有效支持，唯有如此，产业集聚区才能更好地提质

增效。创新金融观念，须把金融业发展改革提到战略层面、支柱产业高度来对待。河南省需要从全面建设小康社会的高度出发做好金融改革创新的顶层设计工作，真正把金融当作省里的调控手段，当作促进经济社会发展的杠杆和支柱产业，当作现代经济的核心。

第二，创新金融领导机制，把金融机制纳入全省经济社会发展的有机组成部分。

河南省应该进一步提高对金融问题的重视程度，进一步加大对金融工作的领导力度。可以考虑建立河南省金融改革发展领导小组和金融工作专题委员会，定期学习、研究、探讨、决策全省经济金融方面的重大问题。在十八届三中全会《中共中央关于全面深化改革若干重大问题的决定》明确了地方政府在金融监管和风险处置方面的责任后，创新金融领导机制显得更加迫切。必须加强对国家金融政策的针对性学习研究，确保国家金融政策在河南及时落地生效。近年来，国家出台了一系列有着极强杠杆作用、极高含金量的金融政策措施。但这些政策的真正落地实施，又涉及很多方面和部门，因此需要将其放到全省发展大局中研究。比如并购重组贷款政策是支持经济结构调整的重大金融政策。如果在政府主导下，在确定了并购重组方案及并购重组企业单子之后，并购企业在实施并购重组过程中，遇到资金不足问题，即可向商业银行申请此项贷款。这既可加快并购重组的进度，又有效减少了企业倒闭破产的可能。

第三，创新金融改革发展指标体系，建立金融业增加值考核指标体系，把金融业作为支柱产业来培养。

金融部门自身作为经营部门，也创造增加值。河南省应把金融业作为支柱产业来培养，建立起行之有效的金融业增加值考核指标体系，制定金融业增加值提升计划，既更好带动其他行业的发展，也有效培养河南省新的支柱产业。如果要使河南省金融行业增加值达到全国平均水平（占 GDP 的 5% 以上），直观来看，河南省金融行业投入实体经济的贷款数量至少需要翻一番。所以，抓住金融行业增加值这个关键，有"四两拨千斤"的作用。所以，河南省的宏观调控部门要考虑更好地发展金融产业，并把金融机制有效纳入全省经济社会发展的有机组成部分。在制订五年计划和制订年度任务目标时，要把金融因素考虑在内，并创建出经济社会发展和资金安排大体协调的工作机制。

第四，创新金融安全管理，建立金融安全机制，建设金融安全"资金池"，改善金融生态环境，打造金融安全区。

要通盘考虑金融问题，要把企业的借、用、还，银行的贷、管、收协调起来谋划。在经营管理过程中出现不良贷款是正常的，但对银行的不良贷款放任自流是不正常的，银行不良贷款像一面镜子，映照出的是一个企业的经营管理情况，映照出的是一个地方的经济管理能力。所以，重视金融安全管理工作，要考虑企业、银行在资金使用方面的共同关系，组建金融安全"资金池"，建立起金融安全机制，改善全省金融环境。可采取政府出、企业兑、银行拿、社会募的办法，筹措金融安全缓冲基金，建立一个金融安全"资金池"。在贷款企业资金运转出现问题时（不是企业刻意赖账），由"资金池"按照事先明确的规则，出来"缓冲"一下，既解决企业资金困难，也解决金融机构不良贷款额上升的问题；既缓解企业困境，也解决银行忧虑，共同打造金融安全区，改善金融生态环境，吸引省外金融资源流向河南。

第五，创新企业培育系统工程，做好企业数量增加的"加法"，拓宽金融活动空间。

企业数量少是影响和制约河南省全面建设小康社会的一个瓶颈性问题，当然也影响了金融机构发挥作用的空间。河南省在开展全民创业、万众创新活动的过程中，要考虑把增加企业数量进一步"硬度化"，即通过认真规划部署，把全省的工业化、城镇化、信息化、农业现代化等各种因素通盘考虑，把全省的100多个产业集聚区通盘考虑，把中原经济区建设、粮食核心区建设、郑州航空港区建设通盘考虑，在16万平方公里的中原大地上，把培育企业生长、增加企业数量、形成大中小不同类型的企业集群作为河南省全面建设小康社会的重要发展战略来安排部署，也作为稳增长、调结构、惠民生的根本性举措来认真抓好落实。同时，创新企业培育系统工程也会为全省金融机构进一步拓宽改革创新的空间和舞台提供物质基础。

第六，创新与各家金融总部的联系沟通机制，利用全国金融资源，支持河南经济发展，提升河南影响力。

河南省要考虑建立与全国金融总部的联系沟通机制，包括：邀请金融总部负责人来河南省，定期就河南省的经济金融问题与各金融总部沟通，就河南省的经济金融发展向各家金融总部提出自己的期望和愿景，请各金融总部对河南发展提出意见和建议；请他们对国家经济社会发展战略方面涉及河南的项目给予大力支持；也请各金融总部把他们的一些改革试验项目向河南安排布置。河南省内要有专门部门负责具体落实这项工作，以促进河南省与各金融总部增进了解、增进感情，从而实现河南的发展与各金融总部的工作安排部署更有效地衔接，促进合作、促进发展，以达到多赢效果。

第七，创新干部使用机制，真正按金融规律管理金融，促进金融系统干部和政府系统干部的交流融合。

一方面，可以与金融总部沟通，建立干部交流换岗机制，邀请各金融总部派金融专家到河南省省、市、县不同岗位任职，也可选派省内干部及专门人才到金融总部任职或帮助金融总部完成专题任务。这样既可加深相互了解，也可增加感情，可以从"形式"上的结合向"内容"上的结合发展。另一方面，河南省在干部使用上应注意打破壁垒，选择相对专业的人士去专业性强的机构工作，绝对是利大于弊。所以政府部门干部和金融系统干部的融合交流应考虑建立起流动性机制。

第八，创新金融政策理论研究，加大实用性金融政策的研究探讨，提升河南省金融话语权，提升河南省金融影响力。

这是一个亟须加强金融研究的时代，十八届三中全会做出全面深化改革的部署，其中与省区市关系极为密切的金融改革任务的内容相当不少。比如，民营银行问题，普惠金融问题，地方金融监管职责问题，农村存款主要用于农村问题，建立城市基础设施和住宅政策性金融机构问题，鼓励金融资本和社会资本、文化资本结合问题等。这些改革任务，既是国家的，也是涉及各个省区市的。不能一味地认为金融改革不需要河南省的参与，更不能坐等外边"改"出经验后，河南省再派人去考察学习。河南省内有专业研究机构，有不少大专院校的研究资源，有几十家大中银行机构和上百家小型金融机构，有几十万金融从业人员，还有经济学会、金融学会等专门组织。河南要更好地发挥这些机构、组织、人员的作用，采取措施引导他们针对性地研究问题，以提高河南省贯彻落实国家经济金融政策的能力和水平。

关于《晋陕豫黄河金三角区域合作规划》的几点认识[*]

郭 军[**]

编者按：关于国务院批复的《晋陕豫黄河金三角区域合作规划》，其指导思想是在合作中谋取发展，在发展中寻求合作；其战略指向是释放更大经济能量，迈向新的跨越发展；其实施方略是把各市县个性化发展同全域内普适性发展结合起来。

2014 年 3 月 31 日国务院批复了《晋陕豫黄河金三角区域合作规划》。国家发改委认为，这是深入实施西部大开发战略和促进中部地区崛起战略落实的重大举措，对于探索省际交界地区合作发展的新路径、推动我国欠发达地区加快发展、推进区域一体化进程具有重要意义，也必将极大地促进晋陕豫黄河金三角地区经济社会的持续健康发展。晋陕豫黄河金三角区域包括河南省三门峡市，山西省运城市、临汾市和陕西省渭南市，地处中西部结合带，具有承东启西、沟通南北的区位优势，矿产、农业、文化旅游资源丰富，产业发展基础良好，多年来尤其是近年来加快推进了一体化发展，积累了丰富的区域合作经验。《晋陕豫黄河金三角区域合作规划》的批复，用杜祥宛院士的话说，申报获得批复是顶到了天，获批后的实施是连接到地，要研讨接地气的问题。也就是说，作为国家批复的第一个省

---

* 此文为作者于 2014 年 10 月 12 日在"晋陕豫黄河金三角区域协调合作发展河南（三门峡）战略"院士专家智库沙龙活动的发言。

** 郭军，河南财经政法大学教授，河南省经济学会副会长。

际交界区域合作规划，它的实施尚有很多内容需要认真研讨，特别是一些观念认知。

一　规划的指导思想：在合作中谋取发展，在发展中寻求合作

有人疑惑地说，国务院批复的是合作规划，与原来申报的协调发展规划是不一样的，究竟应该怎么认识？所以，还是要从"合作"说起。什么叫合作？如何合作？合作的期望值是共赢？能否达成共赢？在目前的行政区划和建制背景下，来谈区域经济合作，恐怕有很多问题需要各市、各县、各个方面去研讨，才能把规划从纸上转化到地上，才能实现从提出合作到真正走向合作的转变。

合作，是社会化大生产的产物，许多人聚集在一起共同劳动，就需要分工合作，任何一件产品的生产，都是分工合作的结晶，所以，合作是一种经济社会活动的常态。现在讲的合作，是指一定区域内或相应区域间经济社会事务的互助——在合作中谋取发展，在发展中寻求合作，黄河金三角区域合作规划应该传递的是这个信息意境。一个国家或者一个地区，闭关锁国，与外面老死不相往来，不讲合作，没有合作，就谈不上持续发展。但是，讲合作，并非事事、处处都要讲合作、有合作，只有在某些设想和计划因空间的、资金的、技术的、资源的因素而受困，客观上产生出需求时才需要合作。如黄河金三角区域的合作，应该是在发挥区域内各独立市县经济社会发展的积极性、主动性、创造性的基础上，在各方有客观需求并且只有在满足彼此需求的时候，合作才能出现和实现。所以《晋陕豫黄河金三角区域合作规划》里面讲发展的多，讲合作的少，是因为发展是主旋律，合作只是一种助推发展的手段。发展需要合作，这是加强区域间横向联系，建立黄河金三角合作发展区的本然初衷和基本预期，或者说，推进三省四市间的经济联系与合作，是《晋陕豫黄河金三角区域合作规划》的一个重要的指导思想，相关各方应该树立起这个意识。

需要指出的是，今天的合作，已非传统的、机械的分工合作，而是与竞争相联系的合作，即合作主体之间既是合作的关系，也是竞争的关系，

叫竞合关系。无论从理论上还是在实践中看,其实,任何区域,不管地理空间大小,经济进取与跨越的冲动性在客观上就决定了它与毗邻区域间存在着必然的竞争。而这种竞争可能有时又是采用合作的方式实现的。现代经济社会早已"抛弃了大鱼吃小鱼,小鱼吃蚂虾,蚂虾拼蚂虾"式的竞争,昔日的对手往往变成今天的合作伙伴。经济发展过程中的不确定性因素越来越现实地使大家普遍认为只有在合作中才能一起获得一个平均收益。

显然,应正确全面认识合作,包括合作与发展,合作与竞争,合作与共赢的关系。但是有一点则是不容纠结,那就是,合作是一种发展需求,没有市县自己的独立的、创造性的发展,就不会有市县之间的实质性的合作。从这一视角来看,黄河金三角区域合作规划,题目讲合作,内容说发展,也不是没有道理的,它不可能硬性地提出什么合作项目,只能落足到发展这个坐标和轴线上。黄河金三角区域之间的发展,要合作,但绝不是就合作而合作,还是要发挥各个地方的优势,走个性化发展的道路,在发展中寻求合作,在合作中实现发展。三省四市之间必须加紧沟通交流,研讨、明晰规划实施中的焦点、难点、重点事宜,尽快让规划落地。

二 规划的战略指向:释放更大经济能量,迈向新的跨越发展

规划是指未来十年以上的远景谋略,具有预测性、前瞻性、指导性特征,理论上讲,它是一种总体性、长远性、根本性的谋划,是一种战略指向。因此,一些具体的、要逐步实施的规划,还应该有明细的、相应的分规划,没有这些分规划(包括一些具体项目)的编制,很多内容就很难谈得上实施。比如说黄河金三角区域合作规划里边谈到的"共建优势农产品加工基地",谁来建?在哪儿建?如何建?再比如"合作发展装备制造业",怎么合作?建构怎样的合作平台?还有"共建承接产业转移示范区",怎么共建?怎么选址?等等,这些都需要进一步来研讨,尤其是需要"三省四市"的地方官们去研讨。

毫无疑问,黄河金三角区域合作发展规划的申报与获批,笔者觉得它最大的意义也就在于使得这个区域的发展被纳入国家关注和支持的层面,

从而超脱出原有的经济能量局限，并凭借着新的批复的规划和政策指向，进入一个新的发展格局。所谓新的发展格局，本质上是一个在更大的范围空间里和层次规模上，重组这个区域产业经济的问题，包括实施新规划发展的产业个性定位、产业结构布局、产业运营组织，以及产业效应评价等。

从黄河金三角区域"三省四市"的区情特点看，可以说它们都属于资源型城市，都存在着经济转型和企业重新洗牌、重组再造的问题，存在着产业资本、技术资本、金融资本、人力资本市场化运动的机遇契合问题，存在着如何在经济新常态背景下调结构、稳增长、大发展，经营好自己的城市的问题，否则它们就不会去横向联系，去期望协调与合作了。城市的发展，城市往哪儿发展？城市靠什么发展？事实上是一个经营问题，而城市经营的抓手说到底还是一个产业问题，所谓以产兴城、产城融合讲的就是这个。所以，黄河金三角区域内各市县重要的是应在规划指导下，做好、做实、做大、做强各自的产业，建构起自己的现代产业体系。这个产业体系的建构，必须遵循产业经济的演化规律，发挥优势、扬长避短，既注重规划中的产业发展指向，又不能认为规划强调要合作而把自己的手脚捆绑起来。按照国内外区域发展的实践经验，产业的发展既可以顺次沿着第一、第二、第三产业前行，也可以从第一产业跨越第二产业直接进入第三产业，还可以放大第一产业，发展第"1.5"产业，走一条实在的农区工业化的道路；既可以依托原有工业基础，在推进工业产业高级化的过程中同时大力发展第三产业，也可以立基地理区位、交通优势，实施商贸、商务产业带动整个区域经济发展的战略；等等。

三 规划的实施方略：把各市县个性化发展同全域内普适性发展结合起来

怎么样把规划落到实处，很重要的一点就是应该把黄河金三角区域合作规划和区域内各市县的规划衔接起来，既贯彻区域合作发展规划，又发挥各市县的积极性、主动性、创造性。比如，三门峡市市委、市政府近年来提出了大通关、大交通、大商贸、大旅游和高新产业"四大一高"的战略谋划，这是与金三角区域合作规划相联系的，也是有助于全面推进合作区域的发展的。

第一，这个战略谋划凸显了黄河金三角区域合作规划的精神。黄河金三角规划精神是什么？就是发挥各自的比较优势，最大限度地创新区域合作机制，打破行政区划界限，探索省际交界地区合作发展的新途径和新模式。大通关也好，大交通也好，大商贸也好，大旅游也好，高新产业也好，实际上就是利用三门峡的地理区位优势、新的丝绸之路经济带节点优势、郑州航空港经济综合实验区大枢纽优势、紧邻洛阳大枢纽副中心优势，以及三门峡本身已经形成的大物流产业优势，在"三省四市"的产业经济中定位，这是黄河金三角区域哪一个市县都不能相比的，得天独厚。如果再去争取"郑欧班列"运行在三门峡经停，使三门峡成为"郑欧班列"在河南段的一个次枢纽，对于"三省四市"的发展带动，三门峡的作用将不可估量。

第二，黄河金三角区域合作发展规划、三门峡"四大一高"战略思路，与河南省委、省政府近年来的战略谋划高度吻合。河南经济的命门是区位和交通，包括三门峡市在内的市县应该树立这一观念。抓住了大通观、大交通、大物流、大旅游，不仅抓住了三门峡结构调整的牛鼻子，加快了三门峡的改革与发展，而且对金三角区域各市县经济的带动作用也是不言而喻的。可见，"四大一高"经济运行的放量，绝不会仅仅限于三门峡市。

第三，三门峡的工业化正在快速推进。重金属冶炼、重型汽车、建材业、林果业等产业的高级化发展，必将为三门峡本土和相邻区域商贸、商务产业等生产性和生活性服务业的发展，提供实在的支撑和带动，这一点也是不容否认的。同时，应该看到，三门峡的着力与河南省现在提出的"三个大省"建设，尤其是与河南省强调的高成长性服务业发展指向的吻合，这非常有利于三门峡市，以及整个黄河金三角区域的发展。更令人振奋的是，人们已经看到三门峡工业化的气势、态势、趋势，而三门峡工业化程度的加速，也是黄河金三角区域经济合作互动的基础与希望所在。

产业集聚区建设的重心是
构筑战略支撑产业[*]

郭军 伦蕊[**]

编者按： 战略支撑产业的选择要立意长远，特别是要将其纳入河南省"十二五"发展规划的战略目标和战略措施之中，发挥政府宏观调节经济的职能，科学制定产业政策，合理规划产业分布、引导区域产业聚集、协调产业集群内经济主体的竞合关系，使产业集聚效益达到最优。确立和扶持一批符合地区发展战略的重点产业来带动经济发展，由泛产业化向战略支撑产业过渡已成为区域经济发展的必然选择。产业生态化发展的实质就是战略支撑产业的突起。战略支撑产业的定位、选择、扶持已成为政府引领经济发展的主航标。

最近，关于产业集聚区的研究又热了起来，大家似乎都期望在历史的评述中寻觅到经济社会发展的锁钥。《2009 年河南省人民政府工作报告》指出，河南省应积极谋划以构建现代产业体系、培育壮大战略支撑产业为内容特征的产业集聚区。"积极谋划构建现代产业体系、培育壮大战略支撑产业"的科学论断，正是河南省委、省政府站在全球生产力历史发展的高度，在认真总结国内外现代化的先进经验，深刻洞察世界经济、科技发

---

[*] 原载于《"三化"协调发展》2013 年第 3 期。

[**] 郭军，河南财经政法大学教授，河南省经济学会副会长；伦蕊，河南财经政法大学副教授、博士。

展的大趋势后做出的战略抉择。尽管产业集聚区的发展还是初步的、粗放的，但河南经济的底蕴与骨架、中原地区现代产业组织的新形态已然树立起来，给了人们一个径直观察中国内陆腹地经济社会的实在点、面。特别是这个看得见、摸得着的实实在在的经济体，为中原经济区的建设，为加速河南工业化、信息化、城镇化、农业现代化进程，为实现河南振兴、中原崛起，铺就了平台。现在的问题是不能就产业集聚区论产业集聚区，而是要立意产业集聚区建设的初衷，既要全面地、系统地研究产业集聚区的内涵与外延，又要从理论、政策措施上研究产业集聚区建设的重心——产业集聚区的战略性支撑产业的构筑。

一 立意战略高度，大力培育产业集聚区，建构河南经济发展的新产业组织形式

进入 21 世纪，尽管世界性经济危机波波频起，但经济全球化和各国经济竞争力的不断提升，使得我们的国家和地方政府都无不从战略的高度，以战略的思维来面对新的经济态势，特别是更加注重战略支撑产业和战略性新兴产业的培育和发展。战略支撑产业及其所具有的现代产业结构体系和现代产业组织形式，已经成为当前国家和区域经济发展的内容重心、支持重点，无论从世界还是我国的实践看，产业演变及其规律揭示的最基本的并非完全是产业本身的某些规定性，而是产业组织形式、产业运行机制的不断转化，及其带动和促进着整个经济发展方式的转变。正因如此，战略支撑产业一般应该表现出"竞争力最强、成长性最好、关联度最高"的现代产业组织体系的内容特质。

河南正处在努力转变经济发展方式、奋力实现中原崛起的关键时期，因此，现阶段河南尤应以建设、发展战略支撑产业为主导，大力培育和构筑产业集聚区，用战略支撑产业来规划产业集聚区，在产业集聚区里促成和发展战略支撑产业。产业的发展在今天，已经完全超脱出了昔日低层次、分散性、无效益的"诸侯经济"的窘境，区域的发展也开始从自然的、雷同的、无序的运行，步入到讲规划、讲个性、讲实效的科学路径，人们开始立足国情、区情务实定位，开始认真寻求自己的财政产业、工资产业、富民产业、环保产业、新兴产业等战略支撑产业，并按照专业化分

工与协作，有计划地从时间和空间上进行产业布局，使传统的泛产业园、工业园转型到符合产业演化规律的"产业集聚区"，使区域经济发展、战略支撑产业、产业集聚区形成互动、融为一体。

可喜的是，近两年来，河南省的产业集聚区发展很快，截至2010年初已建成180个。各具特色、各显功能的产业集聚区，不仅已经成为河南省经济社会发展的新的经济增长点，而且，以这种新的现代产业组织形式构筑的战略支撑产业，也已经成为河南省转变经济发展方式、加速实现中原崛起的内生变量，夯实了河南省全面建设小康社会、走在中西部前列的雄厚基础。

战略支撑产业在区域发展战略实施的全过程中起着基础性和决定性作用，其发展是为了最终实现区域发展的阶段性战略目标。因此，战略支撑产业的选择要立意长远，特别是要将其纳入河南省"十二五"发展规划的战略目标和战略措施之中，发挥政府宏观调节经济职能，科学制定产业政策，合理规划产业分布、引导区域产业聚集、协调产业集群内经济主体的竞合关系，使产业集聚效益达到最优。

在信息经济时代，企业间网络化分工日益盛行，推动经济增长的根本动力越来越依赖产业水平的规模经济和组织间知识的创新与应用。考虑到河南省企业间协作层次较低、区域间经济壁垒现象严重的情况，本着加速经济转型、促进城乡区域协调发展、构建开放的产业体系之宗旨，笔者将战略支撑产业的组织形式定位为依托于网络分工的大量关联企业在空间上的集聚。

战略支撑产业是基于产业关联、知识共享和社会服务而紧密结合在一起的社会网络，它是一个由众多结构要素构成的现代产业组织系统。核心企业与配套企业之间的纵向和横向合作机制构成其生产网络层次，企业、政府、中介、科研教育机构之间大量的非正式信息交流构成其社会网络层次。生产网络与社会网络的叠加共同构成战略支撑产业的内部网络结构（见图1）。

二 战略支撑产业的概念界定

目前政界、学界对于战略支撑产业尚无统一的认识，战略支撑产业

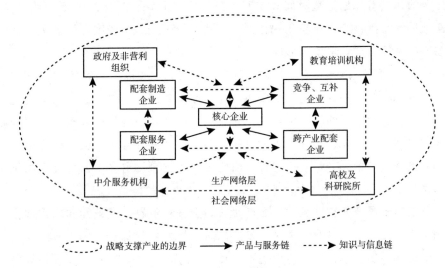

图1 战略支撑产业内部网络结构示意图

与战略产业、战略性新兴产业、主导产业、支柱产业等概念混淆在一起。战略支撑产业、战略产业、战略性新兴产业,从产业经济学理论的角度来看,它们并不反映产业本身的一般属性,而是一个主观性、时点性概念。凡战略,都是讲有关全局性、长远性、根本性的谋划,因此,战略支撑产业、战略产业、战略性新兴产业在本质上表现的都是产业结构、产业组织、产业调节机制等产业内容重心、运行方式的转化和动态趋势。

1. 战略支撑产业与战略产业的比较

战略支撑产业与战略产业有一个共同的、基本的内核,即两者都立意于战略思维和战略高度,追求并趋向战略目标和战略效应,以实现产业对国家或区域经济竞争力持续的、稳步的提升。两者在时空运行的一般内容上应是一致的,但由于时空条件的差异,两者又有较大不一致的地方。战略支撑产业的发展重心是高新技术产业,或更新改造与技术升级后的传统产业,或优先发展产业,或优势产业,或支柱产业等,如机械装备、汽车、船舶、食品加工;战略产业,一般理论认为,其定位与发展的重心基本上就是高新技术产业,即对未来经济社会产生影响的"未来时"产业,如电子信息、航天航空、生物工程、节能环保、新能源、新材料产业。值得指出的是，国内外产业经济发展的历史已经证明，战略产业和战略支撑产业事实上并没有截然分开，它们总是交织着、带动着、互动着。不同的是，产业的发展在不同的时期，表现出了运动的机制、实现的组织形式、地理空间点位布局的变化。比较明显的如有的产业及产品的生产沿袭了固定化的、大而全的组织形式；有的产业则更趋向专业化分工协作，注重借助市场的、政府的"两只手"的力量，实现产业在地理空间位置上的相对集聚，催生了产业园，即产业集聚区这种新的组织形式。正因如此，原有的所谓战略产业，因组织形式的变化，其间的概念就又加了"支撑"两个字——战略产业不仅支撑着国民经济和社会，而且还将以新的组织形式、组织保证支撑和推进产业的转化、优化，达成产业发展的战略预期和战略目标。

2. 战略支撑产业与战略性新兴产业的比较

战略支撑产业与战略性新兴产业的最大差别是，前者相对着眼于"现在时""规划期内""本区域范围"，强调产业对国家或区域当前和今后一定时期的经济支撑，包括产业对就业的支撑、产业对流通的支撑、产业对消费的支撑、产业对财政的支撑、产业对分配的支撑等；后者相对着眼于"未来时""远景谋划""跨区域范围"，强调产业的国家或区域竞争力意识，科技原创性、创新性意识，可持续动力与经济安全意识，经济全球化与资源共享意识等。

3. 战略支撑产业与支柱产业的比较

支柱产业是指那些在国民经济和社会发展中占有较大比重、对国家或区域经济增长起着举足轻重作用的产业，亦可以称之为优先发展产业、优势产业、创汇产业，政府人士称之为"财政产业""饭碗产业"。从我国和河南省的实际来看，包括农业、食品加工、机械装备、交通运输、原材料、纺织、建筑、石油化工等都属于支柱产业。支柱产业与战略支撑产业在产业产品、产业技术、产业结构、产业组织的内容上是一体的，两者的区别是，战略支撑产业较为注重支柱产业的规模、细化、延伸、提升，特别强调产业组织及其调节方式的转型。战略支撑产业反映和表现出来的是整个产业更加趋向专业化、网络化，以及加速产业高级化的产业集群化发展，突出了现代产业组织的一般特征；支柱产业反映和表现出来的是自然性、原生态，突出了原有产业组织的一般特征。

4. 战略支撑产业与主导产业的比较

主导产业和支柱产业很难绝对地区分开，许多教科书都把两者直接等同起来。但相对于支柱产业，主导产业既在国民经济和社会发展过程中起主导的、引领性的作用，又随经济社会资源条件的变化而不断变化。比如，在以农业经济为主的社会里，在整个产业结构中，农业就是主导产业；进入产业革命、工业化发展时期，工业就是主导产业；现在大力发展第三产业，服务业亦可以被称为主导产业。从产业内部结构看，过去强调重化工，所以，重化工就是主导产业；现在强调食品、汽车、信息等，则这些产业实际上都可以被称为主导产业，主导产业一般具有高关联性、高带动性、高层次性、高效率性的特征。

如果说，主导产业及其发展形成了对国民经济和社会的引领与支撑作用，那么，战略支撑产业则体现着新时期主导产业的新的内容结构、新的组织形式、新的实现机制。产业经济的运行既是对自然资源、劳动资源、资本资源，以及市场机制的调节过程，也是国家或区域宏观决策者运用产业政策适度干预经济来保证达成产业结构优化目标的过程，所以说主导产业和战略支撑产业在事实上还都需要，也离不开政府的培育建设。

综上所述，战略支撑产业与战略产业、战略性新兴产业，以及支柱产业、主导产业既有联系又有区别，这种联系表现为它们在内容上的某种一致性，而在具体产业组织方式上则表现出它们的非一致性，即战略支撑产业是与产业的集聚、集群化发展相联系的，反映了产业经济的一个现代概念，属于现代产业组织范畴。

三 从区域比较的角度看战略支撑产业发展的主流趋势

有比较才有鉴别。笔者试图通过研究河南相邻省区市的产业发展轨迹，以期在比较中认识到未来阶段区域产业发展的主流趋势。

1. 从泛产业化向战略支撑产业过渡

泛产业化指在区域发展中将所有产业"一网打尽"的无重点式的盲目发展模式。以河北为例，"十五"初期扶持发展的产业涵盖了纺织、烟草加工、建材、化工、医药、电子、金属加工、电气机械、交通运输设备制造、建筑等几乎所有的产业门类。这种泛产业化的发展模式虽符合河北省当时的省情，到如今却面临着产业发展重点模糊、产业组织过于分散、不利于管理和节约成本等弊端。自"十一五"以来，河北省由原先的泛产业化逐渐向战略支撑产业的发展模式过渡，以具有协调意义的能源加工业、具有"造血"功能的传统支柱产业、具有演进意义的新兴产业为主体打造的战略支撑产业推动了河北省产业结构的优化升级。

无独有偶，上海在进入工业化后期的稳定发展阶段时，以金融、贸易、物流、航运等现代服务业为主体推动产业整合，集约式地发展具有集群竞争力的战略支撑产业，从而实现了产业结构的优化升级。

可见，确立和扶持一批符合地区发展战略的重点产业来带动经济发展，由泛产业化向战略支撑产业过渡已成为区域经济发展的必然选择。

2. 产业生态化发展的实质是战略支撑产业的突起

产业生态化就是在循环经济原理和生态化理念的指导下，进行区域产业的集群式、生态化发展。自"九五"以来，陕西省战略支撑产业的发展就体现了生态化特征。陕西在做强能源化工、装备制造和高新技术这三大传统战略支撑产业的同时，也重点扶持果业、旅游与文化产业等三大新兴战略支撑产业。传统产业的改造升级与新兴产业的快速成长提高了资源利用效率和污染治理能力，提升了产品科技含量和企业核心竞争力。

近年来，推广"循环经济"的产业生态化发展思路同样在指导着河南省战略支撑产业的发展。协同自然、经济、技术、社会、环境等多系统而产生的新兴产业，使经济系统和自然生态系统和谐循环，从而逐渐发展成为战略支撑产业。可以认为，产业生态化发展的实质就是战略支撑产业的突起。

3. 战略支撑产业的定位、选择、扶持已成为政府引领经济发展的主航标

政府要驾驭本地区的经济发展，必须以产业发展为抓手。有什么样的战略支撑产业就有什么样的地区经济特色。对战略支撑产业的定位、选择、扶持已成为政府引领经济发展的主航标。"十五"以来，湖北省正是以对电子信息、汽车、冶金、石化、食品、纺织等六大战略支撑产业的定位、选择、扶持、发展作为主航标，来实现经济崛起的宏伟目标的。"十一五"以来，尤其是这两年，河南省转变观念，调整思路，大力培育了产业集聚区，发展了战略支撑产业，这些工作已经取得积极成效，至少现在能够看出这一经济发展目标重心转移所形成的良好势头和可观前景。

科学抉择战略支撑产业，务实推进产业集聚区建设[*]

郭军　伦蕊[**]

编者按：战略支撑产业的选择，应当坚持突出比较优势、吸引稀缺要素流入原则，坚持科技型带动、促成跨越式发展原则，坚持错位竞争、竞合发展原则，坚持环境保护与资源集约利用原则。结合河南产业发展趋势、条件与环境选择的战略支撑产业包括：食品、饮料加工和纺织服装制造业，以新型建材、金属新材料为主的新材料产业，石油化工和煤化工产业，仪器、仪表及文化、办公用机械制造和电气机械制造业，汽车及零配件制造业。河南省产业集聚区建设及其战略支撑产业的成长与发展：一要把调整经济结构、转变经济发展方式与推进产业集聚区建设、壮大战略支撑产业结合起来，列为河南省"十二五"规划的主题内容和着力要务；二要把工业化、城镇化、农业现代化与推进产业集聚区建设、壮大战略支撑产业结合起来，列为河南省宏观调控、制定经济政策的重点内容和重要依据；三要把政府"软环境""硬环境"的营造坐标与推进产业集聚区建设、壮大战略支撑产业的规划目标结合起来，全力构筑河南经济发展的新形式、新机制、新天地。

产业集聚区的提出和建设，既反映了产业组织演化的一般性规律，也

---

[*] 原载于《"三化"协调发展》2013 年第 4 期。

[**] 郭军，河南财经政法大学教授，河南省经济学会副会长；伦蕊，河南财经政法大学副教授、博士。

是产业经济运行进入重组再造、洗牌升级阶段的来自实践的命题。产业集聚区的建设，不是简单地把原有的各类各种企业集聚到一个地理空间，而是通过对现有产业的仔细梳理，科学地抉择出带有战略意义的产业的一种有组织的集合。这种有组织的集合，在现有经济社会体制条件下，主要表现为政府的政策引导与适度干预。也只有科学地选择战略支撑产业，才能务实推进产业集聚区的建设。

一　产业集聚区建设的关键是科学选择战略支撑产业

1. 战略支撑产业的选择原则

坚持突出比较优势、吸引稀缺要素流入原则。战略支撑产业的选择不仅要能充分利用河南的比较优势，而且要能在自身成长壮大的同时，以其对生产要素的更高利用效率吸引区域外要素的流入，从而不断完善、提升、拓展区域比较优势。

坚持科技型带动、促成跨越式发展原则。战略支撑产业既可以是当前的"主导产业"或"支柱产业"，也可以是那些处于产业生命周期的成长期的、增长速度快的、创新能力强的、科技含量高的、对其他产业的关联带动作用大的、代表产业发展方向的产业。同时应注重实现产业间结构和产业链结构的跨越，从以传统轻纺、资源加工工业为战略支撑产业向以高技术制造业、装备工业等为战略支撑产业跨越，从产业链上的加工组装等低端向产业链的高附加值端攀升，进而向具有更高增值能力的其他产业链条跃升。

坚持错位竞争、竞合发展原则。河南省产业经济与周边省区出现一定程度的趋同现象在所难免，战略支撑产业的选择无须刻意规避周边省区的优势产业，因河南与周边省区具有同类的比较优势和相似的工业化模式及产业升级方向。而每一大类产业下涵盖着十几种的中类产业、上百种的小类产业及上千种的产品，战略支撑产业的选择可在中类产业及产品层面体现错位发展原则。对于那些进入门槛低、产业链条长、产品系列多样化和层次化水平高的产业，尤需采取错位竞争战略。

坚持环境保护与资源集约利用原则。战略支撑产业的选择应以长远利益为重，合理规划，降低开发建设的分散程度，体现绿色 GDP 意识和循环经济理念。

此外，战略支撑产业的选择应体现出集群化导向，实现产业集群竞合发展，发挥产业集群的知识外溢、基础设施共享及品牌效应的作用。

2. 基于产业发展的历史数据科学选择战略支撑产业

以上述原则为选择基准，笔者构建了战略支撑产业选择的评价指标体系。该指标体系包括用于考察产业增长潜力的增长率、需求收入弹性系数指标，用于考察产业技术水平的劳动生产率、生产率上升率指标，用于考察产业比较优势的区位商、比较劳动生产率指标，用于考察产业关联效应的感应度系数、影响力系数指标，以及用于考察产业综合效益的比较利税率、就业吸纳率、物耗产出率指标等一系列指标。笔者首先计算了 2009 ~ 2011 年河南省 34 个主要工业部门的各指标值的加权平均数，其中，2009 年和 2010 年的权重为 0.3，2011 年的权重为 0.4；随后，笔者使用主成分和因子分析法进行了指标降维处理；最终得到了 34 个工业部门的综合评价结果及排序，表 1 列出了排名前 11 的行业。

表 1　工业部门综合评价结果及其排序（排名前 11 的行业）

产业部门	综合得分	排序
农副食品加工业,食品制造业,饮料制造业	1.35	1
非金属矿物制品业	1.08	2
化学原料及化学制品制造业,石油加工、炼焦及核燃料加工业	0.82	3
有色金属冶炼及压延加工业	0.73	4
黑色金属冶炼及压延加工业	0.58	5
非金属矿采选业、其他采矿业	0.56	6
仪器仪表及文化、办公用机械制造业	0.45	7
有色金属矿采选业	0.27	8
纺织业、纺织服装、鞋、帽制造业	0.18	9
煤炭开采和洗选业	0.07	10
电气机械及器材制造业	0.07	11

实证分析结果显示，排名前 11 的行业主要集中在食品加工及制造、非金属矿物制品、能源及化工、金属冶炼加工、采矿、纺织服装和机械制造等领域。

二 结合产业发展趋势、条件与环境选择战略支撑产业

计量分析结果因其客观性、科学性和全面性特点具有较高的参考价值。但以上排序结果的计算是以产业发展的历史数据为基础，应作为战略支撑产业选择的第一道门槛。在计量分析的基础上，笔者跳出了产业发展历史状况的考察视角，关注了产业发展的未来趋势，进一步综合考虑了产业发展的国内外环境因素、周边省份产业发展态势及区域传统优势等实际情况，最终遴选出了特定的产业部门作为河南省的战略支撑产业。入选的有以下产业。

1. 食品、饮料加工和纺织服装制造业

从产业自身综合素质来看，食品及饮料加工制造业的综合得分在 34 个产业中排名第 1，纺织服装业排名第 9。该类产业在河南省已形成规模优势，伴随着城乡居民收入水平的稳步增长，现代化食品、饮料加工和纺织服装制造业的市场前景广阔，特别是其中的绿色食品、有机食品、方便食品有向主流食品发展的趋势，高功能、高感性面料服装越来越受到消费者的青睐。

近年来，河南省因地制宜发展食品与纺织工业，形成了原料生产与精深加工上下衔接、相互促进的产业格局。产业集群化发展态势良好，现已培育出了分别位于漯河、郑州、许昌、鹤壁、安阳等地的各具特色的畜禽肉及面制食品工业密集区，并在棉花加工优势的基础上形成了新野、尉氏、辉县等地的棉纺织产业集群，依托二七区和新密市裤业、淇县休闲装、内黄巾被等形成了服装产业集群，依托洛阳石化聚酯、新乡白鹭化纤粘胶纤维、许昌鄢陵县形成了化纤产业集群。

食品、饮料加工和纺织服装制造业虽属传统产业，但近年来接受高新技术辐射的能力比较强，如在食品加工领域中，高温瞬时杀菌、深度冷加工、微胶囊、高效浓缩发酵等高新技术得到越来越广泛的应用；在纺织领域中，生物技术的应用带来大量新材料、新工艺和新产品；信息化技术则帮助企业建立了全流程快速反应机制。接受高新技术改造后的现代化食品、饮料加工和纺织服装制造业面貌一新，已具备作为河南省战略支撑产业的基本条件。

2. 以新型建材、金属新材料为主的新材料产业

从产业自身综合素质来看，非金属矿物制品业的综合得分在 34 个产业中排名第 2，有色金属冶炼加工和黑色金属冶炼加工业分别排名第 4 和第 5，非金属矿采选、有色金属矿采选分别排名第 6 和第 8。目前，河南在建材、金属制品及关联配套产业中业已形成了明显的规模优势和市场优势，在巩义、上街已建成铝工业园区，在长葛形成了铝型材加工产业集群。

在国家不断出台支持性产业政策的利好情况下，借助相对完善的产业配套条件和可共享的良好区域品牌，河南在传统材料产业中积累的制造优势极有可能在新型墙体材料、建筑用金属制品、大型工业型材等新材料产业中得以体现和提升。新材料产业的产品性能和成本明显高于传统材料，在日用、包装、建筑、汽车、工程、家电、医药等领域的应用前景不断扩展，特别是伴随着房地产业发展产生的大量需求，新材料产业将进入生命周期中的快速成长期。经济效益好、技术含量高、关联效应强的新材料产业具备作为河南省战略支撑产业的基本条件。

3. 石油化工和煤化工产业

从产业自身综合素质来看，化学原料及化学制品制造业，石油加工、炼焦及核燃料加工业的综合得分在 34 个产业中排名第 3，煤炭采选业排名第 10。作为河南传统的资源依托型优势产业，石油化工及煤化工行业很适合采用园区化、集聚式的发展模式。近年来，河南大力推动传统化工产业的集群化发展，建成永城、平顶山、义马等煤化工基地和濮阳、洛阳石油化工基地。化工产业的集聚发展实现了能源和废弃物的循环利用，低废副基础化学品生产工艺已得到广泛应用，为国民经济的可持续发展做出了重要贡献。

石油化工和煤化工产业为农业、机械工业、电子电器产业和纺织工业提供配套上游产品，其市场前景非常广阔。近年来，日本、韩国和中国台湾纷纷将其合成纤维、合成树脂、涂料、专用化学品、基础化工原料和功能材料产业向中国大陆转移，给河南带来了难得的发展机遇。把石油化工和煤化工产业确立为河南省战略支撑产业，将充分利用河南省煤炭转化的资源条件，推动河南由基础性资源供应的产业链低端向资源精深加工的产业链高端攀升。

4. 仪器、仪表及文化、办公用机械制造和电气机械制造业

从产业自身综合素质来看，仪器、仪表及文化、办公用机械制造业的综合得分在 34 个产业中排名第 7，电气机械及器材制造业排名第 11。由于大型基础设施建设、高新技术产业和服务业发展需要大量高精、复合、智能、多轴控制、自动化高档机床，该类产业的发展空间正加速拓展。该类产业全球化分工趋势明显，具有全球性采购、生产和经销的趋势，近年来其梯次转移的速度加快。据 2009 年日本国际合作银行的问卷调查，日本电器机械行业计划扩大海外业务的企业比重高达 60% 以上，这给河南带来发展机遇。仪器、仪表及文化、办公用机械制造和电气机械制造业具有资本和技术密集型特征，产业成长扩张速度快、前后向关联度高、接受高新技术辐射能力强，代表着制造业的升级方向，具备作为河南省战略支撑产业的基本条件。

5. 汽车及零配件制造业

交通运输设备制造业的综合得分在 34 个产业中排名第 19，但是，在这一排名靠后的大类产业之下，还存在着汽车及零配件制造业等优势子产业。在我国，汽车制造业在相当长时期内还将是朝阳产业。目前，专业化、模块化生产正成为整车产业的发展潮流，整车生产企业为降低成本纷纷减少内制率，增加外协率，开放采购系统，以模块为单元建立配套供应体系，这使零部件及配件面临着广阔需求。目前，河南汽车及零配件产业集群已具雏形，现已形成以宇通公司为主的客车生产基地、以郑州日产为主的乘用车生产基地和以一拖公司为主的重型载货车生产基地，以及分别位于新乡、洛阳、焦作、南阳、安阳等地的五个汽车零配件产业集群。

尽管周边省份汽车产业的发展对河南省形成了一定的竞争压力，但由于河南已初步具有生产半挂车、自卸车、冷藏车等优势整车产品的能力，并且该产业具有相当长的产业链条和相当丰富的产品层次，河南完全有能力依据错位发展原则在某一系列产品方面形成竞争优势。把汽车及零配件产业确立为河南省的战略支撑产业，将进一步增强重点汽车企业的供货能力，提高河南省省内的整车本地化配套水平，推进零部件企业之间的协作配套，还可带动石化、钢铁、纺织、橡胶等行业的发展。

三 与河南省政府"十二五"规划鼓励发展的产业的比较及解释

将以上战略支撑产业与河南省政府"十二五"规划鼓励发展的产业相

比较发现，此次确定的战略支撑产业与它们有相似之处。其中，食品、机械制造、汽车产业属于"十二五"规划中将要"大力发展的高成长性产业"，纺织、化工产业属于"十二五"规划中将要"推动改造提升的传统优势产业"，新材料产业属于"十二五"规划中将要"积极培育的先导产业"。

但是，此次确定的战略支撑产业，也与"十二五"规划鼓励发展的产业存在一定分歧。首先，战略支撑产业的选择深入到了更具操作性的细分产业层面。例如，在充分考虑到产业基本素质、省内资源条件和省际竞争态势后，此次确立的战略支撑产业将"十二五"规划中的"化工"产业进一步细化为"石油化工和煤化工"，将"十二五"规划中的"新材料"产业进一步细化为"以新型建材、金属新材料为主的新材料产业"，将"十二五"规划中的"装备制造"进一步定位于"仪器仪表及文化、办公用机械制造和电气机械制造"。

其次，此次对战略支撑产业的选择是从产业链的角度进行统筹考虑的。"十二五"规划中的轻工、钢铁、有色产业虽未入选战略支撑产业，却是机械、汽车、石化、金属新材料等战略支撑产业的上、下游关联产业，是"幕后英雄"。这样统筹考虑既可以使所选择的战略支撑产业真正立足于传统产业优势，又能够保证战略支撑产业所涉及的门类不至于太过庞杂，有助于提升宏观规划部门的管理效能。

最后，战略支撑产业与"十二五"规划鼓励发展的产业最为显著的差异体现在，"十二五"规划中被寄予厚望、认为应"大力发展"的电子信息产业，由于在产业排序中表现不佳而未能入选战略支撑产业。2011年，河南省电子信息产业增加值占工业总增加值的比重仅为1.7%，产业规模效应欠佳。从34个工业部门的横向比较结果来看，2011年，该产业资产负债率排名第3，但总资产贡献率和成本费用利润率均排名倒数第5，反映产业技术实力的全员劳动生产率排名倒数第4，反映产业市场竞争力的产品销售率排名倒数第1。以上指标说明，该产业在大量吸纳资本的同时，却未能创造出相应的财富，市场表现堪忧，创新能力薄弱。目前，河南省在该产业及其关联配套产业方面尚不具备明显优势，考虑到全国各地"一拥而上"发展电子信息产业的竞争形势，笔者暂未将其列入战略支撑产业行列。这也进一步印证了笔者之前关于"战略支撑产业是个有别于支柱产业和主导产业的全新概念"的判断。

目前，笔者选择出的部分战略支撑产业的发展前景还不明朗，尚未形成实质的产业带动效应。基于这样的现状，未来阶段河南省还要通过产业高科技化、可持续化、生态化，以及延伸产业链等方法对这些产业进行全面升级。

四　河南省产业集聚区建设及其战略支撑产业的成长与发展对策

1. 把调整经济结构、转变经济发展方式与推进产业集聚区建设、壮大战略支撑产业结合起来，列为河南省"十二五"规划的主题内容和着力要务

战略支撑产业及其产业集聚区建设，不仅反映了现代产业组织形式的内在要求，而且在事实上已经成为整个经济结构调整、转变经济发展方式的基本切入点和落足点。"十五"以来，中央一再强调"调结构""转方式"，大家也都认识到它们的重要性，却又感到迷茫，甚至有点摸不着北，找不到"抓手"。直至这两年，有关各方才有所意识和醒悟，才开始有了点底，即按照产业演化规律，探寻现代产业组织形式——抓战略支撑产业，建产业集聚区，走集群化产业发展道路，从而在大力提升河南经济运行水平的同时，深化"调结构""转方式"的思维与经验，这种求索与实践本身就具有战略意义和历史意义。从这一认识出发，有关各方需要加大实践力度，直接把调整经济结构、转变经济发展方式、推进产业集聚区建设、壮大战略支撑产业结合运作，列为河南省"十二五"规划的主体内容和着力要务。

2. 把工业化、城镇化、农业现代化与推进产业集聚区建设、壮大战略支撑产业结合起来，列为河南省宏观调控、制定经济政策的重点内容和重要依据

选择和培育战略支撑产业及其产业集聚区，一定要与河南省加快工业化、城镇化、农业现代化的协调发展结合起来，包括战略支撑产业项目的选择和培育必须适应河南省工业化中期阶段的产业发展需要，适应河南省参与国内外经济竞争的眼前需要和长远需要，适应河南省推进经济社会发展历史进程的方位感的需要,重点选择具有竞争优势的汽车、电子信息、重化工业项目;在积极引导产业向郑东新区落户的同时,还应有计划、有选择地引导产业向中、小城市和县域小城镇布局,形成城市之间合理的产业和市场分工,实现城镇产业定位高级化,为加快城镇化进程提供强有力的产业支撑;以工业理念抓农业,大力改善河南农业产业化经营水平,尝试农业产业集聚区发展,推动农业规模化生产,讲究农业产业的关联效应。在当前,既要看到工业化、城镇化、农业现代化协调发展是河南省的现实选择,也要转变观念,积极引入和应用现代产业组织形式促进"三化"的协调发展,这就要求河南省要注意把工业化、城镇化、农业现代化与推进产业集聚区建设、壮大战略支撑产业结合起来,列为河南省宏观调控、制定经济政策的重点内容和重点依据。

3. 把政府"软环境""硬环境"的营造坐标与推进产业集聚区建设、壮大战略支撑产业的规划目标结合起来,全力构筑河南经济发展的新形式、新机制、新天地

战略支撑产业的发展,除依赖自然地理和基础设施等硬环境外,还涉及政治与文化、法规与政策、思想与观念、体制与机制、管理与服务等软环境。近年来河南省各地产业发展的硬环境建设取得了很大的成就,基础设施的日益完善在一定程度上降低了战略支撑产业对地理位置选择的要求。毫无疑问,社会环境的改善、政府服务意识的增强、行政服务效率的提高、市场经济体系的完善、社会服务功能的健全等对于推进产业集聚区建设、壮大战略支撑产业起着重要的,甚至是关键的作用,"大招商""招大商"的热潮已形成,但不尽如人意的地方也很多,所以,还要加大努力。

此外,政府还需前瞻性地制定推进产业集聚区建设,壮大战略支撑产业的投融资政策、财税优惠政策,重点扶持和建设一批具有潜在优势的产业集聚区与战略支撑产业,拉开区域之间集聚区发展的差距,形成竞争动力,刺激河南省产业集聚区和战略支撑产业的建设犹如江海波涛,一浪高过一浪。

充分认识"三个大省建设"的
理论内涵和实践价值[*]

郭　军　王艳萍^{**}

编者按：河南省"建设先进制造业大省、高成长服务业大省、现代农业大省"的战略指向，既顺应国际产业调整大势，也有着自己的发展基础条件。"三个大省建设"，立基于地理区位和交通优势，把住了河南经济的命脉；与科学载体相呼应，激活了大省产业潜质；放大了河南经济规模，增加了河南就业总量。

"三个大省建设"是河南省按照产业结构演变规律办事的生动体现，它超越了传统的第一产业、第二产业、第三产业概念，直接切入现代产业的主导与主体，突出地强调了先进制造业和围绕先进制造业出现的高成长性生产服务业的发展大势，既总结了产业结构演变的新的内容特点，也明晰了产业结构优化升级的新的内容重点，而这一带有积极创新意义的产业发展道路，是有着产业结构演变的经典研究理论和发达国家和地区的实践支撑的。

一　产业结构演变的经典研究理论

产业结构演变规律的研究始于 20 世纪 50 年代以后，尽管在此之前已

* 原载于河南财经政法大学河南经济研究中心《学者之见》2014 年第 17 期。

** 郭军，河南财经政法大学教授，河南省经济学会副会长；王艳萍，河南财经政法大学教授、博士。

有经济学家关注这个问题，但真正从工业化、产业结构以及经济增长的角度来对它进行广泛深入的实证分析，还是在 20 世纪 50～80 年代。以克拉克、库兹涅茨、钱纳里，以及马克思等为代表的一些大师们的研究，揭示了产业结构演变的一般规律，即随着经济发展，第一产业比重降低，第二产业比重逐步上升并最终趋于稳定，第三产业比重持续增加。

威廉·配第也许是最早提出产业结构演变规律的经济学家。1691 年，配第在研究了当时英国的经济发展状况后指出，产业革命将使得人们的生产逐渐由有形财物的生产转向无形服务的生产；并认为，工业往往比农业、商业往往比工业的利润多得多，因此劳动力会不断地由农业转向工业，而后再由工业转向商业。1940 年，科林·克拉克在威廉·配第的研究成果的基础上，比较了不同收入水平下，就业人口在三次产业中的分布结构的变动趋势。克拉克认为他的发现印证了配第的观点，故后人把克拉克的发现称之为配第－克拉克定理。该定理一般表述为，随着经济的发展和人均国民收入水平的提高，劳动力首先从第一产业向第二产业转移，当人均国民收入水平进一步提高时，劳动力便向第三产业转移。进而一些学者将其解释为，随着国民收入水平的提高，第一产业国民收入和劳动力的相对比重逐渐下降，第二产业国民收入和劳动力的相对比重上升，经济进一步发展，第三产业国民收入和劳动力的相对比重也开始上升。配第－克拉克定理还揭示出，人均国民收入水平越低的国家，农业劳动力所占份额相对越大，第二、第三产业劳动力所占份额相对越小；人均国民收入越高的国家，农业劳动力在全部就业劳动力中的份额相对越小，而第二、第三产业的劳动力所占份额相对越大。

美国著名经济学家西蒙·库兹涅茨在《各国的经济增长：总产值和生产结构》（1971）一书中提出了与配第－克拉克定理一致的结论，并且超越一国经济的局限，对 1958 年 57 个国家相关生产部门的产值在国内生产总值中的份额，以及 1960 年 59 个国家相关生产部门的劳动力在国内总就业中的份额进行了实证分析，进一步揭示了产业结构变动与经济发展的关系，即随着劳动力在各产业之间的转移，农业部门在国民收入中的份额将不断下降，而工业部门和服务业部门的份额则不断增长。或者说，随着经济增长，农业部门的国民收入和社会就业在整个国民收入和总就业中的比重均不断下降；工业部门的国民收入比重大体上升，而就业比重大体不变或略有上升；服务部门的国民收入比重大体不变或略有上升，而就业比重呈上升趋势。

钱纳里则运用一般均衡性质的结构变化模型，通过国际比较，表明了经济增长是不同产业和经济部门生产结构变化的结果。在《发展的型式1950—1970》（1975）一书中，钱纳里描述了经济发展过程中不同产业和经济部门生产结构变化的一般过程。他通过运用统一的回归方程对100多个国家的数据进行处理，得出每一结构变量随人均收入增长而变化的逻辑曲线，从而得到了标准或常规的发展型式：在人均国民生产总值为100美元到1000美元的发展区间，第一产业附加值在GDP中的比重从52.2%下降到13.8%；制造业附加值在GDP中的比重则从12.5%上升到34.7%；公共服务业和一般服务业的附加值在GDP中的比重不断稳定上升。

马克思虽然没有系统的产业结构方面的论述，但是他的再生产理论、资本循环理论、两大部类生产理论等，事实上已经蕴含了相应的思想，特别是他首先提出了生产资料生产优先增长的规律。列宁则将马克思的这一思想与资本有机构成的理论及再生产公式相结合，提出了技术进步条件下的生产资料生产优先增长规律。他指出，在扩大再生产过程中，增长最快的是制造生产资料的生产资料生产，其次是制造消费资料的生产资料生产，最慢的是消费资料生产。

二 产业结构演变的经典国家和地区例证

从西方国家和地区经济发展的历史看，在工业化过程中，产业结构的演变各具特征，并不完全符合克拉克以及库兹涅茨等人的研究结论，但随着经济发展，最终都表现出第一产业比重降低，第三产业比重持续增加的一般规律性。

1. 美国产业结构的演变

美国在19世纪70年代以前，由于农业生产力水平低下，农业就业人数占全国就业人口总数的一半以上。随着第一次技术革命的兴起，农业劳动力人数和产值在总体中所占的比重下降，产业结构重心开始从农业向制造业转移；在大约50年的时间内，美国经济完成了产业的工业化，并逐渐走向工业化高峰；二战以后，在第三次技术革命浪潮的推动下，美国产业结构的重心开始从制造业向服务业转移，从传统产业向新兴的高技术产业转移。总体来看，美国三次产业结构演变的规律是从"一二三""二一三""二三一"到"三二一"的转变。2008年末，美国金融危机的爆发，促使美国推出"再工业化战略"，这一战略的内核目的是重拾实体经济，为服务经济的发展注入可服务的对象。再工业化战略的实施结果表明，以现代先进制造业为主的再工业化为美国创造出较多的制造业岗位的同时，也对生产性服务业岗位的创造产生了一个乘数拉动效应。所以说，美国现阶段"三二一"的三次产业结构是符合经济发展的后工业化阶段特点的最优产业结构。美国的经济增长和产业结构合理化、高级化的经验，已经成为世界各国研究和效仿的典例。

2. 俄罗斯产业结构的演变

俄罗斯产业结构是在俄罗斯经济的转轨、复苏、稳增长之后，才步入真正的调整阶段的，但它的起点较高，即朝产业高级化发展。数据显示，在俄罗斯GDP构成的变化中，第一产业的产值比重降幅最大，从1991年的18.6%降到2006年的4.1%；第二产业比重基本保持稳定，一直保持在45%至48%；第三产业的比重则不断提高，从1991年的40.2%升至2003年的49.6%，之后略有下降。可以看出，俄罗斯的第三产业占国内生产总值的比重正在接近发达国家水平。同时，产业结构的变化带来就业结构的变化。俄罗斯经济中整体的就业水平在增长，其中，农业的就业人数在快速减少，工业和建筑业的就业人数在缓慢地下降，而服务业的就业人数以2%以上的速度递增。

3. 印度产业结构的演变

有研究指出，印度独立50年来，三次产业的劳动力构成变化及其重心的移动，并不完全符合配第－克拉克定律所揭示的随着人均GDP的增长，劳动力的转移顺序是从第一产业向第二产业转移，再从第二产业向第三产业转移的规律，即不是首先向第二产业转移，而是同时向第二和第三产业转移，并且，向第三产业转移的速度大于向第二产业转移的速度，出现第三产业的就业比重一直高于第二产业的现象。这说明印度的第三产业在整个国家产业结构中居于主导的、支柱的地位，印度劳动力随着人均GDP的增长首先向第三产业转移。由此，印度形成了"一三二"型产业结构及劳动力格局，这是印度产业结构和劳动力结构演变的一大特点。

4. 中国香港及新加坡产业结构的演变

中国香港和新加坡在 20 世纪 60 ~ 80 年代曾经与韩国、中国台湾一同被列为"亚洲四小龙",跨入"新兴工业化国家/地区"行列,因此,中国香港与新加坡在产业结构的演变过程中有许多相似之处。一是它们都是从小海岛渔业起步,凭借其独特的地理区位,逐步发展成为亚太地区一个贸易转口港,形成以转口贸易为内容特征的产业结构;二是 20 世纪 50 ~ 60年代,随着世界范围内大规模的产业梯度转移,中国香港、新加坡顺势抓住这一机遇,实施"出口导向"战略,实现了工业化,迈入"新兴工业化国家/地区"行列,成为亚太地区重要的制造业中心;三是中国香港和新加坡作为区域空间有限性经济体,始终立足于区位优势,大力发展第三产业,即使在工业化主导时期,第三产业在国民经济中也一直占据绝对比重,并且在第三产业内部结构演变中,加快进出口贸易、金融、旅游、文化、科技、教育等生产性服务业的发展。这些造就了中国香港和新加坡成为亚太,乃至世界的贸易中心、金融中心、旅游中心、交通枢纽中心。

三 加快生产性服务业发展是一种趋势

如前所述,无论是在理论上还是在实践中,在工业化中后期,第三产业及其内部结构的调整升级将成为各国或地区产业结构演变的一个新的特点和趋势。这种特点和趋势,既表明产业发展在总体上最终趋向第三产业,又昭示着第三产业内部也会发生变化,即随着先进制造业的发展,生产性服务业的发展必然呈相对和绝对的增强态势。抑或说,在工业化中后期,生产性服务业的发展会快于生活性服务业的发展,生产性服务业的加速发展成为未来经济社会发展的一个新的热点和增长极。

生产性服务业是相对于生活性服务业而言的。生产性服务业依附于制造业而维系于工业生产的上游、中游和下游的各个环节。根据《国务院关于加快发展生产性服务业促进产业结构调整升级的指导意见》(国发〔2014〕26 号),现阶段,我国生产性服务业重点发展研发设计、第三方物流、融资租赁、信息技术服务、节能环保服务、检验检测认证、电子商务、商务咨询、服务外包、售后服务、人力资源服务和品牌建设。

近几年，西方发达国家服务业增加值在 GDP 中的占比普遍超过 70%，生产性服务业增速高于服务业平均增速已成为不争的事实。发达国家依靠研发设计、商务服务、市场营销等生产性服务业领域的领先优势，主导着全球生产网络和产品价值链，显著提高了自身的产业发展质量和资源配置效率，获取了巨大的转型经济利益。与美国、日本、德国、法国、英国相比，我国的生产性服务业增加值占 GDP 的 15% 左右，不到发达国家生产性服务业占比的一半。与巴西、俄罗斯、印度、南非等金砖国家相比，从服务业产值 GDP 占比的变化趋势看，我国与巴西、南非、俄罗斯相似，服务业比重都在下降，唯有印度的在上升；从服务出口额中生产性服务的比重看，中国的不到 60%，而印度的达到 76%。具体到生产性服务业各细分行业的出口，中国的交通运输和其他商务服务出口额所占的比重较大，两者合计占到了服务出口的一半以上；印度的生产性服务出口中，信息服务非常突出，其出口额是我国的 10 倍之多。

早在"十五""十一五"规划中，国家就已开始重视生产性服务业发展问题，并提出了相关意见，但事实上真正务实推进生产性服务业发展也就是近年来的事情。而它引起国家高层关注的另一个重要原因，是我国和各个省区市长期依靠资源投入和出口需求驱动的粗放型增长模式，造成了资源大量消耗、污染日趋严重的非正常经济环境。有鉴于此，我国大力强化了经济转型，转型的一个重要内容就是扩大服务业比重，尤其是生产性服务业比重。大力发展服务业特别是生产性服务业，已经成为我国各级政府和产业界人士的共识，越来越多的人开始认识到，发展生产性服务业不仅是产业结构优化升级的一个重要方面，而且还是与世界产业经济对接、融入国际经济大循环的一个有力抓手，这对于提升地区产业竞争力、优化地区经济结构、降低社会交易成本、提高经济运作的边际效应等的重要作用，更是不言而喻的。

发展生产性服务业，一个重要的因素还在于顺应我国人口多、就业压力大的国情。有专家指出，我国生产性服务业总体的就业水平低于发达国家，大约为其就业水平的一半，其中，交通运输业和金融业的就业比重与发达国家差异不大，交通的就业比重甚至还高于美国，金融业的就业比重高于日本。房地产业就业比重与发达国家差距较大，不到发达国家就业比重的一半。

四 "三个大省"建设体现的是一种理性决策

如果说 20 世纪 60 ~ 80 年代，中国香港和新加坡是利用了当时世界产业结构大调整的机遇，发展了自己的工业，进一步带动了服务业，那么我国和河南省也应该注意利用好以美国为首的西方国家的再工业化战略实施以来的重拾实体经济、发展生产性服务业、走高端服务业之路的机遇，以站位高起点、大平台、新视野，促成产业高级化，融入大区域和国际经济一体化运营中。从这一意义上讲，河南省各界一定要高度重视和认真消化 2014 年 7 月 28 日公布的《国务院关于加快发展生产性服务业促进产业结构调整升级的指导意见》和 2014 年 5 月 8 日公布的《河南省人民政府关于建设高成长服务业大省的若干意见》，加快生产性服务业发展，进一步推动产业结构调整升级，改善本省生产性服务业发展相对滞后、水平不高、结构不合理等被动消极状况。

河南省"建设先进制造业大省、高成长服务业大省、现代农业大省"的战略指向，既顺应国际产业调整大势，也有着自己的发展基础条件。

1. 立基于地理区位和交通优势，把住了河南经济的命脉

近年来，随着粮食生产核心区、中原经济区、郑州航空港经济综合实验区国家三大战略规划的实施，河南省委、省政府在深入调研论证的基础上，再一次认真地梳理了河南经济，进一步明确了"河南最大的优势是区位，河南经济的命脉在交通"的思维观念，聚焦"三大战略"，以郑州航空港经济综合实验区建设连接国内外的、"铁公机"一体化运营的综合交通枢纽，以期构筑大平台、发展大物流、引领大产业、带动城市群，形成新的产业结构体系，全面提升河南产业的水平层级和竞争力。所谓新的产业结构体系，即立足区位交通优势，发展以商贸物流为主体的高成长性服务业，这是河南产业结构的新的内容特征，凸显了区位优势与产业结构的内在联系，揭示了未来河南产业规划的重点和产业政策的指向。

2. 与科学载体相呼应，激活了大省产业潜质

从发达国家生产性服务业发展的经验来看，制造业和服务业融合发展越来越紧密，并且二者形成了一种互动关系，随着企业规模的扩大和国际市场竞争加剧，企业内部的服务部门不断地被分离出来，成为独立的专业生产性服务企业。也就是说，服务业的发展，特别是生产性服务业的发展，始终是和先进制造业的发展联系在一起的。河南省生产性服务业的发展除了满足电子产品、信息服务、科教、金融、旅游、物流等商务服务的现实需求以外，还是与已经建设起来的 180 个产业集聚区、176 个商务中心区和特色商业区的科学载体相呼应的。2008 年始建至今的产业集聚区，以先进制造业为主干，代表着河南工业化的水平层次，是河南工业化发展的内容支撑，而其迅猛发展的势头，孕育着生产性服务业发展的极大空间和潜力。2012 年规划建设的商务中心区和特色商业区更是为商贸业和商务服务业的发展提供了实在的平台场所，也使得建设高成长性服务业大省有了坚实的物质支撑。可以说，科学的载体为高成长服务业大省建设浇注了坚实的根基，而高成长服务业的发展又会极大地激活产业运动的各种载体。

3. 放大河南经济规模，增加河南就业总量

《河南省人民政府关于建设高成长服务业大省的若干意见》提出，要加快改造传统服务业，包括批发零售、住宿餐饮、房地产以及其他公共服务等，同时，将现代物流、信息服务、金融、旅游、文化、科教、商务服务等生产性服务业发展列为提速工程，这不仅会大大扩充河南经济的规模总量，而且将有力地拉动和增加河南劳动就业的规模总量。按照政府工作报告所述，随着我国户籍制度放开，国家将在未来的几年里，着重促进约 1 亿农业转移人口落户城镇，改造约 1 亿人居住的城镇棚户区和城中村，引导约 1 亿人在中西部地区就近城镇化，即解决好现有的"三个 1 亿人"问题。为不使城镇化落得个"空中楼阁"的结局，我国实际上面临着巨大的就业压力，需要更多、更大的产业及其生产过程来吸纳安置劳动人口，而服务业无疑是一个重要渠道。《河南省新型城镇化规划（2014—2020年）》称，到 2020 年，河南省争取新增 1100 万左右农村转移人口，使户籍人口城镇化率达到 40% 左右；郑州市中心城区的常住人口争取达到 700万人左右，洛阳市的常住人口达到 350 万人左右，10 个地区性中心城市的常住人口达到 100 万人以上，13 个左右的城市（县城）的常住人口达到 50 万~100 万人，80 个左右的城市（县城）的常住人口达到 20 万~50 万人，100 个左右的中心镇镇的常住人口区达到 3 万人以上，这些规划的实现显然都是以产业为基础前提的。这就要求一方面积极稳固传统产业的就

业规模,另一方面要调整产业结构,积极发展吸纳能力强的服务业,创新产业结构与就业结构关系,以生产性服务业崛起为契机,顺势拉大河南就业的规模总量。世界银行2006年发布的世界发展指数显示,全球生产性服务业增加值占服务业总增加值的比重达68%,发达国家的达到了72%。而相比之下,河南省生产性服务业增加值占服务业总增加值的比重为52.5%,与世界平均水平还有一定距离。这不仅说明了河南今天发展生产性服务业的思路和方略的正确性,而且表明河南省有发展生产性服务业的空间,有着储蓄了扩大就业的空间能量。

应该指出的是,认识"三个大省"建设,不仅应认识到这是一种规律使然,而且应注意研讨美国、印度等国家地区的实践典例对河南省的启示。美国再工业化战略引领美国先进制造业和服务业共同提供就业岗位,促进了经济持续发展,降低了失业率;印度跨越第二产业,大力发展第三产业,尤其是电子、信息、科研等生产性服务业,构筑了特色产业,改善了就业的数量与质量;等等。这些经典实例足以提醒河南省各界人士,"建设先进制造业大省、高成长服务业大省、现代农业大省"的思路和方略有着极为深刻的内涵要义和极为重大的实践价值。也只有这样,才有可能真正理解河南省委、省政府决策"三个大省"建设的思想真谛,才有可能把三大战略规划落到实处,才有可能实现中原崛起、河南振兴、富民强省的宏伟目标,才有可能让河南在实现中国梦的进程中有作为、更出彩。

丢掉幻想，加快传统产业转型[*]

郭 军[**]

编者按： 传统产业转型是产业科技含量与产业新技术、新工艺、新装备、新材料、新能源开发利用的集中体现。河南传统产业"传统"在多数企业缺乏核心技术，只有通过企业技术创新，才能实现产业从产业链和价值链低端向研发、设计、品牌、服务等高端延伸；才能推动新材料、信息领域的关键技术获得突破，培育、壮大战略性新兴产业；才能实现传统产业的发展由主要依靠要素投入"量"的增长走向主要依靠要素投入"质"的提高，走向资源节约、环境友好、绿色低碳；才能增强企业活力，发挥企业在传统产业转型升级中的主体和主力军作用。

当下，河南省各界要认识到经济下行压力大、短时间难以缓解的局面，不要心存侥幸、消极等待，必须丢掉幻想，加快转型。这一研判认知深刻地揭示出河南作为传统产业大省，在面对经济下行压力，面对经济新常态时，应该有着怎样的思维、怎样的观念、怎样的抉择、怎样的定力，这对于进一步实现河南高于国家一个百分点的"稳增长"有着重大意义。

现代产业不排除传统产业，但传统产业必须注重与现代高新技术的融合发展。2014 年，河南省装备制造产业增加值同比增长 15.76%，增速高

---

[*] 原载于河南财经政法大学河南经济研究中心《学者之见》2015 年第 6 期。
[**] 郭军，河南财经政法大学教授，河南省经济学会副会长。

于全省工业平均水平 4.56 个百分点；规模以上装备制造企业实现主营业务收入 13454.43 亿元，同比增长 16.84%，占全省工业企业主营业务收入总量的 20.15%，这足以说明传统产业依然是国家和各地区的支柱性产业。

传统产业不会因为互联网而被毁灭，但是传统产业如果不能注重和利用现代互联网平台，不能够实现与互联网技术的融合，那么肯定要走上不归之路。例如，对于传统的煤化工产业而言，借助互联网技术平台，通过智能转型，实现产品设计、加工制造、运作管理、售后服务的全面技术升级，创出新的业态和经营模式，顺势转型，就是一道它必须跨越的坎。并且在煤化工业普遍出现产能饱和、过剩，整个能源消费增量、增速持续下滑，国家《大气污染防治行动计划》颁布，"十三五"能源消费总量控制、基本不再新增产能的大形势下，煤化工产业的转型成为必然，它必须要走高效、集约、低碳、优质的道路，甚至应逐步考虑整个产业的优势再发挥和方向再定位问题。

互联网时代是一个经济核裂变的时代，这一裂变，既堵死了抱着传统产业不放、等待没落的人们的道路，也开创了现代产业发展的新的无限域的高成长空间。也就是说，互联网技术条件下的传统产业应当是一个与互联网技术紧密融合的新的产业经济。如果传统产业还是一味地停留在传统的小规模、大污染、高消耗层面，且受制于资源约束、工艺落后、技术装备水平差等条件，那么它就难以发挥出自身的效益。

2008 年以来的金融危机，祸及全球经济，经济危机的爆发和持续发酵，使得人们不能不丢掉幻想，加快传统产业转型。经济危机是市场经济的一般规律性现象，过去对它的理解只是片面地谈论其对生产力的破坏，而事实上经济危机也有着另外的一面，或者说它还是经济运行的一种新的转折——每一次经济危机的爆发都是对传统产业结构和布局的冲击、调整，正是这种冲击和调整，引发了产业结构和布局的洗牌与重组，而危机从萧条进入复苏到繁荣的过程，也是传统产业转型迈向现代产业的过程，新型的、现代的产业替代、淘汰了旧的传统的、没落的产业，引领着新的一轮经济的发展。所以，在经济不景气的条件下，丢掉幻想、加快转型是必需的，是直面经济低垂、应对经济新常态的必然选择。

经济新常态，孕育着的是一种经济运行的新秩序，而这种新秩序的出现，又总是通过市场经济体制的"倒逼"调节机理和作用来实现的。

当产业停滞、产能过剩，即经济下行压力增大，抑或说出现经济危机之时，河南各界既要看到"危"，也要看到"机"——经济波动、经济危机也意味着机遇的到来，关键是意识到了这一点没有，观念转变了没有，机遇抓住了没有。长期以来，人们只说"危"，不看"机"，萎靡不振，或是蜷缩一隅，熬混过关。心存侥幸、消极等待，逆产业变革大势而不顾，靠熬，是绝对熬不过去的。唯有坚定经济新常态下的信念与信心，丢掉幻想，创新驱动，拼搏向前，才能顺势而为，有所作为，大有可为。

传统产业转型，既是产业经济体自身的事情，也是政府的职能所在，发展中国家和地区的政府必须承担起加快经济转型和推进工业化的责任。"两只手"理论告诉人们，在市场经济条件下，一方面要按照市场法则，运用市场机制调节各类资源的配置，实现要素向现代产业集聚；另一方面要发挥政府作用，利用产业政策，调节产业、行业、企业的行为，保持国民经济合比例的、均衡的发展。也就是说，政府一定要做传统产业转型的促进派。发挥政府作用，重要的是利用好政府政策平台，提升政府政策效应。比如科学规划产业结构、产业组织、产业布局，以及不同地区的功能定位，明晰哪些产业是国家提倡发展的，哪些产业是国家限制发展的，从而引导产业结构和布局的合理调整、改造升级，以鼓励传统产业转型，支持新兴产业发展，淘汰非环保、非中高端产业。从现实看，今后要利用好政府政策平台，一是要改变过去发文件、给项目、拨资金的传统模式，规避企业"不跑市场找市长"、靠在政府身上不思进取的状况，研判政府项目、政府资金对社会项目、社会资金的边际带动性；二是要深入一线，获取一手资料，变事后支持为事前、事中扶持，"雪中送炭"，把好的政策、有限的资金投在产业转型中的主导产业、战略支撑性产业发展的关键节点与时点上。

加快传统产业转型，必须始终坚持"人本论"的思想和实践。传统产业的形成、传承、发展，靠的是人才，传统产业的改造、嫁接、升级，依然要靠人才，现代产业发展的一个内生动力和内容特征，就是以人为本，坚持走一条人本主义的道路。思考一下这几年河南省大招商、招大商的过程，会发现河南省忽略了一个重要的方面，即就商言商从而使得招商的结果是商家进来了，却形不成产品的代际延续，形不成产业的链条延伸，产品的生命周期很短，达不到投入产出的基本预期。这种物本主义的老路再也不能走下去，尤其是传统产业的转型，首要的就是尽快地从物本主义的道路上转到人本主义的道路上来。现阶段，就是要在招商过程中，注重把招商引资同招商引人，把给房、给车同给实验室、研发中心，把引一个人同引一个团队结合起来，顺应新技术革命浪潮，转变传统的引商、引资、引人模式，面向科学家需求、面向专利发明者需求、面向科研团队需求，构筑研发基地、实验基地、教育基地，以科技研发和教育平台为媒介，以完善的科技制度、体制、机制和教育、文化氛围环境为条件，吸引科技精英集聚，带动科技研发、成果转化集聚，在改善智力劳动、科技劳动、体力劳动结构中，促进传统产业的真正转型。

传统产业转型是产业科技含量与产业新技术、新工艺、新装备、新材料、新能源开发利用的集中体现。有关资料表明，目前河南省处于工业化的初、中期阶段，经济增长对能源、钢铁、有色金属、建材、化工等高能耗、高污染产品的依赖性依然很强，重化工工业能源消耗量占全省能源消耗总量的80%，污染排放量占全省污染排放总量的70%，而重化工工业产值占全省工业产值的比重一直在60%以上，这说明河南省传统产业转型面临着双重压力，一方面必须转型，否则将进一步拉大与兄弟省份的发展差距；另一方面，传统产业又是河南经济倚重的支柱产业。这一现状，便决定了河南省必须，也只能是在增进传统产业的科技含量与科技支撑性上"做文章"，让科技改变传统产业。

从国内外发展看，各国以及我国的各个地区都在围绕新一代信息技术、高端装备、新能源、生物医药等新兴产业进行战略部署与技术攻关，力图抢占新一轮科技革命和产业变革的制高点。美国再工业化战略的实施，德国工业4.0的应用，使得我国也推出了"中国制造2025"战略和"互联网＋"战略，而河南要想从河南制造走向河南创造，就必须坚持走新型工业化道路，即始终按照高端、高质、高效的方向，做好新医药、新材料、新能源等战略性新兴产业的发展，加快新型工业化进程。同时，狠抓装备制造、轻工纺织、煤化工、机电、建材、家具等传统产业的转型升级，在技术研发、设备更新、新产品开发等方面综合发力，推动新兴产业不断扩大规模，使传统产业不断焕发活力。

河南传统产业"传统"在多数企业缺乏核心技术，长期依赖产品引进和技术引进，对外技术依存度高达70%以上，远远高于全国55%的平均水平，专利授权中代表原创水平的发明专利所占比重徘徊不前，因此企业技术创新已成为传统产业转型的瓶颈。只有通过企业技术创新，才能实现传统产业从产业链和价值链低端向研发、设计、品牌、服务等高端延伸；才能推动新材料、信息领域的关键技术获得突破，培育、壮大战略性新兴产业；才能实现传统产业的发展由主要依靠要素投入"量"的增长走向主要依靠要素投入"质"的提高，走向资源节约、环境友好、绿色低碳；才能增强企业活力，发挥企业在传统产业转型升级中的主体和主力军作用。

企业是科技创新的主体，也是传统产业转型的主体，而技术创新与产业转型是一体的、密不可分的。如果说，过去传统产业的运营依靠的是50后、60后、70后，那么，这些年，越来越看出，主流产业、新兴产业则正在被80后、90后这些互联网新生代所掌控。今天，在面对传统产业加快转型时，社会各界必须拥有"互联网＋"的意识、共识，跟上时代的节律，投身万众创新、大众创业的新潮，在"互联网＋"的新经济条件下，找到自己的定位和基准。有人说，产业投资者或运作者对"互联网＋"的认识能力有多大，产业成功转型升级的机会就会有多大。这也就是告诫企业的领袖们，要把企业拉近到互联网平台，运用互联网技术，重新梳理企业的发展定位，寻求新的战略机遇，实现传统产业的稳健转型。

推动技术创新与产业转型，在发展观念上，一是应注重应用高新技术改造传统产业，特别是深化应用传统产业的核心技术、关键技术，大力推进信息化与工业化的融合，淘汰落后的生产工艺和装备，改造、提升传统产业的技术含量和层级；二是企业应注重借助和发挥国家技术转移郑州中心、国家和河南省科技企业孵化器、产业技术创新战略联盟、工程技术研究中心、重点实验室等机构和平台的作用，开展科技综合服务、研发设计、创业孵化、技术交易、科技金融、检验检测服务等以实现传统产业与现代产业的嫁接。

传统产业转型，说到底就是要改善目前企业科研能力普遍偏低、政产学研联盟不济的状况。一些企业虽然设立了研发中心，但研发力量薄弱，大多数的研发中心往往因缺乏领军人物和研发团队而形同虚设。政产学研联盟、协同创新体系运转不畅，以企业为主导的自主创新体系还没有真正建立起来，加之社会科研单位的研发成果与企业需求、市场需求脱节，一些企业转型升级无目标、无动力、无路数，新产品开发、新技术应用明显滞后，技术更新步伐慢等，减缓了企业自主创新，以及产业转型的进程和效能。

全面深化改革的重心是政府及其公务人员观念的转变[*]

郭 军^{**}

编者按：2015 年，我国加入 WTO 的十五年过渡期（保护期）已满，根据 2001 年我国与世贸组织签订的协议，到 2015 年的 7 月，中国经济应该按照 WTO 规则和市场法则与世界经济对接，融入全球经济的一体化运营之中，这势必会给现有经济秩序、机制带来冲击，而受此影响的绝不只有我国的产业、行业、企业，还包括政府及其公务人员。因此，全面深化改革的重心是政府及其公务人员观念的转变，政府及其公务人员将直面 WTO 规则和市场经济国家运行法则；应该把全面深化改革与政府及其公务人员转变观念，应对 WTO 运营新秩序、新机制的要求结合起来。

中共十八届三中全会以《中共中央关于全面深化改革若干重大问题的决定》（以下简称《决定》）的形式，指导性地、规制性地要求党和国家必须全面深化改革，而在学习贯彻《决定》的一年多后，习近平总书记提出了"四个全面"的战略布局，把全面深化改革列入其中，这不仅顺应了当今世界改革发展的潮流大势，而且有着深刻的、深远的、深重的背景意义。2014 年 5 月，习近平总书记提出了"新常态"的概念；2015 年初，

---

　* 原载于《"三化"协调发展》2015 年第 16 期。

　** 郭军，河南财经政法大学教授，河南省经济学会副会长。

李克强总理在政府工作报告里提出了"互联网＋"和"万众创新、大众创业"的政府政策指向，并围绕于此，废弃了数以千计的政府条例和办法，采取了各种调控手段和措施，包括降息降准，"稳住住房消费"。这些举措仅仅是为了缓解经济下行压力吗？是，也不完全是。所谓是，是说肯定要遏制经济下行态势，肯定要"守住稳增长、保就业、增效益的基本盘"；所谓不是，是说除了"遏制"，还有"应对"的一面，这就是2015年我国加入WTO的十五年过渡期（保护期）已满，根据2001年我国与世贸组织签订的协议，到2015年的7月，中国经济应该按照WTO规则和市场法则与世界经济对接，融入全球经济的一体化运营之中，这势必会给现有经济秩序、机制带来冲击，而受此影响的绝不只有我国的产业、行业、企业，还包括政府及其公务人员。

一 政府及其公务人员将直面 WTO 规则和市场经济国家运行法则

在真正要遵循 WTO 规则的形势下，政府及其公务人员应该冷静地、理性地思考几个问题：一是习近平总书记提出"新常态"，是否就是一个简单的国家经济从高速增长转向中高速增长的问题；二是习近平总书记把"全面深化改革"纳入"四个全面"战略布局，是否就是一个简单的改革发展理念的问题；三是李克强总理提出"互联网＋"，是否就是一个单纯的告诫国民和企业注重经济活动的新业态、新手段、新形式的问题；四是李克强总理呼吁"万众创新、大众创业"，是否就是一个单纯的促成就业、增进就业的问题；等等。显然不能简单地、单纯地理解中央领导的思维与思路，而是要把它们串起来，形成系统的、深层的认识，其中最重要的应该是政府及其公务人员要通过深入学习转变观念，即政府及其公务人员一方面要面对经济下行压力，实施精准调控；另一方面还要应对经济全球化、WTO 过渡期满的挑战，转变观念、职能，按照世贸组织规则调理经济活动及其行为机制，实现和推进中国经济与世贸组织的融合。抑或说，遵循世贸组织规则运营与规范中国经济，才是真正的经济"新常态"。

世贸组织规则，也就是世界市场经济国家通行的市场经济法则，正是看到了各国经济运行正在逐步适应世贸组织规则的大趋势，看到了由此形成的经济运行的新秩序、新常态，中共十八届三中全会才把原来的市场经济基础作用论改写为市场经济决定作用论，并且强调指出，全面深化改革的关键是经济体制改革，经济体制改革的核心是处理好政府与市场的关系，即怎么样让市场发挥出对经济活动调节的决定性作用，使政府集精力于规划和服务职能，让"两只手"各司其职，相得益彰。毫无疑问，一个市场决定论，既是建设中国特色社会主义市场经济体制的必然去向，也是世贸组织成员国必须遵守的通行规则和法则，这就在实质上决定了政府必须从微观经济活动领域撤出，企业的事情由企业按照市场经济规律运作。由此，政府公务人员必须要依照 WTO 规则调整观念，转变职能，既不能不作为，也不能胡作为，从而使得政府及其公务人员的职能定位、行为规范有了来自外部世贸组织和内部党纪国法的双重约束。

中共十八大进一步明确了政府职能，2014～2015 年中央持续精简政府文件和办事程序，其要义在于使各级政府及其公务人员深化对市场决定论的认识，以适应 WTO 规则运行的新常态、新秩序、新机制，而目前这一点无论从哪一个方面看都依然与目标相距甚远，依然还没有从旧有观念与做派中超脱出来。所以，全面深化改革，真正"深化"起来，当"深化"到自己本位的时候，就难，就非常不容易。正因如此，新一届中央领导集体才把全面深化改革置于"四个全面"的，关乎党和国家、民族发展大计的战略布局的高度。

世界正处在一个伟大的变革时代，包括经济活动的形式与手段也都在随着科技的进步发生着深刻的变化。互联网正在突破国家、民族、地域的壁垒，自然地把一个国家的国内资源同国际资源、国内市场同国际市场密切结合起来、连为一体，改变着经济运行的机制和模式，改变着人们社会生活的方式和形式。因此，国人必须要有"互联网＋"的意识和运营力，必须引导传统产业积极利用"互联网＋"技术、平台及应用，形成网络经济与实体经济联动发展新态势，以期转换我国的经济发展与增长方式，重组我国的经济实体，使我国与世界同步。"万众创新、大众创业"不是一般的促进就业、发展就业，也不是一般的创新经营与管理，而是要应对和适应 WTO 运营的真正的市场化大势、经济重组再造大势、社会生活出新大势。

把"全面深化改革""市场决定论""新常态""四个全面""互联网＋""万众创新大众创业"连起来认识，就不难看出它们的各种含义及其相互关系，以及这些含义与关系的深刻性、深远性、深重性，也不难看出全面深化改革的重点对象已经从一般民众和经济实体转向了政府及其公务人员，全面深化改革的焦点和难点已经非常明显地聚焦到了政府及其公务人员身上，这要求政府及其公务人员要尽快适应 WTO 运营的规则和规矩、体制和机制、环境和秩序，并且尽快地释放出带领国人建设中国特色的社会主义市场经济新常态的正能量。

二 把全面深化改革与应对 WTO 运营 新秩序、新机制的要求结合起来

全面深化改革并非是现在才提出的，却是现在才被列入党和国家发展的"四个全面"战略布局之中的。全国深化改革，历史地说，是要进一步解放思想，转变观念，全面超脱出计划经济体制的束缚，真正转向市场经济体制模式；现实地说，是要应对新时期的新任务，特别是应对我国加入世贸组织过渡期满后的新形势、新挑战。

回顾一下，从中共十八大，尤其是十八届三中全会以来，中央加大了反腐倡廉力度，精简和取消了许多政府行政规章，强化了市场决定论，对外全面开放了，等等。为什么要这样做？因为改革已经进入深水区，改革到了要啃硬骨头的关键时候，不改革不行，不深化改革不行。2001 年加入世贸组织时，我国与世贸组织签约了一个十五年过渡期，2015 年到期，过了过渡期，我国经济就要按照世贸组织规则运营，整个经济生活就要受到世贸组织规则的约束。不管你承认不承认，也不管你接受不接受，这是一个世贸组织成员国及其与他国之间经济往来必须遵循的一个通行规则，只要是 WTO 的成员，你就要遵守，你就要按它的一套"来"。喊了多少年"狼来了"，现在真的是"狼来了"，真的是要"与狼共舞"了。WTO 过渡期满，政府不"放"也得"放"，届时国际企业、国际资本、国际商品、国际人才就要进来，原有的经济体制机制、原有的经济社会秩序、原有的生活方式都将受到冲击，传统的思维模式、商业模式、包括企业文化都将面临挑战。

在 WTO 规则运营下，一些有盈利的企业也许会走向破产，一些昔日并不被人们看好的企业也许摇身成为赚钱户；一些企业因老板不能及时转

变而有可能在互联网经济、"万众创新大众创业"新经济形态、新经济运行中遭遇"滑铁卢";一些假冒伪劣、质次价高的国内消费品,由于关税会大幅度降低,将被舶来品替代,人们再也不用出国、出境大包小包的采购,而是在家门口就能买到理想的便宜货;一些过去不能上市或需要花巨资才能上市的企业,将有可能直接进入资本市场进行大众融资、股票流通,或是直接接洽投资者、大财团等,在金融市场上吸纳资本,壮大自己;等等。

如果说,美国经济在 2008 年因金融危机、虚拟经济而跌入低谷,那么,短短数年的时间后,如今美国已经实现了从萧条期跨过复苏期,正在朝向和进入繁荣期,世界经济也已经开始随之由冷变暖。奥巴马的"再工业化"战略,使实体经济这一主流经济、财富经济回归,带动着现代服务业的发展,这对于既要面对经济下行压力,又要应对世贸组织规则运营的中国政府及其经济而言,值得思量、品味。而思量和品味的主体,则首先应该是政府及其公务人员,这是全面深化改革的重心。

综上所述,面对新形势,政府及其公务人员应该清醒地认识到:第一,坚守政府集精力于谋宏观战略大政、规宏观战略大划之基本职责,而具体的微观经济事务则交由市场决定,应相信市场经济的定力,应相信党和国家做出的路径选择;第二,将来的经济运行遵循世贸组织规则和市场经济法则,而非由政府掌控;第三,多元产权的混合所有制将允许非公经济成分超过50%的比例,政府在世贸组织规则面前一样要执行这一新的政策。

同时,政府及其公务人员也一定要看到,融入全球经济的一体化运营的积极一面。那就是,世贸组织成员国之间的互济性、互通性、互动性,不仅为中国经济带来新的机遇和借鉴,而且也给予了中国经济一个再更新、再升级、再优化的机遇,这也是习近平总书记、李克强总理为什么一再强调简政放权、明晰"权力清单"、规范公务行为、让市场唱大戏的根本原因。

深化经济体制改革，优化
房地产金融生态环境[*]

杜书云　牛文涛[**]

编者按：目前河南省房地产市场运行态势良好，总量及增速等指标位居中部前列。但是，房地产开发企业对自筹资金的依赖过高以及金融机构对房地产开发企业融资的支持力度不足已成为河南省房地产企业发展的重要瓶颈。全面深化改革应当积极优化金融生态环境，提升金融机构对河南省房地产开发企业的融资支持力度，增强河南省房地产市场运行的稳定性，其具体建议如下：一是积极引导金融主体参与，优化房地产金融生态环境；二是积极推动金融市场发展，构建区域性金融中心；三是积极推进房地产证券化，拓展房地产开发企业的融资渠道。

房地产业是国民经济的支柱产业，其快速平稳发展对河南省经济增长、扩大就业及城镇化推进均具有重要意义。2015 年第一季度，河南房地产市场运行态势良好，总量及增速等指标位居中部前列，但长期以来，河南省房地产开发企业对自筹资金的依赖过高，金融机构对其融资的支持力

---

　*　原载于《"三化"协调发展》2015 年第 15 期。
**　杜书云，郑州大学旅游管理学院院长，郑州大学房地产市场研究中心主任、博士、教授、博士生导师；牛文涛，郑州大学房地产市场研究中心博士。

度相对不足。房地产开发企业融资成本偏高,暗含潜在市场风险。建议河南省委、省政府及早谋划,积极优化金融生态环境,提升金融机构对河南省房地产开发企业的融资支持力度,增强河南省房地产市场运行的稳定性。

一 河南省房地产市场运行态势良好,总量及增速等指标位居中部前列

①河南省房地产开发投资稳步增长,增速略有回落。2015 年第 1 季度,河南省房地产开发投资额为 697.18 亿元,位居中部六省第二位,同比名义增长 7.9%。与全国平均水平(8.5%)相比,河南省房地产开发投资增速低 0.6 个百分点。在中部地区,河南省投资增速低于山西(20.1%)、江西(11.5%)两省,高于安徽(6.9%)、湖北(5.7%)以及湖南(3.9%)三省,位居中部六省第三位。

②河南省商品房销售面积降幅收窄。2015 年第 1 季度,河南省商品房销售面积为 1010.24 万平方米,同比下降 11.1%。与全国平均水平(下降 9.2%)相比,河南省降幅高 1.9 个百分点。在中部地区,河南省降幅高于湖南(下降 1.5%)、湖北(下降 3.4%),低于安徽(下降 13.4%)、江西(下降 21.9%)和山西(下降 22.0%)。2015 年 1 至 4 月份,河南省商品房销售面积为 1535.61 万平方米,4 月份降幅比 1~3 月份收窄 6.8 个百分点。

③郑州房地产市场持续回暖。2015 年第 1 季度,郑州全市房地产投资额为 301.40 亿元,同比增长 18.9%,增速较去年同期提高 0.3 个百分点。与中部地区典型省会城市武汉和长沙相比,郑州市房地产投资额高于长沙(229.87 亿元),低于武汉(403.89 亿元),投资增速则高于武汉(14.9%)和长沙(1.5%)。与全国平均水平(8.5%)相比,郑州市房地产投资增速高 10.4 个百分点;与中部地区平均水平(6.9%)相比,郑州市房地产投资增速高 13.0 个百分点;与河南省平均水平相比,郑州市房地产投资增速则高 11.0 个百分点。

2015 年第 1 季度,郑州全市商品房销售面积为 418.24 万平方米,同比增长 6.8%。销售面积高于武汉(343.01 万平方米)、长沙(314.24 万

平方米）；销售增速高于武汉（2.9%），低于长沙（13.1%）。与全国平均水平相比，郑州市销售增速高 15.96 个百分点；与中部地区平均水平相比，郑州市销售增速高 17.7 个百分点；与河南省平均水平相比，销售增速高 17.9 个百分点。

二　融资支持力度不足已成为河南省房地产企业发展的重要瓶颈

①房地产开发企业到位资金的增速持续下滑。2015 年 1 至 4 月份，河南省房地产开发企业实际到位资金为 1212.54 亿元，同比下降 1.6%；4 月份与 1 至 3 月份相比，实际到位资金增速回落 3.5 个百分点。到位资金增速下滑自 2014 年 10 月份至今已持续 7 个月。2014 年 1 至 10 月，1 至 11 月，1 至 12 月以及 2015 年 1 至 2 月，到位资金增速分别为 9.9%、6.8%、6.5%、4.4%，增速下滑趋势在收窄后继续扩大。

②融资结构偏向自筹资金，融资成本和风险偏高。2015 年 1 至 4 月份，在河南省房地产开发企业实际到位的 1212.54 亿元资金中，自筹资金为 710.22 亿元，占比高达 58.6%，高于全国平均水平（39.7%）18.9 个百分点；与中部地区的湖北和湖南等省份相比，河南省自筹资金占比高于湖北约 15.6 个百分点，高于湖南约 23.0 个百分点；与 2014 年相比，河南省房地产开发企业对自筹资金的依赖呈恶化趋势，自筹资金占比高于 2014 年约 3.0 个百分点；郑州市房地产企业开发资金的自筹资金比例略低于全省水平，表明其他地级市房地产开发企业对自筹资金的依赖问题更为突出。

③国内贷款比重过低，金融机构对其融资支持的力度持续不足。2015 年 1 至 4 月份，河南省房地产开发企业获得国内贷款 136.42 亿元，同比下降 2.9%；河南省国内贷款在房地产企业总贷款中的占比为 11.3%，略高于 2014 年水平（11.2%）；与全国平均水平相比（20.2%），河南省国内贷款占比低 8.9 个百分点；与中部地区湖南、湖北等省份相比，河南省国内贷款占比也分别低约 10.8 和 12.3 个百分点。2015 年第 1 季度，郑州市房地产开发企业国内贷款占比为 12.4%，略高于全省平均水平；与其 2014 年 1 至 12 月份相比，国内贷款占比下滑 2.6

个百分点。河南及郑州房地产市场运行态势良好，但长期以来，河南省房地产开发企业的自筹资金依赖率偏高，存在一定潜在风险。金融机构的融资支持力度不足已成为房地产开发企业发展的重要瓶颈。优化金融生态环境，提升金融机构对河南省房地产开发企业融资的支持力度具备现实的紧迫性。

三 关于优化房地产金融生态环境，提升金融机构对房地产开发企业融资的支持力度的建议

①积极引导金融主体参与，优化房地产金融生态环境。重点改善房地产金融生态的外部环境，吸引境内外金融机构来豫发展。一是强化房地产金融主体的征信建设，改善信用环境。构建诚信评价制度及惩罚机制，提升房地产开发主体的诚信水平；加强舆论引导，培养社会公众诚信意识。二是改善房地产金融生态的法律环境。提升"法治"对房地产金融主体行为的规范力及对房地产金融生态环境的保护力。三是改善房地产金融生态的制度环境。提升政府的公共服务能力和政府干预的效率，提高政府信用水平及政策透明度，引导金融主体形成理性预期，降低房地产市场的政策波动。

②积极推动金融市场发展，构建区域性金融中心。一是积极引进境外金融机构。在引入汇丰银行、东亚银行、渣打银行等金融机构的基础上，继续引进20家境外银行，形成外资银行产业集群，发挥其外部规模经济性。二是积极引进国内地方银行，如北京银行、成都银行等。培育银行间的良性竞争机制，提升金融部门的运行效率及房地产金融生态系统的稳定性。三是积极推进金融集聚区建设。完善金融集聚区配套服务设施，强化金融集聚区的辐射力，构建多元化的金融体系以及与国际接轨的开放金融市场。区域性金融中心的构建将有助于改善河南省房地产开发企业所获融资支持不足的现状，助推河南省房地产市场的平稳发展。

③积极推进房地产证券化，拓展房地产开发企业的融资渠道。在《河南省人民政府关于推进资产证券化的指导意见》（豫政〔2015〕28号）的基础上，继续推进房地产证券化，发行房地产投资信托基金（REITs），引导房地产投资风险分散化，拓展房地产开发企业的融资渠道，提升房地

市场的稳定性。一是继续完善房地产投资信托基金的税收减免政策。税收减免是房地产投资信托基金的传统，也是其最具吸引力的特点。自1960年以来，这一特点使其在美国获得迅猛发展。合理界定税收减免政策边界，既能提升房地产信托投资基金的吸引力，又能有效降低非法获取税收减免的可能性。二是完善房地产投资信托基金的设立要求，包括结构要求、资产要求、利润来源要求和利润分配要求。三是构建房地产投资信托基金的监管机制，包括信息披露制度、股权转让限制、REITs的经营管理机构、经营管理费等。

房地产金融生态环境的改善、区域性金融中心的构建以及房地产证券化等金融创新的推进均有助于拓展房地产主体的融资渠道，提升金融机构对其融资的支持力度。尽管如此，也需要合理配置金融资源，避免其流向少数开发企业，带来金融资源利用的低效率。

科学谋划河南产业协调发展大课题[*]

郑秀峰[**]

编者按："三化协调、四化同步"的关键是产业协调，河南省委、省政府在深入调研论证的基础上，提出的要通过"做强工业、做大服务业、做优农业"以及"建设先进制造业大省、高成长服务业大省、现代农业大省"来推进结构优化升级、全面提升产业竞争力的工作思路，是对河南经济发展战略的一个基本定位。

区域经济是国民经济的组成部分，每个地区在全国的地域分工中都有不同的定位，承担着不同的角色和使命。改革开放以来特别是近年来，经济社会持续、快速、健康发展的河南已经成为经济大省、新兴工业大省和有影响的文化大省，在保障国家粮食安全方面发挥着日益重要的作用。但河南省人口多、底子薄、基础弱、人均水平低、发展不平衡的基本省情并没有从根本上得以改变，经济社会发展中仍存在许多困难和问题，主要包括经济结构性矛盾依然突出，城乡发展不协调，工业多处于产业链前端和价值链低端，农业基础薄弱，服务业发展滞后，科技创新能力不强，金融对经济的支撑能力有限，经济开放水平较低，经济发展的质量和效益亟待

* 原载于《"三化"协调发展》2015 年第 46 期。
** 郑秀峰，中原经济区"三化"协调发展河南省协同创新中心副主任，河南财经政法大学金融学院院长、教授、博士。

提高，土地、资源、环境等约束加剧等。总之，制约科学发展的体制机制性障碍有待破除，束缚发展的思想观念不同程度地存在，经济社会发展活力依然不足。从现实发展来看，河南是中国的缩影，河南工业化、城镇化和农业现代化的协调发展问题具有典型性和代表性，积极探索不以牺牲农业和粮食、生态和环境为代价的"三化协调、四化同步"发展的道路已不只是河南的实践，还是一个区域经济发展的重大问题，将为全国其他同类地区提供示范。

"三化协调、四化同步"的关键是产业协调，河南省委、省政府在深入调研论证的基础上，提出的要通过"做强工业、做大服务业、做优农业"以及"建设先进制造业大省、高成长服务业大省、现代农业大省"来推进结构优化升级，全面提升产业竞争力的工作思路，是对河南经济发展战略的一个基本定位。

一　做好农业

《国务院关于支持河南省加快建设中原经济区的指导意见》明确指出，中原经济区是"国家重要的粮食生产和现代农业基地"，这是河南农业发展的战略定位。

河南是产粮大省，粮食生产这张"王牌"任何时候都不能丢，它是河南保障国家粮食安全、立足打造全国粮食生产核心区、服务全国大局的重要使命。河南省粮食总产量已实现连续 10 年增产、连续 8 年超过 1000 亿斤、连续三年站稳 1100 亿斤，在高起点上连年创造新的纪录，不仅保证了全省一亿多人口的吃饭问题，而且为保障国家粮食安全做出了重要贡献。河南粮食稳产、增产是建设国家粮食生产核心区战略成果的集中体现。

农业是国民经济的基础，是安天下的战略产业，但是，农业又是一个弱质、低效的传统产业，比较效益偏低。做好农业，就是要下好农业现代化这盘大棋，走新型农业化之路，破解河南农业大而不强，规模化、标准化和组织化程度不高的困局，实现传统农业向现代农业的转变，这是提升河南省农业整体竞争力，使河南省从农业大省走向农业强省的必由之路。

二　做大服务业

发展现代服务业是大势所趋，服务业的发展水平是衡量地区现代化建设水平和经济发展水平的重要标志。服务业既是引导产业结构升级的内生变量，也是经济发展的趋势导向。1978~2013年，我国服务业增加值在GDP中的比重从23.9%上升到46.1%，但是，它大大低于发达国家的水平（其比重在70%以上），也比同等收入水平的发展中国家的低10.0个百分点。相比而言，2013年河南服务业经济总量仅占全省经济总量的1/3左右，远远低于发达地区的水平和全国平均水平。越来越多的证据表明，现代服务业已成为推动产业结构升级的关键。目前，河南正处于产业转型升级的关键时期，河南不仅要实现农业现代化，而且要推进新型工业化，更要大力发展服务业，特别是现代服务业，服务业的现代化发展对于推动河南整体产业协调的意义重大。

为此，河南应强化现代服务业在支撑产业转型发展中的定位，把现代服务业摆在转型升级的关键位置，构建"高增值、强带动、宽辐射、广就业"的现代服务业体系。

针对河南生产服务业规模偏小，新型服务业引领作用不强，科技服务业支撑能力较弱的现状，应坚持以实体经济为依托来发展服务业，将服务业与制造业、服务业与农业融合发展，实施生产性服务业优先发展的战略。

针对河南产业集聚区的良好发展，要像抓工业开发区建设一样抓好现代服务业集聚区建设，尽快推出一批现代服务业集聚区，为现代服务业持续健康发展提供有力支撑。同时，要做好服务业集聚区的规划，围绕中原城市群总体功能定位，规划产业特色鲜明的服务业集聚区，构建错位竞争、共同发展的服务业布局。

三　科学谋划河南工业发展定位

工业是区域经济发展的硬支撑，工业兴则百业兴，工业强则经济强。世界各国、各地区的经济发展表明，经济发展主要是以工业化为标志的，没有工业经济的充分发展，没有工业化，就谈不上实现现代化。但是，工业发展从来不是一个孤立、割裂的个体，而应该将它放到经济社会、时代发展的大背景中去考量，放到第一、第二、第三产业协调发展的大局中去把握，放到河南省重大发展战略中去定位，河南省提出的"三化协调、四化同步"，是对河南省工业发展的一个准确定位。

目前，河南工业发展进入转型升级的压力期，"三化协调，四化同步"战略中的走新型工业化道路，不是只讲工业增加值，而是要充分运用最新科学技术和依靠科技进步的工业化，是提高经济效益和竞争力的工业化，是走可持续发展道路的工业化，是能够充分发挥人力资源优势的工业化。"科技含量高、经济效益好、资源消耗低、环境污染少、人力资源优势得到充分发挥"，是新型工业化道路的基本标志和落脚点。

河南实施开放型区域发展
战略的具体措施[*]

刘美平[**]

编者按：河南要根据国家"一带一路"战略制定出符合本省特色的国际开放型区域发展战略。而要保证这一战略得以落实，河南省需做到：确定并了解拟合作目标国家与地区，掌握这些国家的投资需求、工程项目需求、文化交流需求等，确定河南在"一带一路"沿线国家进行海外投资的战略点；构建合作平台，积极同"一带一路"沿线国家建立"省州合作"和"市长论坛"机制；前瞻性地储备复合型人才；做大、做强、做优、做廉河南省国有企业。

中国正在实施国际性区域发展战略，该战略就是习近平总书记提出的"一带一路"战略。此战略一经提出，就得到了国际社会的高度认同，并获得了"一带一路"沿线国家的大力支持和积极参与，这说明它是符合世界范围内多国发展需求的国际性区域发展战略。为此，河南要根据国家"一带一路"战略制定出符合本省特色的国际开放型区域发展战略。面对国家层面的这一区域发展战略，河南应该积极地融入其中，但是如何融入是大难题。为此，本文提出以下对策建议，仅供参考。

---

[*] 原载于《"三化"协调发展》2015 年第 12 期。

[**] 刘美平，河南财经政法大学经济学院副院长、教授、博士。

一是确定并了解拟合作目标国家与地区。河南省要同国家商务部、外交部、文化部、工业与信息化部等国家部委紧密联系，以此充分了解"一带一路"沿线国家的经济、民生、文化、生态等及其存在的问题，掌握这些国家的投资需求、工程项目需求、文化交流需求等，确定河南在"一带一路"沿线国家进行海外投资的战略点，让河南省的强势企业走出国门，并在互利共赢的前提下拓展国际发展空间。"一带一路"沿线有 67 个国家、100 多座城市，河南不可能和所有这些国家都开展经济合作，但可以选择与河南有历史渊源和产业互补的国家与地区进行专业化的产业分工和经济合作。在选择合作目标国家和了解合作目标国家的基础上，同目标国家开展多层次和各领域的经贸往来，是河南开放型区域发展战略的出发点。

二是构建合作平台，积极同"一带一路"沿线国家建立"省州合作"和"市长论坛"机制。树立"外交兴省"和"外交兴市"理念，以外交作为经济合作交流的先锋方式。2014 年，习近平主席访问了澳大利亚和新西兰，这两个国家的畜牧业、食品加工业都是它们的强项，河南省要沿着习主席的外交足迹把本省的 18 个地市同友好国家的城市的联系做到实处，以外交为桥梁，以"省州合作"和"市长论坛"为平台，以本省畜牧业和食品加工业的外向型发展作为纽带，积极同澳大利亚和新西兰开展深入合作。事实上，需要现代化农业、畜牧业、食品加工业的"一带一路"沿线国家还有波兰、卢森堡、塔吉克斯坦等国家。不仅如此，以郑州航空港区为依托的航空物流产业以及基础设施建设业也是河南省的优势产业，让河南省的优势产业走出去是"省州合作"与"市长论坛"成功的标志，是河南实施开发型区域发展战略的平台。

三是前瞻性地储备复合型人才。2014 年，习近平主席郑重宣布 2016 年中国将承办二十国集团领导人峰会（G20 峰会），到那时，以中国为中心的国际交流与合作高峰一定会出现，"一带一路"战略的实施也将随即进入实质性阶段。为此，河南省现在就要为 2016 年在中国举办的 G20 峰会的诸多前期工作做准备，要提前储备懂得"一带一路"沿线国家语言、民俗、文化、企业投资、政治、基础设施建设、金融领域、法律等的高层次复合型人才。目前，专业性人才并不是十分短缺，短缺的是既懂得某国语言，又深谙该国经济贸易状况与金融运作规则，还熟悉该国民族文化和法律的复合型人才。没有这样的复合型人才，很多具体的大项目很难落地。这样的复合型高层次人才是河南深度融入国家"一带一路"战略的先决条件，是河南实施开放型区域发展战略的基础。

四是做大、做强、做优、做廉河南省国有企业。在服务业领域，河南省要在掌握国际金融运作规则的基础上在国内向上海学习国际金融的运作技巧，在国外向美国、英国、法国等发达国家学习国际金融创新的具体制度和管理经验，从而全面提升自身的金融业发展水平。在文化旅游产业领域，通过提升现有国有文化旅游企业的服务质量和扩大其企业规模，不断开拓河南文化旅游产业的国际市场，形成一批具有国际竞争力的国有文化旅游企业。在实体经济领域，把汽车制造、食品加工、基础设施建设做大、做强。必须指出的是，要强调把河南省的国有企业做廉洁，只有有国企的廉洁，才会有国企的可持续发展；只有国企的廉洁，才能体现中国特色社会主义制度的优越性，才能让"三个自信"落地生根！

面向"十三五"低碳发展的
河南省碳减排路径[*]

张丽君 秦耀辰 鲁丰先^{**}

编者按： 低碳情景下产业结构的低碳化转变、能源结构的优化调整、能源利用效率的提高等能有效促进河南省走向低碳化道路。低碳情景下的产业结构调整是一种以集聚区和港区为载体、产业升级和新型产业协同发展的网络化调整模式，低碳情景下的能源结构调整是一种强调能源技术进步、非化石能源高替代性的减排路径，而在低碳情景下，可通过能源集约利用与经济集约发展来实现产业效率提升。河南省的低碳发展本质上需要经济发展方式的转变，一是加快产业结构低碳化转变，二是稳步推进能源结构优化调整，三是大力提升能源利用效率。

自 2000 年起，地方政府取代国家部委成为节能政策的主要实施者。为践行中国政府的减排承诺，各级地方政府纷纷探寻合适的碳减排路径。河南省作为中国的经济与人口大省之一，正处于城镇化深入推进的重要时期，人口、产业等要素的集聚对能源需求产生了巨大压力，而河南省的第二产业比重高、煤炭消费所占比重大给节能减排工作的推进带来了巨大挑战。本研究探析河南省"十三五"期间的碳减

---

   * 原载于《"三化"协调发展》2015 年第 41 期。

   ** 张丽君，河南大学环境与规划学院讲师、博士；秦耀辰，河南大学环境与规划学院院长、教授、博士生导师；鲁丰先，河南大学环境与规划学院副教授、博士、硕士生导师。

排路径，以期评估其碳减排成效，为顺利推进国家总体减排目标的实现奠定基础。

一 河南省能源消费与二氧化碳排放特点

2000 年以来，河南省能源消费及二氧化碳（CO_2）排放总量与人均量均不断攀升。2000~2012 年，河南省能源消费总量由 7200 万标准煤当量（tce）增加到 22603 万 tce，CO_2 排放总量由 18733 万吨（t）增加至 53264 万 t，人均能源消费量由 0.76tce 增加到 2.14tce，人均 CO_2 排放量由 1.97t 增加至 5.01t。

工业发展对资源/能源的过度依赖造成能源消费及 CO_2 排放量居高不下。2005 年以来，工业终端能源消费占能源消费总量的比重超过 50%，能源加工转换过程（火力发电、供热、炼油等）的能源消费量所占比重在 32% 左右，其中能源加工转换是工业部门中能源加工制造行业的重要职能。因而，工业能源消费总量（包括工业终端能源消费和能源加工转换过程的能源消费）占全省能源消费总量的 80% 以上。CO_2 排放所占比重更高，2000~2012 年能源加工转换过程的能源消费与工业终端能源消费所产生的 CO_2 之和占全省总排放量的近 90%。

一次能源消费（煤炭、石油、天然气）的 CO_2 排放的部门结构差异较大。具体而言，在煤炭消费的 CO_2 排放中，能源加工转换过程排放的 CO_2 量最高，工业终端煤炭消费的 CO_2 排放量次之。在石油消费的 CO_2 排放中，交通运输业终端消费的 CO_2 排放量最高，工业部门终端消费的 CO_2 排放量次之。在天然气消费的 CO_2 排放中，工业与居民生活部门的终端消费的排放量高，前者所占份额较高，但变化较后者剧烈。由此可以看出，能源加工转换过程，特别是煤炭的加工转换过程对河南省的能源消费及 CO_2 排放的影响不容忽视。

二 "十三五"期间河南省能源消费与二氧化碳排放预测

为评估"十一五"和"十二五"时期河南省节能减排政策的实施效

果,明确"十三五"时期河南省低碳发展的重点,设定三种情景预测能源消费与 CO_2 排放的量。其中,基准(Business-as-usual,BAU)情景假设河南省"十二五"和"十三五"期间的社会经济发展参数与"十一五"期间的保持一致,因此执行"十二五"之前的各项政策;当前政策(Current-policy,CP)情景重点考虑"十二五"时期颁布的节能减排政策;低碳(Low-carbon,LC)情景则将经济发展与能源消费相对脱钩的情景(脱钩指数 = 0.5)作为节能减排的目标。可以说 BAU 情景是一种高增长、高能耗、高排放的粗放发展方式,CP 情景是一种兼顾经济增长速度与相对低碳的发展模式,LC 情景是一种重视经济质量与减排效率的集约型低碳发展方式。

河南省能源消费与 CO_2 排放的预测量在三种情景下呈现不同的部门结构特点。在 BAU 情景下,能源消费与 CO_2 排放量大幅增加,煤炭消费及其 CO_2 量排放居高不下,各部门 CO_2 排放量的增速均比较高;在 CP 情景下,能源消费与 CO_2 排放量有了大幅的降低,天然气消费及其 CO_2 排放量所占比重相对较高,各部门能源消费与 CO_2 排放量的增长速度均有所下降;在 LC 情景下,能源消费与 CO_2 排放量最低,非化石能源消费及其 CO_2 排放量所占比重相对较高,各部门能源消费与 CO_2 排放量的增长速度最慢,工农业部门的 CO_2 排放量的增量较少。可以看出,现行的能源与产业结构调整政策一定程度上推动了河南省的绿色低碳发展,但强化的低碳政策更有利于低碳目标的实现。

三 "十三五"期间河南省碳减排路径的选择

河南省三种情景下的碳减排任务完成难度有所差异,LC 情景下的低碳模式有助于实现"十三五"期间的碳减排目标。预测结果表明,在 BAU、CP、LC 三种情景下,2020 年的能源强度分别比 2005 年下降 33%、38% 和 45%,2015 年的能源强度分别比 2010 年下降 8%、17% 和 23%;在 BAU、CP、LC 三种情景下,2020 年的碳排放强度分别比 2005 年下降 34%、43% 和 52%,2015 年的碳排放强度分别比 2010 年下降 8%、20% 和 23%。根据国家的减排承诺"2020 年碳排放强度比 2005 年下降 40% ~ 45%"、中国低碳经济的发展目标"2020 年能源强度比 2005 年降低 40 ~ 60%"、国家对河南省的约束性减排指标"2015 年碳排放强度与能源强度分别比 2010 年下降 17% 和 16%，到 2020 年碳排放强度比 2005 年下降 40% ~ 45%"，可分析评价三种减排模式。

具体而言，BAU 情景下的粗放型经济发展方式难以完成 2020 年的碳减排任务，CP 情景下的发展模式只能完成"十二五"期间的减排任务，LC 情景下的低碳路径在"十二五"与"十三五"期间均符合国家约束性指标的规定。这在一定程度上也说明了现行的碳排放与管理政策需要进一步强化。LC 情景下产业结构的低碳化转变、能源结构的优化调整、能源利用效率的提高等能有效促进河南省走向低碳化道路。

四 "十三五"期间河南省碳减排路径的可行性分析

为提升河南省现行政策的节能与碳减排潜力，结合 CP、LP 情景下的各项参数论证"十三五"时期碳减排模式实施的可行性。CP 情景下的减排路径重点集中在产业与能源结构调整、能源利用效率提高等方面。就产业结构而言，河南省农业产业化、市场化程度低，工业体系中资源型、能源型产业长期占据主导地位，服务业发展缓慢，因而 CP 情景将 10∶50∶40 （第一、第二、第三产业产出的比重）设定为 2020 年产业结构调整的目标。然而，在经济发展新常态下，河南以产业集聚区为综合载体，加快转变产业发展方式、拉伸产业链条，为农业产业化、生产性服务业发展提供了重要机遇，另外航空港经济区亦为各产业转型升级提供了新的制高点，因而在 LC 情景下，将河南省产业结构调整目标设定为全国 2015 年时的水平是可行的。可以说 LC 情景下的产业结构调整是一种以集聚区和港区为载体、产业升级和新型产业协同发展的网络化调整模式。

就能源结构而言，河南省能源结构单一，煤炭消费比重过高，成品油、天然气对外依存度大，其他非化石能源短期内难以形成有效替代能力，因而 CP 情景下的能源结构调整重在"气化河南"战略的实施。随着新能源政策法规的不断完善，"互联网＋"将为能源结构调整提供重要机遇，分布式能源发展将进入新阶段。随着生物质能源研发技术水平的提升，非粮生物质能源将得到进一步利用。另外，根据《河南省能源中长期发展规划（2012—2030 年）》，"十三五"期间的核电将稳步推进。LC 情景下的能源结构调整是一种强调能源技术进步、非化石能源高替代性的减排路径。

就能源利用效率而言，河南省 2010~2020 年的能源强度与发达地区（如上海市）之间有一定差距，但总体能源利用效率逐渐提高。相比较而言，河南省 LC 情景下的能源强度比 CP 情景下的低，下降速度较快。2011~2015 年，LC 情景下的能源强度的年均下降速度基本与全国水平、江苏省中速下降水平持平，高于同期上海市下降速度。2016~2020 年，LC 情景下的能源强度的下降速度明显下降，低于全国与江苏省的下降水平。

这主要由两方面原因造成：较低的经济增长速度与较高的煤炭消费比重。2016~2020 年，全国与河南省的人均 GDP 增长速度分别被设定为 5.86%~7.86% 和 5.65%，2020 年全国与河南省煤炭消费比重分别被假定为 63.9% 和 67.5%；在此期间江苏省 GDP 增长速度被设定为 6%。可以看出，河南省 LC 情景下的经济增长是一种比较保守的状况，假设其"十三五"期间仍处于转型过渡时期。但若考虑集聚区与航空港经济区的带动作用，其增速仍有提高的空间。因而，在 LC 情景下，可通过能源集约利用与经济集约发展来实现其效率提升。

五 "十三五"期间河南省低碳发展的政策建议

首先，最重要的是要加快产业结构低碳化转变。面对工业结构资源化、能源化特征明显，资源/能源开采、加工型产业工业增加值比重高（近 60%），第三产业比重低于全国水平，现代服务业发展滞后等现状，河南省应该走低耗能、低排放、高附加值的新型工业化道路，快速发展战略新型产业与现代服务业，改造传统高耗能产业，确保到 2020 年全省第一、第二、第三产业比重达到 6.8%、49%、44.2% 的水平。

其次，稳步推进能源结构优化调整。河南省煤炭资源消费量所占比重在 80% 以上，能源资源禀赋致使以煤炭为主导的能源消费格局短期内很难改变。因而，在实施"气化河南"工程的同时，应该加快发展燃料乙醇、生物柴油、沼气发电，合理开发利用生物质能，稳步推进分布式能源项目的推广工作，适度推进核电项目规划建设的进程。力争到 2020 年全省煤炭、石油、天然气、非化石能源的比重达到 67.5%、15%、7.5%、10%

的水平。

最后，大力提升能源利用效率。随着全省城镇化的快速推进和人民生活水平的不断提高，能源、资源消费需求强劲，建筑、交通、基础设施等相关领域能源消费将呈刚性增长，势必导致碳排放总量相应增长。因而应重点推进电力、建材、化工、钢铁、有色、轻纺等行业的节能减碳工作，加强低碳技术的研发应用，促进建筑、交通、公共机构等领域节能工作的深入推进。促使 2020 年全省平均能源强度及第一、第二、第三产业的能源强度能达到 0.76tce/万元、0.24tce/万元、0.95tce/万元和 0.29tce/万元的水平。

总体而言，河南省的低碳发展本质上需要经济发展方式的转变。高速度经济增长下的产业和城市活动是过去十几年河南省及各部门能源消费与 CO_2 排放量增加的主要原因，河南省的产业与能源结构仍然高度依赖煤炭，然而 LC 情景下的能源强度分析表明河南省尚存节能减排潜力。因而只有切实转变经济发展方式，摆脱产业发展对资源、能源的高度依赖，集约利用能源与发展经济，以产业集聚区和航空港区为载体，构建产业升级和新型产业协同发展的网络化产业调整模式，借助现有产业体系大力发展非化石能源，进而实现能源利用效率提高与 CO_2 排放总量和强度降低的目标。

新型工业化背景下混合所有制改革的股权问题分析与对策[*]

张　斌^{**}

编者按：我国明确了以混合所有制改革作为国企改革的基本方向，原因在于这一制度所蕴含的特殊价值和正能量。新型工业化背景下混合所有制改革，一是有效制衡，发挥第二大股东的治理效应；二是简政放权，正确处理政府与市场的关系；三是放开控制权，让所有权实至名归；四是实现公司治理的网络化、数据化。

实施新型工业化带动战略，坚持以新型工业化作为第一推动力而不动摇，必须进一步正确认识到国有企业战略地位的科学内涵，重视国有经济布局的战略性调整，科学制订国有企业改革方案。目前，中国正在进一步深化国有企业的改革，尝试吸引多元化投资者来盘活国有资本，试图通过混合所有制来发展和壮大国有企业，这样能够更好地适应新型工业化的要求，从而促进中国经济在开放中健康、稳定和协调发展。

一　混合所有制改革的动因分析

目前，我国明确了以混合所有制作为国企改革的基本方向，原因在于

---

　* 原载于《"三化"协调发展》2015 年第 44 期。

　** 张斌，中原经济区"三化"协调发展河南省协同创新中心博士。

这一制度所蕴含的特殊价值和正能量。

①新型工业化背景下国有企业改革是一次难得的发展机遇。第一，国有企业的管理者多由政府部门委任，非国有资本的进入有助于发挥股东对管理者的监督作用，有利于降低国有企业的多重委托代理成本；第二，国有资本与非国有资本的融合，可为国有企业带来较为先进的企业制度和管理经验，提高公司治理水平，为建立和完善经理人市场提供新的发展机遇；第三，混合所有制改革是股东、董事、监事和经理人员间相互制衡和协调的必然要求。

②非公经济的发展遇到了"天花板"。主要表现在以下三个方面：第一，在融资方面，不少民营企业出现融资难的严重问题，极大制约了企业的进一步发展；第二，市场空间受限，由于国有企业对部分行业的垄断，导致非公企业发展空间受限；第三，复杂的公司治理，公司的治理机制滞后于公司规模的扩大，导致公司治理效率不高，影响企业成长。一旦非公经济与国有经济混合，民营企业不仅可以借助强大的国有资本解决融资难的问题，而且还可以依赖国有企业所掌握的资源帮助自身开拓市场、加快发展，继而盘活资本市场。此外，国有企业发展时间长、相对成熟，产权混合后，民营企业也可以吸收国企以往发展过程中的经验，改进公司治理模式。

③所有权的融合力度需要加强。在新型工业化的背景下，必须以产权制度为纽带，形成现代企业治理结构，实现不同所有权主体之间利益的自主协调。因此，公有经济和非公有经济相互依存、相互促进，迫切需要所有权之间的有效融合。混合所有制改革能够实现国有资本和非国有资本的有效融合，协同不同所有权之间的利益，平衡社会利益矛盾，解决利益冲突。

二　混合所有制改革的股权问题

在政府政策驱动和企业生存需求驱动的双重驱动下，混合所有制已经成为国有企业改革的方向和目标。目前，国内学术界讨论的核心问题就是国有资本与非国有资本相互融合而形成混合所有权结构过程中产生的一系列问题，包括混合的路径选择问题，引入资本的优序选择问题，以及国有资本与非国有资本的持股比例问题。

①国有企业引进非国有资本，还是国有资本进入非国有企业的问题。从国有企业作为主体的角度来说，第一种路径一直在我国企业改革中占据主导地位。这种改革思路与国企在我国经济发展中的地位密不可分，而企业改革问题又以国有企业最为严重，国有企业自然成为改革的核心。但是，国企资本的规模庞大与民企资本的当量微小形成强烈反差，极大地阻碍了混合所有制改革。从非国有企业的角度来讲，以非国有企业为主体进行国有企业改革无疑为当前混合所有制改革的困境指明了新的方向。在尊重市场规律的前提下，将国有资本细化，并使之以各种不同的方式进入非国有企业，能够避免国有企业在引进非国有资本过程中产生的种种问题。但是，这种方式是否能够真正适用于混合所有制改革还需要进一步探索。

②引入股权的优序选择问题。无论是国有企业引进非国有资本，还是国有资本进入非国有企业，都面临引进股权的优序选择问题。针对这个问题，需要从两个方面来理解。一方面，以国有企业为主体来说，国有企业在"混合"时应该引进民营企业还是引进外资企业？一些研究发现，在国有控股的企业中，外资股东的制衡效应明显优于民营股东。另一方面，以非国有企业为主体来说，该如何选择国有资本？国有资本在资本规模、隶属层级和地域空间等方面也存在差别，这为非国有企业进行资本混合提供了选择，如何才能选择更适合企业的国有资本？总的来说，国有企业可以引进民企也可以引进外企，或者二者兼有之，或是保持单一股权；同样，非国有企业也可以选择不同的国有资本，或者按照不同的优先顺序引进国有资本。不管怎样，引入股权的优序选择问题是混合所有制改革所必须面对的问题。值得注意的是，非国有资本或国有资本的优序选择可能会因情境不同而改变。

③股权混合的最优比例问题。国有资本与非国有资本的最优持股比例存在一个合理的区间，在这一区间内，国有资本与非国有资本的并存更有利于混合所有制企业的发展。但最优持股比例区间如何划分，现有研究局限于一些较为笼统的数据，很难为此提供有力的决策依据。针对这一问题，研究应进一步探索国有资本与非国有资本最优持股比例区间的边界条件，为决策者进行资本混合提供更有价值的参考。

三 新型工业化背景下混合所有制改革的对策建议

①有效制衡，发挥第二大股东的治理效应。从传统的公司治理角度出发，完善股权机构，除了要协调股权结构中不同利益相关者的利益问题，还要让合理的股权结构与企业绩效相容，实现企业绩效和股东利益的最大化。在这种需求下，国有企业在引入投资者时要保持适度的股权集中度并有意识地打造产权性质不同的第二大股东。这一措施的积极性在于：第一，形成"第二大股东效应"，相比于引入分散的小股东而言，该措施更能引起股权制衡效应，有利于发挥外部资本的治理作用，同时也能提升其他股东参与公司管理的信心和积极性；第二，让公司内存在产权性质不同的第二大股东，有利于强化对董事会的监督，与控股股东相比，第二大股东和其他小股东缺少发言权，但若第二大股东将这些小股东联合起来，并利用合计的持股比例合理要求增加相应的董事会代表，则能进一步强化对公司董事会的监督。因此，在推动国企股权改革的过程中，利用市场化手段，慎重选择和引入具有较强实力的第二大股东，更有利于当前中国资本市场环境下的企业治理的优化。

②简政放权，正确处理政府与市场的关系。第一，要让改革后的企业成为真正意义上的市场主体，推动国有大中型企业去行政化。第二，要在坚守基本经济制度的基础上加强公共品的供给、完善宏观调控体系、打击寻租行为，同时建立透明开放的市场规则，调整定价机制，健全法律体系，完善金融体系并不断激励创新。第三，还要加强市场对企业生产的引导作用，实现"优胜劣汰"，不断完善现代企业的制度并提升其竞争意识，从而满足混合所有制的要求。第四，公司治理应跟上自身市场化的步伐，在混合所有制企业中，要制定合理的规章制度，形成合理的股权结构，保证公司治理机制的正常运行。

③放开控制权，让所有权实至名归。国有企业混合所有制改革的实质是争夺控制权的问题。因此，从最终控制权的视角分析问题有助于把握混合所有制改革中股权问题的实质，从根本上解决股权问题。那么，如何利用最终控制权来解决股权问题呢？第一，对于国有企业来说，在企业"混合"前，要考量控制企业的合理性，应尽量避免资本"扎堆儿"的传统投

资模式，按照合理的比例出资。对于那些不适合国有资本控股的企业，要从保证企业运行效率的角度出发，果断地把控制权让给私人出资者。第二，对于民营企业来说，应放下戒备心理，同时树立一种合作的心态，积极参与到混合所有制改革的大军中来。在适合民营资本控股的企业里，要主动争取企业的最终控制权；在国有资本控股的企业里，要加强自身的监督职能，积极运用法律等手段保护自身的合法权益，降低第一大股东"掏空"行为发生的可能性。第三，对于国家来说，应直面控制权所带来的矛盾，明细控制权的归属问题，增强混合所有制改革的实际影响，逐渐拉近国有资本和民营资本之间的距离，主动把一些大型国有企业的全部控制权而不是部分所有权下放给私人出资者。此外，还要加强外部治理，通过法律手段对控制权归属方的权力进行约束，同时对非控制方的权利进行保护，出台更多保护非国有资本合法权益的措施，以减少混合所有制企业中投资和收益不对称的现象。

④实现公司治理的网络化、数据化。国有企业和民营企业之所以要"混合"，目的还是为了提高经济效益，而想要达到这一目的，就要让信息化发挥作用：第一，数据分析可以应用在所有制"混合"之前，通过对国企及私企独立经营期间的相关业务数据进行对比，分析二者融合的合理性与可行性；第二，在所有制"混合"之后，管理层可以通过大数据完善市场预测和资金管理工作，提高企业的市场机敏度和运行效率；第三，在大数据时代进行混合所有制改革，应顺应新型工业化时代的发展潮流，利用大数据发挥治理效应，探索公司治理的数据化模式，从而真正实现公司治理的数据化。

坚持开放引领、集聚布局、市场主导 推动河南省实现"三化"协调发展[*]

王春晖[**]

编者按：河南省在"十三五"期间，应当继续坚持走开放引领、集聚布局、市场主导之路，坚持在"三化"协调发展的总体战略框架下不断推动中原经济区建设取得新成就。

推动地区产业实现转型升级既是国内经济学的热门话题，也是当前河南省实现"三化"协调发展战略的关键环节。具体而言，着力发展新型工业化本身就要求河南省实现其工业从高污染、高能耗、低技术的资源密集型、劳动密集型逐步向技术密集型、知识密集型转变，而新型城镇化和农业现代化的发展则又必须以新型工业化为依托，三者相互协调、相互促进。

一 "三化"相互影响、相辅相成

河南省作为我国粮食主产区，既要保障和维护我国粮食生产安全，也要积极谋划自身经济发展不断取得新成就。为此，河南省必须坚持走新型

* 原载于《"三化"协调发展》2015 年第 45 期。
** 王春晖，中原经济区"三化"协调发展河南省协同创新中心博士。

工业化、新型城镇化、农业现代化的协调发展之路。

当前，我国传统工业产能普遍过剩，工业生产对环境造成巨大影响，要想在不威胁我国粮食生产安全的基本前提下，不断谋求自身经济发展取得新成就，河南省就必须走农业生产现代化、规模化、集约化发展之路。而农业现代化的发展必将推动农业人口向城镇流动，向工业部门流动，从而带动城市化和工业化的发展。由此可见，"三化"相互影响、相辅相成。因此，在党的十八大五中全会精神的指引下，探究河南省如何在"十三五"期间更好地把握战略机遇期、抓住有利发展大势，顺势而为，加快实现中原经济区建设具有重要的理论价值与现实意义。

二　"区域开放—产业集聚—地区产业转型升级"链条机理

所谓"产业转型升级"，目前学界所公认的内涵主要有以下两个方面，既可以表示为产业生产效率的不断提升，也可以表示为地区产业逐渐由资源、劳动密集型向知识、技术密集型，由工业向高端生产性服务业的结构性转型升级。为了在新型工业化发展过程中不断实现产业转型升级，河南省近年来不断探索并在各地建立了产业集聚区，通过走现代工业的集聚发展之路来不断提升产业效率及创新能力。

就理论层面而言，对于产业集聚这一论题的已有研究可谓汗牛充栋。最早可以追溯到 Marshall 在其《经济学原理》（1890）一书中关于地方工业布局问题的讨论。他认为厂商一旦选择了某一地区来开展其业务，则满足其技术要求的劳动力要素将逐渐扩大地集聚于此并逐渐形成劳动力池（Labor Pool），而其他需求同种劳动力的厂商便会选择布局于此，因而形成地方化工业。而最为经典的当属新经济地理学的核心－外围模型，该模型以贸易成本、工人工资变动来探讨经济均衡时的产业布局，当宏观经济处于均衡状态时，产业会不断向某一地区集聚，使该地成为工业发展的核心，而其他地区则沦为外围。该模型建立了产业集聚与地区产业升级相统一的分析框架。仔细梳理其内在逻辑，该理论从区域开放视角切入，将生产要素集聚作为实现地区产业优化升级的关键环节，构建了"区域开放—

产业集聚—地区产业转型升级"的链条机理。对核心—外围模型，可从以下方面加以理解。

其一，新经济地理学经典理论中所强调的作为引致地区产业集聚的先决条件便是区域开放。由此，探讨地区产业转型升级的基本前提同样在于区域开放。这是因为随着区域开放度的不断提升，对于布局于某地区的厂商而言则意味着更大的市场规模及需求规模，而区域开放的进程将伴随地区贸易成本的变动，由此引发新厂商的集聚。在要素视野下，与产业集聚过程相伴生的便是各种生产要素的地区动态集中过程。在生产要素的地区动态集中过程中，物质资本、人力资本、制度环境均会在集聚地区产生内生性的地区积累效应，即集聚之要素积累效应。这种集聚地区的要素积累之现实表现在于集聚会使得该地区物质资本更为丰裕，人力资本存量及质量不断提升，各种正规、非正规制度所组成的地区制度环境不断改善。这些作为生产投入的要素的积累会对地区产业发展产生积极的影响。

其二，通过对"产业集聚—地区产业升级"的链条机理进行梳理，可以归纳出产业集聚对人力资本积累的间接作用机制，即通过实现制造业集聚，尤其是本地区知识、技术密集型的中高端制造业的不断集聚来带动地区人力资本要素的不断积累，从而加快地区生产要素结构的调整，强化本地区产业内及产业间的知识溢出效应，并为实现地区产业转型升级提供必要的要素基础。这是因为产业集聚可以通过其所实现的人力资本积累引致地区产业效率的提升，实现产业转型升级。之所以这一作用机制表现为间接性，是因为专业化集聚通过专用性知识溢出机制、产业内技术创新机制实现地区产业效率提升，而多样化协同集聚则通过多样性知识溢出机制、产业间技术创新机制实现地区产业效率以及创新能力的提升，从而实现地区产业转型升级。

其三，产业集聚可以通过产业内纵向分工、产业间协同分工以及市场竞争之直接作用机制实现地区产业效率以及产业创新能力的不断提升，从而实现地区产业转型升级。相同产业的专业化集聚将有助于各生产环节的扩张与分化，这种扩展体现为生产规模的扩张，扩张的趋势则表现为某一生产环节逐渐脱离其原有产业链，并由一个生产节点分化、扩张为一个独立的链内产业部门。由此，产业内各上下游部门的纵向分化与专业化演进趋势将有助于提升地区产业的总体生产效率。而恰是集聚厂商之间较低的沟通、信息搜寻、运输等成本，才保证了在产业纵向演化的专业化过程中，厂商之间协作的顺利开展。

三　坚持开放引领、集聚布局、市场主导的对策

河南省在"十三五"期间，应当继续坚持走开放引领、集聚布局、市场主导之路，坚持在"三化"协调发展的总体战略框架下不断推动中原经济区建设取得新成就。具体而言，应做到以下几方面。

首先，必须坚持开放引领。在当前国家实施"一带一路"以及"郑州航空港经济区"开放战略的历史背景下，河南省可以通过充分发挥自身的地理区位优势，坚持走开放发展之路，通过实施对内、对外两个维度的开放发展战略，强化自身产业集聚的绩效。具体而言，河南省地理位置及区位环境优势突出，对外开放可以依托欧亚大陆桥连通的"郑欧国际班列"以及航空港经济区的优势，不断拓展自身与世界其他国家的经济联系；对内开放则可以强化其连贯东西、互通南北的中原腹地交通枢纽优势，不断开拓自身的工业经济腹地，为自身集聚产业的发展创建有力的外部市场环境。由此可见，开放发展有助于河南省工业市场规模的扩大，以及更好地参与国内外生产分工。而河南省在国内外生产分工中的地位的不断提高，则会为河南省顺利实现"三化"协调基础上的产业转型升级提供有力的外部环境。

其次，必须坚持集聚布局。从河南省当前的发展现实来看，当前各地大力发展产业集聚区，意在从政府层面鼓励与引导各地工业生产向集约化、规模化、高端化转型，而产业集聚本身就是市场化自发作用的结果。强调产业集聚的内在向心力，就是要求要尽量避免地方政府为了追求集聚区业绩而进行的"拉郎配"式的招商引资。集聚区内的企业若不能形成很好地产业链，则注定将只看到低水平的重复投资以及由此造成的工业产能过剩和恶性的市场竞争，而这些不利于集聚区产业的长远发展。由此，应着力完善基础设施建设，制定科学、合理、可持续的产业政策及发展规划，注重鼓励地区优势产业不断发展并形成集聚。

具体而言，各地产业集聚区可以通过建立单一产业的规模化集聚，借助集聚区内各企业间专用性知识溢出机制和产业内技术创新机制，以不断提高集聚区产业的生产效率，并在一定程度上不断实现集聚区产业技术水平、创新能力的不断提升，走出一条本地单一主导产业的"高、精、尖"转型升级发展道路。此外，各地产业集聚区也可在一定发展规模的基础上，不断通过政策引导来顺势促成本地主导产业的上下游配套产业的延伸发展，从而逐步形成多样化产业集聚区。根据新经济地理学的多样化集聚理论，多样化集聚区涵盖了处在价值链上下游的众多企业，这些集聚布局的企业互为依托，通过企业间多样性的知识溢出机制以及产业间的技术创新机制来不断实现集聚区内部的协同发展。不难看出，只有充分发挥产业集聚的人力资本积累效应才能更好地实现集聚区内知识溢出规模以及技术创新能力的提升。为此，河南要充分考虑到中原城市群建设对于本省人才集聚与积累的影响，通过大力发展以城际高铁为主导的现代城市交通网络体系，不断促进集聚区人力资本的积累，以不断推动地区产业效率及创新能力的提升，实现本省产业转型升级。

最后，必须坚持市场主导。政府主导的产业集聚区若想真正长久地保持其活力，就必须在尊重和强调市场内在机制作用的基础上，不断弱化地方政府的行政干预，通过充分发挥自身内在的集聚向心力，来扩大和提高集聚区的生产规模及经济绩效。因此，以产业集聚促河南省产业转型发展就必须坚持和尊重以市场为主导的竞争调节作用，并通过强化市场竞争来不断推进全省各地产业集聚区根据自身禀赋优势确定其所集聚的特色主导产业。特色主导产业的确定有助于各地产业集聚区更好地发挥生产优势、规模效应，在国内外市场内不断提升其知名度与所占份额，从而在更大程度上强化集聚区的生产优势。在此基础上，可以通过政府政策的引导，不断实现各地区在其集聚区内，围绕其特色主导产业建立与培育完善的上下游配套产业，从而在一定程度上实现由专业化集聚向多样化集聚的转型过渡。当然，根据河南省各地区不同的地理区位及禀赋优势，产业集聚区并非均以发展制造业为重心，对于具备特殊区位优势的地区而言，引导本地区培育以仓储、物流、运输等生产性服务业为主的集聚区也对不断推动河南省顺利实现产业转型升级有着重要意义。

　　综上所述,在"十三五"期间,河南省应当在坚持"三化"协调发展的总体框架下,选择以区域开放为引领、以产业集聚为手段、以市场竞争为主导的发展路径,不断发挥产业集聚对于地区产业转型升级的内在作用,在复杂变化的新形势下保障河南省社会主义现代化建设事业取得新成就。

怎么实施工业化主导和推动新型
工业化发展*

——关于中原经济区建设与发展的理论研讨之二

郭　军**

编者按：从工业化到新型工业化、从工业化主导到新型工业化主导，既是世界工业化发展的客观趋势，也是我国走自己的道路、建设中国特色社会主义的现实要求。我国的工业化发展，不仅极大地促进了城镇化、农业现代化的发展，而且奠定了国民经济和社会发展的坚实基础。中原经济区实施工业化主导和新型工业化发展，应当坚持工业企业、实体经济优先发展的基本原则，坚持工业化主导下经济结构调整的基本方略，坚持发挥市场和政府"两只手"的基本作用。

引　言

　　工业化、城镇化、农业现代化及"三化"协调发展是当代中国发展所面临的最为现实、最为基本的问题。没有农业现代化，就很难形成和发展工业化、城镇化，而没有工业化和城镇化，也就没有真正的农业现代化。纵观世界各国的发展史，回顾我国六十多年的实践历程，人们越

　　* 原载于河南财经政法大学河南经济研究中心《学者之见》2012 年第 3 期。
　　** 郭军，河南财经政法大学教授，河南省经济学会副会长。

来越深刻地认识到工业化的主导、城镇化的引领、农业现代化的基础地位及"三化"协调发展的实现，已经成为我国经济社会发展的主线和基本的路径。如果说，拥有世界人口 22% 的中国的工业化进程折射了世界从近代到现代的演化历程；那么，拥有我国人口 12.4% 的中原经济区的工业化发展，则可被看成中国工业化进程的未来缩影。中原经济区是中部崛起的重要基地，是继长三角、珠三角、京津冀之后，第四个在国家层面设立的重点开发区域。在中原经济区跻身国内高成长性区域行列的过程中，在中原经济区大力推动"三化"协调发展的过程中，如何确立并保障工业化的主导性地位？政府部门又应如何转变认识、有所作为，从而探索出一条适合中原经济区区情的新型工业化道路？围绕于此，本文展开了研究。

一　工业化主导的地位与作用概论

工业化是工业生产活动在国民经济活动中取得主导地位的过程，即工业部门快速扩张，工业产值和就业人口在国民经济中的比重持续提升，经济结构、经济发展方式急剧转变的过程。经济发展史表明，工业化是以自然经济为基础的农业国家转向现代化国家的必由之路。

（一）工业化主导是人类经济社会的实践和理论总结，具有客观必然性

世界各国经济发展的过程其实就是工业化的过程，大抵从 18 世纪开始，工业化就一直是世界经济发展的主题，主导着世界各国的现代化之路。18 世纪 30 年代，英国爆发产业革命，其工业化过程首先从纺织工业开始，随后其他轻工业部门也逐渐从工场手工业向机器大工业过渡。在轻工业部门的带动下，重工业迅猛发展，蒸汽机的广泛应用大力支持了冶金等重工业部门的崛起，随之交通运输业也发生了深远的变化。英国的早期工业化既使生产关系发生深刻变革，又使社会生产力得到空前发展。在随后的一个多世纪里，法国、美国、德国等主要资本主义国家纷纷效仿，都经由革命扫除了封建障碍，走上工业化之路，并逐步建立起了以近代工业部门为主导的国民经济体系。

在西方发达国家中，日本的工业化进程起步晚、发展快。在1868年明治维新前，日本还是一个以农业为主的封建国家，国民收入的85%来自农业。1880年，日本引入了新式纺织机，此后，纺织工业得以迅速发展，并带动工业、交通运输、金融、贸易等部门的发展。到20世纪初，日本就已建立起近代工业的主要部门，完成了早期的工业化。

二战以后，在经济全球化的大趋势下，广大发展中国家也纷纷掀起工业化浪潮。20世纪60~70年代，以东亚、拉美、南欧等一批落后国家和地区步入现代工业社会为转折点，长期以来只属于资本主义发达国家的工业化进程开始向全球扩展。其中，最具代表性的是亚洲"四小龙"的工业化道路，新加坡、中国香港、中国台湾和韩国这四个国家或地区通过对自有资源潜力和科技潜力的充分发掘，逐渐建立起了完善的国家工业体系。自18世纪英国工业革命至今，世界上已有大约60个国家（地区）陆续从传统农业社会向工业社会转变了，逐步以工业文明取代了农耕文明，实现了早期的工业化。工业化也已成为衡量各国现代化程度和综合竞争力的重要标志。

工业化既是近现代以来世界各国经济发展的主题，也是发展经济学研究的核心问题之一。发展经济学的先驱者刘易斯明确指出，工业部门是经济发展的主导，决定经济发展的关键是工业部门自身的扩张，而农业生产率的提高是工业化的前提条件。继刘易斯之后，现代发展经济学家进一步提出了以工业化的主导地位为基本前提和实现条件的各式工业化发展战略，包括大推进战略、平衡增长战略、增长极战略、非均衡增长战略，以及出口导向战略和进口替代战略等，也正是这些构想和实践，影响着人们在推进工业化进程中促成了经济、社会、政治、文化诸方面从传统社会进入到现代社会。工业化主导是人类经济社会的实践和理论总结。这既是对发达国家工业化经验的历史回顾，也是对全球工业化发展演进的共同规律的科学判断。

（二）工业化主导是发展中国家所面临的基本问题

当今时代，发展中国家间的分化现象是有目共睹的。以东亚、拉美新兴工业化国家（地区）为代表的部分发展中国家早已相继完成了工业化进程，部分国家（如韩国）成为经合组织新成员，跨入了发达或准发达国家行列。紧随新兴工业化国家（地区）的崛起，印度、巴西等一批新兴市场国家（New Emerging Market）经过改革调整和实施开放政策，也步入了经济发展的快车道。无论是以印度、阿根廷的工业化发展战略为代表的资本品进口替代型工业化战略，还是以巴西、智利的工业化发展战略为代表的制成品出口导向型工业化战略，都使得工业经济的活力得以激发，并为当地经济社会的全面发展奠定了坚实的基础。

然而，与之形成鲜明对比的却是，目前占发展中国家很大比重的大多数最不发达国家，则因落后体制的束缚、沉重的人口负担，以及战乱纷扰而依然处于工业化的"边缘化"困境之中。莫桑比克的人均 GDP 至今仍停留在二战后发展初期的 180 美元，埃塞俄比亚的人均 GDP 直到 1998 年才超过 100 美元。而造成发展中国家之间经济发展悬殊的根本原因，就是发展"失败"国家的工业落后，其发展缺乏工业化战略的推进。因此，邓小平指出，只有工业发展了，才能最大限度地解放和发展生产力。

发展经济学的研究对象，是发展中国家的经济落后问题，而发展中国家经济落后问题的实质，则是一个工业化发展问题。所以发展经济学家始终在呼吁"工业化是发展中国家所面临的基本问题""实现工业化是落后国家发展的唯一途径"，并强调，发展中国家的政府必须承担起实现工业化的责任，这是因为发展中国家普遍存在着市场化不足的问题，需要国家采取有效措施推动工业化。

（三）工业化主导并不排斥城镇化引领作用

城镇化是指人口和产业不断地由农村向城镇地区集中的过程，是社会生产力变化引起人类生产方式、交换方式、生活方式和居住方式向规模化、集约化、多元化、市场化、社会化方向转变的过程，是一个城镇数量与规模扩大，城镇结构与城镇功能转换、升级的过程。在这个过程中，城镇的先进生产力、现代文明与生活方式不断地向农村传播与扩散，使传统乡村不断地被现代城市同化，并最终实现城乡一体化。

经济的辩证法告诉我们，坚持工业化的主导地位，并不意味着将工业化主导狭隘地理解为工业部门的单一发展。在由传统农业社会向现代工业社会转变的过程中，工业的发展绝不是孤立进行的，而总是与城镇化和农业现代化相辅相成，总是以贸易的发展、市场范围的扩大和生产要素流动机制的完善等为依托。

工业化主导作用的充分发挥离不开城镇化的引领，因为城镇是工业和生产性服务业发展的空间载体，是工业产品的流通中心、工业生产的服务与管理中心、工业发展的人力资源开发利用中心、对外交流中心和工业技术创新中心；城镇空间规模和经济容量的大小，直接决定着工业在城镇的发展规模和速度，以及其他工业化要素的集聚规模和速度。同时，城镇化进程的加快、城镇功能的完善、城镇辐射能力的增强、城镇集聚效应的发挥，都会不断地把工业化推向新的发展阶段。如果说工业化是近现代经济发展的主旋律，那么城镇化则是近现代社会发展的主旋律。片面地强调城镇化或工业化，以及将两者割裂分开，不仅会严重影响两者的长远发展，而且无助于形成社会经济的合力。

（四）工业化主导并不影响农业现代化的基础地位

农业现代化是指从传统农业向现代农业转化的过程，就是用现代工业装备农业、用现代科学技术改造农业、用现代管理方法管理农业、用现代科学文化知识提高农民素质的过程。从世界各国的工业化实践来看，西方发达国家在工业化之前大都经历过一场农业革命，而一些发展中国家的工业化却是在农业没有取得突破性进展的情况下进行的，结果出现了城镇繁荣与乡村贫困并存、城乡差距悬殊、地区发展极不平衡的现象，最终使得工业化难以为继。在新中国成立初期，工业化就采取了靠牺牲农业来发展的重工轻农政策，生产要素最大化地配置于工业部门，以农业为工业资金的主要积累途径，压低农产品价格以保证工业的低成本扩张。然而事与愿违，基础越来越薄弱的农业没有成为经济增长的强大推动力和源泉，工业化在没有稳定的农业作为基础的条件下也被迫放慢了速度。

实践证明，在包括我国在内的各国工业化的发展中，工业化和农业现代化实际上体现的是一个社会化大生产的分工协作关系，它们互为条件、互为动力、互助共进。工业化的过程不仅表现为农业部门的收缩和工业部门的扩张，而且表现为农业部门自身的可持续发展。在这个过程中，逐步建立起兼具经济效益和生态效益的现代高效农业经济体系，不断提高农业综合生产能力、增加农产品有效供给，在提高农民收入的工业化中有着不可替代的基础性地位和作用。

二　工业化主导的基本特征

自 18 世纪中期第一次产业革命以来，无论是发达国家，还是发展中国家，其工业化进程始终伴随着先进技术的发明与运用，代表着社会生产力发展的实力水平，昭示着物质资料生产道路、模式的演变方向。

（一）工业化是国家或地区经济社会发展实力水平的根本标志

自第一次产业革命以来，世界经济的发展过程，实际上是各国工业化不断推进的过程。世界各国、各地区之间经济发展水平的差别，实际上也就是工业化发展程度的差别。当发达国家或地区已经进入工业化发展阶段或正在向后工业化发展阶段迈进之时，发展中国家或欠发达地区正处于工业化的早期乃至前期阶段。正是工业化发展的不同进程，直接导致了国家间、地区间在经济总量、产业结构高度和人均收入水平等方面的巨大差异。

工业化水平是衡量一国（地区）经济发展水平和国民富裕程度的根本标志。工业化作为现代经济发展最强大的推动力量，工业的发展推动着农业、建筑业、交通运输业，以及其他产业的发展，促进市场经济体制的发育完善，决定着国民经济和国防、科技现代化的发展速度。抑或说，工业是推进信息化、市场化、国际化、现代化的物质基础，是经济高速增长的发动机，是技术创新的主导，更是国际竞争力的重要表现。工业化水平还是衡量一国（地区）经济增长质量和效率，以及评判其经济发达程度的重要标志。所以，我国资深经济领导人陈云在《经济形势与经验教训》一文中就曾指出："一个国家的工业发展水平，直接决定着这个国家的技术水平和经济发展水平，也集中体现着这个国家的综合实力。"

（二）工业化是国家或地区物质资料生产道路、模式的根本选择

发达国家的工业化进程大体经历了机械化、电气化、自动化、信息化四个阶段。一是始于 18 世纪中期的大机器工业阶段。蒸汽机的改良和纺织机的发明带动了钢铁、机械、煤炭、造船、铁路、纺织等产业的发展，奠定了大机器工业体系的基础。二是始于 19 世纪后半期的产业结构升级及快

速演进阶段。电力的发明使第二产业内部又分化出电力、汽车、飞机、冶金、化学、石油等工业部门并使之迅速发展，从而使产业规模迅速扩大、产业结构迅猛升级。三是始于 20 世纪 40 年代的自动化工业发展阶段。原子能、电子计算机、空间技术等的广泛应用，促进了社会生产从电气化进入到自动化的新时代，各种高加工度、高附加值的产业快速发展，产业结构进一步升级，形成以高新技术为先导、基础产业和制造业为支撑、现代服务业全面发展的产业格局。四是当前正在全球迅速普及的、由自动化迈向信息化的产业发展阶段。在这一阶段，生产系统由大批量、标准化生产的刚性结构转变为小批量、多元化的柔性结构，产业结构发展到后高度化阶段，也称空心化阶段。可见，正是工业化进程，加速了经济发展方式从传统手工业向机器大工业、自动化和智能化的转变，产业组织形式也从传统家庭手工业作坊向现代企业转变。而且，工业化的实践过程还表明，工业化一方面在促进着工业部门自身的结构升级、技术进步和组织变迁；另一方面，还凭借其先进的工业生产技术和生产方式，向其他生产部门波及、渗透，影响着全社会各产业部门物质资料生产道路、模式的根本性变革。

（三）工业化是城镇化、农业现代化发展的根本支撑

工业化对城镇化和农业现代化发展起着根本的支撑作用。首先，工业化是城镇化的先导。工业向城镇的集聚不仅表现为生产的集中，而且体现为人口的集中、消费的集中、财富的集中和政治、文化的集中，从而成为城镇产生、形成和发展的基本前提。世界城市人口在工业革命开始之前，增长极为缓慢，1800 年，城市人口占世界总人口的比重仅为 3%，工业革命后，城市人口占世界总人口的比重以每 50 年翻番的速度增长。1850 年该比重为 6.4%、1900 年为 13.6%、1950 年为 28.2%，到 2000 年，城市人口占世界总人口的比重已达 60%，这说明，是工业化拉动和提升着城镇化率。

其次，工业化是农业现代化的"发动机"。工业化实质上是由传统的农业经济向现代工业经济转化的过程，反映着自然经济向商品经济转化的必然。正是工业化的发展带动了农业经济的内部分工，强化了农业生产的专业化程度，促进了农业规模经营，提高了农业生产效率和农业经济效

益，加速了农业现代化的进程。工业化将传统农业带入一个更大的循环系统，从而使农业从传统走向现代。

最后，工业化为城镇化、农业现代化提供了物质和技术保障。毫无疑问，正是近 200 年来的工业革命和技术革命引发了农业科技革命，农业机械和电力、农业化学陆续进入农业，进而产生了"工业化的农业"。从蒸汽机的问世，到电力的出现和普及，再到通信、信息产业的革命性进展，工业化的每一次进步都为城镇化提供了日益雄厚的物质和技术基础。工业化所提供的远高于传统农业和手工业的劳动生产率和更多的就业机会，使城镇对农村居民的吸引力大大提升，促使农业剩余劳动力向城镇大规模转移，从而使他们成为城镇化建设的主体。如果没有工业化的持续推进作为支撑，城镇化就会失去依托、缺乏后劲，已经城镇化的人口就有可能重新流回农村、流向农业，重新拉低农业劳动生产率和农业经济效益，拖延农业现代化的步伐。

三 工业化主导与新型工业化及其评价

工业化是一个过程，反映着人类经济社会的发展从农业经济向工业经济过渡、转化。工业化主导，是一种思想，是一种战略，即谋求工业的发展在整个国民经济发展中居于优先地位，以工业化发展为主导带动国民经济的现代化水平不断提高。新型工业化，是指工业化的发展从"过去时"内容、目标、要求，进入到"现在时"内容、目标、要求的新的阶段。新型工业化，相对过去的工业化而言，就是以信息化为动力，追求和实现工业经济的科技含量高、经济效益好、资源消耗低、环境污染少、人力资源优势得到充分发挥。

（一）工业化主导与新型工业化的理论认识

工业化亦称工业化道路，"工业化道路"这一概念是毛泽东在《关于正确处理人民内部矛盾的问题》一文中提出的，主要指农业、轻工业、重工业三大经济部门在工业化进程中的关系。当时认为，农、轻、重结构是国民经济结构的主体和基础，因此这三者的关系基本上可以说明中国工业化的发展道路问题。接着，毛泽东又于 1956 年在《论十大关系》一文中鲜明、清晰地提出了"以农业为基础，以工业为主导"的著名论述。至此，新中国六十多年的发展历程表明，在农、轻、重结构关系中，我国最早确立走重工业优先发展的道路，后来放弃重工业优先发展，转而走轻工业优先发展的道路，再后来又回到重工业化道路上来。从我国工业化的曲折历程、西方发达国家工业化的演变过程，以及一些发展中国家工业化发展的实践中可以看出，工业化道路也就是国民经济社会发展的道路，是关于国家经济社会发展模式、目标、措施、动力的基本选择。基于这一视角，可以认为走工业化道路在实质上就是工业化在国民经济和社会发展中应该优先发展，应该起主导作用。所以，直到现在，专家和学者提出"三化"的逻辑顺序依然是工业化、城镇化、农业现代化，即使强调新兴城镇化的引领作用，新型农业现代化是基础，也并没有否定工业化的主导地位。

新型工业化是在中共十六大上被提出来的，此前一般讲工业化，包括工业化起源、工业化理论、工业化组织、工业化路径、农村（区）工业化、工业化与经济增长等。许多专家、学者认为，新型工业化是相对于传统工业化而言的，意味着对传统工业化的扬弃，以及对西方工业化的中国本土化借鉴。

新型工业化的提出有着客观的现实背景。一是传统的工业化发展，强调重工业优先增长，推行赶超战略，结果导致片面追求高速度、粗放型的经济增长；二是传统的工业化发展，只讲工业化主导，人为割裂工业化与城镇化、农业现代化的发展关系，造成工农之间、城乡之间的二元经济社会结构长期不得其解；三是传统的工业化发展，注重工业资本的有机构成，忽略工业发展与社会就业的矛盾，致使劳资关系恶化，使经济问题转化为社会问题；四是传统的工业化发展，固化了经济发展的理念和方式，出现了环境污染、生态失衡、贸易条件变坏等问题。新型工业化的新的内容特征主要表现在：新型工业化是以新的生产关系为基础，即注意到我国多元产权结构的变化，在更加开放的市场经济体制条件下实施的工业化；是以信息化为动力，以全面实现高新技术和先进实用技术的开发、应用为主题的工业化；是以可持续发展战略思想为指导，不以牺牲生态和环境为代价的工业化；是以最充分地开发利用我国丰富的人力资源为基本力量的工业化；等等。也就是说，新兴工业化发展，最重要的是将高新技术和先进适用技术改造同传统产业的提升结合起来，充分发挥信息化在工业化过程中的

"倍增器""催化器"作用，不断提高国家或地区的工业竞争力。

影响一个国家或地区新型工业化发展的因素，从理论上看，包括发展观念、产业政策、区位优势、资源禀赋、金融环境、市场条件等；从实践上看，包括原有的工业基础、原有的技术基础和创新能力、原有的工业结构、原有的人力资源素质，以及经济的、社会的、政治的、文化的历史积淀等。发展经济学家认为，工业化发展取决于三个要件，即"激励结构""发展能力""制度安排"。工业化在国家和地区之间的发展差异，实际上就是由这三个要件的差别造成的。也就是说，新型工业化除了应创造和制定出相应的、良好的工业化发展的环境条件、产业政策外，重要的就是加大人力资本投资、物力资本投资、财力资本投资、技术资本投资，特别是应在制度层面注意处理好工业化发展同资源约束、生态环境等之间的关系。新型工业化发展的切入点、落足点，在于主导产业的选择、战略性支撑产业的确立、战略性新兴产业的培育。

（二）工业化主导和新型工业化的评价指标

1. 反映工业发展实力水平的评价指标

工业部门的实力体现在规模扩张、结构升级、技术进步和利润创造等方面。首先，增长速度是工业发展的基本实力体现，反映着工业部门的规模扩张能力。工业部门规模扩张能力方面的评价指标一般包括工业增加值增长率和工业增加值占 GDP 比重的增长率。其次，工业部门的发展实力还体现为工业部门间结构的升级转换。只有不断压缩低效率产业的比重，提高高效率产业的比重，改变产业间的生产能力配置，才能不断提高产业结构的经济绩效。现阶段，工业内部结构的升级方向，是由以轻工业、资源劳动密集型工业、低附加值工业占主体逐渐向以重化工业、资本技术密集型工业、高附加值工业占主体转变，即实现工业结构的重工业化、高加工度化和高技术化。这方面的评价指标一般包括高技术产业增加值占 GDP 的比重、装备工业增加值占 GDP 的比重、信息产业增加值占 GDP 的比重、重工业增加值占 GDP 的比重、霍夫曼系数（重工业增加值/轻工业增加值）、产业高加工度系数（资源加工业增加值/采掘业增加值）等。

再次，工业部门的发展实力还体现为工业生产技术的不断革新。这方面的评价指标一般包括工业全要素生产率的增长率（产出增长率超出要素投入增长率的部分，常被用作科技进步的测评指标）、研究与开发（R&D）经费占工业增加值的比重（反映科技活动经费的投入水平）、研究与开发人员占工业劳动者的比重（反映科技活动人力的投入水平）、每万人拥有的专利申请授权量（反映工业科技研发活动的产出水平）、新产品产值占工业 GDP 的比重（反映工业科技产出的市场绩效）、工业企业微电子控制设备占生产经营用设备原价的比重（反映企业中信息化装备的普及率）等。

最后，工业部门的发展实力还体现在工业利润创造能力方面。有实力的现代化工业部门依靠科技进步实现集约化增长，注重经济效益和增长质量，走低投入、低消耗、高效益、高质量的发展道路。这方面的评价指标一般包括总资产贡献率（反映全部资产的获利能力）、成本费用利润率（反映成本及费用的控制能力）、全员劳动生产率（反映人力资源的利用效率）、工业增加值率（反映降低中间消耗的能力）、产品销售率（反映产销衔接状况）、总资产周转率（反映营运能力）等。

2. 反映工业可持续发展能力的评价指标

传统工业化是资源消耗带动下的工业化，工业经济的增长速度是靠"三高"（高投资、高能耗、高污染）来支撑的，结果表现出"两低"（低质量、低效益）。这种粗放型增长方式，造成能源、资源、环境压力急剧增加，使得煤、电、油等资源"瓶颈"以及生态衰退现象日趋严峻。"先污染、后治理"的工业增长模式已严重威胁到人类的生存和发展，由重视增长速度的传统工业化向倡导可持续发展的新型工业化转型势在必行。新型工业化坚持保护环境和节约资源的基本国策，要求发展环保产业、推行清洁生产、降低资源消耗、保护环境，走"边发展，边治理"的科学发展道路。

衡量工业可持续发展能力的指标包括两个方面内容。①资源集约使用方面：万元工业 GDP 能耗、万元工业 GDP 水耗、电力消耗弹性系数（万元工业 GDP 的电力消耗量）、单位面积工业用地的产值；②控制排污及环境治理方面：万元工业 GDP 的三废排放量、万元工业 GDP 的碳排放强度（万元工业 GDP 的 CO_2 排放量）、工业固体废弃物综合利用率、工业废水治理达标率、城市空气质量指数、三废综合利用产品产值占工业 GDP 的比重（反映对废气、废水、废渣的重新利用能力）、工业污染治理投资占工业 GDP 的比重。

3. 反映工业对其他部门"链"接带动能力的评价指标

在国民经济体系中，装备制造业、信息产业以及其他高技术化工业部门，不仅自身具有较高的技术含量，而且可作为产业链上的核心增值环节，利用产业链环上各产业、行业、企业、产品之间的相互联系，通过"链"接带动效应和技术溢出效应对其他经济部门施加正外部性影响，推动传统产业高技术化，牵引国民经济各部门朝着高附加值方向发展、朝着技术密集的层次跃进。

工业的"链"接带动效应一般采用直接消耗系数和影响力系数作为评价指标。其中，国民经济各部门对工业的直接消耗系数是用某产业生产经营中所直接消耗的工业货物的价值量除以该产业的总投入所得的结果，它是两部门间直接存在的投入产出关系的数量表现。工业的影响力系数是指某工业部门增加一个单位最终产品时，对国民经济各部门所产生的生产需求的波及程度。

4. 反映工业化对农村城镇化、农业产业化起支撑作用的评价指标

工业化对农村城镇化发展和农业产业化运营的支撑作用，是工业化主导的外在表现。工业将农业、农村的要素资源纳入其生产循环系统重新进行优化配置，最终提升要素资源的综合利用效率和持续发展能力。工业化对农村城镇化与农业产业化的支撑作用可使用以下指标进行评价：农村剩余劳动力向城镇的转移速度（城镇新增人口扣除自然增长部分后的剩余量）、城镇登记失业率（逆向指标，反映人力资源的利用率）、工－农业比较劳动生产率、农业机械化生产普及率、单位面积耕地的产量增长率等。

5. 反映工业化与经济、社会发展的关系的评价指标

工业化主导的终极目标在于实现国民经济的高速增长和国家综合实力的显著提升，使城乡居民普遍分享工业现代化的成果。工业领域的改革将为其他领域的发展注入活力和动力，工业精神（效率原则）、工业管理（企业化管理）、工业改革（自主责任）、工业竞争（反垄断性）的成效，将为其他行业的改革、开放和发展提供借鉴。最终，工业化将支撑起中国的经济基础和国家形象，将增强中国的国际谈判地位、话语权和

影响力。

工业化与经济、社会发展的关系，可由以下指标进行评价：人均GDP、城乡居民恩格尔系数（用食品支出占消费总支出的比例来反映经济发展、收入增加对生活消费的影响程度）、城乡居民人均纯收入、劳动者平均受教育年限、主要工业品显示性比较优势指数（反映工业品的国际市场竞争力）、产业国际竞争力指数、市场化指数、国家经济自由度指数等。

四 实施新型工业化主导与推动新型工业化发展的路径探讨

从工业化到新型工业化、从工业化主导到新型工业化主导，既是世界工业化发展的客观趋势，也是我国走自己的道路、建设中国特色社会主义的现实要求。我国的工业化发展，不仅极大地促进了城镇化、农业现代化的发展，奠定了国民经济和社会发展的坚实基础，而且积累了宝贵的经验教训。这对我国建设新型工业化，探讨相应的理论和实践的新型工业化发展路径，无疑是非常有益的。

（一）发达国家实施工业化主导的路径借鉴

尽管由于资源禀赋、历史条件等差异，发达国家推进工业化的形式、实施工业化主导的过程各异，但其中依然存在一些可资借鉴的共性经验。

1. 以主导产业群作为工业化进程的牵引者

世界工业化发展的历史表明，市场竞争的加剧、产业技术的进步影响和带动产业结构不断调整、升级，大规模产业组织再造和生产要素重新配置已经成为工业化发展的必然趋势。重视主导产业的选择与发展，以及随着科技进步而不断发生的主导产业的良性更替，也已经成为工业化过程的主要内容和工业化过程演变的催化剂。

由于发展的背景和路径不同，各国所选择的投资重点和优先发展的工业部门也不同。英、美两国作为世界"内生型"工业化国家，除了继续推进由发展劳动密集型产业转向发展资本、技术密集型产业之外，正在加速主导产业的集群化发展，整个工业化进程中的主导产业群从棉纺织业、轻工业、重工业、交通运输业向其他产业部门逐步演进。德、日政府则直接投资重工业，并从产业政策上引导产业按照棉纺织业、轻工业、重工业的顺序依次发展。

尽管在各国的工业化过程中，政府和市场的影响力不同，但各国都是以主导产业群作为工业化进程的牵引者，并由此带动其他产业发展。英国的工业革命以纺织工业为先导，此后带动煤炭、钢铁、机械工业的发展；美国以机械制造业为先导，先后带动起钢铁、汽车、建筑、飞机及电子工业的发展；日本的工业化过程也在20世纪70～90年代，先后经历了以电力、钢铁为主导，以钢铁、造船、石油、化工为主导，和以汽车、家电为主导的三个阶段。

2. 新兴现代工业部门促成了后进国家的赶超型工业化

如果说工业是国民经济发展的发动机，那么，以知识创造、发明创新为基础的新兴现代产业则是国民经济发展的"火车头"。电气工业是第二次工业革命的核心内容和主要标志。以维尔纳·西门子和埃米尔·拉特瑙等为代表的德国企业家抓住电灯和电话等电气产品普及的契机，率先开始大规模发展电气工业，也正是这些新兴产业使德国在第二次工业革命中成为真正意义上的先进国家。德国利用在这一领域中的领导权，改善了工业领域动力能源分布不均的状况，使得在第一次工业革命中因缺乏煤矿资源而落后的该国中、南部地区，得以充分利用当地丰富的水力资源发电来解决自身的动力源问题，从而实现了地区性的工业化。正是铁路和电气工业的迅猛发展帮助德国这个新兴工业化国家一跃成为世界工业先锋国家。德国赶超型工业化的成功经验表明，后进国家不能在先行工业国家后面亦步亦趋，而应通过做出具有前瞻性的产业选择，积极开发新科技创新基础上的新兴产业，从而迅速缩短与先进国家的差距。

3. 技术进步始终是工业化的第一推动力

科技是第一生产力，发达国家的产业革命无一例外是由技术革命引发的，技术进步是国家和地区内生经济增长的引擎，是工业化发生和深化的驱动力。比如，纺织业的技术进步让英国率先开始了工业化，蒸汽机的改良加速了英国的重工业化进程。其后，美国通过技术和机器设备的引进，以及规模化生产技术的发明，成功复制并深化了英国发起的工业化。

当新的技术出现，后发展国家工业化的"一个暂时的机会窗口就打开了",而"较早地进入新系统是赶超过程的决定性因素"。1879 年,英国人托马斯提出用掺入石灰的办法解决冶炼过程含磷铁矿石的脱磷问题,使得德国有了广泛利用其丰富的磷铁矿的可能,德国钢铁业迅即将这一专利引入。新工艺的采用对德国钢铁工业产生了明显的效果:德国每座高炉的生铁产量提高了 3 倍,工人劳动生产率提高 2.3 倍以上。到 1913 年,德国已成为世界上第二大金属生产国和最大的金属出口国。

4. 坚持市场化取向推进工业化发展

从亚当·斯密提出自由竞争和自由贸易思想,到李嘉图的比较优势理论,"自由放任"思想,始终是英国经济政策之圭臬,自由竞争奠定了完善市场体系的基础,自由贸易则使英国出口保持了持续的扩张。英国自 16 世纪开始的一系列政治和社会变革几乎都是围绕着建立一个适度的市场经济体制而展开的。英国工业化进程中的政府作用包括通过产业政策引导经济活动行为,以及促使经济当事人在按照市场法则获取既得利益的同时,自觉朝着有利于国家工业化的方向参与经济活动。

美国的工业化实际上是英国工业化模式在北美地区的一种延伸,其工业化过程也是市场不断发育、市场功能不断强化的过程。汉密尔顿提倡的"自由企业和有限政府",是影响美国工业化持续演进的动力所在。

即使是政府主导色彩较浓的德、日等国,政府也都是在尊重市场功能的基础上实施第二层次调节的,包括强调发展先导产业,政府也基本上不直接参与项目安排。加拿大在调整纺织、采掘等衰退行业,加速汽车和 IT 等先导产业发展的过程中,也仅仅是实施了税收优惠政策。

5. 适当的政府干预是实施工业化主导的有力保障

德、日两国采取的是不完全市场经济型工业化战略,在创建通向市场经济的制度的基础上,政府强力直接干预经济。在一定时空条件下,政府不可避免地充当了工业化的代理人,而且实践还证明,政府干预是启动和推进工业化发展的有力保障。

明治维新以后,日本开创了政府制定与实施产业政策的先河,政府在对社会经济和国内物产状况进行实地考察和研究的基础上,发布了包括轻工业、重工业、各种矿业、商业以及金融等各产业在内的兴业改革方案。同时,日本依赖"官民协调体制"来共同合作确定主导产业,建立起能够引导和带动相关产业的骨干龙头企业。

在德国，李斯特的"国家保护主义"是其经济政策的理论基础。德国通过政府干预并实行适度的保护，形成了保护产业、统一市场、投资科技的有效组织形式，为市场主体迅速聚集和开发资源赢得了宝贵机遇。德国对英国、比利时等国工业品的输入采取高关税政策，扶持卡特尔形成和发展的实例，已成为经济学教科书中的经典案例。

为保证主导产业的最优选择和成长，以及能够迅速将其各种优势扩散到整个产业体系中去，德、日政府从经济制度、法律制度方面积极创造适宜环境，并提供了相应的扶持政策。

（二）我国实施工业化主导的历史评述

实现工业化是中国人民的百年梦想，从清末的洋务运动、戊戌变法，到民国的实业救国，都表明国人渴望改变以农业经济为主体的经济格局，提高国家综合实力，赶上世界发展的步伐。但是，在半殖民地半封建的旧中国，战争频繁、社会动荡，中国的工业化进程长期处于停滞状态。

新中国建立以来，由于国际环境、经济结构、理论认识和苏联工业化模式的影响，中国走上了一条独特的工业化道路。根据中国工业化主导下的经济发展轨迹，可将工业化进程依次划分为三个明显的阶段：以"单一公有制"为基础的重工业优先发展阶段，以"改革开放"为契机的轻工业快速发展阶段，以"国际竞争力"为导向的重新重工业化阶段。

1. 以单一公有制为基础的重工业优先发展阶段（1949～1978年）

新中国成立初期，我国并没有走以轻纺起步的工业化道路，而是以"生产资料优先增长"作为工业化的指导思想，实施优先发展重工业战略。"赶超"的强烈意识是抉择重工业化战略的基本动因，苏联老大哥的模式又成为那一时期的发展"榜样"。为了尽快实现"赶超"目标，我国建立了高度集中的计划管理体制，以保证能够通过高积累的方式集中大量建设资金，迅速建立重工业化体系。

以重工业为主导的我国工业化进程，起始于1953～1957年的第一个五年计划，围绕苏联专家指导的以重工业为主体的156项重点工程，我国几乎倾其全国人力、物力、财力，甚至把农业剩余作为积累来发展重工业。1978年以前，在国民经济基本建设投资总额中，重工业投资所占比重始终高于36%，"二五"时期这一比重甚至高达54%，而轻工业投资比重则在

3.9% ~6.4%徘徊。在新中国成立后的 30 年中,轻、重工业二者增长速度之比为 19.8∶90。重工业产值共增长了 47.5 倍,而轻工业产值只增长了 12.7 倍,结果形成了"重工业太重、轻工业太轻、农业落后"的畸形产业结构。

由于受到意识观念、高度封闭局面、贸易保护体制、内向型进口替代工业化战略的影响,1953 ~1978 年,我国全要素生产率对产出增长的累计贡献份额为 -7.31%。虽然规模增长速度居世界前列,但经济效率居世界平均水平线之下。所以说,这 30 年的经济发展尽管奠定了我国的工业化基础,形成了我国国民经济的基本体系,但从重工业化目标任务没有完成、工业化发展搁浅的角度看,这样的经济发展尚有许多理论的、政策的、实践的问题需要被做深层次的探讨。

2. 以改革开放为契机的轻工业快速发展阶段(1979 ~1998 年)

改革开放之初,为解决消费品不足和经济结构严重失调的问题,我国开始调整实行了多年的以重工业为主导的工业化模式。在消费导向型工业化战略指导下,我国自 1980 年起,为了刺激轻工业的发展,实行了"六个优先"的产业政策,即原材料、燃料、电力供应优先;挖潜、革新、改造的措施优先;基本建设投资优先;银行贷款优先;外汇和引进技术优先;交通运输优先,促成了以纺织工业为代表的轻工业的快速发展,尤其是在 1979 ~1981 年,轻工业的增长速度分别为 11%、18.9% 和 14.3%,明显高于同期重工业 8.0%、1.9% 和 - 4.5% 的增长速度。但这一时期延续和加深了资源型、粗放型的经济增长模式。1981 ~1992 年,我国平均投资增长率为 23.4%,远高于该阶段的平均经济增长率。各地产业结构也严重趋同,到 20 世纪 90 年代初,我国东、中、西部之间的工业结构相似率在 93.4% ~97.9%。许多工业消费品的生产能力开始严重过剩,我国由短缺经济转变为相对过剩经济,制约工业增长的因素从供应能力转变为有效需求,轻工业也不再是工业发展的重点,这种状况严重阻碍了工业化的进程。

3. 以国际竞争力为导向的重新重工业化阶段(1999 ~2012 年)

爆发于 20 世纪末的东南亚金融危机,使中国工业结构轻型化的弊端逐渐暴露出来。占到我国工业部门很大比重、主要生产轻型消费品的劳动密集型企业,大都依靠紧缩成本、压低价格取胜,缺乏核心技术和持续的市场竞争力。因此,国家不得不一再地提高出口退税率,以帮助这些企业应对激烈的国际竞争。传统消费品工业的改造升级势在必行,而这一改造升级进程又促使设备投资大量增加，能源、交通、原材料等领域的瓶颈问题凸显。

基于这一形势，我国政府调整了经济方略，即自觉不自觉地实施了重新重工业化。1999 年，我国的重工业增长速度超过了轻工业 1 个百分点，也就是从这一年开始，工业结构再次发生转折性变化，无论是在产值、投资、利润增长方面，还是在比重方面，重工业都超过了轻工业，而且差距越来越大，出现了重新重工业化的趋势，重工业产值的比重从 1999 年的 50.8% 猛升至 2010 年的 71.4%，甚至超过之前的最高纪录（1960 年的 66.6%）。

在这一阶段的我国工业化进程中，国内市场和国际市场趋向一体化，我国政府以少数产业的有限保护推进工业经济的国际化，中国工业开始积极参与国际分工和国际竞争。可以说，这一阶段重新重工业化的主要任务是增强工业的国际竞争力，为将中国建设成为工业强国而奋斗。

4. 远未走完的我国工业化道路

当前，我国已进入增长最快、改革力度最大、开放度最高的加速工业化时期，但我国的工业化道路还远未走完。作为一个人口众多、幅员辽阔的发展中大国，我国在各个领域的进步和发展，都高度依赖更发达的工业经济体系和更强大的工业生产力。

实现工业化仍然是我国现代化进程中艰巨的历史性任务，工业化仍然是未来相当长时期内我国经济发展的主题。我国还要继续推动工业化方式由资源和资本驱动型向技术驱动型转变，推动工业化路径由规模扩张型向效率提高型转变，推动工业化类型由传统工业化向现代新型工业化转变，推动工业化途径由二元工业化向一元工业化转变，推动工业化原则从比较优势向竞争优势转变。

（三）中原经济区实施工业化主导和推动新型工业化发展的思路探讨

中原经济区的建设，是河南经济社会发展进入一个全新阶段的重要标志。中原经济区的定位任务是实现新型工业化、新型城镇化、新型农业现代化"三化"协调科学发展，"三化"协调科学发展的支撑性、主导性力量则是工业化，即如何坚持在工业化主导的基础上，加快新型工业化的发展，把中原经济区构筑在新型工业化发展的平台上，而新型工业化的发展受制于多方面因素，包括思想观念、体制机制、运作方式等。

1. 坚持工业企业、实体经济优先发展的基本原则

在经济全球化和信息革命的大背景下，尤其是全球金融危机爆发以来，主要发达国家开始重新审视工业的价值，走上了再工业化之路。美国制定了"国家出口计划"，在救市和财政刺激方案中加大对工业的援助力度。法国在"新产业政策"中明确将工业置于国家发展的核心位置。英国的"制造业新战略"和日本的"制造基础白皮书"，均提出制造业竞争策略。主要发达国家的再工业化战略又一次给了我们重要的启示：工业是国民经济的支柱，工业是国民经济的主导，要想寻求新的经济增长点，必须立足于工业实体经济的发展，在资金、技术、土地、人力等稀缺资源的配置上，坚持向工业实体经济倾斜。

高度发达的后工业化国家尚需重振工业，力量依然薄弱的河南工业更需大力扶持。2010年，河南工业增加值总量达9901.5亿元，在全国各省区市中排名第5，工业企业总资产贡献率为22.4%，在全国各省市中排名第2。从工业经济的总量和效益来看，河南工业实力雄厚，盈利潜力大，主导地位稳固。但从增长的质量和可持续性来看，河南工业仍存在着不少问题。2010年，河南工业优等品率仅为39.8%，比全国平均水平70.8%低31个百分点；大中型工业企业发明专利授权量为2186件，仅占全国工业企业发明专利总授权量的1.9%；新产品产值为1709.3亿元，占全国工业新产品总产值的2.3%；工业品出口额为121.9亿美元，占全国工业品出口总额的0.7%，这一组数据与河南工业增加值占全国工业总增加值6.0%的工业大省地位显然不符。可见，河南资源主导型、粗放增长型工业经济特征还比较明显，工业对原料的依赖度仍然很高，对中间产品的利用能力不强，产品加工链条短，产业结构仍需继续优化，工业改革的任务依然艰巨。

有强大的工业企业才会有强劲的工业化发展。2010年，河南的1768家公有制工业企业的资产之和占全省工业企业资产总额的41.3%，人力资源之和占全省工业企业总人力资源的33.0%，但其工业增加值之和仅占全省工业企业增加值总额的28.6%，上缴利税之和仅占全省工业企业利税总额的25.5%。公有制的工业企业是社会主义市场经济的第一主体，但是目前这一主体效应是不能令人满意的。

大企业、大集团，是现代工业经济发展的支柱。2010年，河南主营业务收入超100亿元的工业企业仅有30家，这与河南工业增加值总量排名全国第 5 的经济规模并不相称。2010 年，河南 1.96 万家规模以上工业企业的全员劳动生产率为 20.66 万元/人·年，8.44 万家规模以下工业企业的全员劳动生产率为 4.34 万元/人·年，后者约为前者的 1/5。当前，缺乏具有核心竞争力的大型企业集团，以及低效率小规模工业企业的大量存在，是导致河南工业产品成本竞争力不足、市场难以扩张与保全的根本原因，并已严重影响到工业化主导地位的充分发挥。企业卡特尔政策曾在德、日两国的工业化进程中大显成效。河南应借鉴它们的成功经验，继续大力实施大企业、大集团战略，提高工业集中度，加快推动生产要素的横向重组和上下游整合，尽快培育一批行业地位领先、规模优势明显、经济效益突出、发展潜力巨大、在国内外具有竞争优势的大型企业集团。

2. 坚持工业化主导下经济结构调整的基本方略

在工业化主导的发展模式下，河南经济结构的调整应突破本区域经济内部自我循环的狭隘视野，树立以全球资源为基点、以全球市场为导向的战略观念。应从全球化资源有效配置和全球市场竞争的角度，来分析河南的产业发展以至整个经济体系的有效运行。

经济结构的调整，重要的是主导产业和战略性支撑产业的选择，要在继续做大、做强高新技术产业的基础上，结合河南产业发展实际，将食品饮料、纺织服装、新材料、石油化工和煤化工、机械制造以及汽车及零配件制造业等作为战略支撑产业加以重点支持，使战略支撑产业引领河南经济的发展。

经济结构的调整，要注意工业化进程中现代产业组织的调整和变革，向先进的产业组织结构"要"工业化发展效应，在工业化发展中提升河南的整体经济运行水平。与发达国家利用跨国公司提升工业化的路径不同，河南目前尚不具备大量孕育跨国公司的现实条件，河南的工业化还是应主要依靠已经建立起来的 180 个产业集聚区，来树立河南的新型工业化形象。产业集聚区的建设，既反映了河南省应用现代产业组织调整产业结构、发展地区经济的顶层谋略，也是河南推进新型工业化发展的科学抉择。现在的关键是如何务实地推动和发挥产业集聚区的内外部规模效应和链环功能，真正地实现以战略性支撑产业为主体，在大力引进、应用高新技术和先进适用技术的基础上，使各产业集聚区分工协作、互助共赢，承担起助推河南工业化的重任。

大力发展服务业，既是产业经济的规律使然，也是工业化发展的要求。但时，调整服务业结构，河南的重点应是发展生产性服务业和农业服务业。2010年，河南工业与生产性服务业增加值之比为1：0.21，在全国，该项比值已达1：0.61，伴随着河南工业化进程由前中期向中后期阶段的加速演进，服务业对于工农业发展的"瓶颈"制约呈现放大趋势。未来阶段，要重视服务业"质"的提升和服务范围、门类的扩大。重视利用外资进入带来的示范效应，扩大服务业门类，提升服务业的多样化和层次化水平。要培育、塑造农业中介组织，帮助农民以尽可能低的成本方便快捷地进入要素市场与商品市场。改革重组农村合作金融组织体系，以满足农村城镇化、新型农村社区建设的多元化金融服务需求。

3. 坚持发挥市场和政府"两只手"的基本作用

随着我国市场化改革的深化，市场这只"看不见的手"对资源配置的基础性作用，将在更大的范围和更大的程度上得以发挥。1997年，河南的市场化指数在全国各省市中排名第26位，2009年，这一排名提升到第16位。十几年间，河南全力推进的市场化改革已初见成效，市场机制的基础性作用已经彰显。未来阶段，河南还应继续保持市场化改革的加速度，为全省工业经济的良性增长提供来自市场的保障。

在河南工业化道路上，如果仅仅依靠市场这只"看不见的手"肯定是不够的。美国著名的战略专家迈克尔·波特曾指出，国家是企业最基本的竞争优势。政府作为一只"看得见的手"，能够通过积极的干预，如运用制度、政策等经济社会杠杆集中配置资源，引导产业结构的合理化发展，培育战略性新兴产业，助推工业部门的跨越式发展。因此，河南实施工业化主导不仅需要在更大程度上发挥市场配置资源的基础性作用，而且需要政府在构建创新系统、制定发展战略、弥补市场失灵、促进经济可持续发展等发面发挥积极作用。

在工业化过程中，市场这只"看不见的手"实施边际调节，具有自发性、连续性和渐进性，主要在微观经济层面起作用；政府这只"看得见的手"实施超边际调节，具有自觉性、非连续性和加速性，主要在国家宏观和产业中观层面发挥作用，更多的是为工业化创造良好的法规、制度和政策环境，从全球化意识出发建立适度的产业保护与贸易管理制度，引导企业以后发优势实现赶超战略。

新型农业现代化篇

实施"八高"工程 化解四大矛盾[*]

杨承训^{**}

编者按：针对世界的粮食危机和本国的粮食风险，中国应在科学发展观的引领下实施"八高"系统工程："高科集约"（农业现代化模式）；"高位购粮"（将现行粮食政府收购价提高 1~2 倍，约增加支出 5000 亿元）；"高价销售"（回收资金 5000 亿元）；"高额补困"（补 1 亿~2 亿的城市困难户，支出 1500~2000 亿元）；"高资专供"（高级农资由供销社专卖）；"高储平抑"（大量储粮，系统平抑物价）；"高压控地"（采取非常手段控制土地，根除"土地腐败"）；"高酬引才"（每年用 200 多亿元引导高级专业人才下乡）。化解的四大矛盾是：粮食增长困难、农民增收缓慢、城乡收入差距拉大、城市就业压力增大。同时施以配套措施，回答 5 个理论问题。

世界粮荒及粮价飞涨给全人类敲响警钟，在此背景下，我国应重新认识农业，重新认识工农关系。我国在 30 年的改革开放中虽然对发展农业，协调工农、城乡关系有了一套成功经验（用世界 7% 的土地养活了世界 22% 的人口），但仍然面临着粮食风险、城乡收入差距拉大、就业压力加

---

* 原载于中共河南省委咨询组《咨询与建议》2008 年第 59 期。

** 杨承训，中共河南省委咨询组经济组副组长，中原经济区"三化"协调发展河南省协同创新中心顾问，河南省经济学会会长，河南财经政法大学教授。

重、农资市场混乱等种种问题，需要从深层次系统对它们加以解决。"出路"何在呢？笔者想应当在科学发展观的引领下实施"八高"系统工程，促进农业现代化，使粮食增产、农民富裕，并缩小城乡收入差距，减轻就业压力。

一 把握农业的基本矛盾和矛盾的主要方面

世界各国的农业都有一个共同点，就是产业的基础性和弱质性构成它的基本矛盾，矛盾的主要方面在于产业的弱质性。产业的基础性是指它是人们生存所必需的、须臾不可离开的，不论穷人或富人都得吃饭，越是穷人，恩格尔系数越高；而且农业是一切产业和城市发展的基础，又是调节人类生存环境的一大生态系统。从目前的科学技术水平看，至少21世纪内还没有其他产业能够替代农业。产业的弱质性，是指它受自然的制约较大，经常遭受自然灾害，生产周期长而又效益低。我国农业的弱质性十分突出，2008年我国灾难连绵。前些年美国的学者竟然提出"谁来养活中国人"的问题；近来出现世界粮价上涨，西方有人把它归咎于"中国人吃肉多"。这些奇谈怪论将不攻自破，但问题在于从长远看，我国粮油供给仍面临着重大风险，严重制约全局发展和稳定。目前我国粮食自给率为95%，食用油缺口50%，随着工业化、城市化进程加快，越来越多的劳动力和人口向城市转移以及经济国际化程度加深，粮食供给形势将日益严峻。从2007年下半年开始的肉、粮、油、菜、奶及相关食品的突然与持续涨价，引起了连锁反应。

我国人多地少、气候和地理条件差别大，农业现代化绝不能照搬西方发达国家的模式。自农民家庭联产承包责任制实行以来，大批劳动力剩余出来，近几年大约有1.5亿~2亿农村劳动力离开土地到外地或附近城镇打工，他们大量地进入城市，有的则变成城镇居民。我国出现的庞大的农民工队伍在世界上也是独一无二的。应当说，随着工业化的深化必然加快城镇化，这是一个进步的历史趋势，但也必然为农业生产带来一系列新的矛盾，诸如：①农村精壮劳动力大量减少，留在农村的有相当一部分是老弱劳动力和一些中年以上的妇女，知识素质比较低，有的地方出现"空巢村"现象，影响技术的推广；②人口增加和耕地面积减少，人均耕地由新中国成立初期的 3 亩多变为现在的 1 亩多,许多地方(特别是南方)人均仅有几分耕地,而人均耕地今后还会减少,1996 年和 2007 年的粮食总产量相当,但人均产量由 824 斤下降为 744 斤,下降了 9.5%;③商品粮消费会大量增加,近 2 亿人原为粮食的生产者,现在却变成商品粮和其他农产品的纯粹消费者;④农业结构将发生变化,高效的经济作物的种植面积增加会减少粮食耕种面积,畜牧业的发展又会增加粮食的消费,加上工业用粮的需求量增多,都会加大粮食生产的压力;⑤农村中的公共服务设施比较薄弱,村级统一性的发展规划几乎没有或流于形式,污染严重,农民生活环境状况有恶化的趋势;⑥国际粮食供给紧张,尤其由于石油价格攀升,生物燃料消耗粮油日增,致使国际粮食价格大幅上涨(涨幅为 50% 以上),严重影响了国内的粮价稳定;⑦全球性的大气污染还会殃及我国的农业;⑧全社会城乡收入差距拉大,城市就业压力加大,连大学生、研究生就业都很困难;⑨关键是农民比较效益的降低,农业边际效益递减,农民增收的难度加大,种粮的积极性将受到很大的压抑。

从根本上解决这些重大问题,必须抓住症结。大量事实表明,粮食增产缓慢甚至产量下滑的关键在于农业收益低、农民收入低。现在的农民种粮成本高,如果算上劳动成本,种粮是赔钱的,种粮的每亩总收入(以 1000 斤计算)约 800 元,其中物化成本约 500 元,用 10 个劳动日,每日劳动成本 40 元,即为 400 元,这样就亏本 100 元。农民说:"在家耕种一亩田,不如外出打工二十天。"(实际上农民工工资也很低)现在的粮食价格与价值严重背离,农民收入中农业收入比例急剧下降(16 年下降了 18 个百分点),如表 1 所示。

表 1　农村居民家庭平均每人纯收入结构

项　目		1990 年		2000 年		2006 年	
		金额(元)	比例(%)	金额(元)	比例(%)	金额(元)	比例(%)
纯收入		686.31	100	2253.42	100	3587.04	100
按收入来源分	工资性收入	138.80	20.2	702.30	31.2	1374.80	38.3
	家庭经营纯收入	518.55	75.6	1427.27	63.3	1930.96	53.8
	农业收入	344.59	50.2	833.93	37.0	1159.56	32.3

资料来源:《2007 年中国统计年鉴》,中国统计年鉴 2007,第 367 页。

基于此种高投入、低效益的情况,外出打工或种经济作物比种粮食划算,农民便有的撂荒(有人估计,撂荒田近5%),有的粗耕,有的随便出租土地。要改变农业的弱质性,从根本上说,就要靠实现中国特色农业现代化,除了依靠科技提高单产和质量外,还要提高种粮效益,大幅度增加农民收入。估计每亩种粮收入达到1500元方可使农民务农收入与外出打工收入大体接近。从这里看,不少沿海发达地区的工业得以快速发展有一个重要原因,即利用了中西部地区的廉价劳动力和廉价粮食。

二 实施"八高"系统工程

经过长期研究,笔者认为解决此等矛盾不能仅用权宜之计,必须改变工业革命以来的"城市重心论"观念,下决心建立长效机制,从根本上对其加以解决。笔者建议的解决矛盾的总体思路是综合治理,实施"八高"系统工程:高科集约、高位收购、高价销售、高额补困、高资专供、高储平抑、高压控地、高酬引才。算总账,实施此系统工程的代价约占国家财政开支的9%,并可收回60%~70%,可实现长期良性循环。

1. "高科集约":中国农业现代化的模式

邓小平指出,我国的农业现代化不能照抄西方国家或苏联一类国家的办法,要走出一条在社会主义制度下合乎中国国情的道路;将来农业的出路问题,最终要由生物工程来解决,要靠尖端技术来解决。他还提出过利用综合科技发展农业的构想。从我国国情和时代特点出发,我国农业现代化的新理念应当是:发展以科技为支撑、高度集约化与适度规模化相结合的多元生态循环农业,实现工农、城乡协调互动的现代化。仔细分析,我国提高单产的空间还很大(单产落后于德国、美国、法国),要把弘扬精耕细作的好传统与现代科技结合起来,转变农业发展方式,变传统产业为朝阳产业。衡量指标主要为8个"率":科技贡献率、劳动收益率、土地生产率、投资回报率、优质产品率、新产品开发率、市场占有率、生态优化率。

过去将农业现代化等同于农业机械化,现在机械化问题已经基本解决,但不等于实现了农业现代化。目前,农业的关键是在增加产量的基础上大大提高质量,包括品种质量、植保质量、生态质量和经济效益等。这就需要大力因地制宜地推广适用技术和主攻先进技术，有的需要培育新品种，有的需要改进耕作制度和技术（如免耕法）。为此，必须改革农业技术体制，主攻有关农业生物工程技术的研究，主攻单产，把广大的低产田变为高产田，使我国成为世界上农业科技水平最高、粮油单产最高的国家。如果充分利用科技，估计我国农业还有 60% 以上潜力可挖。同时加快农村信息化建设。农民经营的主要缺陷在于盲目性，缺乏信息导向。现在要利用信息技术武装农民，使它们随时了解市场信息和技术信息（包括自然灾害预警）。这比其他基础设施建设投入少、收效快，是推进农业现代化、市场化的重要切入点。还特别要大力发展生态循环农业，下力气解决农村、农业污染问题。这不但关系农民的切身健康，而且关系全社会的利益，还是与国际市场接轨的关节点。现在的食品安全问题日益为社会关注，国家已对此制定了严格标准，国外的标准就更高。而且，生态农业化的发展也为发展观光农业、生态旅游业创造了条件。

为增加农产品的附加值，应当利用科技提高农业产业化经营水平，拉长加工链和价值链。各国家的经验都表明，单靠原粮产品不可能让农民很快富裕起来，单纯出售天然资源也不可能使自己成为经济强国。先进的生产方式提供的最佳方法是通过资源集成使其价值以乘数效应增加。这就要运用"第一生产力"构建梯级升值的产业链、价值链，以加工制造业带动农业和采掘业，并把第一、第二、第三产业横向打通，利用产业和产品的关联度制造特色工业产品，再通过现代流通业将产品销往国内外大市场。这样，就有可能用现代食品产业和其他农副产品加工业（纺织、皮革、服装等）的龙头企业带动改造传统农业，建立和发展优质原料基地，以订单和标准化规导农牧业，形成"种养加""产供销""企学研"一条龙。

2. "高位收购"：使价格与价值相符，大幅度增加粮农收入

为大幅度提高广大农业的收益和农民的收入，必须动用"两只手"匹配的功能，单靠市场自发调节只能降低农民的比较效益，影响市场和社会的稳定。世界上的大多数国家都对粮食种植有大量财政补贴。我国现在按亩补贴得太散乱，往往还补不到真正种田的农民身上（中间截留的环节太多）。较好的办法是以平均高出现在粮价 1~2 倍的价格敞开收购商品粮，优质优价，使农民拿到现金，每亩种粮收益达到 1500 元上下。按每年最高收购 5000 亿斤计算，一时增加的支出约为 5000 亿元（可回收 70% 左右）。

换来的好处是：①鼓励一部分农民真正下功夫增产粮食，改变粗放经营和撂荒现象；②有利于集中土地，适度规模经营，外出打工者可将土地租给、转交给以种田能手为主力的合作社耕作；③减少流转的中间环节，便于维持市场秩序，减少交易成本；④促进专业化科学种田，提高农民的科技文化素质和科技贡献率，优化粮油质量；⑤农民增收了还可以适当缓和城市就业压力（每年至少可减少 2000 万农民工）；⑥既能大幅度缩小城乡收入差距，又能基于劳动力市场供求关系变化，促进城市收入分配制度改革，增加劳动者的工资收入；⑦化解流动性过剩，把资本引向农村、农业。总体上，大大减少社会支出，促进社会稳定和谐。从长远和全局上看，实施"高价收购"系统工程能促成巨大的社会节约。

3. "高价销售"：可以将大部分高价收购资金回收周转

通过同等高价销售粮食及其相关制品，优质优价，可以收回 3000 亿～4000 亿元。从目前城市居民收入状况看，每月多支出几十元的食物支出，2/3 的居民还承担得起。这样可以回收 70% 多的成本，算下来国家每年的补贴实际只有 1000 亿～2000 亿元，回收的 3000 亿～4000 亿元又可继续用于周转，而国家也完全可以承担得起这部分补贴支出，2008 年国家对农村的总投入已达到 5652 亿元，约占财政支出的 9.7%。如果将国家对农村的投入以高价收购、高价销售的方式周转起来，还可节约一些支出。

4. "高额补困"：保证城市低收入阶层生活水平不降低

按城市低收入人口 1 亿人计算，每人每年补贴 1000 元，即 1000 亿元，加上其他阶层的少量补贴，最多支出 1500 亿元。也可以考虑成立城市粮食消费合作社，专营对低收入者的高补贴粮油。对于其他多数中等收入的城市居民来说，主要是通过改革收入分配制度，以提高收入抵消粮价上升的损失，从而不会造成大的影响。这样，在"谷贱伤农、谷贵伤民"之间就找到了一个平衡点。

5. "高资专供"：最基本的高级农资由供销社专营专供

为防止哄抬农资价格和以销售假冒伪劣产品来坑害农民，应当继续强化我国最大的合作组织供销合作社，实行高级关键性农资专营、专供，也可以将农资供应与收购商品粮挂钩，保证优质、优价供应优质生产资料。在下狠手整顿农资市场的同时，需要深化供销合作社内部改革，反腐倡廉，克服利益部门化，把它办成真正是农民自己的组织。

6. "高储平抑"：调控市场粮价和整体物价的走势

"手中有粮，心中不慌"，除了增加供应外，必须增加储备。不必担心粮食储备增多的出路问题。一是受总供求关系的制约，不可能因储备增加形成太多的过剩；二是消化粮食的出路很多；三是与国际大市场接轨还可调剂余缺。要下狠心大幅度增加农业生产和储备的投入，做到"控总量、稳物价、调结构、促平衡"。然后逐步在共同富裕过程中使农产品价格与价值相符，使农民收入接近或赶上城市居民的收入，经过10～20年最终使国内粮食价格与国际大致接轨。这是一个系统工程，现在就应着手。在这个过程中要健全和强化市场秩序，特别要强化国有企业吞吐平抑的主渠道、"蓄水池"功能。粮价是整个物价的基础，国家掌握了平抑粮价的主动权，就能制止私商哄抬物价，促进加工食品及其他相关产品的整体物价稳定。

7. "高压控地"：国家用高压手段严格控制粮油耕地面积

耕地是农业最基本的生产资料，是宝中之宝。我国耕地本来就少，近年来又激剧减少，由于利益驱使，现在仍有人想以各种手段为一些房地产开发商侵占耕地，特别是有些地方的乡村干部已经成为替私商盈利服务、侵占耕地的主要角色。还有不少地方以"建设新农村"为名想方设法"置换"土地，实际上是绕开高压线多占耕地。有的地方，农村干部的腐败现象相当严重，他们大卖"黑地"肥己，或用"租地"的名义设法占用耕地，侵犯农民权益达到无法无天的地步，而又上下串通、互相包庇。耕地面积实际上仍在锐减。这种绕过中央政策的"对策"是一个十分危险的新倾向。必须严格执法，加大处罚力度，尤其要下狠心采取高压手段惩治腐败，切实整顿基层组织，不能再"走过场"。否则，耕地是保不住的。为此，必须充分强化上层建筑的作用，解决好地方利益与中央利益的协调问题。同时，实行鼓励利用科技扩大耕地面积的优惠政策，用技术和经济手段增加复垦面积，提高低产田的产出率。

8. "高酬引才"：引导大学生和技术人才下乡就业

近几年的突出矛盾是，一方面农村缺乏人才，另一方面城市大学生、研究生就业困难，不肯下乡。这一矛盾产生的关键是农村的工资低、生活环境差。如果国家花上200亿元左右为农村地区引进几十万人才，既可使大学生、研究生就业有了新出路，又能逐渐造就一大批德才兼备的干部和高层次技术人才，还有利于抵制地方腐败。这也是实现农业现代化、完善农村服务体系的重要条件。

上述"八高"系统工程的收支大体匡算：支出最多需 6700 亿元，回收了 3000 亿 ~ 4000 亿元，净支出约 3000 亿元，最高 4000 亿元，并不比现在的财政支出多，但能使整个经济活起来、良性循环转起来、农业好起来、农民富起来，同时可大大减少维持社会稳定方面的支出。

三　在科学发展观的统领下统筹城乡发展、深化农村体制改革

为"八高"系统工程配套，需要在科学发展观的引领下，加大统筹协调城乡、工农关系的力度，按中央的精神建设好社会主义新农村。

①加大对农业合作组织的扶持力度。现在连发达资本主义国家都特别注重发展和扶持农业合作组织（西方各国都有各式各样的合作社，日本有全国性的农协），社会主义国家更应加大支持力度。列宁在《论合作社》这篇著名的论文中说过，任何一种社会制度"只有在一定阶段的财政支持下才会产生……目前我们应该特别加以支持的一种社会制度就是合作社制度""在政策上要这样对待合作社，就是不仅使它能一般地、经常地享受一定的优待，而且要使这种优待成为纯粹资财上的优待（如银行利息的高低等等）"。现在我国的农业合作组织还缺乏这种支持。为促进农业现代化，应当以农民自愿为基础让他们用土地入股，采用提供产前、产中、产后服务等方式重新把农民组织起来，把国家对合作社的支持法制化（尽快制定合作社法），推动农民发展商品生产，提高合作社的企业化程度。其中科学技术的推广应用是促进农民重新组织起来的"龙头"（如派出科技特派员、建立技术协会等）。核心是用好干部，可以选派一批高校毕业生下乡、村任职。在这方面大有文章可做。

②以市场为导向，加快农业结构的调整，包括种植业结构、农林牧渔的比例关系。从近几年各地的发展情况看，粮食播种面积有所减少，经济作物、畜牧业比重有较大的提高。今后应当强调以经济手段为主适当稳定粮食种植面积（16 亿亩为保证线），着重提高粮食产量和质量，保证粮食安全，提高畜牧业和特种产品的比重，逐步将种植业划分为粮食农业、经

济农业、饲料农业、观光农业四块，形成相互补充的产业间循环系统，引导各地打造基地化的特色农业。有的专家提出形成"三次农业"：以传统农业为基础，以农产品深加工和农工贸一体化为阶梯，以生物工程为重要目标。这也是很好的思路。

③采取有效的技术管理措施节约用粮。应当正视，现在的粮食浪费现象十分严重。一方面要倡导节粮的习惯和制度，另一方面发展节粮的畜牧业（以草食动物为主）和工业，杜绝以粮食为原料发展新能源。有的专家提出，"保面积、攻单产、节消费"，重要的是技术和管理要跟得上。据计算，全国仅鼠害一项造成的粮食损失就达 400 多亿斤，相当于浙江粮食产量的两倍。应当运用科学技术和先进管理措施从根本上节约用粮。

④理清建设社会主义新农村的思路。中央提出的建设社会主义新农村的思路是完全正确的，我们应当如实地领会和贯彻它的基本要求。然而，有的地方出现一种怪象：把建设新农村当作建"新村"，到处搞扒旧房、盖新房的样板，钱花了不少，农民却并不高兴。目前应当快增粮、缓筑房、倡科技、鼓民囊（让农民的钱袋子鼓起来）。必须把促进农业现代化和农民增收，作为建设社会主义新农村的核心。

⑤在社会主义新农村建设中深化配套改革。最重要的是增进公共产品的均等化，加强基础设施建设和公共设施建设，进一步减轻农民负担，特别是加快转变政府职能、杜绝利益部门化。在这个过程还必须下力气扭转形式主义、搞形象工程的倾向，真正把"好钢用在刀刃上"，重点支持农业科技的发展，用先进的科学技术促使古老的农业变为富有生机的朝阳产业。

四　回答几个理论问题

对于实施"八高"系统工程，经济学界产生了一些歧见，需要在理论上加以说明。而对这些理论问题的解答实质上是科学发展观统领下的社会主义市场经济在农业上的理论和制度创新。

1. "八高"系统工程是否符合社会主义市场经济的要求？

也许有人认为"八高"系统工程的做法违背市场化原则，但这是片面的。以科学发展观为指导可知，市场调节和宏观调控本来都是社会主义市场经济制度的组成部分，粮食和食用油属于基础性特殊商品，它的价值形成和价格机制同一般工业品有极大的差异，如劳动时间与生产时间不一致（不能连续劳动）、受资源（主要是土地）约束和不可控的自然风险影响特别大、生产周期长、物化成本高和增产难度强、改变供求关系时间长、市场见效慢等；对粮食和食用油的调控必须要求"两只手"很好地匹配起来。西方和许多国家的事实也证明，单靠市场自发调节或计划调节都无法真正解决农产品特别是粮食的价格与其价值相背离的问题，因为农业是弱质产业，农民是弱势群体，市场经济实质上是由强势产业和强势群体所左右的，最大的不等价交换就是工、农业产品交换。多数国家都有农业补贴，美国农户收入约有40%来自政府补贴。况且运用价格机制并不是违背市场原则，而是在社会主义市场经济中自觉运用价值规律。我国是社会主义国家，政府对人民利益和国家发展大局负责，怎样有利于又好、又快发展就怎样做，绝不能因为"市场原教旨主义"而束缚自己的手脚。

2. 大幅度增强第一产业是否不利于产业结构优化趋势？

这是一种教条式思维。农业加强了、农民富裕了，第一产业的比重可能会提高。但这是社会经济的整体需要，符合我国国情。我国不能完全照搬美国等发达国家的产业结构比例。所谓产品结构优化，归根结底是实现经济整体的良性循环，并且是一种动态的，各国情况应当有所不同，不能照套一个比例关系。优化的标准是整体经济效益高、质量优，既有利于扩大就业、增加人民收入、缩小收入差距，实现人民共同富裕，又能够规避国际风险。在农业未能实现现代化之前，第一个产业的比重稍大一点并非坏事，不能盲目减少。从产业革命的发展趋势看，生物工程可能是下一次技术革命的领先领域，而此次技术革命重要的一个特点就是农业成为朝阳产业，在新的水平上实现工农协调发展和生态平衡。

3. 大幅度增加农民收入是不是会减缓城镇化进程？

诚然，工业化、城市化是实现我国现代化的主线，但不可忘记大跨度地发展农村、农业和增加农民的收入是全面建设小康社会的重中之重。可以设想，即使我国基本实现了城市化，农村人口还会保留一个很大的比例

（约30%），不可能像西方国家那样只有总人口的百分之几。因为农业这个基础不可削弱，而且农业生产为就业提供了很大的空间。这里的关键是提高农业的收益和增加农民的收入，使得农村生活现代化。从经济发展的客观规律来看，城市化是一个伴随工业化以及第三产业发展的渐进过程，它必须建立在现代农业的基础上，并非越快越好，也不是城市越大越好，更不能以"豪华"的派头人为地拉大城市框架、大肆浪费土地（作为政绩工程），而应建设节约型城市，并要在农业人口向城市转移中扩大耕地复垦面积。可考虑对放弃土地的农民给予优惠补偿，克服人去房空、人走地荒的空壳现象。我国也不应重蹈西方国家"大城市病"多发的覆辙，除大、中、小城市和村镇网络式发展之外，还应有比较富裕和文明清洁的现代化村落存在。这也是许多国家共有的现象。

涉及就业问题，从各国发展来看，并非所有人口都必须在城市就业。由于我国人口众多，就业总量是巨大的，因此必须逐步扩大就业空间，其中必定有相当一个比例的农村就业。现在应当矫正一个观念，好像在农村劳动就不算就业，实际上农业收益提高了、农民富裕了、农村环境改善了，农民也是一种好的职业，其收入未必比在城市就业的人少。这就必须克服"城市重心论"和纠正轻视、蔑视农业、农村、农民的观念，坚持走出一条中国特色工业化、城镇化和农业现代化协调发展的道路。因此，现代化的农村将有更广阔的天地，现代化的农民有光明的前景，且农民同样是一种光彩的职业。

4. 通过高价收购粮食增加农民收入是不是按要素价格分配？

这种说法不确切。政府虽然通过市场价格调节增加了农民收入、缩小了城乡收入差距，但这一结果本质上是价值回归，因为粮价远远背离价值，而价值是由农民的劳动创造的，这正是按劳分配的基础。按要素价格分配实质上是按要素的产权分配，农业最重要的要素是土地，但土地产权并不属于农民（农民只拥有使用权），况且产权也不决定粮食的价值和市场价格，再进一步说，农业的其他要素如阳光等也不会参与分配。所以，政府利用价格机制调节分配是一种手段，调节后的分配关系本质上仍然属于生产资料公有制基础上按劳分配的广义范畴。

5. 粮价的大调整会不会引发全面通货膨胀？

这就看如何掌握。从理论上说，粮价的提高仍属于物价的结构性调整，可能会引起相关产品涨价。但是，物价是可以在一定范围内调控的。只要调控措施配套、有力，就可以制止哄抬物价之风，我国已经有了一套运用"两只手"匹配调节物价的成功经验，关键是选择好时机，做好系统准备。不过，事实说明靠零打碎敲地调控粮价，农民得的一点好处往往会被抵消。所以，要下决心实现中国特色社会主义农业现代化，必须在科学发展观的统领下施展大手笔。

对供销合作社改革发展的几点建议[*]

杨承训[**]

编者按：供销合作社是当前我国体系、网络最大的合作经济组织，也是全面建设小康社会、新农村建设与和谐社会构建的支柱力量。必须恢复供销社的合作性质，使之成为为农民提供服务的农民自己的组织，使之办得比日本农协和其他国家的合作社更好；要以全面建设小康社会为大目标，制定供销合作社改革发展新战略；要以科学发展观为指导，精密部署、有效推进供销合作社改革发展。

供销合作社是当前我国体系、网络最大的合作经济组织，也是全面建设小康社会、新农村建设与和谐社会构建的支柱力量，其作用只能被加强，不能被削弱。但由于其自身长期自囿于放活自救的纯商业运作，被"包、租、股、卖"，被股金风险轮番袭扰，其体制、机制和经营管理方面的问题日渐增多，活动的空间逐渐缩小。为使供销合作社真正汇入全面建设小康社会的洪流，并在其中发展振兴，经过对供销合作社现状的初步考察和反复思考，特提出如下建议。

---

[*] 原载于中共河南省委咨询组《咨询与建议》2008 年第 61 期。

[**] 杨承训，中共河南省委咨询组经济组副组长，中原经济区 "三化" 协调发展河南省协同创新中心顾问，河南省经济学会会长，河南财经政法大学教授。

一 必须认真恢复供销合作社的合作性质，使之成为为农民提供服务的农民自己的组织，使之办得比日本农协和其他国家的合作社更好

在科学发展观的指引下，当前我国社会经济发展迅猛，紧迫需要一个能给农民和弱势群体提供服务帮助的经济组织。但由于供销合作社的体制、机制和实力方面的原因，农村市场的农资涨价、假冒伪劣，农产品购销渠道不畅，基本生活服务项目短缺，城乡弱势群体权益被损害的情况相当突出，从而使农民比过去更加需要一个能在体制上真正代表、维护他们基本权益的经济组织。作为有合作性质的供销社，供销合作社绝不能办成只为少数人赚钱牟利的纯经营性机构。以 1979 年为起点的供销合作社改革发展，已走过 30 年的历程，既有成功经验，也有应吸取的教训。因此，应该以总结改革发展 30 年经验为基点，开展研讨反思，找准供销合作社汇入全面小康社会建设中的准确定位，认清供销合作社的真正职能所在，果断纠正供销合作社脱离合作原则的种种非正常倾向，以符合合作原则的改革发展思路，把供销合作社引入良性发展的道路。

二 以全面建设小康社会为大目标，制定供销合作社改革发展新战略

主要是把供销合作社的改革发展，定位于引领农村专业合作（包括农业生产、加工、科技、流通、服务等领域的专业合作）和城镇社区居民多形式合作的大框架之下。从供销合作社目前的实际出发，采取多种手段，引领、推进城乡合作组织的发展。一是以基础较好的供销合作社网点为依托，兴办多种流通型合作社，吸收当地群众自愿参与，以当年发生交易额分红或返利的形式进行利益联结，将其团结在供销社周围。二是以供销合作社职工和社会积极分子为骨干，引领广大农业生产经营者自主兴办多类型、多层次的专业合作组织，重点是提供农业、农民目前所急需的农资供应、农副产品生产与加工、多形式经营等服务。三是以城市供销合作社的基层网络或城镇社区为依托，组建以城镇职工、学生、居民为主的消费、

生活、服务性合作组织，提供基本生活品供应、家电维修、家政服务、物业管理、休闲消遣、观光旅游等服务。

三 以科学发展观为指导，精密部署、有效推进供销合作社改革发展

①供销合作社的全国性领导机构应组织有合作社专家参加的精干班子，以合作社精神无所不在、合作社领域无所不至为思想支柱，设计农村和城镇各类合作组织的发展目标和供销合作社引领发展的思路框架，有计划地推进供销合作社改革的实施。

②注重合作社理论建设和合作社思想教育。要组织力量，研究如何以正确的合作社观念，推进供销合作社改革发展，引导职工摆脱"包、租、股、卖"思维，为实现供销合作社的全面振兴而拼搏奋进；更要向广大群众进行合作社思想的广泛宣传，将他们的积极性引导到合作经营、自我服务、民主管理方面来。

③妥善解决供销合作社现存的各类问题。既要按照合作社原则和新的《农民专业合作社法》，对供销社已经包、租的门店进行多途径的完善，逐步获取农民社员的信任；也要从维护"农民社员"基本权益、维护供销社根本利益出发，对于前期遗留的问题，梳理分类，提出意见，上报政府，依法解决。对群众意见很大、影响很坏、不解决就不能使供销合作社正常经营的事件，要用行政和法律手段一追到底，给农民社员和干部职工一个明白的交代。

④转变县以上供销合作社的职能。从当前现实出发，将县以上供销合作社改为同级政府的工作部门，使它负责本区域合作组织的发展、生产、经营方面的规划制订、组织协调、经营指导、权益保护、检查验收、监察督促诸事宜及承担政府规定的职责；同时使它负责供销合作社所属经营单位的改革发展工作。城市供销合作社，主要指导和协调城镇社区多领域、多形式合作组织的发展，并承担所属企业的改革事宜。

⑤加强党委政府对供销合作社的领导。一是提请党委政府从宏观角度确认供销合作社在全面建设小康社会、农村经济社会发展、和谐社会构建中的地位，明确其职能责任所在，提出目标要求，并督促其认真落实。二

是建议各级人大立法机构根据《农民专业合作社法》具体制定各类专业合作组织的实施细则、配套措施、倾斜政策，从法律角度对供销合作社给予鼓励和保护。三是工商税务部门要在财税、信贷、工商登记、证照发放等方面，对供销合作社予以倾斜和优惠；同时加强监督和验收，纠正违背合作社原则的非规范性运作。对有关部门和单位无理侵犯合作组织合法权益的行为，进行政策和法律救助。四是完善供销合作社领导机制。建议中央和省一级供销合作社设立有合作社专家、社科权威参加的咨询组织，使供销合作社改革发展的决策和实施更能体现它在全面小康社会建设中所承担的社会责任。

关于以生物经济为依托的农业产业革命的几点思考[*]

杨承训[**]

编者按： 推进中国特色农业现代化必须发展以生物科学和生物技术为主线的科技密集型的农业，即发展以科技为支撑、高度集约化与适度规模化相结合的多元生态循环农业，以实现工农、城乡协调互动的现代化。实现中国农业现代化事关全局，是一个巨大的系统工程，需要全面配套。其核心在于认真贯彻落实以人为本的科学发展观，统筹协调各方面的关系。

一　中国农业从改革到革命

中国 30 年的改革开放首先从农村、农业开始（河南走在前列），创造了以不到世界 9% 的耕地养活世界 22% 的人口的奇迹，不仅解决了西方断定中国解决不了的中国人的温饱问题（取消了一切食品的票证），而且能够出口粮食。在全球闹粮荒和粮价飞涨的背景下，真可谓"风景这边独好"，并且积累了经济落后国家农业改革发展的成功经验，创造了以农业"两个飞跃"为主线的崭新理论。历史的车轮飞驰前进，现在我国又进入一个新的起点，需要在科学发展观的引领下创造人类历史上新的农业模

---

　* 原载于中共河南省委咨询组《咨询与建议》2008 年第 64 期。
　** 杨承训，中共河南省委咨询组经济组副组长，中原经济区"三化"协调发展河南省协同创新中心顾问，河南省经济学会会长，河南财经政法大学教授。

式，需要为化解粮食风险的长远大计进行以高新技术为支撑的农业革命。事情的动因是这样的巧合，在中国近现代历史上农村一直"领跑"着中国的变革：从新民主主义革命时期的农村包围城市，到30年前的农村率先改革，再到即将发生的"生物经济"时代的农业新产业革命。这是中国变革的一个鲜明特色。

二 农业的基本矛盾催生自身革命

辩证法告诉世人：矛盾是事物发展的根本动力，难点往往成为前进的新起点。洞察农业新的产业革命，并非靠主观臆断，而是出于对农业基本矛盾在世界范围内正趋激化的现实考量，客观需要在今天也有条件进行这样一场更加深刻的变革。

农业的基本矛盾是什么？就是产业的基础性和弱质性的矛盾，矛盾的主要方面在于产业的弱质性。产业的基础性是指农业是人们生存所必需、须臾不可离开的，不论穷人或富人都得吃饭，并且农业是一个不可替代的巨大生态系统。产业的弱质性，是指农业受自然的制约较大，经常遭受自然灾害，生产周期长而又效益低，且在国际和国内市场上处于竞争的弱势地位，产品价格远远低于它的价值。就我国而言，虽然粮食自给率达到95%，但加上70%的大豆依赖进口，那就意味着有10%的缺口，这一缺口相当于每年第一粮食大省河南全年的产量（1000多亿斤）；我国人口每年净增700多万人，净增人口比青海省总人口还多200万人；耕地面积递减，近十几年耕地面积减少了1.5亿亩，相当于每年丢一个海南省。国际四大粮食垄断组织已经进入我国，首先控制了大豆的进出口，然后企图控制大部分粮食，目前我国边境省区市的粮食走私十分猖獗。从长远看，粮食缺口仍然会扩大，粮食安全、粮食主权会受到越来越大的威胁。

不止于此，农业特别是粮食的问题还会牵动全局，加剧我国经济社会矛盾。由于农民种地的比较效益降低，大批农民不愿种地，精壮劳动力超量无序地流入城市，不仅拉大了城乡和区域之间的收入差距，而且大大增加了城市的就业压力，每年总有上千万劳动者失业，现已波及大学生、研究生。就其影响面来讲，这不利于提高农民工和城市职工的工资，并会分离出无职业游民，造成社会不稳定、国家的社会成本与日俱增。再说，我国转变发展方式的着力点之一是扩大内需，增强消费有利于经济增长，但恰恰因为占人口多数的农民收入低而缩小了农村的消费需求。

面对上述复杂问题搅和在一起的状态，我国要寻找矛盾发生的总根源及其解决的出路。现在在经济社会诸多矛盾链条上最关键的环节之一就是农业，粮食价格对价值的背离，从长远看必须运用科学技术实现中国特色农业现代化来加以解决。

三　迎接"生物经济"时代的农业产业革命

邓小平早就说过，我国农业现代化不能照抄西方国家或苏联一类国家的办法，要走出一条在社会主义制度下合乎中国国情的道路。后来他在论述"科学技术是第一生产力"时又明确地说，将来农业的出路问题，最终要由生物工程来解决，要靠尖端技术来解决。

总体上说，推进中国特色农业现代化必须发展以生物科学和生物技术为主线的科技密集型的农业，即发展以科技为支撑、高度集约化与适度规模化相结合的多元生态循环农业，以实现工农、城乡协调互动的现代化。如果说当年的工业产业革命发生在西方，那么21世纪的农业产业革命便有可能发生在东方社会主义国家的中国。

人类的发展史，经历过多次生产力的技术形态变更，继"狩猎经济""农业经济""工业经济""网络经济"之后，第五个形态很可能是"生物经济"，也就是以生物科学和生物技术为主导的技术革命支撑的新的产业经济。一个生物基因的破译和重新组合利用，就可能创造一个新的产业。有不少科学家预言：生物技术即将取代信息技术，成为社会最重要并能改变工业和经济格局的主导技术。而农业是以生物技术为平台的最大基础性产业，迫切要求新的突破，而且在实践中已经出现突破。在改革开放30年中，以袁隆平先生选育的超级杂交水稻为代表的生物技术"产品"，解决了近5000万人口的吃饭问题，近年来超级稻的研究进入分子生物水平，研究成功了亩产800公斤的二期超级稻，超级稻产量正在向亩产900公斤挺进。河南小麦的优良品种已经实现了8次更新换代，其产量今年创造了亩产1733斤的最新纪录。近几年商丘的农民曹长义从事

"远缘诱变育种法"的实践，即在红薯、土豆上嫁接小麦、玉米、大豆、绿豆等，培育出了400多个新品种系列，其中小麦亩产达1650斤，突破了原有的植物学原理，开创了9000年来人类栽培农作物历史的先河。这些创新事例，还只是冰山的一角，今后的奇迹将更加层出不穷，改变人类的种植业。

现在需要更新一个传统的观念，那就是把农业机械化、化学化等同于农业现代化。实践证明这是相当褊狭的。只能说，农业机械化仅是农业现代化的一个方面的要求，而"化学化"则把以生态为本性的农业推向"石化农业"的死胡同。农业发展的根本要求应是利用综合技术使农业的经济效益、生态效益和社会效益协调，包括提高农产品的质量和产量。从人与自然的关系这个大视野来考察，"大农业"是人与自然交换最紧密的产业，是太阳能转化的最直接、最大量的领域，是最大的生态调节器，覆盖80%以上的陆地和大面积的海洋，潜力无穷。农业新产业革命不仅能够解决粮食问题，而且可化解一系列人类面临的难题，包括一部分新能源、土地荒漠化及其他吃穿用等问题，甚至将来的沙漠改造都可能靠科技武装的大农业来实现。农业囊括狭义农业（种植业或小农业）和广义农业（大农业），前者包括粮食（谷物）、经济作物、能源作物、饲料、药材种植业等；后者包括种植业、畜牧业（包括牧区业以及养蜂、养蚕、特产饲养等）、林业、水产业（海洋与淡水）、微生物农业等。

农业不仅是人类赖以生存和发展的基础，而且为一系列重要加工工业提供原料。在农业大发展的基础上，还可利用科技大力发展食品、纺织、皮革、造纸、有机肥料、饲料加工、橡胶、有机化工（如塑料）业以及旅游、各种服务业等，并带动起一大批产业。所以，农业现代化系统工程是大有希望的。如果能够在30年左右使小农业挖掘出1倍的潜力、大农业再发挥出2~4倍的能量，并使它们与发达的工业和服务业协调发展，那么中国就能成为屹立于世界前列的国家，为发展中国家做出样板和作为世界经济增长的引擎。

以能源而论，人类社会大体经历了利用柴火、煤炭、石油、燃气四个发展阶段。能源技术不断进步的标志是能源载体的含碳量不断下降，如今兴起了"低碳经济"。毫无疑问，发现、利用新能源的方法、手段是多种多样的，然而，唯有生物质能才是经植物光合作用转化成为化学态能量的，是最合适转化为液态燃料进而变为燃气形态的。有的专家提出，发展生物燃料不仅是替代石油的唯一选择，而且是促进农村经济发展，使农民脱贫致富和缓解粮食问题的一把钥匙。如果说此次粮食危机是穷国的粮价危机，根子在"穷"字上，那么，生物燃料将是发展中国家改善穷国境遇和应对粮食危机的一种"经济武器"。中国生物质原料资源丰度显著高于美国。中国是个农业大国，小麦年产量是美国的 1 倍，水稻年产量是美国的 21 倍，猪存栏量是美国的 8 倍，农业"副产品"和废弃物当然比美国的要多得多；中国北纬 30 度以南的广大南亚热带及热带地域也是美国所没有的。

还有一个重要的问题，就是农业的生态功能。从当代可持续发展规律的视角考察，"大农业"（农、林、牧、渔等）本身是地球上生态系统最大的组成部分，具有包括林业在内的调节生态平衡的功能，而大片的农作物扮演着吸碳释氧、参与水循环、调节气候的主要角色。长期以来，社会对这一重大贡献未给予应有的重视。假设没有农业，人类不仅有缺衣少食的问题，而且没有新鲜空气供呼吸，生态环境也将受到重大威胁甚至失去基本生存条件。

纵观人类历史长河，农业是永恒的产业，与人类生活的方方面面息息相关。我国作为一个人口最多的农产品大国，已经有条件在实现工业化的同时进行农业的产业革命，以使得这一最古老的传统产业变为潜力巨大的朝阳产业。

四　在科学发展观引领下系统配套

实现中国农业现代化事关全局，是一个巨大的系统工程，需要全面配套。其核心在于认真贯彻落实以人为本的科学发展观，统筹协调各方面的关系。

第一，全面统筹协调城市化与农业现代化的关系。这里强调"全面"，就是不要偏废一方。固然城市化是主线，是目标，但不能不顾及农业的发展和农民的利益。现在有不少地方讲的是统筹城乡发展、城乡一体化，实际上只注重扩张城市，不注重提高农业和农民的收益，以致出现了大批失地又失业的农民。世界经济发展 200 多年来一直遵循的是"城市重心论"，农民往往作为牺牲品,如今有些地方领导厌弃农业。这里需要明确,城市化是一个渐进的历史过程,有它自身的规律,不是越快越好,也不是城市越大越好。目前的弱势方恰恰是农村、农业、农民,如果农业现代化基础不牢,产业发展跟不上,城市化无疑是空中楼阁。

第二,运用好"两只手"支持农民增收。事实证明,单靠市场化是解决不了农业现代化和农民增收问题的,因为农业是弱势产业,农民是弱势群体,无法与资本拥有者平等竞争。而市场调节和宏观调控都是社会主义市场经济的组成部分,解决农业问题尤其要"两只手"匹配起来发挥作用。现在农产品特别是粮食的价格严重背离价值,农民种地收益太低乃至亏本,无法调动农民积极性。笔者建议实施"九高"工程,化解六大矛盾即利用"高位收购"(将现行粮食政府发购价提高 1~2 倍)、"高额补困"(补贴城市 2 亿多低收入人口),"高价销售","高储平抑"(以高储备系统平抑物价),"高资专供"(高级的农业生产资料专卖专供),"高压控地"(更严地控制耕地),"高酬引才"(用较高的待遇吸引人才下乡),"高科集约"(高科技密集的农业现代化),"高惠生能"(以最优惠的政策支持生物质能源迅速发展)来解决粮食增产难、农民收入低、城乡和区域收入差距拉大、城市就业难、农村消费增长慢和生物能源比重小等诸多矛盾。抓住这个关键,就抓住了整体链条,会大大减少社会成本。

第三,以科技为龙头把农民组织起来,与大市场对接。现在看来,单靠微型规模的小农业是无法构建科技密集型的现代农业的。应当借鉴国外的成功经验,大力发展各种专业合作组织,尤其是要充分发挥科技特派员和技术服务体系作用把农民组织起来,包括组建以土地入股为特征的村级合作社,实现科技种田的规模化、标准化、基地化、配套化。这里的关键是人才和技术,条件是政府在人、财、物上大力支持。并对最大的合作组织供销合作社进行改革,使之成为真正为农民、为农业服务的全国性组织。

第四,统筹中央和地方的利益,深化农民基层组织的改革。现在的突出矛盾之一是产粮省、区、县财政困难,不但无力支持农业建设,而且连自身的必要开支都难以维持。结果是谁种粮、谁吃亏,造成恶性循环。因此必须加大转移支付力度,让种粮大省、大县尽快富起来。同时,以"高酬引才"为契机，加快基层政权组织的改革，鼓励一些吃财政饭的人员出去独立创业。目前一些县的乡村基层组织人员过多、财力过小、服务过弱、债务过重，个别地方腐败现象相当严重。要加快农业现代化进程，必须采取有力政策和重大举措，下猛药，通过深化改革根治基层组织的痼疾，同时以提高农民收入为切入点架构创业的激励机制。这也是农业革命系统工程的必要组成部分。

大力推进农业发展方式转变[*]

杨承训[**]

编者按： 我国目前农业落后，仍未摆脱粗放经营状态，但国内外形势逼人。加快转变农业发展方式，首先要明确"走中国特色农业现代化道路"，其次要加快种植业现代化进程，最后要配套改革生产关系与上层建筑。此外，要着力探索生态农业、循环农业发展之路。

2010年3月10日，胡锦涛同志在参加河南省人大代表团审议时讲了四个"大力"，特别专门强调"大力推进农业发展方式转变"。就此结合全国情况谈谈个人体会和建议。

一 加快转变农业发展方式的必要性和紧迫性

农业是国民经济的基础。这是我国60年发展史和世界经济史所反复证实了的一条真理。我国用世界9%的耕地养活了世界20%的人口，这是一个人间奇迹，为我国社会主义现代化建设又好又快发展提供了坚实的基础，为成功应对国际金融危机铸造了牢不可破的后盾。在今后的现代化建

---

* 原载于中共河南省委咨询组《咨询与建议》2010年第6期。
** 杨承训，中共河南省委咨询组经济组副组长，中原经济区"三化"协调发展河南省协同创新中心顾问，河南省经济学会会长，河南财经政法大学教授。

设中必须毫不动摇地坚持以农业为基础、统筹城乡关系、巩固工农联盟，是我国解决现代化建设问题的一个法宝。胡锦涛同志充分肯定了河南省农业的巨大成就，指出河南是农业大省、粮食大省，因此河南省要毫不动摇地把解决农业、农村、农民问题作为党工作的重中之重，不断巩固农业的基础地位。笔者曾多次建议，河南应当率先实现中国特色农业现代化，成为现代农业、生态农业示范省。

然而，事物是发展的，面对新的挑战，河南省应当在农业发展方面进一步增强忧患意识，深刻透视潜在危机，提高对加快转变农业发展方式的必要性和紧迫性的认识，克服轻视农业的种种片面认识。

第一，我国农业的基础还是相当脆弱的，农业仍然是国民经济的软肋、现代化的短腿。农业的基本矛盾是基础性和弱质性的矛盾，弱质性是矛盾的主要方面，在拥有 13 亿人口的我国十分突出。目前不少人满足于粮食 95% 的"紧自给"，特别是这几年的连续增产，使他们盲目乐观起来。实际上，这是一种表面性认识。因为这个 95% 的"紧自给"仅指谷物，如果加上 80% 的大豆靠进口，粮食缺口即达 10%，大致相当于河南省全年的粮食产量。今后的资源约束还会加大，重大自然灾害随时都可能发生，粮食及其他农产品的危机不期而至，因此必须从长远战略上做好充分准备，未雨绸缪。

第二，我国农业现代化的水平还很低，现代化装备和科技含量水平与世界先进国家的相差甚远。在农业机械化装备水平、水利设施、农业科学技术（特别是生物技术）、信息技术、农民素质等方面，我国与世界先进水平还有相当大的差距。稳产田比例小，中低产田占 50% 以上，抗灾能力较弱。这些年，我国粮食增产相当重要的一个原因是大量施用化肥，但这造成土壤污染、土质板结、有机质下降，尤其是水体污染相当严重。有些地方土地沙化、荒漠化的面积有增无减，且每年以 1% 到 2% 的幅度递增。这样下去，农业发展是难以为继的。

第三，资源约束和工业化、城市化以及人口增长呈反相关双向制约。我国土地资源本来就少，但工业设施、交通设施、房地产、城市大面积扩建（已经大大超过原有的城市规模）以致其他用地迅猛增加，守住国家规定的 18 亿亩耕地的红线难度相当大，全国各地尤其是南方许多农田大片荒芜，耕地非农化、农地非粮化现象日渐严重。国家规定的土地补偿制度，在许多地方变为以劣田补良田，甚至用虚假的造田来换取良田。这种状况并未引起许多地方政府的重视，"土地财政"已成为一大支柱，甚至以多种"对策"来应付中央的政策，其中一个重要理念就是：哪里会多占耕地，哪里的经济就发达；哪里听中央话，哪里就吃亏。在客观上，我国人口还在增长，估计20年后可能达到17亿人，而且趋于老龄化，粮食需求会进一步增加。

第四，如今我国农业呈现着"小农户对大市场"的格局。农民组织化程度甚低，在市场经济中处于弱势、被动地位。在"公司加农户"格局中，企业往往以压低价格、牺牲农民利益作为降低成本的途径。农村专业合作社刚刚起步，而多数又为一些富户所操纵，许多陷于自生自灭状态。我国尚未形成像日本农协那样的为农业服务的大型组织，目前的供销合作社需要脱胎换骨的改造。基于多种原因，农民收入比较低，造成农村精壮劳动力流失，农民种田的积极性总体下降。

第五，国际农业形势威胁中国农业的发展。我国有不少人主张粮食靠进口，工业发达地区靠经济落后地区供给低价粮。这是一个十分危险的观点。西方资本主义发达国家控制世界特别是发展中国家的手段之一，就是控制粮食、垄断粮食价格和种质资源。四大粮食公司已将触角伸进各国，包括我国。他们的目的不是让你解决粮食问题，而是要借此发财，世界上挨饿的人越多，他们越能发大财，并使那些受饿的国家被它们控制。目前世界上约有10亿人口吃不上粮食，还有20亿人口"吃不够"粮食。从发展趋势上看，到2050年世界人口可达100亿人左右，粮食的需求量将增加70%到100%。这是一个十分严峻的形势，如果不解决农业问题，我国也会变成挨饿的国家。

总而言之，我国目前农业落后，仍未摆脱粗放经营状态，但国内外形势逼人。笔者估计，如果满足现状，10年后我国会出现粮食紧缺问题，20年后就会出现粮食危机，40年后恐怕会因此成为西方的附庸。国人一定要有这样的忧患意识。

二 加快转变农业发展方式的目标和途径

对于加快推进农业发展方式的转变，胡锦涛同志曾做基本概括，即坚持走中国特色农业现代化道路，加快构建粮食安全保障体系，加快构建现代农业产业体系，加快推进农业科技创新，加快推进农业经营体制机制创新，大幅提高农业综合生产能力，大幅降低农业生产经营成本，大幅增强农业可持续发展能力，全面提高农业现代化水平，扎实推进社会主义新农村建设。全面理解胡锦涛同志的讲话精神是一个系统工程。

首先，明确"走中国特色农业现代化道路"，不能照搬外国的农业模式（但可借鉴它们的成熟经验）。一方面要从中国的特殊国情出发，善于发挥优势，避开和克服劣势；另一方面要突出时代特点，攀登农业生产力的高峰，实现跨越式发展。党的十七届三中全会提出了高标准的五点要求：高产、优势、高效、生态、安全。做到这五点中的一点还相对容易些，但将它们作为一个整体要求来实施则是人类的难题。因为各点之间存在着矛盾，比如高产和优势就有一定的矛盾（高产的东西往往不能优质，而优质又往往不能高产），高效与生态、安全也有矛盾。笔者想，中国现代农业应当是以高科技为支撑、高度集约化与适度规模化相结合、立体式多元化的生态农业。这就要求在精耕细作的基础上跨越式发展"后现代农业"（有人称之为"永续农业"）。特别要发展特色农业，拉长产业链，培育壮大龙头企业。

其次，关于加快种植业现代化进程的举措，2013年1月31日公布的《中共中央国务院关于加大统筹城乡发展力度进一步夯实农业农村发展基础的若干意见》在"提高现代农业装备水平，促进农业发展方式转变"（第二章）中提出了7条具体要求：稳定发展粮食等大宗农产品生产、推进菜篮子产品标准化生产、突出抓好水利基础设施建设、大力建设高标准农田、提高农业科技创新和推广能力、健全农产品市场体系、构筑牢固的生态安全屏障。这里侧重谈一谈农业科技创新和推广的问题。早在20多年前，邓小平在论述"科学技术是第一生产力"时就专门讲过，将来农业的出路问题，最终要由生物工程解决，要靠尖端技术来解决。这是一条具有远见卓识的指导思想。七条举措的每一条都离不开科学技术。这几年，我国建成了许多农业科技实验园区，搞了多块高产试验田，并在逐步扩展推广范围，这条道路是正确的。今后还应当加大农业科技的研发投入，边试验、边推广。不仅要解决种子问题，而且要把高产与优质的矛盾解决好，增强粮食的营养与安全，提高其价值含量。我国幅员辽阔，各地土质与气候条件差异很大，应当提早主攻那些特殊条件的农业技术，如适合于高原地区的节水耐旱品种培育及其种植技术。同时需要着力完善农村科技推广体系。抓住了科学技术这个关键环节，就抓住了加快转变农业发展方式的钥匙。

同时，生产关系与上层建筑的改革要配套。这里仅谈三个重点问题。一是破除城乡、区域间的二元经济结构，在统筹城乡发展中一定要克服畸重城市的倾向。中央提出着力发展小城镇非常正确，需要注意的是决不可以牺牲农民的利益为代价借机圈占土地，而要真正促进农民增收，促进农业现代化进程。二是用多种形式组织农民，在坚持土地基本制度不变的条件下大力发展多种合作组织。应当拿出一部分政府对农业的投资资金来专门支持合作社的发展，鼓励德才兼备的帅才（包括大学生）领导合作社组织。从长远看，应当像国有企业改革那样下决心采取有力措施，把供销合作社改革成为类似日本农协那样为农民全程服务的组织，并在全国建立农民工会，扩大农民的话语权。三是在重新认识农业价值的基础上按照价值规律深化改革价格机制和价格政策，突出中国的特色，兼顾农民与城市居民的利益，更要着眼于现代农业可持续发展，促进耕地的集约化经营。这是深化改革的重大难题之一，需要凸显中国的独创精神。

三　探索生态农业、循环农业发展之路

中央提出加强农业面源污染治理，发展循环农业和生态农业。这是农业现代化的前沿问题，是转变农业发展方式的应有之义。国际上许多学者提出的"后现代农业""永续农业"，就是指的这方面的内容。对此，许多同志相当生疏，需要学习探索。

农业（种植业）本身是一个生态系统，具有吸碳释氧（碳汇）的功能，但它的延伸（畜牧业、食品加工业等）会破坏生态。从 2010 年 2 月我国发布的第一次全国污染源普查结果看，农业污染是水体污染的最大源头。在农业源污染物排放中，化学需氧量排放量为 1324.09 万吨，占排放总量的 43.7%。农业又是总氮、总磷排放的主要来源，农业氮、磷排放量分别为 270.46 万吨和 28.47 万吨，分别占氮、磷排放总量的 57.3% 和 67.3%。农业污染不仅关系到整体环境治理，而且成为食品安全问题的

源头。由于农业分布面广、种植多样化，治理起来有相当大的难度。同时，农村的生态环境也令人担忧，几乎一村一个垃圾山，垃圾直接污染农田，影响农民的健康。

发展生态农业或低碳农业，首要的是减少污染。在大田种植中要改善肥料结构，少用化肥，提高化肥利用率，在技术人员指导下测土、取方、施肥，倡导多用有机肥，慎用农药，逐步用生物治理替代农药使用，推广抗病虫的良种。对村落要处理好生活垃圾，管好生活用水，以建设卫生、整洁的新农村。

治理农业污染的根本方法是发展循环农业，构建循环产业链。循环经济是人类生产力发展史上的质变，是人与自然友好相处、索取与回报相统一的途径。循环农业是生态农业的一个组成部分。在农业污染中，畜禽饲养业是最大的污染源头，应当加快转变饲养方式，变分散饲养为集中饲养，集聚化发展大型沼气工程，使粪便等污染物变为高效资源，用以改善农村的能源结构。多年的经验证明，分散建立沼气池费工、费时，所建的沼气池也不能在冬季持续使用，最有效的方法是集中发展大型沼气池，使沼气业变成农村的一大产业，进而可利用沼气发电。对于村落中的生活垃圾也应集中专业处理，同大型饲养场结合形成农村生态循环产业链条，由专人负责搜集垃圾集中处置，这也有利于扩大农村就业。全国每年产生6万亿斤各种秸秆，传统焚烧方式不仅造成严重浪费，而且加重环境污染，应当用科学的方法将秸秆集中处理、变废为宝，设法通过沼气使之还田，增加耕地的有机质。水的循环利用，是节水的主要途径。从各地条件看，可以先在城市郊区发展循环农业，充分利用和合理转化城市污水和生活垃圾；还可发展城市农业，改善城市生态。建设社会主义新农村也应当着重建设新型生态村、循环农业园区。总之，充分利用生物科学技术大力发展循环农业是改变农业生态环境、降低生产成本、节约水肥资源、实现高产与优质相统一的根本出路，也是发展低碳经济、从源头上确保食品安全的关键环节。中国特色农业现代化光明灿烂的前景，就在这里。

关于中原经济区建立
"农（业）谷"的建议[*]

关于中原经济区建立
"农（业）谷"的建议[*]

杨承训[**]

编者按： 为更加突出中原经济区的特色和支撑力量，建议在郑州新区建立我国乃至世界独有的"农（业）谷"，作为科技经济发展的增长极，在全国开创标新立异的科技创新高地。为在中原经济区创建农谷，需要在战略上提升农业现代化和农业科学技术的地位，采取强有力的措施，实现跨越式发展。

河南省委、省政府关于构建中原经济区的战略蓝图，具有前瞻性、科学性，非常正确，是河南跨越式发展的重大举措。为更加突出中原经济区的特色和支撑力量，建议在郑州新区建立我国乃至世界独有的"农（业）谷"，作为科技经济发展的增长极，在全国开创标新立异的科技创新高地。

一 建立农谷的独创性、战略意义和基础条件

大家熟知，硅谷是美国西海岸加利福尼亚州圣塔克拉克县建立和发展

---

 * 原载于中共河南省委咨询组《咨询与建议》2010 年第 23 期。

** 杨承训，中共河南省委咨询组经济组副组长，中原经济区"三化"协调发展河南省协同创新中心顾问，河南省经济学会会长，河南财经政法大学教授。

的研发半导体的工业基地、微电子工业基地、高技术集中区，可谓全世界半导体研发的科技经济增长极，带动了整个美国经济的发展。近年来，我国许多地方建立了新的"谷"地（如湖北武汉建立了光谷），但我国和世界上还没有"农（业）谷"及专门研究农业及其产业链的高新技术经济集中区。河南省要构建的在工农、城乡协调发展，"三化"互动的中原经济区中的农谷的最突出的亮点在于现代化农业在其中占主导地位。这符合河南省作为农业大省、粮食基地和工业大省的特点。要支撑农谷的发展，最重要和最具特色的是把农业科技创新放在领先地位，以现代农业及其产业链支撑全部特色经济，使之在全国具有不可替代的战略地位，在世界范围内也具有独创性。具体说，它的作用有以下几点。

第一，支撑现代农业加快和持续发展，转变农业发展方式，以最新的科学技术推动农业现代化进程，创造世界最先进的农业生产及其产业链条技术，并与第二、第三产业协调发展，带动整个"三化"。

第二，改造传统农业，为将来深刻的农业产业革命准备科技创新成果储备，在高起点上创造世界上最先进的农业链条，使农业不仅作为化解粮食危机的主体，而且成为带动其他产业发展、增加农民收入的重要源泉和生态经济、低碳经济的重要支柱。

第三，创造这样一个最先进的科技高地，使之成为河南标志性创新品牌以及全国农业产业链科技经济中心，这对人多地少、各种农作物俱全、有精耕细作传统的中国具有典型意义。可以影响全国，争取到中央大力的支持（中央最重视河南农业），集聚全国乃至世界的科技力量，推动最先进的农业成果转化。

第四，如果农谷可以在全国和全世界成为一个标志性的科技创新基地，就有利于发展世界性的农业科技国际合作，吸引世界农业的科技基地和科技人才，并能展示未来大农业产业链发展的广阔前景，有利于化解世界对粮食危机的悲观情绪。

第五，农业科技高地可以与农工贸（如国际农产品交易会）结合、与农产品进出口相配套，促进农产品加工和农产品国内外贸易的发展，进一步充实、扩展大农业产业链条，推动工业和第三产业的发展，拉长循环经济链条，进而扩大就业、改善民生。

从其农业及食品加工业和科技发展的角度来看，河南省建立农谷有一定的基础条件。作为粮食大省,河南省具有丰富的发展农业的经验和相当多的农业及食品加工业的科技成果,有一大批科研机构、高等学校和科技人才,有相当数量和质量较高的农产品加工企业。如能适当地将这些要素加以集中、协调,给予大力财、物支持,完全有可能尽快把农谷建立起来。

二 农谷的定位和承担的任务

建立和发展农谷完全符合"十二五"规划和中原经济区规划的要求。初步设想,农谷应当是以农业及其产业链和相关产业的高新科学技术研究开发为主并与产业化结合的高水平基地,人才、设备、技术高度集中于它,它能够不断开发和应用新的农业及其相关产业的技术,包括农、林、牧、渔等本身的高端技术和农产品加工、为农业服务的机械产品、气象服务、水利配套和水土植保等方面的高端技术,具有前瞻性,可以引领农业科技发展的潮流。它与现在的农业科技研究机构和大学不同,主要在于高(高端技术)、前(前沿性研究多)、集(集中科技经济优势)、链(形成科技经济链条)、远(有更长远的研究)、大(力量大、财力大、影响大),能起引领作用。农谷中的产业不仅有大农业,而且包括水利、生物科学、贸易组织、各种产品的加工、机械加工、信息技能等所有与农业、农村相关的产业。总之,它是世界独有的大农业科技密集型的一个高地。

现在设想,它的任务可以分三个时段。①近期(近10年)开发转变农业发展方式的相关技术和产品,包括良种培育和推广、土壤改良、中低产田开发、水土保持、防灾救灾、降低农业生产成本、优化农村能源结构、发展生态与循环农业等,为初步实现农业高产、优质、高效、生态、安全提供技术支撑。这方面河南有了可贵的经验和成果,但需要进一步创造新成果,提高科技对农业的贡献率。②中期(20~30年)为基本实现世界水平的农业现代化提供重大技术支持,包括农业技术及农产品加工和农产品流通技术的突破,实现高产、稳产农业的可持续发展,使我国农业达到世界先进水平。③长期(30~50年)实现农业产业革命,把所谓的"夕阳产业"变为真正的"朝阳产业",彻底根除农业危机,建立生态农业、循环农业体系,使农业成为科技含量高、产品质量优、生态性能好、产品品种多和综合效益佳的崭新的先进产业,并立体式扩展农业的多种用途。

现在,世界正在面临粮食危机,日本人说中国也在面临粮食危机。事实上,我国现在的粮食和其他农产品的生产波动很大,土地缩小,土壤劣化,灾情多发,近几年只能是粮食紧自给(说是有95%的自给率,如果加上大豆等油料的缺口,自给率只有90%)。河南省土壤中下等的耕地占总耕地的60%,劣质土地也较多,病虫害严重,危机潜伏。可以估计,如果仅仅维持现状(包括虚报产量、生产污染农产品等行为),不从根本上改变粮食生产面貌,我国在十年左右就可能产生较大的粮食危机。有人估计粮食30%要靠进口,如果这是真的,那就会影响整个国际粮食市场。另一些人认为,我国粮食主要靠进口,那就受制于西方,甚至丧失主权。眼下城乡群众都十分关心农畜品及其加工产品的污染问题,食品安全危机愈加凸显。可以说,农业的"文章"只能说刚刚破题。正如邓小平所说,农业问题需要靠尖端技术来解决。实际上要靠以生物科学为主的综合学科来突破。这就是建立与完善农谷的基本任务,要从根本上解决农业问题的道路还很长,有许多重大难题亟待攻关。对此,中央特别重视,河南则应一马当先,建立农谷。

三 若干实施措施的粗略设想

为在中原经济区创建农谷,需要在战略上提升农业现代化和农业科学技术的地位,采取强有力的措施,实现跨越式发展。

①建议把建立农谷纳入"十二五"规划和中原经济区长远规划,克服轻视农业的片面认识,应将农谷作为一个战略亮点来确立其战略地位。河南省委、省政府应当下决心走好这步棋,并争取中央的大力支持。当然,建立农谷并不轻视其他学科研究,只是更突出大农业,使之凸显独具的特色。

②建立相应的组织机构。可考虑,"上面"建立一个领导协调小组,可由河南省省政府、省科技厅、农委、农业厅牵头;"下面"由河南省省农业科学院、农业大学、林业科学院、科学院作为主要载体;河南工业大学(原粮食学院)、河南科技学院(原农机学院)、郑州轻工业学院、华北

水利水电学院、河南省的医科高校和研究机构及社科人员都要参与。要吸收河南全省的农业科技力量，并且同全国性和地方性农业科技机构与大学联系，以项目带动农谷发展，形成技术创新联盟。

③增加农业科技投入。一是加大财政对农业科技研发的资金支持力度；二是鼓励农业及农产品加工企业投入；三是争取中央专项支持；四是开展国际合作，利用国际资金研发农业科技；五是让科技与产业在滚动发展中积累农业科技投入所需资金；六是政府提供必要的物质支持（如土地、机械等）；七是发展农产品贸易，让农业有更多的剩余，从而有能力支持农业科技研发；八是争取其他社会资金（如捐献等）。

④聚集和培养人才是关键。要在培养农业技术人才上广开门路，包括高等学校培养、农民中自发涌现和在国内以广泛引进，形成强大的团队。在这方面，也需要财力的投入和提高投资效率，包括政府实施一些鼓励政策。

⑤建立庞大的数据库，搜集全国和世界先进农业、农产品、农业加工业、农产品贸易（包括储运）、卫生安全、生态农业、循环农业等高新技术资料，加以筛选、储存，择其适用者推广应用和再创新，在此基础上研发出有中国特色、河南标志的高新技术产品。

⑥强化知识产权保护，建立农业及其产业链的知识产权保护体系，研发种业、复合有机肥料、植保土地技术、食品加工等专利，并制定高水平的国家和国际标准，大幅度加大河南的话语权。

⑦要有一个长远的规划，明确任务，抓好项目，长短结合，分步实施。笔者想，河南省应当大胆地闯，大胆地试验，争取在5年内使农谷初步形成气候，10年内使之成为强大的科技创新高地。

当然，许多具体措施还需要细致研究、规划。现在可以先确定大的思路，敢为天下先，把旗帜打出去。

建议郑州市实施城区与城郊
农业一体化生态工程[*]

杨承训[**]

编者按：作为中原经济区的龙头和核心的郑州市需要率先将自己建设成生态城市，具体抓手可考虑实施城区生态建设与发展郊区生态农业一体化系统工程，并采取相应的系列配套措施，使郑州尽早成为全区和全国的生态建设样板。郑州市城区与郊区农业一体化系统工程包括八大工程，即高水平绿化工程、太阳能利用工程、雨水存留利用工程、水的循环利用和污水处理工程、垃圾处理工程、规模化沼气工程、郊区生态农业与循环农业开发建设工程、沼气发电站工程。而对于发展郊区生态农业应采取的方针，可概括为四句：依托市区、服务城镇、循环利用、优化生态。

在中原经济区发展中，生态建设是一个重要方面，它是科学发展和转变发展方式的应有之义，同经济发展相辅相成。其中，作为中原经济区的龙头和核心的郑州市需要率先将自己建设成生态城市，具体抓手可考虑实施城区生态建设与发展郊区生态农业一体化系统工程，并采取相应的系列配套措施，使郑州尽早成为全区和全国的生态建设样板。现提出一些建议谨供领导参考。

---

[*] 原载于中共河南省委咨询组《咨询与建议》2011 年第 25 期。

[**] 杨承训，中共河南省委咨询组经济组副组长，中原经济区"三化"协调发展河南省协同创新中心顾问，河南省经济学会会长，河南财经政法大学教授。

一　将郑州建设成生态城市的迫切性和基础条件

郑州市地处黄河中下游之交、全国大交通"两横三纵"的中心，是南水北调中线的中间枢纽地带，为中原经济区的龙头、中原城市群的核心，其生态建设具有巨大的示范效应和带动辐射作用。从目前看，郑州市的生态建设取得了重要成果，至今仍有不少亮点。当然，这些同高水平生态城市的要求还有不小的距离。越是工业发达的区县污染就越严重（如新密超化镇），生态状况就越需要在更高层次上得以改善和升华。优化生态与循环经济已成为时代的新潮流和新增长点。按照中央"十二五"规划对中原经济区的要求，特别是出于发挥郑州市区位优势的需要，实施城乡生态一体化工程十分必要和迫切。①郑州市的城市生态状况关乎中原经济区的整体形象。生态既是一种生产力，也是一种消费力，可以扩大内需。全国每年付出的生态成本约占 GDP 的 3%。好的生态环境可以创造好的投资环境，而好的投资环境对扩大开放有重大作用。②城市居民的生活需要生态的保证。郑州市为全省最大的城市、全国的特大城市之一，拥有常住人口860 多万人，今后还要促成城乡一体化又好、又快发展，以及实施城市高质量的菜篮子工程，这些要求郑州市必须以生态文明保证城乡居民的身心健康，为子孙后代创造良好的生活环境。③城市郊区的生态农业对于城市影响甚大，污水、垃圾的处理都在郊区，郊区农业直接为城市服务，因此郊区生态状况的好坏直接影响城区的生态文明建设。近几年来，有关垃圾处理、污水净化、循环经济发展的问题还相当多，需要实施一体化生态工程来加以解决。时下，一些人仍然注重经济比较多，关心生态比较少，对于生态文明建设，有的人只是口头上说一说，但没有很好地去落实。广大群众十分忧心生态安全问题，怀有对食品安全、环境净化的迫切诉求。实际上，循环经济发展起来，不仅能够改善生态，而且能够大大提高经济效益，开发新资源、新能源，走出一条科学发展的新道路。

从郑州市的条件看，实施城乡生态一体化工程有相当好的基础条件。比如，绿化较好，又有相当广阔的郊区（市县）。郊区的农民和城市的居民对食品安全和环境生态安全的强烈愿望，本身就是一个强大的动力。尤其是近年来，郑州大东区的开辟，使郑州积累了越来越雄厚的经济力量和技术力量，从而使得郑州用集约化的形式开发生态资源和实施生态工程具有比较好的优势和相当大的空间。

二 实施市区和郊区农业生态化八大工程的初步构想

总体设想，应当把郑州市的市区治理环境和郊区发展生态农业（学界有的人把生态农业称为"第四产业"）作为一体来考虑，走节能、减排、循环之路。对于生态农业发展而言，建设这样一个系统工程比"零打碎敲"成效大得多。

①高水平绿化工程，包括园林、草地的维养，楼宇的绿化和绿色企业的设立等。

②太阳能利用工程。站在高处看一看，郑州市区利用太阳能的热水器比较少，这是一个很大的薄弱环节。郑州市日照时间长，太阳能比较充裕。如果有 1/3 的居民和 1/2 的企事业单位能够利用太阳能洗浴、取暖和降温等，就可以大大地节约矿物能源。初步估算，使用大小为 1 平方米的太阳能热水器，相当于每年节约 120 公斤煤。大小为 1 平方米的太阳能热水器，完全可以满足一个人的生活热水需求，利用太阳能热水器节省烧热水所需的矿物能源有利于形成低碳城市。

③雨水存留利用工程。郑州市是一个缺水的城市，全市人均占有的水资源量不足 $200m^3$，只有全国平均值的 1/10，还不到国际公认的人均水资源（$12960m^3$）的 1/50。当前郑州市的地表水利用率已经达到 43%，地下水被过度开发，而黄河水的利用成本较高。雨水的利用是一个重要环节，城区要把雨水储存与改善排水系统结合起来。

④水的循环利用和污水处理工程。世界上的许多城市都在提倡水的循环利用，鼓励利用中水冲厕、洗车、浇花、灌溉等，而国内也有越来越多的城市开始使用中水。郑州市的污水处理是个大问题，许多污水流入大河，也有一部分直接灌溉农田，造成二次污染。如果全市区、各个企业和广大农村都能循环利用水，就能够省出 50% 的水源来作为龙子湖、金水河水源的一个重要补充。

⑤垃圾处理工程。现在，城市的散乱垃圾到处都是，城区周围和郊区村庄也堆起很多的垃圾山，垃圾已成为一大灾害。现在，郑州市的垃圾处

理多采取掩埋的办法，只有部分垃圾用以供应发电。总体上说，郑州市的垃圾处理强度不够，掩埋法越来越暴露出二次污染的缺陷，而且许多有用的资源也一并被浪费掉。在这方面，应当考虑建立起利用高新技术的垃圾处理工程，彻底解决市区和城郊的垃圾污染问题。

⑥规模化沼气工程。处理上述垃圾、污水的最好办法是将它们集中到大的沼气池中，用发酵的形式化解有害成分，并将它们变成有机沼气和肥料。可以把垃圾的分层次处理与巨大沼气池结合起来，将垃圾中的金属分离回收，有机物则通过发酵来化解。污水中的污泥是污染的重要因素，但可以通过沼气工程变害为利，生产大量有机肥、有机肥水。此类工程实施起来是一个大的系统工程。河南省已经有了成功经验，南阳天冠集团多年发展规模化沼气工程，出产沼气供南阳 3 万多居民使用，近期它又有日产 50 万立方米城市民用沼气工程投产。这种规模化沼气工程技术可以用来为郑州市处理垃圾和污水。从郑州市的垃圾和污水的实际产量情况看，需要在郊区建设 10 个以上大规模的沼气工程。同时，应结合文明村建设，发展农村自身的中等规模的沼气工程。过去的经验证明，单靠一家一户搞沼气，成本高、持续难，往往半途而废。因此，最好的办法是实行规模化。城郊的社会主义新农村建设可以把沼气工程纳入其中，以架构沼气制造和利用的循环网络，从根本上改变市区和郊区的生态状况。在此，舞钢市的经验可供参考。

⑦郊区生态农业、循环农业开发与建设工程（见下节）。

⑧沼气发电站工程。长远讲，还可以考虑利用沼气发电。沼气发电的技术问题已经解决，只要投资跟上，沼气来源充足，拥有一定的人才资源，郑州市率先利用沼气发电是可能的。这可以进一步节约能源、净化环境，而且可以在技术上打造郑州市发展的新亮点。

三 城郊生态农业应当有个大发展

城郊（包括市县）是城市有机体的一个组成部分，同市区一起可谓"机之两翼"，市区的许多问题都需要通过郊区来解决，特别是直接关系到城市食品安全和生态状况的农业、农产品问题。①郊区农业本身属于生态工程的一部分，农作物具有吸碳释氧的功能，发展生态农业就等于建造一个大氧吧。②郊区农业直接供应城市食品，包括蔬菜、瓜果、粮食、肉、蛋、奶等，这些农产品是否符合生态要求，直接影响居民的生活质量和健康状况。现在，鉴于食品污染和造假比较突出，食品安全问题越来越受到人们的重视，有许多机关和居民自发地到郊区（包括黄河滩）去不惜工本地开垦农田，生产有机农产品，特别是蔬菜。如果把生产生态农产品作为郊区的主要功能，就可以直接改善郑州的食品安全状况。③郊区面积广大，可以直接吸纳、化解城市的排泄物，且有较大的空间建设市区和郊区一体化生态工程。农业是利用沼气液体和剩余物资的主要产业，利用沼气工程制造高效的有机肥料，既可以防治污染，又可以保证食品安全，还可以进一步改良土壤（现在的土壤有机质含量下降严重）。一定要把市区的生态建设和郊区的生态建设，尤其是郊区生态农业的发展，作为一个整体来谋划。

对于发展郊区生态农业应采取的方针，可概括为四句：依托市区、服务城镇、循环利用、优化生态。

依托市区，靠市区的废物、废水和资金、技术、人才建设规模化的沼气工程。

服务城镇，郊区的农业要从三个方面为市区服好务。一是提供生态农产品，二是使郊区作为化解城市污染物、发展循环经济的基地，三是创造生态休闲环境，为城市提供自然氧吧。郑州市郊可分三个层次：一是近郊，直接生产城市所需要的瓜果、花卉和蔬菜等；二是中郊，以规模化蔬菜、养殖为主，配以仓储设施，保障市区生态食品的供应；三是远郊，主要是周边外围各市县，可以粮菜兼营为主。在这三个区域中，要以中郊为主体，许多生态工程，特别是规模化沼气工程，主要设置在中郊。

循环利用，侧重发展以沼气工程为核心的循环经济系统，形成多元化的循环经济产业链和基地，进一步发展生态农业。

优化生态，要以全面优化城市和郊区的生态环境和产品产业为主线，把生态效益放在第一位、经济效益放在第二位，坚持以人为本，低成本地全面改变整个郑州的生态状况。

为了更好地实施市区与郊区农业生态一体化工程，应贯彻10个结合。①生态工程与郊区农业多元生态大田相结合，以生态工程为龙头带动郊区农业大田生态化。②污水垃圾处理与开发新能源、新肥料以及发展旅游休闲产业相结合。要在更高层次上处理好垃圾、污水，发展循环经济，创建有机肥料的基地，促进新能源的发展，并且规划、开发新的生态型旅游休闲区域。③生态工程的规模化利用与分散处理相结合。生态工程建设以大型生态工程为主，中型生态工程为辅，小型生态工程为补：大型生态工程的建设主要靠城市投资，中型的以企业、郊区村镇社区建设为主，小型的则主要由农户和城市居民自发建造，规模不同的生态工程共同形成一个生态工程的网络结构。④发展循环产业链与扩大就业相结合。循环产业链包括大循环、中循环、小循环。大循环是指市区的污水、垃圾处理与郊区生态有机农业之间的循环；中循环是指村镇和企业实施中型循环经济工程，处理村镇生产的垃圾；小循环是指农户进行的改厕、改水、改管道、改善居住条件等微小工程。循环经济的发展带起一大批产业，并使它们变成市区和郊区最大的静脉产业以回收、化解废料，从而发展起新的产业群，用以扩大城乡就业、实现城乡一体化。利用得好循环经济，就可以拓展出很大的就业空间。⑤中近郊瓜果、蔬菜、养殖生产与分层次的粮食种植相结合。郑州市不可能完全靠郊区供给实现自给自足，必定要与全国农业生产相联系。作为农产品集散加工中心，郑州市应当按照区位、地形、地貌、水利、耕地、土壤、技术等条件分若干层次和区片来发展生态农业。⑥技术支撑要以自身创新与广泛联合相结合。技术支撑要以河南省、郑州市的自主创新为主，同时与全国乃至世界的高新技术研究单位相结合，组成产、学、研、金联盟。⑦政府投资、合作组织的投资与社会多元化投资相结合，广泛吸收外资和个人投资，创建生态型企业组织。⑧实行政策优惠与居民得实惠相结合。把生态建设变成政府主导的全社会行为，使人人从中得实惠，以调动广大群众的积极性。⑨城郊生态农业优化与市区生态环境建设相结合。要处理好市、县、区、社区之间的关系，以统一规划为主，调动各个城市的积极性，但不能违背统一规划的宗旨，尤其是不能破坏生态工程的实施和损害生态环境。现在看，城区和各个县发展第二产业的积极性较高，但对于环境生态化和农业生态化注重不够，有的连提都不提，没有生态农业的观念。这要从一体化的角度来考虑生态工程的全盘实施，并调动各个层次主体的积极性。⑩生态文明建设与精神文明建设相结合。主要是抓好生态文明教育、倡导生态伦理。并要以实施一体化生态工程为主体，带动各个"结合"之间的协调、配合。

四 实施市区和郊区农业生态一体化的技术、经济支撑

①做好科学规划。郑州市城区与郊区农业一体化生态工程是一个巨大的系统工程，涵盖了郑州六区、五县、一市。各个市区县可以有自己的规划，但必须服从整体规划，明确的定位工程的布点，不应自作主张、乱上项目、重复建设、不讲实效，需分步骤、分层次展开工程建设。先考虑污水、垃圾处理工程，建设规模化的沼气设施，并把沼气利用、有机肥料的制造和支持各层生态农业发展作为首要任务。

②技术支撑。在这个系统工程中，有许多技术难题需要攻关，如化解垃圾中的有毒物质、太阳能高水平利用（美国即将开发出高效太阳能制氢系统）、沼气发电等。应当发挥现有研究机构和高校的作用，同它们联合结成技术联盟，有些重大课题可以让它们承担，给予一定的经费支持和奖励。

③实现投资多元化。首先，政府要增加投资，重视市区生态建设，特别是郊区的农业生态化建设，以城市投资发挥"四两拨千斤"的作用来调动各个层次主体的积极性（包括利用外资）。其次，可以创建几个像天冠集团那种循环利用的大中型企业，引导它们投资生态工程建设。同时，对于生态工程生产的产品的使用等要给予税收和价格优惠，支持生态农业组织在市区建立直销点。

④发挥对口支援的优势，加快新型农业发展。郑州市的企业、机关、学校比较多，可以以量力而行的原则适当对城市中郊农村进行对口支援，以技术和人才为主、资金和设备为辅、建立联系点的方式将中郊农村发展成生态产品生产基地和休闲基地，促进大循环、中循环、小循环的对接。

⑤保护和增进农民利益。发展生态经济，不是侵害农民利益，而是给农民及市民带来福祉。尤其是要通过开发生态工程和生态农业，使农民得实惠。尽可能地少占耕地，多用废地，缩小占地（特别是农业占地、住宅用地），扩大优质地。政府要正确执法，转变领导方式和工作作风，调动全民发展生态经济的积极性。

⑥有条件的城镇、卫星城和大中型企业先搞生态工程试点，再将其逐步推开。

构建大城市带动大郊区的绿色网络样板[*]

——对洛阳市大生态建设的设想与建议

杨承训^{**}

编者按：为构建大城市带动大郊区的绿色网络样板，洛阳市应该将自己建成现代化绿色经济大基地：绿色工业基地、绿色能源基地、绿色大农业基地、绿色文化基地、绿色旅游基地、绿色休闲基地、绿色水源基地、绿色交通枢纽等。洛阳市应当把绿色经济和绿色文化叫响，构建城乡互动的综合性绿色大板块。为此，应实施以下工程：以林业为主的绿化工程、绿色水系工程、绿色工业和绿色能源工程、绿色循环大农业工程、绿色旅游和休闲工程、绿色食品基地工程、城乡绿色环境工程、花卉产业工程、绿色交通走廊工程。

洛阳为我国的"绿色城市""国家森林城市"，在河南省内树立了生态文明建设的样板，在全国叫响了绿色品牌，成为中原经济区的一个亮点。如何使洛阳的大生态建设更上一层楼，是河南省全省人民共同关心的大事。笔者对此进行了多次研究，现提出一些初步设想以供参考。

一 高端绿色网络的基本要求和洛阳市的优势

中央农村工作会议指出，建设新农村不能照搬城市的模式，实现城镇

---

　* 原载于中共河南省委咨询组《咨询与建议》2012 年第 5 期。
　** 杨承训，中共河南省委咨询组经济组副组长，中原经济区"三化"协调发展河南省协同创新中心顾问，河南省经济学会会长，河南财经政法大学教授。

化不能牺牲农村和农民的利益。城乡生态建设也应当遵循这个原则。遵照河南省委关于现代城镇化带动工业现代化、农业现代化的精神，从实际出发，洛阳应对大城市带动大郊区的绿色网络提出更富有特色的高端要求。

笔者在《中原经济区实施城乡生态一体化工程》的研究中提出，要把城乡生态一体化像工业重点项目那样作为一项硬件工程来抓，全方位给予财力、物力支持，进行系统规划和布点建设。可设想5种城乡生态一体化发展模式：①大城市带动区县的发展模式。如郑州市的发展带动下属区县的发展，逐步实现生态一体化。②大城市带动郊区的城、镇、村的发展模式。如洛阳市的面积大、地理地貌复杂，可在生态发展方面带动郊区的城、镇、村等的发展，逐步实现生态一体化。③中小城市直接实现城乡生态一体化的发展模式。如漯河、鹤壁、三门峡、济源等中小城市，其市区和郊区可统筹规划，直接实现生态一体化。④企业带动的发展模式。一些资源型企业和农业深加工企业，可在周围的乡村实施生态发展工程，实现城乡生态一体化，如安阳市实施的"矿区农庄"就是很好的范例。⑤先进农村带动城市的发展模式。一些农村在生态发展方面有好的基础，可以率先突破，带动城市的发展。考虑到洛阳郊县多、面积广、地形复杂、二元结构突出，不能完全照搬一种模式来规划自身的发展，可构建都－市－镇－村的绿色网络架构，实现城乡生态一体化发展。

所谓大城市带动大郊区的都－市－镇－村绿色网络，就是以大城市为中心，大都市、卫星城、集镇、农村互动的一个网络式的绿色体系。它的特点是以绿色、生态为主线，集中与分散相结合，分层布点，多元发展，能发挥大城市辐射作用，形成一个网络式的架构，可促进绿色经济、循环经济多板块、多形式发展，可组合成一个紧松兼容的生态整体。它既有一体化的紧密层，又有相对独立的外层板块，可从长处凸起，从短处提升。

洛阳是河南省的第二大都市、副中心，工业基础雄厚，地理、地貌多姿，文化资源丰厚，人员素质较高，辐射能力强劲。它带动的区县较多，而且多属于贫困县，二元结构十分明显，各县的经济状况差别很大。从这种情况出发，洛阳不可能像有些规模比较小的城市那样，很快实现城乡一体化。而网络式架构则可将其劣势变优势，即利用多层、多元、多种特色的结构实现生态建设整体化的要求。就洛阳而言，具有以下优势：①市区发展水平高，集中了一批大型企业，污染性产业较少，又是九朝古都、旅游胜地，其带动能力相当强；②地理条件富有特色，北靠黄河及小浪底水利枢纽工程，并以邙山做屏障，西部和南部有伏牛山拱托，森林面积相当大，其中还有不少原始森林，东部多系丘陵地带，物产丰富；③水源相对充沛，不仅北依黄河，而且有伊洛河贯穿其中，建设有多座水库，有一些河谷地带，且涧河横穿市区；④动植物多样，森林覆盖面积大，其中有许多珍稀的动植物，包括享誉全国的洛阳牡丹；⑤人文资源和自然资源丰富多彩，二者优势互补、相得益彰，已使洛阳成为享誉全国、网络式的旅游胜地；⑥广大乡村虽然多处于粗放经营状态，但原始生态面貌保留较多，发展绿色经济有较好的基础；⑦生态建设已有较好基础，积累了丰富经验，各届领导都重视绿色经济。当然，弱项不容忽视，如发展不平衡、交通系统尚欠完备，也有着不同程度的水体污染。但以大城市带动大郊区的方式构建都－市－镇－村绿色网络可以变劣势为优势，使洛阳建成多姿多彩的绿色产业和绿色地带，使洛阳发展成为全国、全省的重要绿色基地和绿色网络样板。

二 实施绿色网络架构的若干工程

笔者设想，为构建大城市带动大郊区的绿色网络样板，洛阳市应该将自己建成现代化绿色经济大基地：绿色工业基地、绿色能源基地、绿色大农业基地、绿色文化基地、绿色旅游基地、绿色休闲基地、绿色水源基地、绿色交通枢纽等。洛阳市应当把绿色经济和绿色文化叫响，构建城乡互动的综合性绿色大板块。为此，应实施以下工程。

①以林业为主的绿化工程。洛阳的森林覆盖率接近50%，在河南省大市中领先，现在应当更上一层楼，除保护原有的森林资源外，有的地方还应退耕还林、优化森林结构、加强森林保护，尤其是对珍稀的树种更要加倍维养。同时，开发新的植物品种，让森林变为洛阳市重要的绿色资源，实施林农结合、林牧结合、材果结合，立体经营，使洛阳成为中原经济区重要的林业资源基地。

②绿色水系工程。黄河及其支流伊洛河和几座水库总体上水质较好，但有的地方也有污染，而且有加剧之势，因此应当把保护水质放在第一

位。同时，构建不同层次、不同形式的雨水储存设施，把节水放在重要位置，让市区、农区、山区的居民及游客都能喝到清洁水。在此基础上，开发利用水资源、发展水产业，如渔业、小水电、饮水业和游水旅游等，提升碧水蓝天功能。

③绿色工业和绿色能源工程。洛阳的工业企业虽然污染型的较少，但也有，包括电业、矿业企业等，市内大企业，每一个县村镇的中小企业，特别是小矿区，都应把绿色放在首位，采用绿色工艺、循环利用工艺，创造绿色产品、绿色环境，改造、淘汰污染产业。其中，绿色能源是一个新的增长点，包括太阳能和农村的沼气。目前，在绿色工程和绿色能源工程建设方面，比较出名的地区是栾川和孟津，可以提升和推广它们的经验，让各个区县都行动起来，建设绿色工业和绿色能源示范区。

④绿色循环大农业工程。洛阳的农业具有多样化的特点，各县乃至各乡村差别很大，可以考虑发展立体农业、立体林业，在大农业（农、林、牧、渔、菌）内部增设循环渠道，变废为宝，并使农业与沼气行业结合，形成沼气生产利用的产业链。建议洛阳在加大规模化生产、利用沼气工程上先走一步，设法用沼气替代一部分天然气，并力争建设沼气企业；与规模化养殖模式（特别是草食动物养殖）紧密结合，实现产业创新，争取有新的畜产品上市。

⑤绿色旅游和休闲工程。洛阳的旅游已成气候，有很多地方尚待开发，在此基础上应当多发展绿色、休闲、生态旅游，开发避暑山庄、森林公园、田园式宜居区和各种旅游游戏场所。需要注意的是，应保持好的旅游生态环境，有的地方因管理不善，或过度开发，造成环境破坏和市场秩序混乱。现在，应打出绿色旅游牌，使人们一进入洛阳，就像进入氧吧一样。

⑥绿色食品基地工程。目前，食品质量安全是人们最担心的问题，而洛阳发展绿色食品的条件相当优越，可产食品包括水果、蔬菜、小杂粮、肉、禽、蛋、奶、鱼、食用菌以及药材等。应当创造更多的绿色品牌，构建从源头到流通、再到消费一条龙的安全监督体系，把洛阳打造成绿色食品基地。

⑦城乡绿色环境工程。洛阳城乡和其他地方一样，垃圾、污水处理仍然有很多难题，有的地方垃圾成灾、污水不止。为此，应当考虑以循环经

济的方式用新技术化解城市垃圾污染问题，变废为宝，采用中水供应工业和灌溉，尤其要防止金属污染。

⑧花卉产业工程。洛阳牡丹享誉天下，现在已经有冬季开花的品种，在此基础上应当多建几个基地，把牡丹花及其他花卉卖到全国乃至世界，这也是洛阳的一大绿色优势。

⑨绿色交通走廊工程。洛阳的绿色交通走廊工程建设在全国都走在前面，这既有利于美化公路、铁路环境，又可多利用土地资源发展林草业，还可与储雨防洪护路相结合，大大促进尾气消化和大气净化。

三 构建大绿色网络的建议

洛阳市通过上述九项工程，让城乡绿色经济网络连接起来了，成为中原绿色高地，这在全国独树一帜。为提升绿色经济、绿色文化水平，特提出几点参考意见。

第一，把生态文明、循环经济摆在突出位置。纠正有些干部存在的重经济、轻生态的观念，让绿色经济、绿色文化贯穿于"三化"协调发展之中；纠正干部群众只顾眼前挣钱、忘记长远发展的观念，用生态生产力的观念指导城乡经济综合发展。

第二，发挥大城市的辐射和凝聚功能。作为大城市，洛阳应当考虑市区带动、分层推进、重点支持、综合收益。市区带动，是把中心城市的绿色文明建设好，为广大的乡镇树立标杆，特别是在生态环境建设、垃圾处理、循环用水、污水净化乃至都市农业发展等方面，中心城市都应走在前面。分层推进，就是城市对大郊区的带动应该分层次。因洛阳带动的县比较多，它们的面积又很大，可考虑把大郊区划分三个层次。近郊为一体化层，主要指洛阳附近的少数地区，如原来的郊区加偃师、孟津等地，它们应当突出一体化原则，为市区提供好的环境和资源，可被当作绿色城市的延伸。中郊为紧密层，指距离洛阳50公里左右的地区，它们应当以供应城市农产品和保持河流、水库清洁为主要任务，如提供有机蔬菜、瓜果、肉禽蛋等，相当于大郊区整体的"蛋清"。远郊为远屏层，主要指离洛阳市区较远的偏远山区，它们应以充当森林屏障和生产绿色水果、食用菌为主要任务，按照全国主体功能区规划的要求，可在其中建设若干特殊的生态园区。重点支持，可分两类，一是支持那些近期能够很快产生效应的景点，二是对于比较贫困或污染较重的地区，应当下力气支持它们尽快改变面貌。这样就可以形成洛阳大城市带动大郊区的整体网络效应。综合收益，是指在构建绿色网络中，要使城乡优势互补、实现双赢，不以牺牲农村为代价，且能获得多种效益，尤其要保护和增进农民的利益。

第三，构建大郊区需要明确发展思路。为了更好地建设绿色洛阳，实施市、镇、村绿色网络发展，可以考虑 10 个结合（在《建议郑州市实施城区与郊区农业一体化生态工程》中已做详述，此处从略）：①生态工程与郊区农业多元生态大田相结合；②污水垃圾处理与开发新能源、新肥料以及发展旅游休闲产业相结合；③生态工程的规模化利用与分散处理相结合；④发展循环产业链与扩大就业相结合；⑤中近郊瓜果、蔬菜、养殖、花卉生产与分层次的粮食种植相结合；⑥技术支撑要以自身创新与广泛联合相结合；⑦政府投资、合作组织的投资与社会多元化投资相结合；⑧实行政策优惠与居民得实惠相结合；⑨城郊生态农业优化与市区生态环境建设相结合；⑩生态文明建设与精神文明建设相结合。

第四，大力强化技术支撑，突出科技创新和推广。发展城乡绿色网络型循环大农业，要着力以构建循环的大农业科技创新体系为重点，大力推进技术进步。农业现代化说到底是农业科技化，没有现代科技成果的不断开发和应用，就谈不上农业现代化。应当充分发挥洛阳的技术优势，依托产学研结合和不同层次的技术联盟，开展难题攻关，并建立起技术服务网络。

第五，保护和增进农民利益。发展生态经济，不是侵害农民利益，而是给农民及市民带来福祉。尤其是要通过开发生态工程和生态农业，使农民得实惠。尽可能地少占耕地，缩小占地（特别是工业占地、农业占地、住宅用地），多用废地，扩大优质地。洛阳的许多大企业以前占地相当多，现在应当将已占用土地充分利用起来，节约用地、集约经营。洛阳政府要正确执法，转变领导方式和工作作风，调动全民发展生态经济的积极性，创造性地建设生态文明，创建生态示范社区。只有如此，洛阳成为全国绿色经济的一个标杆才大有希望。

关于构建城乡生态连体
大循环体系的建议[*]

杨承训　　杨承谕^{**}

编者按：中央关于城乡一体化的战略，在"绿色化"方面应当深化为城乡生态连体大循环体系。为此，一要兴建城乡连体多层次循环体系，主要是打造城乡连体的生态农业和生物质能源循环链条，实施多层次的水资源循环利用工程，构筑城乡连体的高端生态大农业绿色带，形成包括城乡连体工业、建筑业、运输业等在内的多层次循环链条，将城镇地下通道系统纳入城乡生态连体的大系统之中；二要大力培育城乡大循环体系节点的综合型集体企业；三要改进国家支农方式，继续补贴农民的承包责任田，支持集体综合循环企业；四要大力加强与生态、循环经济相关的科技攻关和技术推广；五要完善领导体系，加强协同性。

中央关于城乡一体化的战略，在"绿色化"方面应当深化为城乡生态连体大循环体系。从实践中看，城乡环境污染已经相当严重。城乡气相通、水相连、地相依、物相交，单方治理事倍功半，唯有统筹一体化治理方能见实效，而且建立起城乡连体的大循环系统能够节约资源、促进发

---

  * 原载于《"三化"协调发展》2015 年第 5 期。

  ** 杨承训，中共河南省委咨询组经济组副组长，中原经济区"三化"协调发展河南省协同创新中心顾问，河南省经济学会会长，河南财经政法大学教授；杨承谕，中国动物卫生与流行病学中心研究员。

展、扩大就业（全国普遍建立此类循环系统估计要投资 2 万亿元，能形成 GDP 增量 4 万亿～5 万亿元，吸纳 5000 万人就业）。而关于如何构建城乡生态连体大循环系统，具体建议如下。

一　兴建城乡连体多层次循环体系

第一，打造城乡连体的生态农业和生物质能源循环链条。为治理雾霾，必须优化能源结构，发展生物质能源，而我国不可能走美国以玉米为主要原料生产乙醇的道路，也不可能走巴西以甘蔗废弃物为主要原料生产乙醇的道路（我国没有那么多甘蔗），但我国有另外的选择，那就是利用农林废弃物和城乡垃圾发展沼气，进而利用沼气发电，同时生产大量有机肥料以取代大量的化肥，促进生态农业的发展。这种处理废弃物和垃圾的方式的最终转化形态为高端生态农业和生物质能源的循环（简称"两生循环"）。这种"两生循环"，是处理城市垃圾与发展生态农业的最好方法，既能根治污染，又能生产绿色能源，还能改变农业肥料结构，真正变废物为资源（垃圾中的金属、塑料等被分离出来后又可变为工业原料），是打造蓝天、净土、绿地的最佳方式之一。现在需要的是先进技术和工程的支持，改变垃圾掩埋和焚烧的办法，消除二次污染。农林废弃物与城乡垃圾实现"两生循环"，即实现农业秸秆和农业废弃物—高端养殖业（畜牧、渔业等）—沼气发生池—沼气发电—分布式入网这一过程，同时生产高级有机肥料和生态农药。这看起来是农村大农业自身的循环，但也直接关系到城市，为城市提供生物质能源、安全食品，而化解土壤污染还有利于生态大环境的优化。可推广山东昌邑全面化解城乡垃圾的经验。

第二，实施多层次的水资源循环利用工程。水是城乡重大产业及居民生活的命脉，也是生态系统的基本要素。我国是缺水的国家，人均水资源占有量只有世界人均的 1/4，北方地区的人均水资源占有量可能仅有世界人均的 1/10～1/8。然而，我国用水效率太低，为发达国家的 50%，而且水资源分配不均，后备资源不足，地下水过度开采且污染严重，水资源问题已经成为桎梏我国可持续发展的重大瓶颈。对水资源必须从根本上进行多层次循环利用。①加强对雨水的循环利用。城乡都需要建设大小不等的雨水存蓄设施，不仅不会不让雨水白白跑掉，而且可以用它们来补济地下水。即使在雨水泛滥时，也应把排水、浚水与有计划存储雨水结为一体，特别要利用好郊区和广大农村建设的排储相兼的水利工程。城乡有水，是美化环境的重要保障。②全国应进一步强化城乡水资源统一管理和治理，提高水资源利用效率，降低污染。世界上的许多城市都在提倡水的循环利用，利用中水冲厕、洗车、浇花、灌溉等，国内也有越来越多的城市使用中水。现在有许多污水流入大河，也有一部分直接灌溉农田，造成二次污染。如果全部市区、各个企业和广大农村都能循环利用水资源，就能够省出50%的水，而省下来的水则可以作为城区湖、水库、河流水源的一个重要补充，用以打造调节气候的小型湿地。③实现污泥转化为肥料的循环。污水中含有大量的有机物，大都可以做有机肥的生成原料，但处理不好则会成为城乡特别是农田的重大祸害。现在已经有污水处理的技术发明，不仅能将污水过滤为中水，而且可以分离出其中的有毒成分，将污泥在沼气池中转化为高效有机肥料。④通过多种技术措施和严格的层层管理实施多种形式的节水循环措施。节水应从大处着眼、小处着手，不仅大田要节水，要推广喷灌滴灌，而且城乡各处、居民各户也要节水。从长远全局来说，依托科技的长足进步，海水利用、海水淡化、海空调水、人工造雨、气象调控也有望渐次实现。

第三，构筑城乡连体的高端生态大农业绿色带。中央一再倡导大力发展都市农业，而都市农业应当形成一种连体结构，既要有郊区的广大农林业，也要有市区的各类小型种植业，包括阳台农业、楼顶农业、楼间农业、小区农林业，再细一些还包括房间与公共场所的花卉、绿草维养业。比如，郑州森林覆盖率达33.36%，城区绿化率达40.5%，人均公共绿地达11.25平方米，为国家园林城市、全国绿化模范城市、中国优秀旅游城市、国家卫生城市、全国文明城市。再如淄博曾经是一个污染严重的城市，短短几年便实现了从老工业城市向绿树成荫、天蓝水碧的森林城市的转变，其建成区绿地率、绿化覆盖率分别达到36.9%和43.4%。

第四，形成包括城乡连体工业、建筑业、运输业等在内的多层次循环链条。工业化、城镇化的发展遍布城乡，使得各地出现了许多工业园区（或被称为工业集聚区），工业污染早已突破城乡界限。因此，必须全面建立多层次循环经济共治污染体系。煤炭、电力、冶金、石化、造纸、纺织、食品等行业因各有其特殊的循环形式，因此必须分别构建循环链条，而污染严重的产业，则应形成综合循环集群（园区），重点防治金属污染。交通运输是城乡连通的关键。需要建立绿色物流体系，包括绿色仓储、低碳运输、清洁能源汽车等。特别要重点建立起建筑建材循环系统，现代建筑业的产业化（俗称"工厂里建大楼"）需要延长循环链，前端与建造业链接，后端向建筑垃圾回发处理业延伸。目前建筑垃圾占城市垃圾的40%，废弃的建筑垃圾大量占用耕地，危害农村，释放灰尘，浪费资源，亟待处理。如果将其加工回收，不仅能节约大量耕地，而且能化解二次污染。在新常态下，我国城乡工业建筑业及交通运输业的循环经济与产业结构调整密不可分，必须运用现代技术系统对其加以治理。

第五，将城镇地下通道系统纳入城乡生态连体的大系统之中。由于我国城镇发展较快，且缺乏科学规划，地下通道混乱交错，地下管道形似定时炸弹。为此，需要统筹谋划，将 4 大体系、20 多种地下管线组合成统一的公用通道。这不仅是城市的系统工程，而且还会影响农村，因为大量的废弃物需要农村来消化。《中国城市建设统计年鉴 2011》的数据表明，我国供水、排水、燃气、供热 4 类城市地下管道已超过 148 万公里。如按综合管廊设计模式，其管道长度可缩小到 37 万公里，但需要投资 4 万亿元。这件事搞得好，将成为新的经济增长点；搞得不好，则会使这一问题越积越重、贻害无穷。因此，应当把城镇地下管道系统纳入城乡生态连体的大系统之中。

二　大力培育城乡大循环体系节点的综合型集体企业

城乡连体的循环大农业，不但要超出户、村的界限，而且要超城区、市县的行政界限，除了需要顶层设计和统一规划外，还需要大量的管道、运输工具，其循环转化的节点是综合型企业。这类企业须能实施较大型农场—城市垃圾处理站和大型养殖场—沼气发生池—沼气发电站—有机肥料加工与运输等一体化工程。有条件的还应有光伏、风能、小水电等配套设施。可见，构建城乡生态连体大循环体系绝不是一家一户所能做到的，必须由大、中、小各种类型经济实体协同施策。实践证明，所谓的"小众"农业（户营）是必要的，但小型沼气工程效果不佳，往往不能持久运营；大型、超大型沼气工程又面临着原料运输难题，只有少数大城市可以办（如河南天冠集团），而大量推广会提高成本。因此，对于发展城乡连体的循环大农业而言，比较适宜的经营主体是中型综合加工厂，与牧沼气电结合，与城市垃圾处理连体。这种中型循环加工企业，由国有农场创办最为合适。但国有农场较少，又多数不靠近大城市。而集体企业较为适应，它可以照顾两头，一头可以消化城市的大量废弃物，另一头可以连接广大农田、畜牧场，同时可用分布式电网将沼气发电站并入大电网。

三 改进国家支农方式

按照邓小平的设想，农村集团企业以公有制为主体，也带有一些混合所有制的特性。这类企业易于延长产业链，将综合性集体企业与城市定点供应有机农产品行业连接起来统一经营，跨越第一、第二、第三产业的界限。为分段适应发展城乡连体大循环农业的需要，应改变国家资助方式，如将国家资助分成两大块：一块继续补贴农民的承包责任田，另一块支持集体综合循环企业。这样既能培育出城乡结合的新经济增长点，以更新型的环保产业扩大城乡就业，又能降低城乡治污成本，增加新的资源，使"两生"共同发展。粗略匡算，如全国能建立这类综合型集体企业 10 万个，使之成为环保产业和生态农业产业的链节点，并带动一系列产业，即可增加 GDP 5 万亿元以上，开拓"众创"的广阔天地，可实现新增 5000 万人就业，仅发电量就等于 5 个三峡工程的发电量总和，农业成本可降低 40%，城市环境治理成本可降低 60%，还可促进城镇化建设，把优化生态与发展经济辩证统一起来。

四 大力加强生态、循环经济相关的 科技攻关和技术推广

要实现"绿色化"，需要解决的科技问题有很多，现有的技术缺乏系统性、连接性和协调性，而且推广乏力。建议加强生态、循环经济相关的科技创新和技术普及，搞出一些先行示范点，既发挥辐射效应，又积累实践经验，使示范点成为可复制、可推广、可升级的典型。

五　完善领导体系，加强协同性

目前行政分割、城乡分割现象比较突出。例如，环保部门管不了循环经济，城市不大考虑农村，农业部门又不顾及城市治污：科学管理遇到的掣肘很多。应当建立一个统一领导的协调组织，统筹城乡连体大循环工程的建设和运行，统一谋划、实施和执法。

支持循环综合经营型畜牧企业
带动农业生态化[*]

杨承训[**]

编者按： 发展现代生态农业是我国农业现代化的方向，体现了农业生产方式的重大变革，它需要构建种植业—畜牧业—沼气—有机肥的循环链，其关键节点是高质量的综合型规模养殖企业，即集科学加工、畜牧精良养殖、完备防疫措施、沼气发生设备、有机肥和农药的加工和运输、肉蛋加工保鲜、发电输电系统、销售和售后服务、科技创新组织（包括产学研金联盟）为一体的微观载体。河南省按照中央部署提出的以"三山一滩"为重点基地发展以草食动物为主的规模畜牧业的计划，符合河南实际。建议在此基础上，进一步发展循环综合经营型的牧场带动整体农业生态化、现代化、循环化。

河南省按照中央部署提出的以"三山一滩"为重点基地发展以草食动物为主的规模畜牧业的计划，符合河南实际。建议在此基础上，进一步发展循环综合经营型的牧场带动整体农业生态化、现代化、循环化。

---

[*] 原载于《"三化"协调发展》2015 年第 13 期。

[**] 杨承训，中共河南省委咨询组经济组副组长，中原经济区"三化"协调发展河南省协同创新中心顾问，河南省经济学会会长，河南财经政法大学教授。

一 将综合型经营型畜牧企业作为循环农业的节点

发展现代生态农业是我国农业现代化的方向，体现了农业生产方式的重大变革，它需要构建种植业—畜牧业—沼气—有机肥的循环链，其关键节点是高质量的综合型规模养殖企业，即集科学加工、畜牧精良养殖、完备防疫措施、沼气发生设备、有机肥和农药的加工和运输、肉蛋加工保鲜、发电输电系统、销售和售后服务、科技创新组织（包括产学研金联盟）为一体的微观载体。这类企业为农民提供全面配套的服务，企业标准一定要高。新野县已做全面试点，登封县出现了三木集团办嵩山牧场的典型，现对它们做一个评述。

三木集团原是一个房地产企业，近年来响应中央号召，投资 3 亿元在登封办了一个嵩山牧场，核心项目两万只种羊繁养基地已完成建设，其他项目除肉羊屠宰加工厂外均已开工建设。其中，饲草加工厂已投入使用；有机肥料厂将于 2015 年 6 月份投入使用；科研中心与畜牧信息交易中心将于 2015 年 12 月份投入使用；农牧专业合作社在登封已有年出栏肉羊 3000 只的养殖场 1 个，已有面积近 3000 亩的配套流转牧草种植基地。核心种羊场现已存栏优质种羊 1.5 万只，其中优质能繁母羊 1.2 万只，至 2015 年底种羊场可实现存栏优质能繁母羊两万只，达到年出栏优质种母羊两万只、优质种公羊 3000 只的规模。

根据登封循环农业产业园项目的进度情况，嵩山牧场已基本形成"点"的布局，按照集团公司产业集群发展规划的要求，配套项目的投资规划将紧步跟进，以保证总体规划有序衔接、稳步推进。并且其种羊繁育基地项目已获得"2014 年农业部畜禽标准化示范场"认定，被河南省政府确定为 5 个重点发展的"肉羊产业化集群"之一。

三木集团计划在河南省内的资源优势区域以农牧专业合作社带动发展的方式快速"复制"嵩山牧场，预计在 2019 年前陆续投资 35 亿元，发展农牧专业合作社 200 个，使集团所有的存栏优质能繁母羊数量达到 40 万只、具备年出栏优质肉羊 100 万只的能力、拥有流转改良种植土地 24 万亩，实现集群年总产值超 50 亿元，并投资 7.5 亿元建设配套项目，其中，投资 3.2 亿元建设年屠宰量 100 万只的羊肉加工厂；投资 3 亿元建设年产

24万吨有机粮食和1万吨麸皮的粮食加工厂；投资1.3亿元建设年产25万吨优质有机肥的有机肥料厂。此外，三木集团还计划投资约1.5亿元，计划用地100亩，建设规模为年屠宰100万只羊的新型肉类加工厂。公司坚持以品牌战略为发展方向，在饲料、防疫、屠宰、加工、包装、贮运全过程进行严格的质量监督，做到安全可追溯，全力打造羊肉高端品牌；同时发展有机食品加工业和休闲观光农业。

该企业按照规模化、规范化、科学化、标准化、生态化的要求，对羊舍内部进行了优化设计，采用了国内最先进的24小时电子监控技术和多点式、小单元、全进全出的生产工艺。将羊粪集中收集后送往肥料加工厂制作成有机肥料对外销售；采用现代化的养殖方式，使羊舍分别配套了全自动饲喂车（TMR）、自动化供水系统和全自动监控系统。在温度调控、喷雾消毒、自动供水、自动供料等方面进行分区、分段管理，实现科学化、规模化养羊。有机肥料厂以羊粪做原料生产优质有机肥，并通过测土施肥、订单种植、全程监控，改良土地24万亩以上。企业年生产有机粮24万吨以上，真正做到绿色生态循环农业。

该企业带动200多个专业合作社，可直接与间接带动农户5万户以上，提供就业岗位1000个以上，带动农户增收逾10亿元。一方面可以加强新技术的研发和推广，使相关产品被就地加工转化，实现产业的现代化、集约化、标准化、机械化和信息化，提高农业资源综合利用效率，促进农牧业增效，促进农民增收；另一方面可以建立合同订购、保底收购和二次返利等利益连接机制，使更多的农户获得收益。三木集团预期在2020年实现存栏优质能繁母羊40万只、合作社养殖场总用地量约6000亩、改良订单种植土地面积24万亩（带动农户4.8万户）的发展目标。

二　在发展中需要解决的问题

对于此类循环综合经营型畜牧企业应予以有力支持，将其作为试点，使之规范化，以解决发展中的难题。

一是企业登记手续的办理仍然缓慢，尤其是县以下基层政府办事效率低，一拖就是半年，乃至推诿不办，使企业无合法身份。

二是融资难，银行贷款速度慢，民间融资无正当门路，企业所急需的投资不能及时到位。由于畜牧、农业生产周期长，银行往往对它们的贷款申请不感兴趣，从而使得畜牧、农业企业没有专项融资项目。

三是政府支持力度不够。如三木集团的嵩山牧场的开发建设还未得到政府相应的有力支持，有的部门答应予以支持，但长时间不落实支持措施。

四是技术支持有待加强。由于综合经营的畜牧企业需要多项技术集成创新，因此它们必须要有多家科技单位和技术人员的支持。在此情况下，要想发展综合型畜牧企业必须组建生产企业与科技单位之间的技术联盟。但由于多方面因素的影响，目前组建技术联盟有着不少障碍，尤其是在防疫技术领域。

五是部门分割。现在农业厅、环保局、土地管理局、市场监督管理局等部门各管不同的业务，配合较差，不能形成统一的综合服务，彼此间的扯皮较多。如牧业粪便处理是一个大问题，要靠沼气生产、食用菌种植、沼渣沼液利用来解决，但这样做需要采用很多技术，有的还需要实施具体工程，而技术采用和工程实施必须要有多个部门的联合支持。

三　几点具体建议

第一，加强对循环综合型畜牧企业的引导和管理。一方面要引导一些其他行业的企业转营农牧业；另一方面要对此类企业多予规导，防止企业为赚钱侵害农民利益，防止过多的耕地非农化，提倡用劣质土地、山坡地种植牧草，并使企业多予农民实惠，多承担社会责任。

第二，使资金支持尽快落实。在改革中简化手续，建立专项基金，更好地发挥政策性银行的作用。开辟融资渠道，设立和加强农牧业保险，有些畜牧企业也可进行股份制改革，吸收合作社、其他企业入股。政府投资除用作政策性支持资金外，还可用以入股，以促进资金循环利用。

第三，科技部门推广产学研联盟，以企业为平台搭建科研的创新链。农牧科研机构应当建立基地，以三木嵩山牧场这类规模养殖企业作为综合科研试验点，培育新型经营载体。

第四，建立统一规划、管理、服务、指挥的联合办公机制，把循环与环保统一起来。目前，循环经济发展归国家发改委统领，环保归国家环保局负责，不利于统一步伐。应促进农牧沼电相沟通，形成城乡大循环体系，并且推广标准化管理、生产、销售、科研、肥田等各环节一体化发展模式。

第五，河南省省、市、县都应当直接抓一批企业做试验点（三木集团嵩山牧场可作一个试验点），积累发展循环畜牧型企业的经验，促进农业生态化，通过组织协同发挥集中力量办大事的优势，做到办一个、成一个，使本地形成现代生态农牧业集聚区，并发挥其示范效应。可在典型试点基础上培训干部和职业农民，尽快造就一批懂技术、善经营的骨干队伍。

充分利用人口红利，推进河南
经济社会又好又快发展[*]

"河南省人口红利研究"课题组[**]

编者按：本研究使用中国人口信息研究中心王广州开发的中国人口预测软件（CPPS），以河南省统计局提供的 2011 年人口数据为基础对河南省的人口红利进行了预测。预测结果表明：在 2034 年之前，河南省都处于人口红利期，河南省人口红利期的结束点为 2034 年，届时，河南省人口总抚养比将超过 50%。为了充分实现河南省的人口红利，需要采取实现就业的最大化、全面提高人口素质、促进产业结构升级、促进人口合理流动、适时调整人口发展战略等措施。

一 人口红利的基本内涵

人口红利是指一个国家的劳动年龄人口占总人口的比重较大，劳动供给充足，抚养率比较低，它为经济发展创造了有利的人口条件，使整个国家的经济呈现高储蓄、高投资和高增长的局面。一般认为人口红利包含两大基本要素，一是劳动力数量和比例相对较大，二是抚养负担相对较轻。

---

[*] 原载于《"三化"协调发展》2013 年第 2 期。

[**] 课题组组长为中原经济区"三化"协调发展河南省协同创新中心主任李小建；课题执笔人为中原经济区"三化"协调发展河南省协同创新中心办公室主任王利军、河南财经政法大学副教授龚文海、河南财经政法大学副教授李军峰。

按照国际的经验和国内的研究，学者们对人口红利的衡量指标做了数量界定，将 15～64 岁劳动适龄人口抚养 0～14 岁少年儿童人口与 65 岁及以上老年人口的总抚养比低于 50% 的年份，作为在人口年龄结构上有利于经济发展，有可能获取生育率下降所带来的人口红利的年份。

二　中国人口红利的状况

改革开放 30 年来，中国的经济增长创造了很多奇迹，对此，中国大批的廉价劳动力可以说功不可没。数据显示，从 1978 年到 1998 年的 20 年间，物质资本对中国经济增长的贡献率为 28%；劳动力（不含人力资本）的贡献率为 24%；教育程度提高形成的人力资本的贡献率为 24%；劳动力转移的贡献率为 21%。劳动力的贡献可以从以下几方面来看：首先，劳动力数量增长让社会总产出更丰富；其次，劳动力从低端行业转移到更高端行业推动劳动生产率提高；再次，有关改善劳动力的一系列投资，包括让劳动者再教育，能刺激投资和消费的需求；最后，劳动力和资本组合的优化，让生产力持续发展。前两点可以看作纯粹是"人口红利"本身在发生作用。

在理论上，国内就人口红利问题存在争论。争论的焦点在于人口红利的判断标准和与此对应的人口红利持续期问题。目前国内主要有两种观点。一是借鉴国际经验，以总抚养比 53% 或者修正的 50% 作为判断人口红利拐点的标准，与此相对应，预测的结果是中国人口红利将于 2030 年前后消失。这种观点的代表性学者包括田雪原、陈友华等。二是以劳动年龄人口比例下降或者劳动年龄人口数绝对下降的时点为人口红利的时间拐点，预测中国劳动年龄绝对人口在 2012 年出现下降，认为中国人口红利拐点为 2012 年。

理论上出现争议和分歧主要有两方面原因：一是人口预测上的差异，要判断人口红利期的关闭时间，先要预测未来中国人口的变化趋势，而不同的基期人口选择以及不同的预测方案，导致预测结果存在一定差异；二是人口红利判断标准不同。

本文综合运用人口抚养比（人口负担系数）和劳动年龄人口变化两种标准，对河南省的人口红利发展变化进行判断。

三 河南省人口红利的预测和判断

（一）预测方法和数据说明

本研究使用中国人口信息研究中心王广州开发的中国人口预测软件（CPPS）。

基础数据以河南省统计局提供的 2011 年人口数据为基础。选取分年龄的男性人口数、女性人口数、男性死亡率、女性死亡率、年龄别生育率 5 组数据，年龄组的范围从 0 岁到 99 岁。5 组数据均在转化为 CPPS 软件支持的数据后再被录入。

在参数设定方面。假设到 2050 年，河南男性人口的平均寿命为 82 岁，女性人口的平均寿命为 85 岁，而 2011 年与 2050 年的中间年份的河南省男性、女性平均寿命值按线性插值法插值。假设到 2050 年，河南省的总和生育率为 1.8，而 2011 年和 2050 年的中间年份的河南省总和生育率值按线性插值法插值。生育模式设定为一孩。鉴于本研究不考虑城乡差异和实际就业状态，故忽略城镇化水平参数。

河南是一个开放型省份，人口的迁移和流动对人口红利有着不可忽视的影响，但本文因无法取得流动人口的稳定数据，所以暂且没有考虑此因素。鉴于河南省是一个典型的劳动力输出大省，而迁移和流动人口的主体主要是劳动力人口，因此可以认为，河南省存在着较严重的人口红利外溢现象。

（二）预测结果

抚养比的计算不考虑当前男女退休年龄的差异，统一把劳动年龄设定为 15~64 岁，并据此计算劳动年龄人口数以及抚养比。具体预测结果如下。

第一，河南省劳动年龄人口变化情况。根据预测结果（见表 1），河南省 15~64 岁人口比重在 2015 年之前基本上维持在 70.7% 的水平，自 2015 年起，除 2020~2025 年出现短暂的上升外，劳动年龄人口比重总体呈下降趋势，到预测终止期的 2050 年，河南省劳动年龄人口比重降至 62.1%。

表1   2011~2015年河南省15~64岁人口的比重

年份	比重	年份	比重	年份	比重	年份	比重	年份	比重
2011	0.707	2012	0.707	2013	0.707	2014	0.708	2015	0.707
2016	0.706	2017	0.704	2018	0.702	2019	0.700	2020	0.698
2021	0.699	2022	0.700	2023	0.701	2024	0.706	2025	0.711
2026	0.711	2027	0.709	2028	0.701	2029	0.694	2030	0.688
2031	0.682	2032	0.676	2033	0.671	2034	0.663	2035	0.656
2036	0.650	2037	0.644	2038	0.639	2039	0.635	2040	0.632
2041	0.630	2042	0.629	2043	0.628	2044	0.627	2045	0.625
2046	0.624	2047	0.623	2048	0.621	2049	0.621	2050	0.621

第二,河南省人口老龄化状况。根据预测结果(见表2),河南省65岁及以上的老年人口比重在预测期内逐步提高。到2016年,比重突破10%,到2034年接近20%,到预测终止期的2050年,河南省65岁及以上老年人口比重高达25%。

表2   2011~2015年河南省65岁及以上老年人口的比重

年份	比重	年份	比重	年份	比重	年份	比重	年份	比重
2011	0.085	2012	0.088	2013	0.091	2014	0.095	2015	0.099
2016	0.104	2017	0.109	2018	0.115	2019	0.121	2020	0.127
2021	0.131	2022	0.136	2023	0.141	2024	0.143	2025	0.144
2026	0.144	2027	0.146	2028	0.154	2029	0.163	2030	0.169
2031	0.176	2032	0.183	2033	0.189	2034	0.198	2035	0.205
2036	0.212	2037	0.218	2038	0.224	2039	0.228	2040	0.232
2041	0.234	2042	0.236	2043	0.237	2044	0.239	2045	0.241
2046	0.243	2047	0.245	2048	0.248	2049	0.249	2050	0.250

第三,河南省人口抚养比变化情况。以2010年为基期,2011年的抚养比为41.5%,其后逐步增加,到2034年,河南省的人口抚养比突破50%,到预测终止期的2050年,河南省的人口抚养比高达61.1%。从表3和图1可以看出河南省人口抚养比的发展变化趋势。

表3 2011~2015年河南省人口总抚养比的变化趋势

年份	比例	年份	比例	年份	比例	年份	比例	年份	比例
2011	0.415	2012	0.414	2013	0.414	2014	0.413	2015	0.414
2016	0.417	2017	0.421	2018	0.425	2019	0.429	2020	0.432
2021	0.431	2022	0.429	2023	0.426	2024	0.416	2025	0.407
2026	0.407	2027	0.410	2028	0.426	2029	0.442	2030	0.453
2031	0.466	2032	0.478	2033	0.491	2034	0.508	2035	0.524
2036	0.539	2037	0.552	2038	0.565	2039	0.575	2040	0.583
2041	0.587	2042	0.590	2043	0.592	2044	0.596	2045	0.600
2046	0.602	2047	0.606	2048	0.610	2049	0.611	2050	0.611

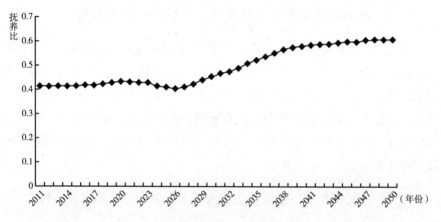

图1 2011~2015年河南省人口抚养比的变化趋势

（三）河南省人口红利期的基本判断

根据预测结果，可以得出以下结论。

其一，2034年是河南省人口红利期的结束年，在这个时点，河南省人口总抚养比将超过50%，人口红利消失。这与国内多数学者预测的中国人口红利将于2030年前后消失的结论相吻合。

其二，在2016年以前，河南省老年人口的比重小于10%，人口红利的真实效应更强；从2016年至2034年，尽管该时期河南省的总抚养比都低于50%，但老年人口的比重已大于10%，到2034年该比重接近20%，人口红利的效应大大降低，甚至可以将这一时期称为虚假人口红利期。

其三，2015 年为河南省人口红利的拐点，从 2015 年起，人口红利开始逐步降低，直到 2034 年完全消失。这与国家统计局预测发布的 2012 年中国劳动年龄人口首次出现下降的结果基本一致，也与著名学者蔡昉提出的中国人口红利拐点在 2012 年的预测结论相吻合。3 个年度差异的原因在于本研究的预测使用的劳动年龄人口组为 15～64 岁，而国家统计局所用的老年人口年龄的统计口径为 15～59 岁。

四　充分实现河南省人口红利的政策选择

（一）确立就业优先的发展战略，实现就业的最大化

最大限度地促进就业、提高劳动参与率是收获"人口红利"的关键。劳动力资源利用率越高，越有利于延缓"人口红利"消失的时间，越有利于保持劳动力成本低廉的发展优势。这就要求政府制定各种经济和社会政策，要以最大化创造就业机会为优先原则，使就业机会的扩大与经济增长同步推进，使就业岗位的创造与产业结构调整协调一致，使就业环境的改善与经济体制改革相得益彰。

（二）全面提高人口素质，实现人口大省向人力资源强省的转变

从长期发展的角度看，河南省目前存在的最关键的问题是人口素质偏低。河南人口的受教育状况总体偏低。第六次全国人口普查的数据显示：2010 年，全国每 10 万人口拥有的受过大专及以上教育程度的人数为 8930 人，而河南省的这一数据为 6398 人。人口素质偏低制约了河南的发展，随着人口红利期即将结束，河南省迫切需要通过教育的发展提高人口素质。

因此，河南省有关各方要树立人才资源第一的观念，把大力提高人口素质作为实施人口发展战略的关键环节，推动河南省由人口大省向人力资源强省转变。尤其是在当前河南省正处于承接产业转移的重要时期，更要通过深化教育来提高劳动生产率，让人口红利得以拓展和延续。人口素质的提高能使河南在承接产业转移时保持一定的竞争优势，促使其产业承接与自身发展良性互动，带动区域经济跨越式发展。

（三）在承接产业转移中实现产业结构优化升级，实现协调可持续发展

产业结构优化升级是我国经济结构调整和增长方式转变的迫切要求，作为我国的人口、经济大省，河南省要把加快产业结构优化升级作为经济发展的重中之重。随着中原经济区建设上升为国家发展战略，在重大的机遇面前，河南必须最大化地发挥人口红利效应，提高劳动力资源利用效率，在产业承接中实现经济的跨越式发展。

（四）消除人口流动障碍，合理引导人口流动与分布，加强省际人力资源的互动与联结

合理的人口流动与分布有利于延长河南的人口红利期，促进区域经济、社会协调发展。在统一开放和竞争有序的市场体系中，区域间的劳动力和人口流动、迁移是必然趋势。要积极创造条件，推进城市化进程，全面推行城乡统筹就业，引导农村人口向城镇转移，实现人力资源在城乡、区域间合理配置，充分利用人口红利。

河南在利用现有教育资源促使人口红利更好实现的过程中，不仅要注重人才政策的制定，留住在豫受教育的优秀人才，而且要注重与其他地区或区域经济内部的合作。加强省际人力资源的互动与联结，是一条互利双赢的途径。长此以往，它有助于降低河南的人口抚养比，延长河南的人口红利期。

（五）理性引导人口结构转变，稳妥、适度地调整人口发展战略

未来几十年，河南将面临总人口高峰、劳动年龄人口高峰、流动人口高峰及老年人口高峰接踵而至的严峻挑战，面临控制人口总量与优化人口结构的双重压力。因此，河南省应当在兼顾人口总量及现行生育政策相对稳定与连续的前提下，适时选择逐步、适度地调整生育政策，将总和生育率逐步调整与控制在人口更替水平，并实行城乡统一的生育政策，最终以少量的人口增量缓解严重的人口结构矛盾，为人口、经济、社会的长期良性互动和可持续发展打下基础。

结束语

当前，国内外发达地区的新一轮产业转移的浪潮正在兴起，中原经济区建设上升为国家发展战略为河南的发展提供了重要的契机。河南必须充分把握这一重大的历史机遇，创造充分的就业空间，提高劳动者素质，消除劳动力合理流动的障碍，促进产业结构的提升，最大限度地挖掘人口红利的巨大效应，最终实现河南经济的又好、又快发展。

以"三农"领域智库建设为抓手
抢占中原经济发展新机遇[*]

仉建涛　姬　超　马　华[**]

编者按：新常态赋予中原"三农"领域智库新机遇和新挑战。中原"三农"领域智库平台的建设，应在整体规划上坚持官方与非官方多元发展、百花齐放；在建设的着力点上坚持内容重于形式；在发展的制度保障上坚持依法治库；在数量和质量上结合河南省省情分批次建设覆盖面广、影响力深的专业智库体系。壮大中原"三农"领域智库，一要根据不同区域、行业的差异化特征，建设相应的专业化智库；二要建设中原"三农"领域智库示范区，积极探索中原经济区协同发展新模式；三要调整政府支持方式，在制度层面肯定智库存在的必要性；四要加大数据支持力度，加大决策公示和信息公开的力度；五要鼓励创新，保障智库的独立性。

　　为了深入学习贯彻习近平总书记关于智库建设的重要指示精神，认真落实《关于加强中国特色新型智库建设的意见》，笔者针对河南省智库的发展状况，特别是"三农"智库的发展状况，进行了深度调研。笔者认为，经济发展和社会变革在根本上依赖理念的推动，缺失理念的社会将陷

---

　　* 原载于《"三化"协调发展》2015 年第 3 期。

　**　仉建涛，中原经济区"三化"协调发展河南省协同创新中心执行主任，河南财经政法大学学术委员会主任、教授；姬超、马华，中原经济区"三化"协调发展河南省协同创新中心学术骨干，许昌学院博士。

于死寂,制度优化和改革深化也就无从谈起。而思想市场是新的理念出现和传播的源泉,也是政府公共政策供给和优化的重要条件。对于中部农业大省河南而言,如果不在智库建设上抢先一步,发挥先行优势,全面丰富思想市场,就将丧失转型发展的战略机遇,浪费追赶发达省份的大好机会。毫无疑问,中原"三农"领域的智库将成为中国智库建设浪潮中的特色平台、特殊平台、特长平台。

一 新常态赋予中原"三农"领域智库的新机遇和新挑战

新常态下的河南省农村发展面临着重要战略机遇,河南省有关方面要增强信心,适应新常态,从当前我国和河南省经济发展的阶段性特征出发,抓住河南省在新常态下转型发展的战略机遇。从全国整体来看,新常态意味着经济增长将基本告别传统的粗放型增长模式,增长速度将"下台阶",增长结构将出现新的趋势性变化,增长动力将发生转换。但从河南省这一区域构成来看,新常态赋予河南省的更多是新机遇,其发展质量和水平存在"上台阶"的可能。能否抓住这一机遇,取决于河南省能否先行一步,在新常态下率先深化农村经济体制和机制改革、优化制度供给、提升"三农"政策制定水平和公共服务能力。

——新型城镇化助推中原农村转型发展。目前,河南省许多城市的主城区人口压力偏大、"城市病"问题突出,主城区外围和偏远地区的产业集聚不足,农村人口外流现象突出,城镇化已经到了必须转型发展的新阶段。新常态下的新型城镇化的规模和质量需要大幅度提升,城乡之间要求统筹发展,城镇消费群体将进一步扩大,城乡消费结构将进一步升级,消费潜力将不断释放。同时,新型城镇化会带来城乡基础设施、公共服务设施、产业发展载体、住宅建设等方面的巨大需求,从而助推城乡要素和产业在空间上的优化配置,为河南省农村转型发展提供宝贵机遇。

——新常态引领资本下乡和转向民生。在新常态下,中国经济整体对投资的依赖将下降,但局部区域特别是广大农村地区的投资力度亟待加强。投资规模下降的同时,投资结构和投资主体的调整更加重要。对于欠发达的中原农村地区而言，农村基础设施投资和民生领域的投资仍然非常薄弱。因此，在新常态下，河南广大农村地区的公共消费型投资、民生投资的空间非常大。与此同时，由于河南省财政并不宽裕，民间资本与发达地区相比也不雄厚。这就决定了河南省各级政府在加大公共投资力度的同时，还要谋划如何吸引外来资本下乡；如何统筹布局，在不同乡村和不同领域合理配置资本；如何保障外来资本、民间资本的顺利进入和持续盈利；如何妥善处理新常态下的乡村矛盾，实现互动式治理和共享式发展，这些是河南省追求持续、和谐、稳定增长必须解决好的重大课题。

——中原农村发展格局的大变革。在新的发展态势下，随着国家新型城镇化规划以及相应的户籍制度改革意见出台，我国城乡之间、区域之间的制度隔阂逐渐被打破，劳动人口的流动和迁徙将更加自由。在这种背景下，在河南省外就业的1100多万农民工及其家庭人口在其就业地实现市民化的可能性大大提高，河南省人口的绝对减少将从可能转变为现实，新型城镇化完成后河南常住人口和农村人口可能大幅减少，大多数乡镇人口甚至部分县城人口的规模、结构可能发生新的变化，区域之间的差序格局可能发生新的变化。面对这种变局，河南省的新型城镇化既要防止小村落、小城镇、小县城的不合理扩张，又要防止公共资源在区域之间产生资源错配和浪费现象，这是河南省在新常态下面临的一重大挑战。

二　河南建设"三农"领域智库的战略价值

回头看河南三十多年的发展历程，它所取得的成绩令人惊叹，往前看，河南的转型发展面临着一个重要的问题，即缺乏思想市场、智库建设不足。一旦缺乏开放、自由、竞争、强大的思想市场，适应特定发展阶段的思想观念或公共政策就不能，或者不能及时地产生。强有力的智库建设和发展，将使河南经济的发展更能以知识为动力，更具可持续性和创造性。更为重要的是，与多样性的现代世界相互作用和融合，更能促进河南复兴或改造本省丰富的文化传统，甚至能使河南成为全国商品和思想生产、流通的中心。

——"三农"领域智库将为"三农"发展提供强大的智力支持。适时推动一个城市或产业的发展,离不开智力的支持。例如,北京的发展离不开中央各部委所办的院所高校的智力支持,天津的发展离不开东中西部区域发展和改革研究院的智力支持,海南的发展离不开中国(海南)改革发展研究院的支持,上海的发展离不开上海国际问题研究院、上海大学智库与智库产业研究中心等的支持⋯⋯源源不断的智力支持为城市和产业提供了发展远见,同样地,中原农村的发展离不开强大的智库支持。目前,我国"三农"领域智库还非常稀少,立足河南本土,中原"三农"领域智库将率先打破这一局面,为"三农"发展提供强大的智库支持。

——"三农"领域智库是中原农村发展软实力的重要组成部分。智库是国家软实力的重要组成部分,"三农"领域智库则是农村转型发展的软实力的体现。传统的农村发展过度依赖自上而下的政府强制性政策,新时期的农村发展需要激发并体现更多农民的自主性、能动性和积极性,形成内源式发展。这需要高度重视、积极探索具有中原农村特色的新型智库组织形式和管理方式,采取有效措施,引导"三农"领域智库加强自身建设,积极建言献策,为中原农村发展提供高质量的决策支持。

——以"三农"领域智库为抓手,打造智库产业集群。立足河南是农业大省这一基本省情,打造以"三农"研究为核心的特色智库,是河南省在智库体系建设中区别于其他地区的基本路径。通过"三农"领域智库这一载体,不断集聚高端智力资源,使之服务于河南省"三农"政策制定,以节约区域战略成本和政府执政成本。同时因地制宜,引领集聚高端产业集群,构建智库产业链。最终,使"三农"领域智库成为河南省软实力建设的重要内容,成为河南省经济跨越式发展的重要支撑。

——以"智"引才,带动人才集聚和转型发展。从广义角度来看,智库在提供公共政策研究和服务咨询的同时,还可以通过整合河南省内外、国内外的智力资源,统筹配置资源,发挥智库对人才的集聚效应,带动周边产业及智库产业链条的纵深发展,提升区域经济发展的科技创新能力和知识含金量。这将有助于提高河南省公共决策的科学化与民主化程度,有助于将中央各项政策与河南省独特优势资源充分结合,激发区域经济的活力,推动新常态下河南省经济和社会的转型发展。

三　中原"三农"领域智库平台建设的方略

在智库建设的战略地位凸显的同时，河南省对智库特别是"三农"领域智库的重视程度仍显不够。今后，河南省在智库建设上有必要加大力度，突出本土特色，借鉴河南省内外、国内外有益经验，走出一条充分体现中原特色、中原风格、中原气派的智库发展道路。

——在整体规划上，坚持官方与非官方智库多元发展、百花齐放。统筹推进党政部门、社会科学院、党校行政学院、高校、科技企业、社会智库协调发展，形成官方、大学、民间三种类型的功能互补智库，立足中原，立足"三农"，辐射北方，影响全国，形成定位明晰、特色鲜明、规模适度、布局合理的中原特色新型智库体系。

——在建设的着力点上，坚持内容重于形式。总体而言，河南省智库建设还处于初级发展阶段，一些智库在形态上和国内外其他地区不断接近，甚至趋同，而"三农"领域智库在形式和内容上都远远落后于其他地区。因此，河南省智库必须更加注重内容建设，更加注重"三农"问题研究，在此基础上为河南省政府提供深刻的、科学的、全面的对策建议。

——在发展的制度保障上，坚持依法治库。尽快制定系统的决策咨询政策，完善智库的法律法规，健全智库的性质属性、行为方式、行为保障、工作评估等政策制度。

——在数量和质量上，结合河南省省情分批次建设覆盖面广、影响力深的专业智库体系。目前，河南省智库建设的速度和质量都远远不能满足新形势下的需求，"三农"领域智库的数量少、影响力薄弱。因此，河南省应当进一步加强"三农"领域智库的影响力和话语权，塑造有利于河南省农业发展的智力环境和舆论环境，使"三农"领域智库提供更加优质的政策咨询。

四　壮大中原"三农"领域智库的政策建议

——根据不同区域、行业的差异化特征，建设相应的专业化智库。建议整合不同行业和领域的优势资源，加快设立中原农村发展研究院，联合打造中原农村发展高端智库平台，联合中原各个地市发起定期区域联席会议，推动中原农村协同创新发展。以中原农村发展研究院为排头兵，充分发挥智库在智力、综合研判、战略谋划和创新等层面的引领性作用和决策咨询作用。

——建设中原"三农"领域智库示范区，积极探索中原经济区协同发展新模式。中原城市群是社会、经济、环境、文化等多元融合的公共空间，但中原各地农村之间的联系非常松散，城乡之间的联系也非常无序。在未来，以产业发展为支撑的经济体系将成为城市和乡村可持续发展的关键，和构筑各地协同发展的关键。因而有必要适时建设中原"三农"领域智库示范区，探索并试验中原农村协同发展的新模式，探索以产业集聚为支撑的新型城乡关系，遵从以智库为核、以文化为魂的产业体系构建理念，力争经过5年左右的努力，使智库示范区建设取得显著成效。

——调整政府支持方式，在制度层面肯定智库存在的必要性。一是设立省级层面的"中原大脑"计划，探索在不同行业领域成立专家工作室和专家委员会，尽快建立健全的决策咨询政策法规，把决策咨询纳入河南省决策的正常程序。二是实现专家咨询制度的法制化，让政府项目的论证、运作、绩效评估等各个阶段都必须有不同的咨询报告作为参考，为智库的发展提供法律支持。明确政府的哪些决策必须经过专家的咨询和论证，明确专家咨询机构的职能和权限，做到专家咨询工作有法可依。三是建立对智库思想产品的购买机制，激励各类智库对思想产品的供给。四是建立项目招标制度，通过竞争择优的方式选择智库思想产品。五是将政府公共服务和政策供给工作纳入各级政府的目标考核体系，通过制度保障政府对智库思想产品的需求。

——加大数据支持力度，加大决策公示和信息公开的力度。智库在进行公共政策研究时需要大量的相关信息与数据，能否得到全面、准确的信息对于智库的生存和发展至关重要。因此，考虑集结河南省现有的"三农"研究团队基础，建立专注于中原农村发展的农村调查数据库，农村社会动态跟踪数据库，农村村情观测数据库，农村智能化、信息化数据库，使它们相互支撑、共同服务于智库研究。此外，河南省还要集中整理、归纳不同部门的信息数据，将公共政策相关的统计数据和信息统一对外公开，扩展政府信息共享范围，为高水平的政策研究提供分析基础。

　　——鼓励创新，保障智库的独立性。智库的工作重心在于提供公共政策咨询服务，这不可避免地使得智库和政府之间关系密切。从智库的长远发展以及公共政策研究的科学性、开放性的角度来看，河南省必须鼓励智库创新思想和理念，用制度保障其独立运营，赋予智库和广大思想工作者更多自由和独立的空间。

找准全面深化农村改革的切入点[*]

刘光生[**]

编者按： 全面深化河南省农村改革，要围绕农业增产、农民增收、农村稳定、城乡统筹来做文章，围绕在经济上保障农民的物质利益、在政治上尊重农民的民主权利来调动农民参与的积极性。当前的"三农"工作实践要围绕以下几方面展开，一是深化农村土地制度改革，让农村土地资源活起来；二是推进农业经营体系创新，让新型农业经营主体活起来；三是创新农业支持保护体系，激发、凝聚政策活力；四是推进城乡要素平等交换和公共资源均衡配置，让农村资产活起来；五是推进农业转移人口市民化，让农村劳动力资源活起来；六是创新农村社会管理，不断提升综合治理水平。

全面深化河南省农村改革，总的来说，是要围绕农业增产、农民增收、农村稳定、城乡统筹来做文章，围绕在经济上保障农民的物质利益、在政治上尊重农民的民主权利来调动农民参与的积极性。在当前的"三农"工作实践中，河南省要做到既立足"三农"，又跳出"三农"找出路，把深化农村改革放到深化宏观经济体制改革的全局中来谋划，把农村改革和城市改革一并设计、一体推动；要在保护农民合法权益的基础上调动农

———————————

　[*] 原载于《"三化"协调发展》2015 年第 8 期。

　[**] 刘光生，信阳农林学院党委副书记、研究员。

民参与的积极性，不断巩固和发展农业、农村好局面，为全省经济社会发展全局提供有力支撑。当前和今后一个时期，河南省应重点围绕以下几个方面深化农村改革。

一是深化农村土地制度改革，让农村土地资源活起来。重点是做好农村土地承包经营权确权登记颁证工作，这是一项基础性工作，也是维护农民土地承包经营权的关键，"定心丸"作用如何，就看这项工作做得扎实不扎实。2015年3月，河南省政府办公厅下发了《河南省人民政府办公厅关于开展农村土地承包经营权确权登记颁证工作的实施意见》，提出2015年全省要完成4000万亩左右的确权、登记、颁证任务，2016年全省要基本完成确权、登记、颁证任务，2017年要完成扫尾工作。这项工作难度很大，但一定要做，而且要做好，关键是要提高认识，加快工作进度，确保这项工作按期完成，保障农民承包经营土地的合法权益。

二是推进农业经营体系创新，让新型农业经营主体活起来。培育新型农业经营主体，要立足省情、农情，适应建设现代农业的新要求，适应农村劳动力状况和资源配置新变化，构建以农户家庭经营为基础、以合作与联合为纽带、以社会化服务为支撑的立体式复合型现代农业经营体系。要尽快研究制定扶持新型农业经营主体发展适度规模经营的具体政策。研究制定家庭农场认定、登记和管理的办法，出台促进家庭农场发展的实施意见。稳步推进财政支持合作社创新试点。研究制定工商资本进入农业领域的准入条件和监管办法，开展土地流转风险保障金制度试点等，促进专业大户、家庭农场、农民合作社和农业企业等新型农业经营主体健康发展。

三是创新农业支持保护体系，激发、凝聚政策活力。进一步完善财政、金融支持政策。对于财政政策改革，一方面积极争取国家支持、增加投入总量；另一方面按照"渠道不乱、用途不变、各司其职、各记其功、各负其责"的原则，强化资源整合，如果省级层面不好办，也要制定适当的政策，要求县一级整合到位，不能再到处"撒胡椒面"。对于金融政策改革，要发挥财政的杠杆作用，推进金融机构创新、服务创新、机制创新，探索金融支农的有效途径；充分发挥农村信用社、农业发展银行的优势和商业银行的作用，鼓励和引导社会资本进入农村金融领域，形成支持"三农"的合力；大力培育新型农村金融服务主体，并规范农村金融服务主体的行为。

四是推进城乡要素平等交换和公共资源均衡配置，让农村资产活起来。要增强农业、农村发展活力和实力，就必须解决要素不平等交换问题，完善相关法律政策，切实保障集体经济组织及其成员的财产权利。河南省要在国家政策许可的范围内，最大限度地保护农民的合法利益。对有利于保护农民合法权益的改革政策，河南省要积极争取；对于农村集体经营性建设用地与国有土地同等入市、同权同价政策实施和农村宅基地制度改革等，河南省要积极争取国家试点。尽快研究制定赋予农民对集体资产股份占有、收益、有偿退出及抵押、担保、继承的具体办法并开展试点。完善对被征地农民的合理、规范、多元保障机制，强化被征地农民的知情权、参与权、收益权、申诉权、监督权，从就业、住房、社会保障等多个方面采取综合措施维护被征地农民的合法权益，使被征地农民生活水平有提高、长远生计有保障。

五是推进农业转移人口市民化，让农村劳动力资源活起来。加快农业转移人口市民化，是新型城镇化和城乡发展一体化的一项重要任务，也是深化农村改革的一项基础性工作。要从经济社会发展水平、城镇综合承载能力等实际出发，区别情况、积极作为，深化户籍制度、流动人口管理制度等的改革。统筹推进户籍、土地、财税、教育等制度改革，放开中小城镇落户条件，建立财政转移支付同农业转移人口市民化挂钩的机制，推动基本公共服务由户籍人口向常住人口扩展，逐步实现城镇基本公共服务对常住人口的全覆盖。

六是创新农村社会管理，不断提升综合治理水平。"基础不牢，地动山摇"。农村处于社会组织体系最基层，是社会的"终端"和"末梢"。农村稳则天下安，农村和则天下兴。因此，重视乡村治理、打牢基层基础，是古往今来的执政者都必须抓在手上的大事。要树立系统治理、依法治理、综合治理、源头治理的理念，集聚各方面资源和力量，扎扎实实地把农村社会治理搞上去。引进城市社区管理的先进理念，完善村民自治组织的设置，加强农民理事会、村务监督委员会等的建设，深入推进"四议两公开"的工作法，不断提高农民自我管理、自我服务、自我发展的水平。

加快发展方式转变
推进现代农业大省建设[*]

吴海峰^{**}

编者按： "十三五"时期，加快农业发展方式转变，是河南推进现代农业大省建设的紧迫任务。一要促进农业由主要追求数量增长向追求数量、质量、效益、安全并重转变；二要促进农业发展由主要依靠资本投入、资源消耗向主要依靠技术进步、资源节约转变；三要促进农业生产由主要"靠天"向主要靠物质设施装备转变；四要促进农业功能由传统单纯的保障功能向现代多重功能转变；五要促进农业向优化结构、延伸产业链的方向转变；六要促进传统农民向高素质职业农民和新型农业经营主体转变；七要促进农地经营由细碎分散化向多形式适度规模化转变。

"十三五"时期，加快农业发展方式转变，是河南推进现代农业大省建设的紧迫任务。近些年来，河南农业、农村保持了增产、增收的好势头，为经济社会持续发展提供了有力支撑。但应认识到，随着我国经济发展进入新常态，农业发展的环境条件和内在动因在发生深刻变化，各种风险挑战在积累、聚集，如农业生产成本不断攀升、农业资源约束越来越紧、农业生态环境恶化加剧、国内外农产品价格倒挂、农业结构严

* 原载于《"三化"协调发展》2015 年第 42 期。
** 吴海峰，河南省社会科学院农村发展研究所所长、研究员。

重失衡、农村劳动力供求变化,人民群众对农产品质量安全的要求越来越高,农业保供给、保收入、保安全、保生态的压力越来越大。面对新形势,迫切需要加快转变农业发展方式。只有加快农业发展方式转变,河南才能走好产出高效、产品安全、资源节约、环境友好的现代农业发展道路。

一 促进农业由主要追求数量增长向追求数量、质量、效益、安全并重转变

转变农业发展方式,必须按照主攻单产、稳粮增收、提质增效、创新驱动的要求,积极推进粮食核心区建设,严格保护耕地,提升耕地质量,大力开展粮食高产创建活动,不断提高农业综合生产能力,稳定增加粮食和主要农产品产量,努力为国家粮食安全和农产品有效供给做出更大贡献。要把提高农业质量效益作为主攻方向,更加注重提升农产品品质和质量安全水平,更加注重优化农业生产要素,壮大现代农业产业体系,提高农业劳动生产率、土地产出率和农业竞争力。要把促进农业可持续发展作为重要内容,推广绿色增产模式,加快发展生态农业、有机农业和绿色农业,使农业由主要拼生态、拼环境真正转到注重绿色、循环发展上来,由粗放型经营真正转到集约型经营上来。要强化农村环境污染治理,大力推行无公害农产品、绿色食品、有机食品的标准化生产,建设覆盖农产品生产、加工、流通全过程的质量安全标准体系。加大农业资源保护,改善农业生态环境,实现农业资源永续利用。努力把农业打造成具有较高经济效益、生态效益和社会效益的现代产业,走出一条符合河南实际的高产、优质、生态、高效、安全的可持续的集约型、内涵式的现代农业发展道路。

二 促进农业发展由主要依靠资本投入、资源消耗向主要依靠技术进步、资源节约转变

转变农业发展方式,必须更加注重农业科技进步,强化农业科技创新的驱动作用。要加快现代农业技术体系建设,促进产学研用密切结合,建立开放、竞争、协作的农业科技发展运行机制。加快发展现代种业,加强

高产优质农产品品种的研发和选育，提高良种覆盖率，使河南省基本实现农业生产良种化。加大农业科技应用力度，完善基层农技推广体系，建设农业科技服务云平台，提升农技推广服务效能。加强农民技能培训，深入实施科技入户工程，不断提高农民的科学种田水平。积极推广生态生产、健康养殖、测土配方施肥等技术，改善耕作制度，提高耕地土壤肥力。依靠科技进步全面提高资源综合利用效率，加快发展节约型农业，大力推广以节地、节水、节能、节种、节肥、节药为重点的农业技术，提高农业投入品的利用效率和农村废弃物的综合利用率。积极推广"喷灌""滴灌"，建立节水型农作制度和与之相匹配的技术体系、工程体系。积极扶持秸秆还田、改良土壤的农业技术研发和普及。加快农业发展由资源消耗型向资源节约型、环境友好型转变。

三　促进农业生产由主要"靠天"向主要靠物质设施装备转变

发展现代农业，必须加大对农业的支持、保护力度，加快推进农业水利化、机械化、信息化，用现代物质条件装备农业，努力改善农业的生产条件。要持续推进农业综合开发、土地整理和复垦开发，以农田水利建设为重点搞好农业基础设施建设，加快中低产田改造，大力建设高标准粮田。提高农业工程建设质量，加强农田水利设施管护，保障工程发挥长期效益。完善农业防灾减灾体系建设，增强农业预防和抵御自然风险的能力。提高农业机械化水平，加大机械化保护性耕作和收获技术的推广力度，推进大田作物生产全程机械化，从过去侧重小麦生产机械化转向玉米、水稻、花生、蔬菜、花卉等更为广阔领域的机械化，从侧重产中环节机械化转向产前、产中、产后的生产全过程机械化。创新农业机械化模式，促进农机、农艺结合，健全农机社会化服务网络，推进农机服务产业化。加快农村信息化进程，健全农业信息服务体系，提升农村综合信息服务能力，实现农业信息服务覆盖最大化、政务网络化、应用平民化、效果最优化。积极开展"互联网＋"现代农业行动，发展精准化生产方式。加快农产品市场建设，培育农村流通主体，完善农产品流通服务体系，提高农产品流通的组织化程度。

四 促进农业功能由传统单纯的保障
功能向现代多重功能转变

随着市场经济的发展，现代农业的多功能性越来越突出。要依据区域优势和资源特色，因地制宜，积极拓展、深度开发农业在农产品供给之外的原料供给、就业增收、生态保护、观光休闲、文化传承等重要功能，提升农业的生态价值、休闲价值和文化价值。按照基地园区化、园区景点化的基本思路，推动农业的生产、生活、生态多功能协调发展，促进农业与第二、第三产业相互渗透与融合发展。依托区位和环境优势，围绕城乡居民的休闲、娱乐、健身等消费需求，充分发挥农业的多功能性，大力发展与生态保护、休闲观光、文化传承等密切相关的绿色农业、生态农业、休闲农业、观光农业、体验农业等，尤其要把特色农业与旅游业结合起来做大、做强，着力提高农业的竞争力和整体效益，增加农民收入。并以此为重点，引导资金、技术、人才、管理等要素向农村流动和聚集，促进土地增值收益更多地用于农业发展和美丽乡村建设。围绕城乡居民的生态宜居需求，建设森林公园、湖泊水系、生态湿地系统等一体化的环城生态走廊。构建大中小城市相结合、产业圈层分布特征明显的都市农业发展格局，积极打造辐射城市郊区及周边县（市）的都市生态农业圈。

五 促进农业向优化结构、延伸产业链的方向转变

发展现代农业，必须适应市场变化，以满足消费需求为导向，立足资源禀赋，发挥比较优势，在确保粮食生产稳定的前提下，不断调整和优化种养结构、产品结构、区域结构。要进一步优化农业区域布局，深化"两个基地"建设，促进粮食核心区农畜结合、粮经兼顾，加快实施现代畜牧业跨越工程。积极发展高效经济作物，因地制宜地打造具有区域特色的农业主导产品，着力创建大宗农产品优势产业带，努力推出特色农业、优质农业、绿色农业的品牌，使满足消费的各种优质农产品更加丰富多样。目前，河南省农业的附加值较低，农产品大多作为原材料出售。转变农业发展方式，必须在农产品加工上寻求新突破。要大力发展多种形式的农业产业化经营，努力建

设一批农产品加工技术集成基地，着力发展农产品加工尤其是精深加工及储藏、保鲜等行业，拉长农业产业链条，挖掘农产品增值潜力，建成一批较大规模的农业产业化集群，培育一批竞争力较强的现代农业龙头企业，促进农业产业标准化，向品牌经营要效益。积极引导龙头企业与农户建立更紧密的利益分配机制，逐步使二者的关系由以契约联结、服务联结为主向以资产、资本联结为主的方向转变，带动农民由生产环节进入附加值较高、经济效益较好的加工、流通等环节，让农民从中得到更多的收入和实惠。

六 促进传统农民向高素质职业农民和新型农业经营主体转变

必须把改革创新作为根本动力，解决好未来"谁来种地"的问题。要努力提高农民的科技文化素质，积极培养农业科技人才和经营人才，造就和壮大适应现代农业发展的高素质的职业农民队伍。要明确政府在培育职业农民中的主体地位，有针对性地加强配套政策扶持，着力提升农民职业培训的质量。要坚持家庭经营在农业中的基础地位，积极扶持发展种养大户、家庭农场、农民专业合作社、龙头企业、社会化服务组织等新型农业经营主体，推动土地、资金、技术、装备和劳动力的联合和合作，建设现代农业生产基地，促进特色品牌农业发展。政府财政应设立对现代农业示范带动能力强的新型农业经营主体的专项奖励。金融部门应采取农业贷款贴息、村民联保互保、土地经营权担保等形式，满足新型农业经营主体的信贷需求。采取财政扶持、信贷支持等措施，加快培育农业经营性服务组织，开展政府购买农业公益性服务试点，积极推广合作式、托管式、订单式等服务形式。加快构建公益性服务与经营性服务相结合、专项服务与综合服务相协调的新型农业社会化服务体系。

七 促进农地经营由细碎分散化向多形式适度规模化转变

加快转变农业发展方式，必须以发展农业适度规模经营为核心，着力提高农业生产的组织化程度。要创新农业经营机制，解决农村零星分散地块的细碎化经营问题，提高大田机械化的作业水平，向规模经营要效率、效益。要促进土地经营权自愿向新型农业经营主体有序流转，发展多种形式的适度规模经营，引领农业向集约化、市场化、专业化、社会化的方向发展。必须因地制宜地做好农地承包经营权确权工作，细化和界定农民承包经营权的权能、权责、权益，从制度上强化对农民土地权益的保护，确保农民能顺畅行使土地转包、转让、出租、入股和抵押等权利，并推动土地经营权等农村产权流转交易的公开、公正和规范。通过赋予农民更多财产权利，大幅增加农民的财产性收入。把发展多种形式的农业适度规模经营与延伸农业产业链有机结合起来，立足资源优势，鼓励农民通过合作与联合的方式发展规模种养业、农产品加工业和农村服务业，开展农民以土地经营权入股农民合作社、农业产业化龙头企业试点。同时，把发展第二、第三产业与扩大农业经营规模有机结合起来，健全农村人口转移就业、市民化机制，促进农村农民向城市居民或职业农民转变。给予适当激励政策，引导长期在城镇居住、就业和生活的农户自愿放弃土地承包经营权。

河南全面建成小康社会的
两个制约与突破[*]

——基于现代农业大省建设的视角

郭 军[**]

编者按：以三大国家战略规划为契机，推进三个大省建设，加快城乡一体化发展步伐和实施全省脱贫工程，这些措施取得了喜人的成就，但也存在着一些需要进一步思考和解决的问题：一是城乡一体化进程中农区向城区转化的政体制约与突破；二是农业现代化进程中农业机械化水平与农民收入水平关系转换的事体制约与突破。

"小康不小康，关键在老乡"，这句话道出了我国全面建成小康社会的重心所在。在一个农业大国、农业人口占主要比重的大国、农业现代化滞后大国，建成小康社会，在人类的发展史上，必将是一个创举。河南是中国的一个典型缩影，过去说，中原兴、中华兴，现在也可以说，河南建成小康之时，就是中国建成小康之日。正因如此，河南人一直在努力拼搏，特别是近些年，河南省委、省政府以高度的责任感和担当精神，积极作为，以三大国家战略规划为契机，推进了三个大省建设，加快了城乡一体化发展步伐和实施了全省脱贫工程，这些措施取得了喜人的成就，但也存在着一些需要进一步思考和解决的问题。

---

[*] 原载于河南财经政法大学河南经济研究中心《学者之见》2015 年第 4 期。

[**] 郭军，河南财经政法大学教授，河南省经济学会副会长。

一 城乡一体化进程中农区向城区
转化的政体制约与突破

怎么样实质性地推进城乡一体化，政体改革是关键。城乡一体化的内核是破除城乡二元结构，打破城市市民与农村农民的界限，让农民和城里人一样，转变生产方式，享受现代生活。显然，城乡一体化要解决的是人的集聚地的问题。从理论上讲，亦如厉以宁先生说的，"城镇化率达到 80%，12 亿人住在城镇，现在 6 亿多再增加 5 亿多人的话，城市将挤成什么样子了？12 亿人拥挤在城市，你再怎么建设也来不及"。所以，"一定要走适合中国国情的道路"，即城镇化应遵循"老城区到新城区再到新社区"这样一个基本逻辑。换句话说，就是在城乡一体化进程中注重中小微城镇发展，而且，这个中小微城镇不只是地理空间上的，还应该是国家政体予以认可的正规的、标准的、有着城市城区性质的、按照城市规划建设的。然而在今天的城镇化进程中，如果不能转变观念，改变长期以来在行政区划、行政建制上把县和镇列为农村政区的旧的体制和机制，那么这不仅会继续人为地割裂城乡之间的联系，继续制造城里人和乡下人之间的壁垒，而且必然会严重地阻碍城镇化甚至是城乡一体化的进程。

有关方面数据显示，目前，河南省有 10 万～20 万人的城市（中心城区人口数）和县城 30 个，3 万人以下的乡镇 747 个，县城、县级市平均规模仅为 15 万人左右，县城以下乡镇平均拥有 0.88 万人，这不仅说明河南省人口迁徙的潜力巨大，而且反映出河南省原有行政区划、行政建制对人口流动、对城镇化进程的政体制约及其程度。假如河南省能够积极主动地争取到国家政改支持，改革这一旧的政体模式，则必将大大促进城乡一体化的进程，带来城乡社会事业水平差距的显著改善，加快城乡要素流动、农民工市民化的步伐。因此在"十三五"期间，可以尝试以县、镇（包括某些村）为主的政区改革，推动那些符合条件的县、镇、村由农村政区向城市政区转化，使城乡一体化在政体保证上有实质性进展。

二　农业现代化进程中农业机械化水平与农民收入水平关系转换的事体制约与突破

　　河南省是农业大省、粮食生产大省，但是又是耕地资源匮乏大省。全国人均耕地 1.5 亩，河南省人均只有 1.15 亩，而维持 1100 亿斤粮食的收获水平需要耕地，工业发展需要耕地，城镇化建设需要耕地，河南省除了合理开发利用工矿废弃土地、低丘缓坡土地以外，还要寻求在有限的土地上实现集约经营，提高单位面积收益，增加农民收入。这就表明，在当前，河南省一方面应该强调利用现代农业装备，增加和提升农业机械化水平；另一方面应该追求资本有机构成的提高，增加和提升农民的农业经济收入。

　　河南省农机局 2015 年初的数据显示，2014 年全省农作物耕种收综合机械化作业率达 76.3%，高于全国农作物耕种收综合机械化作业率（61%）15.3 个百分点，几乎接近世界水平。而同时期，河南省农民人均纯收入 9350 元，相比全国农民人均纯收入 9892 元，河南低了 500 多元，原因肯定是多方面的。正常来说，农业机械化水平应该与农民收入存在着正向相关关系，但河南省出现了高农业机械化水平、低农民收入的奇怪现象，这一点值得研讨。此现象的产生是不是因为农机的装备构成和先进程度有待优化提升？是不是因为农民应用农机的水平和效率不高？是不是因为农业机械使用费用过高，打消了农民实施机械化作业的积极性，增大了生产成本从而减少了农民收入？是不是因为农业机械化专业合作社组织的运转体制、分配机制的市场化、规范化不到位？是不是因为农业机械化与农户土地分散状况不匹配？等等。

　　围绕此，河南省有关各方不仅应该做深层次的理论探讨，而且要从有关农业机械化与增加农民收入关系的视角，破解其间的矛盾。比如，深化改革力度，加快土地"流转"步伐，加速小农经济生产向大规模的现代化生产经营转变，解决农业机械化作业与农户小块地种植的矛盾，让农业机械化充分派上用场，在推进农业机械化普遍应用的过程中不断增加农民收入。再如，既要从政策上对购置农业机械者给予财政补贴，也要对使用农业机械作业者给予财政补贴，以政府补贴刺激农业机械化水平的提高，把推进农业机械化与增加农民收入紧密结合起来，通过财政补贴增加农民收入，提高农业机械化水平。

此外，应深入研讨河南省农业机械化程度高，但促进农民向非农产业转移、拓展农民增收的渠道不明显的问题，因为这是违背常理的。一般来说，资本有机构成的提高，会不断地、大量地、明显地"迫使"农业劳动者向非农产业的转移，也只有随着农业机械化的大力推广，才有可能刺激农民向非农产业转移，才有可能创造条件让农民拓展收入渠道。

值得指出的是，河南省农业机械化水平虽然较高，但与其他省份相比，特别是与国外相比，在农业机械的研发、技术、工艺、性能、效率等多方面还存在差距。所以，"中国制造2025"就明确把农业机械制造业列为重要的产业。

对农业转移人口市民化与新型城镇化引领关系的思辨[*]

——再论"人往哪里去"

郭 军[**]

编者按： 河南农业转移人口市民化，在现阶段还必须用两条腿走路，一方面让农民真正进市做"市民"，另一方面坚持提升各地产业集聚区的发展水平，寻求农业转移人口的就地"市民化"。缩小城乡差距的重心在小城镇和新型农村社区的建设与发展上。加快新型城镇化建设的步伐，促进城乡一体化发展，要逐步形成大中小城市、中心镇、新型农村社区协调发展，城乡统筹，互促共进的现代城镇体系。

"人往哪里去"，河南省委三年前提出的问题，在今天已经有了明确的解答，即"农业转移人口市民化"。答案有了，但是解题的过程，比如转移的规模、转移的方式、转移的路径、转移的步骤，怎样才算是"市民化"，"市民化"的标志是什么，农业转移人口市民化与新型城镇化的关系应该怎么认识，仍是需要认真研讨和把控的。

河南省是一个人口大省，在现在的经济社会发展水平下，"人往哪里去"，是任何一位主政者必须面对的现实问题，也是一个严峻的问题。河南省经济虽经历届省委、省政府的努力，有了骄人的成绩，但是，从总体

---

[*] 原载于河南财经政法大学河南经济研究中心《学者之见》2015 年第 5 期。

[**] 郭军，河南财经政法大学教授，河南省经济学会副会长。

上看，河南省依然是发展中省份，特别是在中央要求在 2020 年全面建成小康社会目标的背景下，河南省的发展压力之大更是不言而喻。毋庸置疑，"人往哪里去"，主要是农业人口怎么转化的问题。哪里去、怎么转，在今天就是要随着城镇化的进程，在土地城镇化的同时，解决人的城镇化问题，这恰恰是新型城镇化及其引领的新的内涵所在。综观世界发达国家走过的道路，新型城镇化反映了人类经济社会、城镇化发展的基本规律。因此，无论是在理论上，还是在应用政策上，有关各方都应该转变观念，认真思考和研讨中央和河南省提出的在加快推进新型城镇化的过程中加速农业转移人口市民化步伐的问题，以便理出农业转移人口市民化和新型城镇化引领的真谛、内核。

一　农业转移人口市民化是否一定要进"市"

农业转移人口市民化，是一种大势，它有两层含义，一是说农民变为市民，人口主体实现身份转化；二是说农民从农村进入城市，人口主体的生存环境与条件发生变化。从农耕时代进入工业社会，以"农"为内容特征的人口越来越加快脱"农"的步伐，日益从农民转变为市民，使社会主体文明从乡村文明转变为城市文明。河南省作为一个农业大省，农业人口依然占据着多数，所以，对于加快推进农业转移人口市民化，其任务比任何一个省份都更艰巨、更困难。在一个人口多、底子薄、尚处于发展中的地区，农业转移人口市民化的进程必然是艰苦的、受局限的。对于是否一定要都进城，是否只有进了"市"才能成为市民，有关各方需要冷静研究思考。在 2013 年 1 月 29 日召开的"第三届中国县域经济高层发展论坛"上，一些市县领导指出，城镇化应该有多条道路和多种方式。中外与会者指出，农民不一定都要进城，现在出现了这样一种情况，一些农民进了城市，住上高楼，就会把所得补偿款拿去买车、消费，待补偿款用完，在城市无收入来源的他们就会转回来找政府吃低保，政府只能把这些人养起来。这样，此类简单地推农入城式的城镇化就没有任何意义。还有一些领导更是直接提出，在推进新型城镇化过程当中，并不是让绝大多数农民都进城，也绝不是只有入了"市"的农民才能成为市民，关键是以新型城镇化引领推动农业和农村、农民问题的破解，增加农民收入，让农民过上和城里人一样的生活。在这样的目标背景下，农民的地理空间变化也就无所谓了，"市民"不"市民"也就无所谓了。值得一提的是，这次会议的与会专家和地方领导还把"新型城镇化建设中的美丽村镇建设"作为一大主题展开了热烈的研讨。

人口的转移、城市的发展，既是一个过程，也是一种规律。"市民化"也好，城市化也好，重要的是要有基本的物质支撑。农民务农，市民务"市"，农民进城变市民就要"在城应市"，融入"市"里面去。市民在市里有职业、有收入，农民入"市"也要有在现代城市生存和生活的能力，要像市民一样有职业、有收入，否则，农民即使成为城市市民也极有可能转变为城市贫民。没有职业、没有收入，农民就不该进城，也不敢进城。城以产为基础，城市化总是与工业化结合在一起，没有工业化，城市化就失去了依托，"市民"的职业也就没有了保证；当"市民"失业并出现了一支庞大的城市失业大军的时候，如果对此视而不见，还要硬性地把农业人口转移到城里来，还要坚持农业转移人口的唯城市"市民化"，就会违背客观规律。这里揭示了一个来自实践的理论，也就是说，农业转移人口市民化，并非就是必须进城，必须做城市市民，进不进城，市民不市民的关键是有没有产业支撑。有产业支撑，有经济社会效益，在城市做市民、在农村做市民其实没什么两样。可喜的是，近几年河南省下力气发展了180多个产业集聚区，遍布全省县、镇、乡、村，如果把产业集聚区发展、农业转移人口市民化、新型城镇化建设有机衔接起来，不仅能使它们相得益彰，而且能为农业转移人口就地市民化创造有利条件。因此，河南农业转移人口市民化，在现阶段还必须用两条腿走路，一方面让农民真正进市做"市民"，另一方面坚持提升各地产业集聚区的发展水平，寻求农业转移人口的就地"市民化"。

二　缩小城乡差距是否完全要靠"城"

城市是现代文明的标志，城市的发展对经济社会的影响、带动作用是不可否认的。发达国家走过的历史说明，大、中、小、微型城市体系的形成，事实上已经淡化了"乡"的概念，而由"乡"到"城"的演化，其内在的最重要的动能则并非完全靠"城"。本质上，由"乡"到"城"是一个工业化、城镇化、农业现代化，以及现代信息技术应用转化的互动过程。城乡差距是城乡经济社会、生产生活条件、人们收入水平的差距，所以，缩小城乡差距，并不就是行政性地把农民"赶进城""被上楼"，更不是简单地追求城市人口数量增加的所谓的"城镇化率"。曾有学者撰文回顾我国改革开放三十多年的历程，20世纪80年代末，我国提出要加快城镇化进程，缩小城乡差距；20世纪90年代，许多专家呼吁学习日本"大东京"城市发展模式，建设"长三角""珠三角""京津唐"城市群；时至今日，还没有完成计划的城镇化进程的1/4，城市就疲惫了。"城市和它的占据者没有意识到大时代的巨变会颠覆旧有的社会结构，城市并没有准备好驿站接待农民工同志，甚至在20余年的潮涌面前拒绝和排斥他们。等到城市化进程迫使我们改变观念的时候，他们的队伍已经如此庞大，以至于城市难以容纳。""于是，人们又想起了德意志，不超过100公里就有经济、文化、医疗设施，一样发达的城市，虽然人口并没有百万之众。于是，我们开始或者是准备开始'城镇化'。"从"城市化"到"城镇化"的转变，表现出政界、学界对历史、对规律、对国情的尊重。而"如果纳税人的钱不再向中心城市淤积，一旦优势资源（学校、医院等）分散到中小城市，那样，矮墙边上沐浴阳光等着工作的人就消失了，他们再不需要背井离乡，更不会'愚昧'地制造折磨自己的回家浪潮"。

　　需要指出的是，在今天，推进城镇化，要与国家的战略谋划衔接起来。新一届政府的着力点是转变方式和调整结构，保持我国经济持续健康发展。调结构，一是缩小城乡差距，加快城乡一体化发展；二是在新型城镇化引领下，破解"三农"难点，增加农民收入，搞活农村市场，扩大消费需求。因此，河南省既要热情地投入城镇化的推进过程之中，又要理性地、务实地探索和走出一条符合我国社会主义特色的城镇化道路，也就是说，河南省一方面要注重抓住新型城镇化这个经济社会运行的重要引擎，发挥"城"的作用功能，另一方面还要适应国情和省情，按照构建国家区域中心城市、地区中心城市、县域中心城市、小城镇、新型农村社区五级城镇体系的要求，努力规避"摊大饼"似的城市"大跃进"。2012年，河南省城镇化率为42.4%，到2017年城镇化率要达到52%以上，实现这个目标的压力是可想而知的。尤其是"在这块16.7万平方公里的土地上，除了耕地、山川、河流、道路、城市建设用地外，密密麻麻分布着4.7万个行政村、18 万个自然村。在漫长的历史长河中，'三农'的问题就一直与河南相生相伴"。缩小城乡差距，提升城镇化率，使近千万农民变成"市民"，一味"靠城""进城"肯定是不现实的，重心还应该放在小城镇和新型农村社区的建设和发展上。当然，新型农村社区建设面临着许多问题，但是，只要政府规划与市场机制"两只手"运作好了，它完全可以成为新型城镇化建设、农业转移人口市民化的一种方式、一个选择、一条道路。

三 现代城镇体系是否应该排斥"村"

2012 年 5 月 8 日，河南省濮阳市濮阳县西辛庄村的"村级市"挂牌，创造了中国第一。随着"村级市"的出现，包括学者在内的各种人士的质疑纷至沓来，认为这是"炒作""瞎胡闹"，甚至认为这动摇了千年乡村文化伦理的基础。其实，这些质疑的焦点只有一个，即"城市和农村是两个概念"，但是他们忘记了城市和农村只是一个时空条件的动能转换，人类最初的"城"可以说都是由"村"演化而来的，"城"的出现，是因为有了"市"，"市"的形成又是缘于村民劳动生产有了剩余产品，约定一些时间和地点"赶集"，以换回自己想要的物品。"集市"在一个村子兴起，十里八村的村民都来"逛市"，"集市"便成为人们商品交换的场所。随着交换范围的不断扩大，特别是人们意识观念的变化，以农产品贸易为主导的流通业，以农产品加工为主导的制造业，以成就"集市"为主导的服务业，教育、医疗、文化娱乐等便发展起来，"城市"也就出现了，并且会从"小城"演变为"大城"、从区域性中心城市演变为国家的或者世界的中心城市。笔者虽然没有考究城市发展到今天经历了多少岁月，但知道香港是由一个小渔村变成一个世界贸易城的，蛇口、深圳、东莞在成为改革开放的前沿城市之前也只是一个个小村庄。西辛庄的"村级市"让村民不用跑几十里路即可就诊于二级甲等医院，即可让子女接受和城里娃一样的教育，即可享受和城里人一样的社会公共服务，即可领略现代楼堂管所的魅力，即可在村里"打的"上班挣工资。还有"南街村""华西村""长江村"等，他们虽然没有挂一块"市"的牌子，没有"市"的行政建制，但是就不具有"市"的功能、"市"的特征、"市"的感受了吗？李连成说得好,"我建设西辛庄市的目的,第一个是节约耕地,省下的地还能建厂、盖房;第二个目的是满足农民当市民的愿望,让他们享受市民的生活;第三个目的是减少城市的压力,让农民进城办事、看病、买房、教育、上班不再给城市添麻烦,缩小城市和农村的差距"。这些朴素实在的话语,道出了农民的心理趋向,道出了进城与不进城的尴尬,道出了面对现时经济社会水平的无奈,道出了一个来自实践的城镇化发展的冷思考:在当代中国的新型城镇化建设进程中,究竟应该如何构筑现代城镇体系,是否应该忽略小城镇和新型农村社区,是否应该排斥"村"?

专家推测,我国 2030 年的人口为 15 亿人,城镇化率达到 70%,农村人口有 4.5 亿人,如果按照现在农村人口 6.4 亿人计算,河南省不仅要在 2030 年以前解决将近两亿农业人口的市民化问题,而且要考虑 2030 年以后 4.5 亿人口的市民化问题,都进城是绝对不现实的。亦如国务院参事室特约研究员姚景源先生指出的,"城镇化绝不是简单的盖大楼、修马路,而是要让农村的生产方式和生活方式发生根本转变"。中国(海南)改革发展研究院院长迟福林的观点是,城镇化绝不是和农村的发展相对立的,相反,城镇化是拉动农业现代化、农村现代化的主要载体,在县域经济体中发展城镇化,除了把县域发展成中小城市或者中等城市以外,主要功能是拉动或者逐步拉动农村的社区化。所以,加快新型城镇化建设的步伐,促进城乡一体化发展,应逐步形成大中小城市、中心镇、新型农村社区协调发展、城乡统筹、互促共进的现代城镇体系。

顺势而为，加快推进农民向城镇
转移和向非农产业转移[*]

郭　军[**]

编者按： 加快推进农民向城镇转移和向非农产业转移，要坚持按客观规律办事，让农民向城镇转移和向非农产业转移成为一个自然而然的过程；要坚持农民向城镇转移和向非农产业转移以县城区、中心镇、中心村为主体的基本方略；要坚持农民向城镇转移和向非农产业转移大政，理性看待农民不再着急进城的问题。

最近，中共河南省委结合群众路线教育实践活动，提出了"一学三促四抓"的指导思想，特别是要求加快推进农民向城镇转移、向非农产业转移，保持农民收入持续增长，确保6000万农民与全省市民一道进入小康社会。这既是河南省委、省政府围绕国家三大战略在河南的实施而面向全省人民的一次再动员，也是他们就当前和今后一段时期内河南经济社会发展的新形势、新任务的一次再部署。加快农民向城镇转移和向非农产业转移，不仅是推进城镇化、实现"三化"协调发展的重要内容，而且是落实中央"调结构、稳增长、促改革"精神的重要举措。河南是一个农业大省，农民在总人口中依然占据绝大比例，加之工业化程度的局限，使得在河南省农民向城镇

　＊　原载于河南财经政法大学河南经济研究中心《学者之见》2013年第19期。

＊＊　郭军，河南财经政法大学教授，河南省经济学会副会长。

转移和向非农产业转移的压力非常大。所以，河南省各方一方面要解放思想，开拓进取，调动各层、各界、各种积极因素，创造条件，加快农民向城镇转移和非农产业转移的步伐，另一方面还要遵循客观规律，实事求是，顺势而为。

一 坚持按客观规律办事，让农民向城镇转移和 向非农产业转移成为一个自然而然的过程

农民向城镇转移和向非农产业转移，是城镇化的基本内容和标志，但是从这些年的实践来看，有一些概念和观念仍然需要再认识、再审视。首先，从理论和指导思想上看，比如说农民向城镇转移，就有一个向什么样的城镇转移的问题，也就是对城镇有一个基本界定，是向大城市，还是中等城市，还是小型、微型小城转移？再比如，是坚持产业带动，市场带动，还是政府统揽、行政命令？又比如，是为了城镇化而城镇化来造城，搞城镇化"一阵风""大跃进"？还是按照城镇化规律，走科学的、实在的城镇化的道路？此前很长一个时期，不少专家、学者一直喊着要把农民赶进城，这不仅是违背客观规律的，而且事实上城镇化率也并没有提高多少。关于进城的农民有多少，李克强总理说现在的实际城镇化率为35%，中国社会科学院的数据则表明只有27%，也就是说，这些年进城的农民并不是很多。毫无疑问，必须不断提高城镇化率，尤其是在现时经济不景气之际，还要把城镇化发展作为一个重要抓手，激活和提振经济，但必须坚持按规律办事，科学推进城镇化。

其次，从实践和调节政策上看，有两个问题一定要反思，一是到现在为止，到底有多少农民进城当了市民；二是进城的又都是哪些农民。据河南省统计局统计，截至2015年底，河南省农村劳动力转移就业总量达到2814万人，由于口径问题，本文不加评述。而现在进城的农民也无外乎是考上大学，或服役期满，或与城里人联姻进城转为市民；进城农民子女挣了钱为父母在城里买了房子使其变为市民；农民实业家、农民技工拥有一定经济实力后举家迁徙成为市民；各种经济园区或相关政府项目建设使被征地搬迁农民变为市民；城中村、城市郊区、城乡接合部农民随着城市外延化为市民。可以看出，进城农民多为城市边缘者，而远离城市、身居农

村的众多农民则很难进城，也不敢进城，因为进不起城。简单的解释是，城中村的人可以有房屋拆建补贴的支撑，所以这部分农民（事实上这部分人早已不具有农民属性）能够转得成、落得下、留得住。而那些本来就远距城市的、一直靠承包土地和零星外出打工的农民进城后靠什么生活？靠政府？政府能拿出多少补贴？又能够补贴多久呢？即使是按照现行的"先行先试""人地挂钩"政策，将来也会出现农民这边进了城，那边土地流转走了，补贴又吃完了，回过头他还要找政府的情况。这一严峻的现实及其走势，不论有没有意识到，都给出了两个警示。其一，必须科学推进城镇化，否则，将引起新的"城市贫民"的出现。在我国的现有条件下，科学推进城镇化，就会对经济社会产生正能量；反之，不合理地推进城镇化也可能会"化"出新的城市贫民，新的城市贫民的出现，必然会带来新的社会问题。其二，必须科学推进城镇化，否则，政府有可能背上新的历史包袱。政府加快城镇化进程的用心和出发点是值得赞赏肯定的，但是，大批量农民进城又是对政府的行政管理能力的现实考量。令人担忧的是，政府从几十年前就开始背的"国企包袱"至今还没有卸掉，现在则有可能会再背上新的包袱，即"进城农民（生计、救助）包袱"。

二 坚持农民向城镇转移和向非农产业转移以县城区、中心镇、中心村为主体的基本方略

新一届中央领导集体不仅认为城镇化是今后我国经济增长的一个重要的引擎，而且一再强调，城镇化应大、中、小城市并举，这既反映了客观经济规律的要求，又是从我国国情实际出发所做出的一种抉择。显然，农民向城镇转移和向非农产业转移并不都应该向大中城市转移，尤其是在发展中地区，更要实事求是，绝不能为单纯追求城镇化率而不顾主客观条件逆城镇化规律而行事。

首先，要把工业化发展放到主导地位。应该指出的是，基于当前的工业化水平和整个产业经济发展水平，河南省还不可能实施大规模的城镇化和让大量的农民都进入大中城市。按照世界银行的数据，工业化率每增加1%，城市化率增加1.8882%，这一数据表明，河南省还必须把工业化放

在主导的地位。所谓要把工业化放在主导地位，就是要进一步深化认识，从过去的拉长工业短腿的观念，进入建设工业大省、工业强省的追求，再进入寻求工业化与信息化融合的、新的发展阶段，以期在新型工业化进程中实现农民向城镇转移和向非农产业转移的前景。

其次，农民不宜在没有收入保障的情况下盲目进入大城市和中等城市。一些人从人的经济、社会、政治地位出发，提出要取消"农民工"的称谓，这是无可厚非的。但是，应该说，"农民工"这个称谓可能在相当长的时期内都难以取消。这不仅是因为"农民工"的出现，是国家长期实施的封闭式人口管理制度、体制的自我调整与完善的结果，而且"农民工"是现在和未来破解"三农"问题及城乡二元经济社会结构、推进城镇化的内生动力与基本主体，还在于"农民工"走到今天，引发了一些包括"农民工"自己、政府、社会都需要重新思考的问题。至少，现在的这个称谓有着一定的内涵和外延：第一，这表明"农民工"不是城里人；第二，这表明"农民工"的收入及其水平并没有被真正纳入政府职能系统来加以考量；第三，这表明"农民工"在城里打完工以后最终还是要回到农村去当农民。仅靠当"农民工"的收入进城、留城，还是很难实现的。

最后，这些年的实践决定了河南省必须调整思路，把城镇化发展的重心下移，回避大城市病，让农民自主地、自觉地、自愿地选择向城镇转移的目标和定位。农民向城镇转移，既要有政府积极地宏观引导，也要尊重农民意愿，让农民自己选择转移的去向。一些调查表明，除非因有特殊条件选择进入大中城市，农民多数则是愿意先转移到距离自己并不很远的，各方面生活环境、习俗、文化与居住地相近的县城区、中心镇、中心村，而现在的大中城市又很难接纳大量农民。因此，选择以县城区、中心镇、中心村作为目前农民转移的重心，符合实际。

一股脑让农民涌入大中城市是一个极端，一下子建设那么多新型农村社区也是一种极端。新型农村社区的思路和尝试不一定就是错的，各地新型农村社区的大范围建设则一定是错的。对于农民向城镇转移和向非农产业转移，发展中国家和地区的政府必须承担起这个责任，积极创造条件加快转移进程。政府现在有急迫感是对的，但城镇化必须从现实出发。

372

三 坚持农民向城镇转移和向非农产业转移大政，理性看待农民不再着急进城的问题

这两年与前几年相比，除了城中村等群体外，许多农民并不十分急于进城，不再那么急着争当市民，不再那么热衷于待在城市，也不再像以前那样托人转户籍关系，这是当前城镇化进程中出现的一种新的现象。对此，笔者的认识是，这一现象表明当代中国农民的思维意识观念和生活发展方式越来越理性化。

第一，农民尤其是远离城市的农民要进城，考虑最多的是进城以后能否有合适的就业岗位和稳定的收入，能不能在城里生存下来，而这一点，并不能得到来自政府和市场的保证。农民很清醒地意识到，政府想让农民过上和城里人一样的生活，但政府事实上保证不了进城的每个农民都能达到一定预期；同时，农民的小生产者的、半社会化的传统经营观念和模式惯性，使他们几乎没有任何力量与资本去做一个城市化的弄潮儿。

第二，大城市病及其日益加剧的城市环境污染，越来越促使农民不再向往城市，而是希望回归故里。其实，这也是一种必然。从西方发达国家走过的道路中可以看出，当城镇化发展到一定阶段时，往往会出现这样那样，甚至是短时期难以治理的问题，一些城里人，包括工业劳动者、社会精英、一般城市市民等，纷纷搬离城市中心，到郊外、到农村、到更适宜人们生活的乡野小城去居住。（到城市难题得到治理，城市环境得到改善，城市的发展得到人们青睐的时候，人们就有可能会再度回到城市中心来）只不过我国的这一现象来得早了一些，即整个国家城镇化率还没有达到较高水平的时候，农民就"知难而退"了，但这不一定就是坏事，也许，这会使我国的城镇化走得更稳健、更踏实。

第三，不愿意往城市迁移或不愿意转为城市市民的多为老年"傍儿（子）族""傍女（儿）族"。这部分老年人长期生活在农村，生活方式、生活习惯已经固定，有的还深受封建思想的束缚。他们与已经接受现代城市文明的儿女之间存在一定的文化差异和客观上的"代沟"，这些使得他们容易与子女发生种种矛盾和冲突，且不适应城市的生活环境。所以，这部分农民对进城持观望的态度，有的干脆从城里又返回乡里。

第四，农民不愿进城或从城市又回到乡村，还有一个重要原因，即总是惦记着他那一块土地和一所宅子，这是他们得以生计与发展的最基本的物质保障，是他们全部生活与生命力之所在，他们最怕的就是这些耕地和房产失去了，在城里又难以真正安下家。因此，农民们宁愿回到村里去过物质条件差的生活，也不愿意长久待在城市。

工业化、城镇化、农业现代化，"三化"应该是协调发展的，当工业化不足以带动城镇的崛起，当农业现代化不足以提升农民的思想观念和文明程度，当市场化的大势和浪涛不足以全面冲刷、荡涤、震撼到农民的心胸时，城镇化、农民进城，只能是逐步的、顺势而为的。而从政府推进城镇化及城镇化对农民的吸收程度看，加快农民向城镇转移和向非农产业转移，客观上要面对三个刚性条件：一是城镇的承载接纳能力（水、电、气、吃、住、行，以及入学、就医、养老等）；二是城镇的社会保障与公共服务能力；三是农民现实问题（承包土地流转、集体所有产权权益、宅基地置换、进城以后的生活支持条件等）的解决以及农民与城市文明、素质的对接能力。

农民为什么非要都进了
城市才能当市民[*]

郭 军[**]

编者按：应正确地、全面地理解农业转移人口市民化，既要加速产业结构优化，转变经济发展方式，提高大中小城市吸纳人口的能力，让有条件的农民稳稳实实地进城当市民，又要立足现实实施就地城镇化、就地市民化。农业转移人口市民化不应该排斥"乡村"市民。

在我国这样一个拥有 13 亿人口的发展中大国实现城镇化，现实的意义是要解决"人往哪里去"、即农民转市民的问题，主流的观点一直认为农民必须进城，只有进了城市才能当上市民，才能提高城镇化率。然而有专家推测，我国 2030 年的人口为 15 亿，城镇化率将达到 70%，农村人口有 4.5 亿，如果按照现在农村人口 6.4 亿计算，我国不仅要在 2030 年以前解决将近两个亿的农业人口市民化问题，而且要考虑 2030 年以后 4.5 亿人口的市民化问题，都进城市、都进大中城市是绝对不靠谱的。

一 农业转移人口市民化及城镇化也有陷阱

农业转移人口市民化，首先要对城市有一个基本界定，是向大城市，

---

* 原载于河南财经政法大学河南经济研究中心《学者之见》2014 年第 2 期。
** 郭军，河南财经政法大学教授，河南省经济学会副会长。

还是中等城市，还是小城市和微型小镇转移？其次，是坚持产业带动，市场带动，还是政府统揽、行政命令？第三，是为了城镇化来造城，搞"一阵风""大跃进"？还是按照城镇化规律，走科学的、实在的城镇化道路？在当前城镇化进程中，既需要热发展，又需要冷思考。

从这些年城镇化的实践过程看，有两个问题一定要反思。一是到现在为止，到底有多少农民进城当了市民；二是进城的又都是哪些农民。将已经进城的农民的现状扫描一下，他们无外乎是考上大学，或服兵役期满，或与城里人联姻进城转为市民的；进城农民子女挣了钱为父母在城里买了房子使其变为市民的；农民实业家、农民技工拥有一定经济实力后举家迁徙成为市民的；各种经济园区或相关政府项目建设使被征地搬迁农民变为市民的；城中村、城市郊区、城乡接合部农民随着城市外延化为市民的；等等。可以看出，进城农民多为城市边缘者，而远离城市、身居农村的众多农民则很难进城，也不敢进城，因为进不起城。简单的解释是，城中村的人可以有房屋拆建补偿的支撑，所以这部分农民（事实上这部分人早已不具有农民属性）能够转得成、落得下、留得住，而那些本来就远离城市的、一直靠承包土地和外出打工的农民进城后靠什么生活？靠政府？政府能拿出多少补贴？又能够补贴多久呢？这一严峻的现实及其走势，不论意识到没有意识到，都会给出两个警示：其一，必须要追求城镇化的正能量，否则，城镇化也会有陷阱，即进城农民自身，甚至拖累原有市民成为新的"城市贫民"，带来新的经济社会问题；其二，必须认清我国国情和历史教训，科学推进城镇化，否则，政府有可能背上新的历史包袱。令人担忧的是，政府从几十年前就开始背的"国企包袱"至今还没有卸掉，现在则有可能会再背上一个新的包袱，即"进城农民（生计、救助）包袱"。

二 农业转移人口市民化应坚持有业可就、顺势而为

"农业转移人口市民化"从理论上看，是指农民变为市民，是人口主体的身份转化，这是其最本质的含义，也是其最基础的概念。从实践来看，它应包括两层含义，一是说农民从农村进入城市，地理空间上的生存环境与条件发生变化；二是说农民就地变换了身份转成市民，地理空间上的生存环境与条件趋向了城镇化。从农耕时代进入工业社会，以"农"为

内容特征的人口越来越加快脱"农"的步伐，日益从农民转变为市民，使社会主体文明从乡村文明转变为城市文明。现在的问题是，在我国这样一个人口多、底子薄，尚处于发展中的国家，推进农业转移人口市民化，一定要顺势而为；否则，按现在农民的条件和素质，一些农民进了城，就只能靠吃补偿过活，补偿吃完了，由于没有正常收入，他们就要转回来找政府吃低保，政府只好把这些人养起来，这样的城镇化只能是政府作茧自缚，也失去了政府推进城镇化的初衷。

城镇化本质上是人口的城镇化，而人口城镇化重要的是人们有业可就。城以产为基，民以业为生，如果硬性地把农业人口转移到城里来，不仅不符合客观规律，而且还会加剧已经出现的"大城市病"，在极端条件下，甚至会降低农村农民和城市市民之间的文化伦理差异磨合与融合的可能性。农业转移人口市民化的关键是要有产业支撑。可喜的是，这几年各地先后建设了遍布于县、镇、乡、村的各种产业集聚区和新型农村社区，如果把产业集聚区发展、农业转移人口市民化、新型农村社区建设有机衔接起来，不仅能使它们相得益彰，而且能实在地拓展农业转移人口市民化的经济、社会、文化、政治、生态以及地理空间的内涵、外延，能够真正促进和保证农业转移人口市民化从理念变为现实。因此，农业转移人口市民化，在现阶段乃至相当长的时期内，还必须用两条腿走路，一方面让真正有条件的农民进入相应的城市（只能是"相应"，不可能一律涌入大中城市）做"市民"，另一方面加快和提升各地产业集聚区、新型农村社区建设、发展水平，构筑农业转移人口市民化的物质支撑系统。

农业转移人口市民化，不能简单地被理解为农民进城当市民，只有进城才算是市民。中央从提出这一理念，到召开城镇化工作会议、下发相应办法意见至今，也并没有要求农民必须进城，或是以城划线来明确市民身份。相反，中央认为，在我们这样一个拥有13亿人口的发展中大国实现城镇化，在人类发展史上没有先例。城镇化目标正确、方向对头，走出一条新路，将有利于释放内需巨大潜力，有利于提高劳动生产率，有利于破解城乡二元结构，有利于促进社会公平和共同富裕，而且世界经济和生态环境也将从中受益。城镇化是一个自然历史过程，是我国发展必然要遇到的经济社会发展过程。推进城镇化必须从我国社会主义初级阶段基本国情出发，遵循规律，因势利导，使城镇化成为一个顺势而为、水到渠成的发展过程。推进城镇化既要积极、又要稳妥、更要扎实，方向要明，步子要稳，措施要实。也就是要坚持因地制宜，探索各具特色的新型城镇化发展模式。并且，中央明白无误地指出，推进农业转移人口市民化，主要任务是解决已经转移到城镇就业的农业转移人口落户问题，努力提高农民工融入城镇的素质和能力。

综上所述，中国的城镇化需要经历一个相当长的阶段，在当前，加快推进城镇化的着眼点和落足点应是中、小、微城市，尤其是县域的城区和乡、村。所以，应正确地、全面地理解农业转移人口市民化，既要加速产业结构优化，转变经济发展方式，提高大中小城市吸纳人口的能力，让有条件的农民稳稳实实地进城当市民，又要立足现实实施就地城镇化、就地市民化。回顾历史，新中国成立以来我国的市民也并非全部为城市市民，在乡镇、在一些中心村，原本都有市民的存在，只是这部分乡村市民的占比规模较小而已。也就是说，不要一提农业转移人口市民化就是在大中城市实现市民化，县城、乡镇、中心村、新型农村社区的市民，也应是我国"市民"的重要组成部分。

三 农业转移人口市民化不应该排斥"乡村"市民

人们越来越认识到城镇化对经济社会发展的重要引擎作用，但是，人们也非常清楚，人口的、自然的、历史的，以及经济社会发展水平基础等因素约束下的城镇化，实际上是一个自然而然的过程，欲速则不达。城镇化是一个客观的经济运行过程，不是一个主观的政治运动过程，加快城镇化发展，提高城镇化率是对的，但是一定要从一个国家和地区的国情、区情实际出发。2012 年，河南省城镇化率为 42.4%，到 2017 年城镇化率要达到 52% 以上，在这块 16.7 万平方公里的土地上，除了耕地、山川、河流、道路、城市建设用地，密密麻麻分布着 4.7 万个行政村、18 万个自然村，实现 2017 年的城镇化发展目标的压力是可想而知的。显然，缩小城乡差距，提高城镇化率，使数以亿万的农民变成"市民"，一味"建城""靠城""进城"肯定是不现实的。城镇化也好，农业转移人口市民化也好，生搬硬套西方的模式肯定也是不会有好结果的。其根本还是要回到现实中来，回到国情、省情、区情实际中来，扎扎实实地走一条中国特色的社会主义新型城镇化道路。

2012 年 5 月 8 日，河南省濮阳县西辛庄村的"村级市"挂牌，"村级市"的出现，引起各种质疑纷至沓来，质疑的焦点即"城市和农村是两个概念"，但是他们忘记了城市和农村在一定时空条件下可以互相转换，人类最初的"城"可以说都是由"村"演化而来的，"城"的出现，是因为有了"市"，"市"的形成又是缘于村民劳动生产有了剩余产品，约定一个时间和地点"赶集"，以换回自己想要的物品。"集市"在一个村子兴起，十里八村的村民便聚拢过来，"集市"便成为人们商品交换的场所。随着商业交换的发展，"城市"出现了，并且从"小城"演变为"大城"，从区域性中心城市演变为国家的或者世界的中心城市。笔者虽然没有考究城市发展到今天经历了多少岁月，但知道香港是由一个小渔村变成一个世界贸易城的，蛇口、深圳、东莞在成为改革开放的前沿城市之前也只是一个个小村庄的西辛庄。"村级市"让村民不用跑几十里路即可就诊于二级甲等医院，即可让子女接受和城里娃一样的教育，即可享受和城里人一样的社会公共服务，即可领略现代楼堂馆所的魅力，即可在村里"打的"上班挣工资。"市长"李连成说得好，"我建设西辛庄市的目的，第一个是节约耕地，省下的地还能建厂、盖房；第二个目的，就是要满足农民当市民的愿望，让他们享受市民的生活；第三个目的是减少城市的压力，让农民进城办事、看病、买房、教育、上班不再给城市添麻烦，缩小城市和农村的差距。"这一思想和现实，实际上正是在提醒国人，走中国特色社会主义新型城镇化道路，为什么非要排斥"村"呢？

有人撰文回顾我国改革开放三十多年的历程，20 世纪 80 年代末，我国就提出要加快城镇化进程，缩小城乡差距；20 世纪 90 年代，许多专家呼吁学习日本"大东京"城市发展模式，建设"长三角""珠三角""京津唐"城市群；时至今日，还没有完成计划的城镇化进程的 1/4，城市就疲惫了。2012 年底，日本一位著名学者在哥本哈根世界气候大会上非常惋惜地讲到，20 世纪日本最大的失误就是把东京地区建成了一个拥有两千万人口的大都市，导致城市的运行不堪重负，而且东京地区的大城市病的阵痛与呻吟、对生态经济社会文明的破坏，也许是日本多少代人都难以改善和挽回的。

有学者曾写道，"城市和它的占据者没有意识到大时代的巨变会颠覆旧有的社会结构，城市并没有准备好驿站接待农民工同志，甚至在20余年的潮涌面前拒绝和排斥他们。等到城市化进程迫使我们改变观念的时候，他们的队伍已经如此庞大，以至于城市难以容纳。"而"如果纳税人的钱不再向中心城市淤积，一旦优势资源（学校、医院等）分散到中小城市，那样，矮墙边上沐浴阳光等着工作的人就消失了，他们再不需要背井离乡，更不会'愚昧'地制造折磨自己的回家浪潮"。对于政府满怀激情地要把农民推进城与农民进不得城、不愿进城的城镇化矛盾，是需要多方面研究和力图解决的。

推进农业转移人口
市民化还缺什么？[*]

王建国[**]

编者按：推进农业转移人口市民化究竟还缺什么？第一，农业转移人口缺乏进城的成本。应当加大财政支持力度，完善农村建设用地的收益分配机制，尽快赋予农村居民和城镇居民一样的财产权利。第二，政府缺乏相应的公共服务供给能力。应当稳步推进城镇基本公共服务对常住人口的全覆盖，把进城落户的农民完全纳入城镇住房和社会保障体系之中。第三，农业转移人口缺乏城市主体意识。农业转移人口必须努力提升自身综合素质，形成市民价值观念，牢固树立城市主体意识。第四，城市缺乏有效的综合管理。应当增强有效的城市综合管理，保持良好的城市运行秩序，为城市居民提供良好的生产、生活环境。

党的十八届三中全会指出，要推进农业转移人口市民化，逐步把符合条件的农业转移人口转为城镇居民，稳步推进城镇基本公共服务对常住人口的全覆盖。农业转移人口是我国经济社会发展过程中出现并日益扩大的特殊群体，他们遍布全国各个地区，工作于各行各业，为我国的工业化发展做出了巨大贡献。同时，他们也成为推进城镇化进程的主导力量。由于

---

* 原载于《"三化"协调发展》2015 年第 19 期。
** 王建国，河南省社会科学院城市与环境研究所所长、研究员。

我国长期以来实行城乡分治的户籍管理制度，作为城镇化的一分子，农业转移人口虽已实现了职业转换，一直在城镇务工或者经商，但难以实现家庭地域的转移和身份的改变，他们依然在农村定居，身份依然是农民，常常奔波于城乡之间，不能和具有城镇户籍的居民享受同样的公共服务待遇，难以全面融入城市成为真正意义上的城镇居民。这种具有中国特色的不彻底的转移方式，导致农业转移人口市民化不充分，一方面，难以把农业人口真正从自己的"一亩三分地"上解放出来，不利于促进土地的规模化生产和产业化经营以及尽快实现农业现代化；另一方面，直接导致了城镇化的"水分"，大大降低了城镇化质量，使得城镇化作为扩大内需最大潜力的引领作用以及作为新的经济增长点的引擎功能难以充分发挥。因此，加快推进农业转移人口市民化，不仅直接关系到从根本上解决"三农"问题，而且关系到工业化、城镇化乃至整个现代化的健康可持续发展。

那么，应该如何有效加快推进农业转移人口市民化？推进农业转移人口市民化的影响因素是什么？通过推进农业转移人口市民化提高城镇化质量的路径在哪里？推进农业转移人口市民化究竟还缺什么？

一 农业转移人口缺乏进城的成本

回顾我国的工业化发展历程，农业为工业化的起步提供了宝贵的原始积累，做出了巨大牺牲。改革开放后，以家庭联产承包责任制为主体的农村改革，大大释放了农业生产力，有效增加了农产品供给，但农民收入没有根本性地增加；随着城市改革的展开、工业化发展的提速，农民为了获得相对较高的工资性收入，从农业分离出来，加入到城市建设大军之中，干着比城里人更脏、更苦、更累的活，拿着不如城镇居民的工资，为中国的工业化、城镇化发展无私贡献了青春和力量；随着工业化的推进，城市用地日益紧张，通过城乡挂钩、占补平衡的方法，大量的农村集体建设用地以超低价几乎被无偿地用作了城镇建设用地或者工商业用地，农村又一次为工业化的起飞和城镇化进程的加快献出了财富。

长期以来，我国投资偏重城市，导致农村基础设施和公共服务设施供给不足，使得农村缺乏良好的生产、生活条件；同时，由于传统体制的惯性作用，即便是建立了社会主义市场经济体制，市场机制作用的发挥也不充分，不同产业、不同部门之间难以形成相对平均的利润率，导致农业、农村难以成为生产要素流入的"洼地"，"无农不稳"难以转变成"无农不富"，城乡收入差距愈来愈大。加上土地财政导致的房价飞涨，农民始终凑不够进城的成本。

因此，要解决农民进城的成本缺乏问题，首先，要对"三农"为我国工业化、城镇化的无私奉献和无偿贡献有深刻认识，牢固树立城市要反哺农村、工业要反哺农业、城市居民要反哺农村居民的意识，各级财政要加大对"三农"的支持力度，增加农村的基础设施和公共产品供给，改善农村的生产、生活条件，促进农村经济发展、社会进步；其次，要尽快统一城乡建设用地市场，完善农村建设用地收益分配机制，大幅提高农村集体和农民个人的分配比例，尤其要增加农民个人的建设用地收益；最后，要尽快赋予农村居民和城镇居民一样的财产权利，使农村居民能够取得合法的财产收益，并通过财产权利获得更好的生产、经营、发展条件。

二 政府缺乏相应的公共服务供给能力

改革开放以来，尤其是进入 21 世纪以来，随着我国城镇化的加快推进，城市建设高歌猛进，一日千里。但与浩浩荡荡、规模庞大的农业转移人口相比，公共服务供给依然相对不足。中小城市和小城镇公共服务的相对短缺，加上其产业发展的滞后，直接增加了大城市的压力，导致不断拉大框架的大城市也捉襟见肘，交通拥堵、就医困难、上学无门等问题涌现，都市村庄生存环境堪忧，城市内部产生"二元结构"，"城市病"频发。

之所以这样，是因为大量的农业转移人口进城了、住下了、就业了、生活了，但政府没有相应地增加公共投资，导致公共服务供给短缺，即便现有的公共服务设施超能力、超负荷运转，也难以满足需要。在此情况下，农业转移人口难以完全享受和城市居民同样的公共服务待遇，从而不得不面对养老无保障、就医看病贵、孩子上学难等问题，进而难以融入城市之中成为真正意义上的城市居民。

显然，要推进农业转移人口市民化，关键在于稳步推进城镇基本公共服务对常住人口的全覆盖,把进城落户的农民完全纳入城镇住房和社会保障体系之中。进城落户农民在农村参加的养老保险和医疗保险,要规范地接入城镇社保体系,以使农业转移人口享有同城镇居民相同的基本公共服务。这就要求政府建立、完善农业转移人口市民化成本分担机制,由政府、企业和个人形成合力,按照一定比例共同相应地增加对公共服务设施的投资。一般来讲,对于一个农业转移人口,要增加 10 万元左右的综合投资才能保证扩大的公共服务供给能满足新的需求。同时要建立财政转移支付同农业转移人口市民化挂钩机制,对吸纳农业转移人口较多的城镇的公共服务能力建设予以较多支持,增强城镇供给公共产品的能力和吸纳农业转移人口的能力。

三 农业转移人口缺乏城市主体意识

目前,对于如何加快农业转移人口市民化,社会各界一味地强调政府该做什么,那么是不是政府提供了足够的公共服务,农业转移人口就市民化了?当然不是,作为外力,政府的作用十分重要,公共服务全覆盖,是需要真金白银的,来不得半点虚假;但农业转移人口作为城镇化的主体,也是城市的主体,其内在动力也不可忽视,甚至更加重要。如果市民化的农业转移人口不具有市民主体意识,不知道自己该做什么,或者不做自己该做的,那么,即便政府给足了公共服务,他们也不能成为真正意义上的市民。只有包括政府在内的社会外力和城镇化主体的内在动力共同作用,形成最佳合力,才能真正实现农业转移人口的市民化。所以,在强调政府给农业转移人口提供公共服务的同时,也必须明确提出农业转移人口作为城市主体,他们该做什么?

随着大规模农业转移人口的进城,城乡环境的巨大差异使得他们很难实现思想意识与地域身份的同步转换,他们往往会把一些相对落后的农村生活方式和传统行为习惯带入城市,并因人而异地保持长短不一的一段时间,这些生活方式和行为习惯不仅与现代城市生活方式、行为规范格格不入,而且在一定程度上会对周边的人群产生负面影响,从而导致城市文明的倒退。之所以这样,是因为农业转移人口突然离开生于斯长于斯的村庄而来到全新的城市,很难立刻树立起城市主体意识,从目前来看,这正是农业转移人口所缺乏的。所以，农业转移人口必须努力提升自身综合素质，形成市民价值观念，改变传统的生活方式与行为习惯，牢固树立城市主体意识，也唯有这样，才能尽快全面融入城市之中成为真正的市民。

为此，农业转移人口首先要树立城市是我家的意识，作为城市这个大家庭的一员，要爱家、护家，为城市增砖添瓦、增光添彩；同时，要树立法规意识，农业转移人口进城工作、生活要规范自己的行为，大事、小事都要依法而行、依规而行，不能像在农村老家一样行为随便，不能觉得事情不大就满不在乎，不能乱闯红灯、乱翻栏杆、乱插队、乱骑行，不上快速路，不走快车道等，要争做维护城市良好秩序的文明使者。此外，要保持健康的生活方式和良好的行为习惯。在衣、食、住、行、劳动工作、休息娱乐、社会交往、待人接物等方面树立正确的价值观、道德观、审美观，处处讲文明礼貌，为人谦和礼让，公共场所不随地吐痰、不大声喧哗、讲秩序守纪律，等等。

四 城市缺乏有效的综合管理

大量农业转移人口进城，往往造成城市人口的急剧膨胀，原有的城市秩序受到严峻的挑战，所以政府仅仅增加相应投资来提供公共服务是远远不够的，保持良好的城市运行秩序，为城市居民提供良好的生产、生活环境异常重要，否则，不仅原有城市居民的生活水平会大打折扣，幸福指数下降，而且新转移人口的市民化也难以实现，提高城镇化质量将成为一句空话。因为政府扩大相应投资增加公共服务产品，根本上是为农业转移人口提供更好的环境条件，投资物品的背后是人，也就是说推进城镇化必须以人为核心，绝不能见物不见人，如果人进来了，管理滞后了，那么，城镇化将是不健康的，其质量是不高的。

目前，在我国城镇化推进过程中，普遍存在着见物不见人的问题，重建设轻管理、重发展轻民生、重硬件轻软件、重过程轻效果的现象比比皆是。从大家身边的貌似小事就不难发现许多这样的现象，比如修了此路破了彼路，路面损坏后不复原，是建设管理问题；基础设施修一年，不到一年就坏掉，这是质量管理问题；修了空中过街天桥，桥下行人过街依然如故，是运行管理问题；警察只管机动车，不管电动车、三轮车，是交通管理问题。这样顾此失彼的城市建设和管理，何以保证良好的运行秩序？何以给居民一个良好的工作生活环境？可见，如果说城市建设重要的话，那么城市的管理更加重要，管理水平高，城市秩序好，反映了一个城市的整体素质好。

城市运行纷繁复杂，城市管理要实行综合管理，否则将使管理大打折扣，比如交通管理，实际上是对交通主体的管理，而绝不仅仅是对机动车的管理，行人、电动车、自行车、三轮车等作为交通主体，都应纳入管理范围，否则是难以有效保证道路畅通的。城市管理要突出效率，无效率的管理不如不管，比如一些城市的协警，其职责是管住电动车驶入慢车道、不走快车道，但不少协警缺乏责任意识，"木桩子"般直立路口不作为，放任电动车蜂拥至快车道飞奔，管理效率何在？浪费人力、物力、财力，政府为什么要做这种"赔钱赚吆喝"事呢？再比如，天正下雨或刚刚下过雨，洒水车歌声嘹亮，向湿透了的路面再洒一遍，这又为何？城市管理要以人为本、方便群众，否则就失去了管理的意义。比如，为机动车上了牌，就应该为其安排停放的位置，否则一味贴条能说是以人文本吗？一些路边停车确实影响了交通秩序，该罚无疑；而一些车辆停在了没几辆车行驶的偏僻道路路边，也非要贴条罚款，管理的意义何在？难道真的是不管多么拥挤繁忙的道路，只要交警部门划了停车位就可以交钱停车，不管多么宽松闲暇的道路只要没有交警部门划定的停车位就绝对不能图方便免费停车？细数这些城市建设管理中的小事，见怪不怪，折射了政府管理的缺位，凸显了城市综合素质的高低。

加快河南省农村转移人口
离农的思路与对策[*]

加快河南省农村转移人口
离农的思路与对策[*]

郑　云　李小建[**]

编者按： 加快河南省农村转移人口离农的基本思路是："推""拉"并重，合力前行；"移""序"兼顾，合理推进；"定""行"相济，注重保障。加快河南省农村转移人口离农的主要对策是：第一，提高河南省农村转移人口的退农意愿：物质补偿与精神引导双向驱动；第二，加速河南省农村转移人口的市民化进程：社会融入、成本分担、体制配套三力协作；第三，促进河南省农村转移人口的有序迁移：布局合理、户籍改革、政策倾斜三方保证；第四，强化河南省农村转移人口的政策执行保障：主体激励、政策协调、绩效评价、执行监督四层面维护。

借助改革开放的不断深化，原居住于农村的部分农业人口，尤其是剩余劳动力，积极向农业系统与农村区域以外的行业与地域转移，实现了城镇非农就业，这部分人口即为农村转移人口。农村转移人口的壮大固然有助于打破城乡二元结构并促进人力资本流动，但随着经济社会发展水平的提高，该群体的职业与身份非同步转换所带来的弊端与困惑日益凸显，表现为"非城非乡、亦工亦农"。农村转移人口的模糊身份与尴尬处境，既

---

[*] 原载于《"三化"协调发展》2015年第4期。

[**] 郑云，信阳师范学院经济学院院长、教授、博士；李小建，中原经济区"三化"协调发展河南省协同创新中心主任，河南财经政法大学原校长、教授、博士生导师。

387

不利于农村实现土地等资源的优化配置，也无助于该群体在城镇中转变价值观念、提高社会地位、享受生存权利等，更妨碍了"四化"同步发展与全面深化改革。近年来，随着中原经济区与郑州航空港经济综合实验区建设的步伐加快，河南省农村转移人口在省内就近务工的比例明显增加，且迁居城镇的意愿不断增强。立足省情，并结合国内外经验，为更好地增强国民收入增加效应、人力资本提高效应及经济增长促进效应，河南应推动农村转移人口彻底退农进城，继而全方位离农。

一　加快河南省农村转移人口离农的基本思路

河南省省情符合国内外农村人口转移的一般性要求，但在社会环境、文化背景、经济体制、管理制度及要素市场上又具有自身特点，从而增大了全省农村转移人口离农的难度。审时度势，以下思路可供遵循。

1. "推""拉"并重，合力前行

河南省农村转移人口离农要坚持农村推力与城市拉力并重，促成合力。一方面，充分体察中部传统农区的现实民意，正视短期内多数农村转移人口难以彻底退农进城的事实，以利益补偿为基础，以情感召唤为突破，以瞄准重点人群为切入点，以时间换空间为关键，采取"存量争取、增量发展"的渐进式策略来稳步提高农村转移人口的退农意愿。具体而言，立足于完善财产权益处理机制与健全精神动力机制，激发传统"双向流动型"农村转移人口的迁居动力；同时，侧重扶持"定居型"新生代农民工在城市站稳脚跟，使其在日渐成为农村转移人口主角的过程中同步成为离农主流群体。另一方面，以农民工市民化为平台，通过加速社会融合、保障成本分担、健全配套体系，稳固农村转移人口进城落户定居后的生存条件与生活基础，降低其离农的机会成本，提高其离农的成功概率。

2. "移""序"兼顾，合理推进

河南省农村转移人口离农应是个行动可行且路径有序的过程。据此，应以因地制宜、分类指导为原则，按照宏观上布局优化、微观上户籍放开、行动上政策助推的思路，有重点、有步骤、有计划地推进农村劳动力向区域中心城市、小城镇和新型农村社区有序转移，从而避免农村转移人口在离农后向农村"回流"及在城市"滞留"的现象发生，以及提高农村转移人口离农效率。

3. "定""行"相济，注重保障

政策扶持是农村转移人口离农不可或缺的重要工具。河南省现在正处于从经济大省向经济强省转型的时期，其政策运行环境面临不确定性，其政策操作平台仍有待继续完善，这些对政策的顺利实施提出了一定挑战。为提高农村转移人口离农的效果，除保证扶持政策的合理性外，还需要从操作层面开展以主体激励、政策协调、绩效评价、执行监督为主要内容的执行保障，如此才能完全发挥新政策的功效。

二 加快河南省农村转移人口离农的主要对策

综合判断，河南省农村转移人口离农具有四层核心内涵：一是农村转移人口愿意永久流转出土地权利并完全退出农业领域；二是农村转移人口进城落户后能够获得合法、合理、合规、合情的职业与身份；三是农村转移人口离农过程呈现有序态势；四是政策扶持必不可少，且务必保证政策执行的效果。据此，以下对策建议必需且可行。

1. 提高河南省农村转移人口的退农意愿：物质补偿与精神引导双向驱动

针对农村转移人口"离家"不"离权"、"弃耕"难"弃地"的客观事实，要从物质补偿与精神引导两方面鼓励其自愿退农。物质补偿的关键在于健全财产权益处理机制。具体而言，一是承包地经营权退出。一方面以保障退地人群基本生活需求为标准，考虑区域差异性与个体异质性，通过现金补贴与社会保险相结合的货币补偿，以及所融入的城市提供的非收入效用来共同降低农村转移人口失地的机会成本。另一方面，确立由受益企业、省及以下各级政府、中央政府为出资主体，涵盖土地转让租金、地方财政支农资金、中央财政专项资金的补偿费用分担方案。可考虑由河南省委、省政府牵头建立部门联席会议制度，并统筹成立补偿费用管理机构。二是宅基地使用权退出。农村转移人口对宅基地的退出意愿强于承包地，可分就近转移与异地转移两种情况，积极探索以宅基地置换城镇住房或发放房租补贴等各类补偿形式。三是集体资产分配。针对河南省内部分地区，尤其是县域经济发达地区的农村集体存在各类资源性、经营性资产的事实，借鉴东部地区经验，将资产全部股权量化到集体经济组织成员的

身上，成立股份经济合作社，让农民持股进城，打消其对集体资产处置分配的顾虑。在精神引导上，对于传统的"双向流动型"农村转移人口，要健全舆论宣传机制，鼓励符合条件的群体转变思想观念；对于"定居型"的新生代农民工，要重点完善以就业准入、就业登记、就业服务、劳动保障、就业培训为主要内容的就业促进机制，提高该群体迁移城市的信心与比重。

2. 加速河南省农村转移人口的市民化进程：社会融入、成本分担、体制配套三力协作

科学剖析部分农村转移人口迁居观念淡薄的动因，以市民化的切实举措打消其不能获得可预期新归宿的顾虑。具体而言，一是利用后发优势，吸取沿海地区的经验与教训，既要注重城镇基础设施建设，也要坚持以人为本，赋予农村转移人口更多的人文关怀，从心理上帮助其实现新的社会融入，具体举措包括创造公平的制度环境、推动劳动力市场改革、创新社会管理体制、改善农村转移人口的心理健康状况等。二是构建多元化成本分担主体，让它们各司其职、协同运作。河南省政府从整体上负责全省的公共服务投入支持；地方政府主要承担扩建城市所需的功能设施、社会设施、市政基础设施的投资成本及辖区内公共服务支出；企业承担劳动保障成本；农村转移人口承担生活成本。三是全方位、立体化地制定涵盖财政支持政策、税收支持政策、金融支持政策、住房支持政策、利益表达支持政策和社会网络及社会组织支持政策在内的综合配套措施，建立工资合理增长机制和劳动权益保护机制，实现公共服务均等化，健全城镇住房保障体系，完善各项社会保障制度，推进户籍制度改革。

3. 促进河南省农村转移人口的有序迁移：布局合理、户籍改革、政策倾斜三方保证

农村人口转移由来已久，但在转移渠道上始终欠缺规范化引导，无序转移情况严重。据此，一是按照河南省全省经济社会发展总体规划和中原经济区建设的要求，统筹资源环境约束和产业转移趋势，形成国土开发新格局，尤其要加强中原城市群边缘地带及省际接合部地区等外围区域的发展。这涉及培育和壮大不同梯次的增长极，明确各区域的功能定位和分工，强化中小城市的产业功能，增强小城镇的公共服务和居住功能，提高新型农村社区的人口吸纳能力。二是以国家新一轮深化改革为契机，扩大城乡户籍制度改革试点范围，探索建立城乡统一的户口登记制度。同时，尝试建立流动人口居住证制度，逐步实现居住证持有人享有与居住地居民相同的基本公共服务，鼓励各地解决好辖区内农村转移人口在本地城镇的落户问题。三是由河南省委、省政府统筹设计财政转移支付与农村转移人口市民化挂钩机制，助推中小城市和小城镇的基础设施扩容与公共服务能力提升。同时，逐步实现增值税从生产型到消费型的转变，提高转移人口输入地政府的财政动力。

4. 强化河南省农村转移人口的政策执行保障：主体激励、政策协调、绩效评价、执行监督四层面维护

正视我国政策执行力存在偏差的事实，强化政策执行保障。具体而言，一是主体激励。在始终坚持河南省委、省政府"高位推动"的基础上，建立健全的农村转移人口离农的利益分配机制，以物质利益激励转移人口输入地政府的相关行为。同时，以信息整合为纽带，强化省财政厅、发改委、农业厅、交通厅、卫生厅等职能部门之间的协同推动作用。二是政策协调。既要预见政策外部性，又要考虑政策动态性，一旦发现政策执行目标模糊、手段缺失、范围扭曲、对象偏离等现象，要果断采取措施避免政策损失扩大化。三是绩效评价。评价过程要兼顾公平与效率，既要强调目标执行结果，又要重视政策执行过程，更要将创新强度与推进力度相结合，兼顾经济效益、社会效益与生态效益。四是执行监督。加强权力机关对政策执行的法律监督；分区域、分部门完善农村转移人口离农的评价机制并做好监督工作；有效调动社会中介组织监督、新闻媒介监督、群众监督等手段，增强民间力量的舆论监督功能。

激活土地要素　释放发展空间[*]

关付新[**]

编者按：农村土地制度改革要用好"三块地"（承包地、宅基地和农村
经营性建设用地）解决"三农"问题，打破"三化"中的土地瓶颈，即用
好承包地，确保国家粮食安全；用好宅基地，保证农民建房需求；用好集体
经营性建设用地，保障农民资产性收入增长。农村土地制度深化改革的主线
是确权赋能、放活增收、保地护权。河南省深化土地制度改革的内在要求是，
让农民和土地分得开，让农村土地"流得动"，让农民土地权益得以维护。

近年来，相继出台的《中共河南省委关于科学推进新型城镇化的指导
意见》《关于全面深化农村改革加快推进农业现代化的实施意见》《河南省
人民政府办公厅关于开展农村土地承包经营权确权登记颁证试点工作的意
见》等一系列文件，为深化河南省土地制度改革提供了指导。

一　提高土地利用效率　破解"三农"难题

在当前条件下，农业问题是农业现代化如何确保粮食安全的问题，农

　原载于《"三化"协调发展》2015年第6期。
**　关付新，中原经济区"三化"协调发展河南省协同创新中心新型农业现代化分中心主任，
河南财经政法大学教授、博士。

村问题是新农村建设如何满足农民生产和生活需要的问题，农民问题是如何提高农民收入水平和优化农民收入结构的问题，简而言之，"三农"问题是粮、房和钱的问题。农村土地制度改革的"破题"思路就是要用好"三块地"（承包地、宅基地和农村经营性建设用地）解决"三农"问题，打破"三化"中的土地瓶颈。

用好承包地，确保国家粮食安全。用好承包地，就是要放活土地承包经营权，在承包经营权确权、登记、颁证的基础上，规范并扩大土地流转，培育家庭农场，扩大农业经营规模，进行现代化粮食生产，有效解决农业经营规模小、农业生产成本高、种粮收益低等问题，保护农民生产粮食的积极性。

用好宅基地，保证农民建房需求。河南省现阶段正处于农村社会经济现代化和农村治理方式转变的时期，应抓住机遇，解决宅基地利用粗放、退出不畅等问题，探索进城落户农民在本集体经济组织内部自愿有偿退出或转让宅基地的机制，释放农村建设用地，支持工业化和城镇化，同时让农民均等化享受公共服务。

用好集体经营性建设用地，保障农民资产性收入增长。工业化和城镇化发展，既为农村劳动力转移提供了机会，也为农村土地要素升值提供了市场，要用农村经营性建设用地增加农民资产性收入，改善农村基础设施条件和公共服务质量。

二　坚守改革底线　保护农民权益

深化土地制度改革，核心在于坚持"三底线"，即坚持土地公有制性质不改变、耕地红线不突破、农民利益不受损；以及在于坚持"三个权"，即坚持明晰所有权、稳定承包权、放活经营权。保护好农民"三块地"（农户的承包地、农民的宅基地和集体建设用地）的合法权益，在试点基础上有序推进农村土地制度政事。农村土地制度深化改革的主线是确权赋能、放活增收、保地护权。

确权赋能。通过农村集体土地确权、登记、发证和农村土地承包经营权确权、登记、颁证，强化农民特别是全社会的土地物权意识，强化对农村耕地、林地等各类土地的承包经营权的保护，依法确认和保障农民的土地物权,保障农民的土地承包经营权、宅基地使用权、集体收益分配权。建立归属清晰、权能完整、流转顺畅、保护严格的农村集体产权制度。

放活增收。放活农民的土地承包经营权,改革和完善农村宅基地制度,加强管理,依法保障农户的宅基地使用权,探索进城落户农民在本集体经济组织内部自愿有偿退出或转让宅基地的机制。依法推进农村土地综合整治,严格规范城乡建设用地增减挂钩试点和集体经营性建设用地流转。土地要素通过市场机制在主体间、城乡间、产业间优化配置,提高土地利用效率和价值,增加农民财产性收入。

保地护权。一是保护耕地,确保国家粮食安全的耕地红线不能破。确定农民集体、农民与土地长期稳定的产权关系,有利于落实最严格的耕地保护制度和节约用地制度,提高土地管理和利用水平。二是保护农民的土地权益,在城镇化、工业化和农业现代化推进过程中,切实维护农民土地权益。完善征地补偿办法,合理确定补偿标准,严格征地程序,约束征地行为,健全对被征地的农民的合理、规范、多元保障机制。

三 发挥市场作用完善分配格局

目前,河南省深化土地制度改革的内在要求是,让农民和土地分得开,让农村土地流得动,让农民土地权得以维护。同时,要让农民对自己依法拥有的土地产权有权利去交易,有条件去交易,有意愿去交易,即"有权利、有平台、有利益"。

处理好农村土地遗留问题,确权到户,让人、地分得开。人民公社体制下"三级所有、队为基础"的集体土地产权不清晰的后遗症,以及推行第二轮土地承包工作中存在的问题,导致农村土地产权关系和农民土地权益问题较多。本轮土地确权工作可以依法合情、合理解决遗留问题,确权到户。产权明晰后,让农民的产权可交易、可兑现、可退出,通过市场机制实现农民的土地权益。

划清政府和市场的职责,建立平台,让土地"流得动"。政府制定和完善土地政策,让农民作为权利主体和市场主体参与农村发展决策和要素市场交易。建设交易平台和服务平台，划定交易主体和客体，做到活而不乱，动而有序。农村产权流转交易市场既要发挥信息传递、价格发现、交易中介的基本功能，又要注意发挥贴近"三农"，为农户、农民合作社、农村集体经济组织等主体流转交易产权提供便利和制度保障的特殊功能。

什么是新型农业现代化[*]

——关于中原经济区建设与发展的理论研讨之三

郭 军^{**}

编者按： 新型农业现代化是以家庭联产承包责任制为基础，以粮食优质高产为前提，以绿色生态安全和集约化、标准化、组织化、产业化程度高为主要标志，以基础设施、机械装备、服务体系、科学技术和农民素质为有力支撑，以新型工业化、新型城镇化、新型农业现代化"三化"协调发展为内容特征的农业现代化。新型农业现代化就是在农业经济发展过程中，巩固、稳定、完善家庭联产承包责任制，汲取新型城镇化、新型工业化的最新成果，不断提高农业的集约化、标准化、组织化、产业化程度。

引 言

《国务院关于支持河南省加快建设中原经济区的指导意见》指出，河南应积极探索一条不以牺牲农业和粮食、生态和环境为代价的"三化"协调科学发展的道路，这既为中原经济区建设做出了一个战略定位，又指明了积极推进农业现代化在"三化"协调科学发展中的基础性作用。经济社会发展到今天，人们的意识观念、目标追求和环境条件都发生了巨大变化，甚至有科学家预测"第六次科技革命已经进入倒计时"。在这种情况

---

* 原载于河南财经政法大学河南经济研究中心《学者之见》2012 年第 1 期。

** 郭军，河南财经政法大学教授，河南省经济学会副会长。

下，工业化、城镇化、农业现代化的建设与发展，显然不可能仍旧停留在往日的状态和水平上，而必定要超脱、要跨越、要进入到一个新的阶段，要演变为新的内容形态。正因如此，河南省委、省政府果敢地提出了新型工业化、新型城镇化、新型农业现代化"三新"的理论思维和实践举措，不仅深化了历届省委、省政府对中原崛起、河南振兴的思路探索，而且按照科学发展观的要求，综合国内外、省内外因素，取得了创新性科研成果，为丰富国民经济学、区域经济学、发展经济学的理论，建设具有中国特色、中原特色的社会主义经济和社会新体制做出了巨大贡献。新型农业现代化"新"就"新"在以完善农业家庭联产承包责任制为基础，不断提高农业的集约化、标准化、组织化、产业化程度。新型农业现代化是一个全新的视域，传统农业现代化如何演化进入新型农业现代化，怎样才能够在稳定和完善家庭联产承包责任制的基础上推进新型农业现代化，新型农业现代化的建设与发展的主体内容和评价指标如何，等等，都需要笔者去做进一步的研究探讨。

一 我国的农业现代化正在跃入新阶段、新形态

农业现代化就是依靠现代科学技术、现代生产要素的投入、现代市场机制的调节、现代社会化服务体系的建设，把传统农业转变到农业产业化、集约化、组织化、市场化、社会化和可持续发展的过程。它作为一个时点概念，其内容总是随着当时的技术、经济和社会的进步而充实、丰富。

农业现代化在不同阶段有着不同的阶段性特征，而每一个阶段性特征又总是与相应的该阶段经济社会发展特征紧密联系在一起。我国农业现代化的发展大致经历了前 30 年的计划经济和近 30 年的市场经济两个阶段，从而在不同时期表现出不同的发展形态。

（一）从生产关系变革看我国农业现代化发展

从新中国成立初期到改革开放前，在计划经济体制下，伴随着社会主义生产关系的变革和相应农业经济制度的调整，我国的农业现代化形成了这一阶段的内容特征。从新民主主义到社会主义的生产关系变革，特别是

废除封建主义土地制度，为推进新中国农业现代化发展提供了基础性前提。亦如党和政府在当时强调的，土地问题不解决，经济落后的国家不能增加生产力，不能解除农民的生活痛苦，不能改良土地，就不能谈及农业现代化问题。正是 1949～1952 年的土地制度、土地所有权方式的转变，大大激发了农民的生产积极性，使新中国的农业生产得到迅速恢复。

封建土地制度的废除改变了我国农村的土地所有权制度，但以私有制为基础的小农经济结构并没有改变，农业生产力依然受着束缚。在这种情况下，再一次调整生产关系，使个体劳动经济向集体劳动经济转变就有了现实基础，考虑到当时的工业基础薄弱，农业机械化水平低，那时候的中央政府制定了农业现代化"先搞合作社，后搞机械化"的发展方略。到1956 年底，农业合作化运动尽管造成了这样那样的问题，但在整体上还是促进了当时农村生产力的发展，尤其是大搞农田水利基础设施建设，为日后实施农业机械化奠定了基础。

在个体农业经济的社会主义改造完成之后，毛泽东在 1959 年提出了农业的根本出路在于机械化这一论断，并根据这一阶段的实际国情特点，要求在机械化水平不够时，实行半机械化、农具改良，以及提倡大力开展农业技术革新。根据这一指导思想，国家除了加大对农业的各类、各种投资，还通过产业政策的调整，引导、支持农业现代化。如从 1961 年至1962 年，国家每年拿出 20 万吨钢材制造小农具。从 1960 年到 1964 年上半年，农机系统共推广各种半机械化农具 2000 多万件。在发展农村动力机械方面，重视大马力动力机械、手扶拖拉机与小功率排灌机械、农副产品加工机械结合应用。同时，大力制造化肥设备，到 1964 年，累计生产 10 套年产 2.5 万吨合成氨的设备；研制了年产 5 万吨合成氨和 8 万吨尿素（以后实际年产 6 万吨合成氨和 11 万吨尿素）的成套设备。[①] 然而，1966 年"文革"开始，"左"的思潮波及农村，"宁要社会主义的草，不要资本主义的苗"的谬论使得刚刚起步的农业现代化又停滞了下来。

中共十一届三中全会的召开，扭转了"文化大革命"中国家经济社会发展的被动局面，实施了"以经济建设为中心，改革、开放"的战略指导

---

① 戚义明：《略论毛泽东的农业现代化思想及实践》，《中国延安干部学院学报》2009 年第 5期。

思想，农业现代化又一次被摆上中央决策议程。邓小平对我国农业和农业现代化的发展提出了"两个飞跃"的构想：第一个飞跃，是废除人民公社，实行以家庭联产承包为主的责任制；第二个飞跃，发展适度规模经营，发展集体经济。这一构想指明了新时期我国发展农业现代化的基本路径。

废除人民公社，实行农业家庭联产承包责任制，实际上是我国社会主义生产关系的又一次变革。这一变革使土地的所有权和经营权、使用权相分离，将原来"大包干"、高度集中的单一生产经营体制，变革为以家庭经营为基础、统分结合的双层经营体制。农业家庭联产承包责任制的实施，一改长期遗留的传统意识观念，农民虽然没有土地的所有权，但是真正拥有了土地的使用权，农业生产力进一步得到解放，不仅很快改变了农业经济发展的困难局面，而且还成功地解决了农民的"温饱"问题。

随着农业经济实践的发展，国家不断充实、完善家庭联产承包责任制，积极引导土地经营权合理流转，允许农民按照自愿、有偿原则依法进行土地流转，以发展各种形式的适度规模经济。20世纪80年代后期，山东首次出现了"公司＋农户"式的农业产业化经营模式，这种新型的农业经营模式成为引导农民进入市场的有效途径。之后各种类型的规模经营模式相继出现，极大地提升了农业的产业化水平。并且在广泛运用农业机械、化肥、农膜等工业技术成果的基础上，依靠生物工程、信息技术等高新技术，我国农业科技和生产力水平实现了质的飞跃。结合我国在农业机械化、生物工程、信息技术、先进适用技术推广等方面的不断进取，农业经济的集约化、规模化、产业化发展日益助推着农业现代化迈向新的形态。

（二）从生产力演化看农业现代化发展

从历史演进的角度看，农业现代化是一个动态的，不断更替、调整、升级的发展过程，表现着不同时期农业发展的时代特征，它在每个阶段都以生产关系适应生产力性质的变革为起点、以科技创新为动力、以技术进步为标志，并且会随着人们认识程度的加深而不断演化出新的形态。从计划经济到市场经济，从传统农业到现代农业的阶段性升级，既是生产关系的变革，也是生产力发展的内在要求。马克思主义认为，生产力决定生产关系，生产关系反作用于生产力，当旧的生产关系不能适应新的生产力要求时，必须调整、变革旧的生产关系。科技是第一生产力，抑或说生产力发展的最显著特征就是科学和技术的进步。农业现代化作为生产关系变革的载体，其发展演变过程也就是科学和技术进步、农业生产力发展的过程。

新中国成立初期毛泽东就提出农业的根本出路在于机械化，并强调了实现农业机械化、水利化、化学化和电气化的目标。进入改革开放后，伴随着发达国家生物工程、信息技术的发展，邓小平指出农业现代化不单单是机械化，还包括应用和发展科学技术，又说，农业的出路问题，最终要由生物工程来解决，要靠尖端技术来解决。此后，我国采取了一系列措施，鼓励和支持农业科研和教学单位与农业生产企业相结合来注重农业科技自主创新能力的培育开发，加快农业科技成果转化应用，提高农业科技贡献率。

我国农业现代化的发展历程可以归结为以下几个阶段。第一个阶段，即 20 世纪 50~60 年代，这是我国农业现代化建设的初期，可将这一时期农业现代化的内容追求主要概括为 4 个方面，包括农业机械化、农业水利化、农业化肥化、农业电气化。这"四化"基本上是苏联模式的生搬硬套，侧重点是农业技术应用及推广和具体生产方式调整，强调农业生产及其过程的现代化。第二阶段，即 20 世纪 70~80 年代，这是我国进入改革开放的初始时期。在"实践是检验真理的唯一标准"和"一个中心"、"两个基本点"思想的指导下，我国开始突破计划经济的束缚，引入市场经济机制，研讨农业现代化的深层问题，提出了农业基础设施建设现代化、农业生产技术现代化、农业经济经营管理现代化等农业现代化发展指向。这一阶段在总结了上一阶段经验教训的基础上，进一步梳理了思路，强调农业现代化要实现生产和经营管理科学相结合，注重向科学的经营管理要效益。第三阶段，即 20 世纪 90 年代到 21 世纪第一个十年，这是构建社会主义市场经济体制的酝酿尝试时期。这一阶段强调的是农业经济的市场化取向、农业生产经营的产业化运行等，包括农业基础设施建设现代化、农业科学技术应用现代化、农业产业组织架构现代化、农业经营管理现代化、农业经济生态环境现代化等。第四阶段，即 2010 年以来，这是中国共产党再次强调要更加深化改革、全面开放的时期。在这一阶段，随着人们认识观念的不断转变，农业现代化的建设与发展已经大大超出原有思维和范畴，越来越多的人把农业现代化同完善社会主义制度问题、破解"三农"问题、改变城乡二元结构问题、推进工业化和城镇化建设问题、加快整个国民经济和社会现代化发展问题连接起来，寻求着新时期、新形势、新条件环境下的新型农业现代化发展模式和路径。

（三）从"三化"关系协调看农业现代化发展

综观世界各国农业的发展，有不少国家在推进工业化、城镇化的进程中，都曾因忽视农业发展而使整个国家发展和稳定的大局受到影响。农业作为第一产业，首先为工业化和城镇化的发展"输血"、积累资金，完成原始积累；当工业化、城镇化发展到一定阶段后，工业、城镇会"反哺"农业，为农业增长提供资本积累，推进农业现代化。[①] 也就是说，农业现代化为工业化和城镇化提供物质保障，而农业现代化同时也需要工业化与城镇化的带动，"三化"之间应是一个动态平衡系统。在我国长期处于工农、城乡发展失衡的状态下，实现工农互助和城乡互利，特别是逐步加大工业反哺农业、城乡一体化发展的力度，应是新型农业现代化的一个显著的内容特征。

改革开放以来，我国积极调整产业结构、投资结构、财政预算结构和信贷结构等，从政策层面鼓励和支持农业现代化发展。进入21世纪，政府更是加大了对农业的支持力度，先后提出了"两个趋向""解决城乡二元结构体制""实行'多予少取放活'的方针""建设社会主义新农村""促进城乡一体化发展的制度"等一系列措施，充分发挥工业化的主导作用和城镇化的引领作用，自觉不自觉地为"三化"协调发展做了前期铺垫。

二　世界发达国家农业现代化日益深化的新阶段、新形态

世界发达国家先后在20世纪70年代实现了农业现代化，发达国家农

---

① 长子中：《推进农业现代化与工业化、城镇化协调发展》，《中国经贸导刊》2011年第13期。

业发展的道路，基本上反映了农业发展的规律要求，从而为研究我国新型农业现代化提供了很多可资借鉴的理论思路和宝贵经验。

（一）美国的农业现代化

美国被称为是世界上农业现代化建设与发展最好、最成功的国家，美国始终把推进农业现代化作为促进国家经济增长的一种手段。美国的农业现代化可以大致概括为两个阶段。一是 19 世纪中期以前的"马力机械化"阶段，二是 19 世纪末以来的"生物（生化）技术效应"阶段。前一个阶段表明美国农业从原始农业进入简单分工合作农业，又从简单分工合作农业进入产业化组织农业，亦有人称之为从劳动密集型农业进入技术密集型农业，即农业现代化表现为随着机械设施在耕地、播种、收获等过程中的应用，美国逐渐形成了一个以"马力机械化"为主体的农业生产经营新体系。机械技术的开发和应用，成就了 19 世纪以前美国的农业现代化。进入 19 世纪末，尤其是 20 世纪以来，美国一方面继续深化农业机械技术，另一方面积极引导新时期农业生物（生化）技术的发展，全面应用和推广玉米杂交技术这项被视为 20 世纪应用生物学方面的最重大成果，使得整个美国农业经济从内涵到外延、从生产过程到商业流通过程都发生了巨大变化，促成了美国从传统农业现代化迈进到新型农业现代化。美国新型农业现代化还表现为卫星定位遥感技术在农业经济中的深入应用，这也是美国新型农业现代化的一个重要标志。考察美国农业现代化，既要着眼农业现代化自身，也要跳出就农业现代化论农业现代化的局限，还要看到美国政府为了不断推进农业现代化所做的大量的、卓有成效的"外围"工作，包括围绕农业现代化健全和完善政府机构及其功能，制定、调整和完善农业经济制度、产业政策，引导、支持农业科研院所、高校、民间组织的产学研一体化运作和建设各级、各类、各种农业经济科研开发平台、应用实验室，加大农业投资、扶持农业经济资源开发利用，鼓励社会各业开展相应农业劳动力的教育培训和农业劳动力主动接受相关教育等。

美国农业现代化的生产组织形式是建立在土地集聚基础上的家庭农场。美国的家庭农场规模大、机械化水平高、基础设施完备，整地、施肥、收获全部实现了机械化。同时，美国农业组织的专业化程度很高，粮食的生产、加工、运输、交换，以及其他农作物种植、畜牧业养殖等，都走向了空间区域集聚化。而且整个农业产业链、环、节、点都运行有序，农业经济价值得以充分实现，农民收入稳固增加。

（二）日本的农业现代化

日本的农业现代化充分发挥了工业大国在生物化学技术和机械制造技术上的优势。[①] 与美国的幅员辽阔、可耕地多、土质肥沃不同，作为一个岛国，日本山地多、耕地少、土地贫瘠，资源匮乏，因此，日本的农业现代化走了一条特殊的道路。日本农业现代化起步于第二次世界大战结束以后，面对大量流落海外人口被遣返归国、工业生产仅为战前水平的1/4、国内食品紧缺等问题，日本于1946年实行了以"工业恢复计划"发展化肥工业为主体的农业发展计划，以期恢复农业生产。到1940年代末，日本采取了两项措施振兴农业，一是从生产关系层面实施了土地改革，二是从产业组织方面建立了互助农业合作社联合会，从而有了农业现代化的基点。随着日本工业水平的提高、科学研究的发展以及科研成果的应用，到20世纪60年代末，日本已经跨入世界工业化大国之列，在工业和科技的影响带动下，日本农业现代化发展迅速，其农业从最初的"多劳多肥农业"，逐步发展到"多投活劳动的农业"，"劳动集约型"农业及以生物技术、精细农业为引擎的"技术密集型"农业，成功地实现了由传统农业向现代农业的转变，从而使其土地生产率居于世界前列。值得指出的是，日本的现代化农业中事实上还存在着相当规模的小农经济，加之日本农场的规模不大，大工业文明与农业经营方面的些许不和谐，决定了日本社会经济制度，特别是农业制度需调整完善，这已经成为当代日本农业现代化发展的一个隐痛。

（三）韩国的农业现代化

韩国的农业现代化发展主要得益于以"脱贫、自立、实现农业现代化"为目标的"新村运动"。韩国新村运动作为农业的革命性运动，改善了农业生产的基础条件和农村环境，加快了韩国农业现代化的进程。韩国

---

① 景丽、苏永涛、王爱玲：《国内外农业现代化发展的主要模式、经验及借鉴》，《河南农业科学》2008年第10期。

农业现代化模式的特点体现在以下方面。①以城乡二元经济结构为基础和起点，以增加农业投入渠道为切入点。韩国政府通过工业反哺农业、城市支援农村和资金适度倾向等多种渠道，不断增加农业投入。②加强了对农村的公共产品供给，加强了农业基础设施和生态环境建设。大大降低了农民的生产成本和风险，提高了投入产出率。③政府保护政策。政府制定了财政补贴等政策，建立了农业风险保护机制，有效地控制了农业的生产风险和农村的社会风险。[①]

世界发达国家农业现代化的演变历程和特点，给了河南省有益的启示。第一，实施新型农业现代化，必须立足国情与省情。第二，实施新型农业现代化，必须加强政府宏观调控作用。第三，实施新型农业现代化，必须以现代科学技术为支撑。第四，实施新型农业现代化，必须建立健全完善的农业社会化服务体系。此外，政府应该积极加大农业经济投入，扶持农业科技研发、实验、应用、推广；建立健全的法律法规体系、制定相关政策措施，引导土地合理流转，追求集聚效应和规模经济；等等。

三 新型农业现代化的制度规范与内容特征

新型农业现代化是以家庭联产承包责任制为基础，以粮食优质高产为前提，以绿色生态安全和集约化、标准化、组织化、产业化程度高为主要标志，以基础设施、机械装备、服务体系、科学技术和农民素质为有力支撑，以新型工业化、新型城镇化、新型农业现代化"三化"协调发展为内容特征的农业现代化。因此，我国各界人士应该全面认识和深入研讨新型农业现代化的内涵与外延。

（一）巩固、稳定、创新农业家庭联产承包责任制

中共十一届三中全会的召开，拉开了中国经济社会体制改革的帷幕，此后中央政府着手了农村生产关系的变革，推行了农业家庭联产承包责任制，这不仅极大地调动了农民的积极性，释放了农业生产力，而且，在维

---

① 景丽、苏永涛、王爱玲：《国内外农业现代化发展的主要模式、经验及借鉴》，《河南农业科学》2008 年第 10 期。

护集体所有制经济性质不变的前提下，改变了土地经营方式，提升了土地利用效率。我国的粮食产量连年攀高，不仅保障了国内粮食的需求，而且使我国能够积极参与国际粮食的交换，这充分说明我国的农业经营方式、我国的农业运行体制是顺应农业生产力规律的。但是，随着时间的推移，一些人认为，家庭联产承包责任制的小生产方式与社会化大生产，与规模化、集约化经营存在着某种悖论。诚然，社会化大生产及其机械化、高科技化要求有着一定的与之相适应的土地经营规模，但是，如果把规模的大小仅仅定位在土地面积方面，就是一种主观臆断。因为规模是外在的，关键是要看农业资本的有机构成和农业经营的集约化程度。这是因为农业和工业各自有着自己的特点，工业的内部劳动分工精细，其劳动计量准确，在工业化过程中，以工厂为载体的工业可以取代家庭工厂手工业；农业的劳动是自然过程和人的劳动过程的统一，因此，农业内部分工相比工业就不是那么精细，其劳动也难以准确计量，所以采用家庭经营方式是符合农业经济规律的。从西方发达国家农业现代化的历程看，家庭经营并没有随着生产力的进步而出现功能退却，也没有出现生存危机；相反，农业生产力的不断进步，恰恰为家庭经营注入了新的活力，增强了其活力，使其商品化、现代化程度不断提高。这说明，家庭经营绝不是与自然经济的小生产相联系的传统经营方式，也绝非必然排斥技术进步和社会化生产。同时，还要看到，家庭经营这种方式也是与我国现实生产力的多层次、低水平性质相适应的。正因如此，党和国家一再强调要巩固和稳定家庭联产承包责任制，并寻求在这一基本制度的基础上推进农业现代化。

要在巩固和稳定家庭联产承包责任制的基础上加快农业现代化进程，这是一个原则，不能动摇。但是必须注意到，在家庭联产承包责任制的贯彻过程中，农村土地所有权虽然归农民集体所有，但农民实际上只拥有土地的使用权，而不能行使相应的处置权、收益权，这种集体名义下土地产权主体的模糊性，对于土地流转、土地集聚，对于农业现代化、农村城镇化的建设，有着很强的现实制约性。所以，有关各方既要看到以土地承包关系为内核的农业家庭联产承包责任制的正效应一面，也要看到客观上还存在的这种制度对新型农业现代化建设与发展的非适应性的一面。

（二）坚持以科学发展观为指导，实现可持续发展

新型农业现代化，是农业生产力从落后转向先进的一个过程，反映着农业生产方式和经营方式的根本性变革，体现着人们生产与生活的新的世界观、价值观、发展观。新型农业现代化，就是要以科学发展观为指导，在整个人们经济活动中，树立以人为本的基本观念，并按照以人为本的思想完善生产关系、完善制度体制、完善机制手段、完善政策措施，创造和谐的经济社会发展环境，促成人自由地、全面地发展自己的智力和体力。也就是说，把新型农业现代化的建设与发展纳入科学发展的轨道，使农业现代化与人口、资源、环境、经济、社会的可持续发展，与消除城乡差别、工农差别、二元结构，与农业劳动者的德、智、体、美，以及技术、技能素质提升，紧密结合起来。

新型农业现代化，说到底是农民即农业劳动者及其劳动的现代化，而农业劳动者是新型农业现代化的主体和决定性因素。推进农业现代化就是要让劳动者从传统生产劳动的压抑和束缚中走出来，进入现代生产劳动条件之中，自由地、全面地发展自己的智力和体力，积极、主动、创造性地劳动。因此，新型农业现代化不仅包括了现代农业技术、现代农业经营方式的变化，而且包括了现代农业劳动者的变化，而这些变化取决于生产关系的完善程度、生产力的水平状态。正因如此，西方在推进新型农业现代化的过程中，始终把劳动力、劳动就业、劳动生态等作为政府制定经济社会政策的基石，这也是新型农业现代化区别于传统农业现代化的重要标志。

（三）以新型城镇化引领

新型城镇化"新"就"新"在把农村涵盖进来，形成新的城镇化概念、新的城镇化体系、新的城镇化规划布局。这一论述，不仅鲜明地解析了关于新型城镇化"新型"的基本认识，而且指明了城镇化在新时期的新的内容和走势，告诫人们在当前乃至相当长的时期里，我国、河南省城镇化的发展重心将更多地要"把农村涵盖进来"，要把城镇化建设同破解"三农"及其城乡二元结构问题联系起来，走一条符合国情、省情实际和特点的新型城镇化的道路。

长期以来，城镇化与农业现代化始终被人为地割裂成两个范畴，即便

是谈到二者的联系，其联系也一直被定位于"以城带乡""赶农进城"的传统理念上，造成城镇化和农业现代化总是"各吹各的调"，这种从理念到政策再到实践过程所存在的偏颇，正是工农差别、城乡差别依旧，"三农"及其"二元经济结构"难破的一个重要的症结。2011 年底，我国城镇化率已经超过 50%，基于国家统计局现行的城镇化率计算口径，不计目前已经滞留在城市、一直处于漂流的人口，我国农村人口至少有 7 亿人。在这一现实下，我国现在的城镇化率每年大约递增 1% 意味着从现在起每年会有相当规模的农村人口进入大中城市，而目前我国绝大多数城市的综合承载力较差、就业吸纳力水平较低，加之受工业化水平的约束，因此继续走大中城市化道路，让大量农民涌入大中城市显然已不现实，也不利于消除工农差别、城乡差别以及二元结构，这就是城镇化从概念到运作体制、机制，再到重心都转移进入新型城镇化的现实意义。从过去的城镇化到新型城镇化，观念、内容、重心的变化，特别是走农村城镇化的新的道路，事实上扩大了农业现代化的范畴，即在新型城镇化引领下，农业现代化自然而然地要把农业发展的现代化、农村社区的现代化、农民教育的现代化协同起来，纳入新型农业现代化建设的范畴之中。

（四）以新型工业化支撑

目前，我国已经进入工业化中后期，中部地区已进入工业化初中期。工业化不断发展，一方面反映了农业现代化对于工业化发展的基础性支持作用；另一方面表明，工业化水平的不断提升为农业现代化创造了更多更好的物质条件，并且，随着工业化水平的提高，传统的农业现代化将迅速地跃入新型农业现代化，这是一个规律。我国、河南省持续地发力于拉长工业"短腿"，提升工业化水平，实现从农业大国向工业大国、从农业大省向工业大省的转变，就是期望在工业化进程中带动、提升农业现代化。没有工业装备农业，没有工业生产出满足农业需要的生产资料，单靠农业自身来谋求发展的结果是，投入很大、产出很小、利润很少，整个农业生产从基本要素到技术工具再到生产方式等都得不到改善，加之农业劳动者素质普遍不高，从而导致农业经济长期维持在简单再生产的低效率劳动状态，甚至会出现越生产越亏损的局面。而现代农业，不仅得到工业化提供的先进的农机设施、农业消费资料，而且以工业化理念和公司化经营方式进行农业经营管理,使农业趋向集约化、标准化、组织化、产业化的新形态。可以说,目前我国的工业化发展及其水平,已真真实实地使农业现代化从"旧时态"转向了"新时态",进入到新型农业现代化。

在任何社会经济中,农业和工业之间总是保持着一种密切的相互依存关系。但是,长期以来甚至在今天,一些人还是把工业现代化与农业现代化截然断开,认为工业化主要讲的是工业在国民收入和劳动就业中的份额不断上升的过程,工业化就是使农业向非农业转移、农业比重持续减少的过程。这些认识不仅忽视了农业发展对工业化的影响,而且忽视了工业化过程中农业生产本身的变动,即忽视了工业现代化与农业现代化的内在客观联系。对工业化的片面认识,以及在这种认识基础上制定的工业化战略的实施,使发展中国家的农业经济长期停滞,经济增长受到严重制约,工业化也因此没有实现。并且长期实行的希望通过农业剩余的转移推动工业化发展的政策,使得几乎所有的发展中国家和地区的二元结构非常突出,城乡发展、地区发展、收入分配等差距日益扩大,经济问题转化成社会问题。发达国家的农业现代化实践表明,农业现代化的内在价值主要在于它本身就是工业化的一个重要内容,只有农业和其他部门一样现代化了,农业份额的下降,才具有实际意义,二元经济结构才能消失。[①] 所以,农业现代化一定要被纳入工业化发展的背景下,在工业化发展过程中走向新型农业现代化。

(五)发展科技农业、生态农业

新型农业现代化,是指农业经济发展进入了以现代科技为支撑的新阶段,科技对农业经济的贡献率不断增加,尤其是生物技术的应用对土地利用率的提升、生产方式和生产条件的改善起着巨大的推动作用。如果说,农业现代化的本质是工业化发展在农业经济领域的体现,那么,新型农业现代化实际上就是社会生产技术变动的必然产物。因此可以说,农业现代化就是以技术进步为主要内容特征的。正是这种技术进步使得农业经济的运行以机器劳动代替了手工劳动,从而提高了农业经济效益。而传统农业

---

① 赵晓雷:《经济学:是学科泛化还是有分析框架约束》,《河北经贸大学学报》2010 年第 1 期。

是技术停滞不前的农业，由于技术停滞，农民世世代代应用同样的生产要素、生产技术，辛勤的劳作无法使他们摆脱饥饿的困扰。因此，必须在农业中不断引入新的技术，把农业劳动者从繁重的体力劳动中解放出来，变低收益劳动为高收益劳动。发展经济学的理论告诉世人，农业的发展、农业现代化的实现，突出的是技术作为、技术带动、技术进步，只有依靠技术的力量，才能以最小的投入获得最大的产出，或者说农业现代化的要义就是在追求既定收益的前提下，使投入的要素成本比以前越来越少。

河南省的农业生产已经进入机械化的新时代，农业劳动条件、农业综合生产能力呈持续增长趋势。河南省农业机械管理局的数据显示，2012 年全省夏收投入收割机 15 万台，机器收割面积 78.8 万亩，机收率达到 97.6%，收割期 18 天，比往年同期缩短 7 天；耕、播、收综合机械化水平为 71.8%（全国 2011 年同期的这一数据是 54%，而这一数据的国家"十二五"规划目标是 60%）。同时，河南省还积极探索农机、农艺相结合的新技术体系，推广应用工厂育苗、机械移栽、深耕深松、精量播种、化肥深施、秸秆还田、保护性耕作等增产、增效技术，这不仅实现了农业劳动过程的机械化，而且极大地提高了农业经济的标准化、规模化、组织化、高效化作业水平。

生物技术的研发和应用已成为河南省夏粮总产实现"十连冠"的重要支撑。从省级层面看，在全国推广面积最大的优质强筋小麦新品种"郑麦 366"再次突破千万亩，贡献了两亿多斤优质商品麦。从市级层面看，焦作市把生物技术的研发、应用与推进新型农业现代化紧密连接在一起，积聚农业生物技术专家，建设农业生物技术研发实验室；培育出的豫麦 25、豫麦 41、豫麦 49、豫麦 58、豫麦 65、平安 6 号、平安 7 号等省审和国审品种，已成为黄淮海地区小麦生产的主导品种。生物技术的研发和应用，不仅改变和优化了农产品的品种结构，增加了产量，而且提高了农业土地资源的利用效率和农民的农业劳动的收入效益，已经成为地方政府和农业劳动者加快推进新型农业现代化的强大动力。

（六）市场对农业资源配置起基础性作用

20 世纪 90 年代初期，我国提出要建立社会主义市场经济体制。20 年的酝酿与尝试，从欲参加国际经济大循环，到"入世"；从对社会消费品价格的全面控制，到放开社会消费品价格；从"大政府、小社会"，到放大社会功能、弱化政府直接管理企业权限，我国着实走向了市场经济，尽管市场经济还很不规范，存在很多问题，但是市场化的取向是谁也拉不回头的。也就是说，我国的社会主义现代化，包括农业现代化，都要受市场化的调节。

市场经济就是市场机制调节的经济。市场机制包括市场供求关系、市场价格波动、市场竞争状态、市场资本运动等，只要是市场经济，这些机制就会对其运行施加影响。改革开放前，我国经济社会活动的一切始于计划、一切终于计划、一切由计划安排；改革开放以来，特别是随着社会主义市场经济的运行，商品生产、交换、分配、消费的各个环节全部由市场机制来调节，几乎所有物质资源的配置都由市场机制来调节。这就是说，农业现代化进入了市场经济体制运行的大环境，因此，要转变观念，要按市场机制、市场法则办事，既要注重市场化对农业经济运行中的劳动力、土地、技术、资本等生产要素的调节引导，也要按照价值规律进行农业投入产出的效益比较，还要和工业经济的现代化发展一样，追求以最小的投入获取最大的收益，维护、保证农业经济的利益最大化。为此，新型农业现代化的建设与发展，要学习市场经济知识，学会按市场法则办事、按市场法则评价，把现代化农业发展同现代市场化建设结合起来，走出一条农业现代化的市场化建设与发展的道路，在市场经济运行中，推进新型农业现代化。

（七）按照新产业组织架构来运行

新型农业现代化，就是按照现代产业组织原理及其架构来运作现代农业的过程。它以市场为导向，以提高经济效益为中心，以科技进步为支撑，围绕支柱产业和主导产品，优化组合各种生产要素，使农业经济形成以市场牵龙头、龙头带基地、基地连农户，集种养加、产供销、内外贸、农科教为一体的新的经济管理体制和运行机制。新型农业现代化的一个着力点是提高农业组织化程度，通过培育各种类型的经营组织，实现农户与市场的有效对接，从而带动农业的产业化发展。一是培植主导产业和扶持龙头企业，通过"公司＋农户"的市场化经营模式，实现产加销一体化经营，真正形成"风险共担、利益均沾"的利益分配机制。如一些地方把调整农业结构的行政行为重心下移，形成"政府－企业－专业户－农户"的新体制经营模式，通过"龙头"企业、专业市场、中介组织，把分散的农户经营与统一的大市场衔接起来；通过按市场需求组织农产品生产，兴办加工和运销业，把农产品生产同市场需求衔接起来，进而把农业和农村经济纳入了市场化的轨道之中，为农业现代化引入了市场机制。二是发展农民专业合作社，构建"合作组织＋农户"的农业经济利益联合体。目前许多市、县、乡、村成立的各级、各类专业化合作组织，在乡村与城市之间，在生产与销售之间，在新技术、新成果、新方式、新渠道的研发实验与农民需求的沟通、认识之间，架桥铺路，特别是在引导农业生产和经营管理的产业化、市场化、科学化、现代化发展方面起到了积极的作用，成为新型农业现代化建设的重要的组织保证力量。

四　新型农业现代化的评价标准与指标体系

已经实现农业现代化的西方国家走过的历程虽然不尽相同，但是还是可以从其中得出若干客观规律。从农业现代化的发展模式看，农业现代化有两种模式，一是劳动集约型，二是资本集约型或称技术集约型，二者的划分反映着农业现代化的出发点和落足点都在于通过一定的方式、手段提高农业资源的开发利用程度，即期望在有限的土地资源上收获无限的农产品。为此，所有国家的农业现代化建设和发展无不是面上抓工业化，促技术进步；点上抓农业产业集聚与集约、抓农业劳动力素质提升，调动农业劳动力的内生力量，推进农业现代化，而又同时注重政府的宏观调节与引导作用的发挥。因此，不同时期，农业现代化的内容表现不同，人们对农业现代化的认识视角和评价标准亦不同。

（一）新型农业现代化的评价标准

评价农业现代化的一般标准，是随着人们的实践、认识、再实践、再认识，逐步形成的。最早主要是以土地单产量来评价农业现代化的，后来慢慢地变成从有没有较高的机械耕作率，有没有较高的水利喷灌率，有没有较高的劳动生产率，有没有较高的土地产出率，有没有较高的农产品商品率，有没有较高的农民收入增长率等方面来评价农业现代化。再往后，除了上文提及的标准外，有关新的科学理念方面的内容，如把农业现代化和农村环境条件建设、农村城镇化发展联系融合起来，把农业现代化和人口、资源、环境、经济、社会的可持续发展联系融合起来，把农业现代化和工业现代化、新型城镇化联系融合起来，也被加入到农业现代化评价标准范畴之中，以开展综合评价。农业现代化的评价可以是综合的，也可以是单项的，可以是一个时期的纵向评价，也可以是某一时间的横向评价。

如前所述，新型农业现代化就是在农业经济发展过程中，巩固、稳定、完善家庭联产承包责任制，汲取新型城镇化、新型工业化的最新成果，不断提高农业的集约化、标准化、组织化、产业化程度。实际上，新型农业现代化、新型工业化、新型城镇化能不能发展，以及"三化"之间能不能协调发展，最好的评价标准，是看做没做到不以牺牲农业和粮食、生态和环境为代价。

（二）新型农业现代化的评价指标

新型农业现代化的评价，目前，既有政府视角的，也有学者视角的。其中，农业部农村经济研究中心把农业现代化的指标体系分为农业外部条件、农业内部条件和农业生产效果等3个方面10项具体指标，包括人均国内生产总值、农村人均纯收入、农业就业占社会就业比重、科技进步贡献率、农业机械化率、从业人员初中及以上比重、农业平均创造国内生产总值、农业平均生产农产品数量、每公顷耕地创造国内生产总值、森林覆盖率。而学者们大都是在对农业现代化的内涵和特征的认识基础上提出评价指标体系的。虽然他们选取的群体指标大体相同或相近，但是由于不同学者对农业现代化目标的理解不同，所以他们建立的指标体系存在差异。例如，刘巽浩和任天志从物质装备投入、科学技术应用、经营管理水平及资源环境退化4个方面对农业现代化发展进程进行了测度;[1] 郑有贵用"社会经济结构类、生产条件类和效果类"3大类8个指标对农业现代化进行

---

[1] 刘巽浩、任天志:《中国农业（农村）现代化与持续化指标体系的研究》,《农业现代化研究》1995年第5期。

了评价;[①] 程智强和程序从农业现代化水平和农业现代化质量两个方面出发建立了农业现代化评价指标体系;[②] 蒋和平和黄德林建立了包括 4 项准则指标（农业投入水平、农业产出水平、农村社会发展水平和农业可持续发展）和 15 项个体指标在内的评价农业现代化的指标体系;[③] 孙中良等人从农业投入水平、农业产出水平、农业科技水平、农村劳动力素质水平和农业可持续发展水平 5 个方面出发，建立了评价农业现代化水平的指标体系;[④] 王国敏和周庆元建立了包括农业生产条件、农业综合产出水平、农村社会发展水平和农业资源环境条件在内的 4 个一级指标和若干个二级指标的评价体系。[⑤]

最新的评价标准是"农业现代化评价指标体系构建研究"课题组从农业现代化的基本特征及中国特色农业现代化道路的思路出发，考虑了建立指标体系的时代性、综合性、客观性、可比性及导向性等原则，建立的 6 个一级指标，即农业产出效益、农业科技进步、农业设施装备、农业产业经营、农业生态环境和农业支持保障。[⑥] 其中，第 1 个指标"农业产出效益"反映了农业现代化的根本目的；第 2 至第 5 个指标是符合我国农业现代化本质要求的路径指标；第 6 个指标"农业支持保障"体现了实现农业现代化所必然要求的支持保障内容，以工业性指标为主。为了保证指标体系建立的全面性，该课题组在这 6 个一级指标下又分别建立了若干项二级指标。包括农业产出效益方面的土地产出率、粮食亩产水平和农民人均纯收入；农业科技进步方面的农业科技进步贡献率、持专业证书的农业劳动力比重、新型农业信息服务覆盖率、乡镇或区域性农业公共服务体系健全率；农业设施装备方面的设施农业面积比重、高标准农田比重、农田水利

① 郑有贵:《农业现代化内涵、指标体系及制度创新的探讨》,《中国农业大学学报（社会科学版）》2000 年第 4 期。
② 程智强、程序:《农业现代化指标体系的设计》,《农业技术经济》2003 年第 02 期。
③ 蒋和平、黄德林:《中国农业现代化发展水平的定量综合评价》,《农业现代化研究》2006 年第 3 期。
④ 孙中良、贾永飞、黄莉:《农业现代化内涵、特征及评估指标体系的建立》,《价格月刊》2009 年第 1 期。
⑤ 王国敏、周庆元:《我国农业现代化测评体系的构建与应用》,《经济纵横》2012 年第 2 期。
⑥ "农业现代化评价指标体系构建研究"课题组:《农业现代化评价指标体系构建研究》,《调研世界》2012 年第 7 期。

现代化水平、农业综合机械化水平；农业产业经营方面的农户参加农民专业合作经济组织比重、农业适度经营规模比重、农产品加工产值与农业总产值之比；农业生态环境方面的国家级认定的有机无公害绿色食品基地面积占耕地和水面的比重、农业废弃物综合利用比重；农业支持保障方面的财政支农增幅与一般预算支出增幅的比重、每万元农林牧渔增加值农业保险保费收入。

关于新型农业现代化的评价指标，目前并没有一个统一的、定论的体系，对它，大家都在积极探索，但是这些探索对于从不同的视角或层面进一步认识、评价新型农业现代化，无疑有着重要意义。

结　语

新型农业现代化、新型工业化、新型城镇化反映着人们的社会经济活动发展的新阶段、新方式、新内容、新形态，它不以人的意志为转移，是一个规律。"三化"是一个有机体，"三化"之间具有共生性、互动性，从传统经济社会过渡到现代经济社会，即从农耕文明进入工业文明，又进入城镇文明，农业的基础性地位、工业的主导性作用、城镇的引领激励，彰显出人们在社会化大生产中分工合作、共谋宏图、造福人类的崇高境界。

新型农业现代化，是以现代科技为基本内容特征，实现农业生产方式、农业经营方式的根本转变，不断提高农业经济资源利用程度的过程。农业的发展、传统农业向现代农业的转变，既是社会生产关系的变革、完善，也是社会生产力的调整、提升。生产关系适应生产力性质的规律，是农业现代化实践过程所应遵循的普遍规律，任何一次农业现代化的跃升，都是相应社会经济意识、观念、制度、体制、机制的跃升，所以推进新型农业现代化要树立先进的科学发展观、价值观，按照客观规律办事。

新型农业现代化，是在世界科技革命日新月异，发达国家经济形势一路走低，我国工业化、城镇化发展稳中求进，市场化走向不可逆转的背景下被提出的。河南省既要放眼世界，更要立足本土，把自己的事情做好。国家把探讨"三化"协调科学发展的重任交给了河南省，是机遇，也是挑战，河南省只有认真地、负责任地、圆满地完成这一重要任务，才不辱历史使命。

新型农业现代化强调坚持巩固、稳定、完善农业家庭联产承包责任制，这既要求在农业现代化过程中，巩固、稳定、完善这一经营方式，又要求相关部门顺应市场经济环境，挖掘农民土地使用者而非所有者的产权效应潜能，调动农民的积极性、主动性、创造性，这就需要一方面依据党和国家的政策、原则办事，另一方面努力寻找一个与市场经济兼容的结合点，以期不影响新型农业现代化的进程。

新型农业现代化面临的形势并不乐观，无论是政府对农业经济的投资，还是建立健全农村社会化服务体系，还是新型农村社区规划、建设，还是市场运作、资本运作、人才开发利用等，都需要经过深入研究和实践探讨，特别是对于河南省各地崛起的新型农村社区，省内各界人士一定要充分认识到，它既是新型城镇化进入农村城镇化阶段的标志，也是深化新型农业现代化内涵与外延的载体。现在的关键是怎样把现代城市社区的公共服务在新型农村社区中"复制"到位，使农民过上如同城里人一样的生活，以及怎样在新型农村社区中找到新型农业现代化发展的新的增长极。也许，当代农村的城镇化、新型城镇化以及新型农业现代化将从新型农村社区走出来。

图书在版编目(CIP)数据

中原经济区"三化"协调发展咨询建议集/李小建,仇建涛
主编.—北京:社会科学文献出版社,2016.5
(工业化、城镇化和农业现代化协调发展研究丛书)
ISBN 978 - 7 - 5097 - 8907 - 0

Ⅰ.①中… Ⅱ.①李… ②仇… Ⅲ.①区域经济发展 - 协调
发展 - 河南省 - 文集 Ⅳ.①F127.61 - 53

中国版本图书馆 CIP 数据核字(2016)第 057036 号

工业化、城镇化和农业现代化协调发展研究丛书
中原经济区"三化"协调发展咨询建议集

主　　编/李小建　仇建涛
副 主 编/郑秀峰　张新宁

出 版 人/谢寿光
项目统筹/周　丽　陈凤玲
责任编辑/陈凤玲　田　康

出　　版/社会科学文献出版社·经济与管理出版分社 (010)59367226
　　　　　地址:北京市北三环中路甲29号院华龙大厦　邮编:100029
　　　　　网址:www.ssap.com.cn
发　　行/市场营销中心 (010)59367081　59367018
印　　装/三河市尚艺印装有限公司

规　　格/开本:787mm×1092mm　1/16
　　　　　印 张:26.75　字 数:434千字
版　　次/2016年5月第1版　2016年5月第1次印刷
书　　号/ISBN 978 - 7 - 5097 - 8907 - 0
定　　价/118.00元

本书如有印装质量问题,请与读者服务中心 (010 - 59367028)联系

△ 版权所有 翻印必究